W0060783

Hans H. Strupp
Jeffrey L. Binder

KURZPSYCHOTHERAPIE

Aus dem Amerikanischen
übersetzt von
Jürgen Peter Krause

Klett-Cotta

Klett-Cotta
Die Originalausgabe erschien
unter dem Titel "Psychotherapy in a New Key.
A Guide to Time-Limited Dynamic Psychotherapy".
© 1984 by Basic Books Inc., New York
Für die deutsche Ausgabe
© J. G. Cotta'sche Buchhandlung Nachfolger GmbH, gegr. 1659,
Stuttgart 1991
Fotomechanische Wiedergabe nur mit Genehmigung des Verlages
Printed in Germany
Umschlag: Klett-Cotta Design
Gesetzt in der Times von Fotosatz Janß, Pfungstadt
Gedruckt auf säurefreiem und holzfreiem Werkdruckpapier
und gebunden von Graphische Betriebe J. Ebner, Ulm
Zweite, in der Ausstattung veränderte Auflage, 1993

Die Deutsche Bibliothek – CIP-Einheitsaufnahme
Strupp, Hans H.:
Kurzpsychotherapie / Hans H. Strupp; Jeffrey L. Binder.
Übers. von Jürgen Peter Krause. – 2., in der Ausstattung
veränd. Aufl. – Stuttgart: Klett-Cotta, 1993
Einheitssacht.: Psychotherapy in a new key ⟨dt.⟩
ISBN 3-608-91296-7
NE: Binder, Jeffrey L.:

Inhalt

Für Lottie, Karen, Barbie und John
und
für Vanessa und Aaron, Jane und Marty

Vorwort

Seit vielen Jahren ist Hans Strupp bewundernswert ausdauernd mit Problemen der systematischen Psychotherapieforschung befaßt. Seine Arbeit zeugt dabei durchweg von psychoanalytischer Sachkunde. Auch als die Verhaltenstherapie auf einer Popularitätswelle schwamm und schließlich, nach deren offenkundigem Abebben, die kognitiven Ansätze an ihre Stelle traten, hat Strupp sich in seiner Arbeit nicht beirren lassen.

Die eigentliche Psychoanalyse und die psychoanalytische Psychotherapie haben sich schon immer dadurch unterschieden, daß bei der Psychoanalyse die systematische Aufmerksamkeit der Analyse der Übertragung gilt, während sie sich bei der Psychotherapie stärker auf das außerhalb der Übertragung greifbare Material konzentriert (und erst dann eine explizite Übertragungsanalyse hinzukommt, wenn es nicht zu umgehen ist).

Die vorliegende Arbeit faßt nicht einfach nur die vielen bereits existierenden Beschreibungen der psychoanalytischen Psychotherapie zusammen. Es kommt ihr vielmehr das Verdienst zu, daß sie die Anfänge einer Bewegung hin zu einer größeren Integration von klassischer und interpersoneller psychoanalytischer Theorie und Technik sichtbar werden läßt und dabei wesentlich stärker deren dyadische Aspekte betont. Ein Ergebnis dieser Entwicklung ist bislang, daß der Übertragungsanalyse nun mehr Gewicht beigemessen wird, auch wenn die äußeren Bedingungen – wie etwa die Art der Psychopathologie, die Ausbildung der Therapeutin*, die geringere Häufigkeit der Sitzungen, das Aufrechtsitzen – nicht die der eigentlichen Psychoanalyse sind. Vielen erscheint ein solcher Schritt nur unter den Bedingungen der eigentlichen Psychoanalyse akzeptabel; dies ist jedoch vor allem deshalb der Fall, weil sie sich nicht klarmachen, daß diese Entwicklung nur zusammen mit einer Rekonzeptualisierung oder begrifflichen Neufassung der Übertragung und der Art der psychosozialen Wirklichkeit einen Sinn ergibt. Statt die psychosoziale Realität in »wirklich«

---

* Im Original ist bei Worten wie *therapist* oder *patient* in der Regel von *he or she* (er oder sie) die Rede. Diese gleichberechtigte Erwähnung der Geschlechter soll auch in der Übersetzung deutlich werden. Da es im Deutschen in vielen Fällen allerdings zu umständlich wäre, von »Therapeutin und Therapeut«, »Patientin und Patient« und so weiter zu reden, und da es außerdem wünschenswert ist, daß Personal- und Possessivpronomina im Text eindeutig zuordenbar sind, soll im folgenden zumeist von »Therapeutin« und »Patient« gesprochen werden. Dabei ist aber auch das jeweils andere Geschlecht gemeint. *(Anm. d. Übers.)*

und »verzerrt« aufgespalten zu sehen und die Übertragung dabei als Verzerrung zu definieren, kann man die psychosoziale Wirklichkeit auch als *vielschichtig* betrachten; zu ihr tragen beide Menschen bei, die an der psychotherapeutischen Interaktion beteiligt sind, und die Übertragung ist in diesem Fall durch die Rigidität gekennzeichnet, mit der die Wirklichkeit gedeutet und konstruiert wird.

Dieses veränderte Modell der psychosozialen Realität kommt in der vorliegenden Arbeit in verschiedenen Punkten zum Ausdruck: in der betonten Aufmerksamkeit, mit der bei den Assoziationen des Patienten auf Hinweise geachtet wird, die Aufschluß darüber geben, wie er die Interaktion erlebt; in der Art und Weise, in der der therapeutische Rahmen und die Interventionen das vom Patienten Erlebte plausibel erscheinen lassen; und in der ausdrücklichen Konzentration auf diese Aspekte des Prozesses.

Anders gesagt, muß bei dieser Rekonzeptualisierung sowohl die Gegenübertragung als auch die Übertragung begrifflich neu gefaßt werden. Anstatt in der Gegenübertragung nur eine unglückliche Abweichung vom Neutralitätsideal zu sehen, wird hier davon ausgegangen, daß die Therapeutin zwangsläufig – wenn auch in unterschiedlichem Maße – an einer Beziehung beteiligt ist. Wichtige Informationen gewinnt die Therapeutin durch ihr eigenes subjektives Erleben und durch implizite, in den Assoziationen des Patienten enthaltene Hinweise, die Aufschluß über dessen Erleben geben, aber auch durch die Art und Weise, in der ihr eigenes Erleben und Verhalten das Erleben und Verhalten des Patienten beeinflußt. Zwar ist es nur in Ausnahmefällen erforderlich oder wünschenswert, daß die Therapeutin ihren eigenen Anteil besonders zur Sprache bringt, aber die Wahrnehmung des eigenen Erlebens wirkt sich darauf aus, für wie plausibel die Therapeutin das Erleben des Patienten hält. Statt im eigenen Beteiligtsein eine schändliche Entgleisung zu sehen und folglich vielleicht die Augen davor zu verschließen, erkennt die Therapeutin darin einen unvermeidlichen Aspekt menschlicher Interaktion, der es ihr besser ermöglicht, ihre Hauptaufgabe zu erfüllen, nämlich den Patienten zu verstehen und ihm zu helfen. Wenn die Therapeutin sich mit der Zeit eigener Anteile bewußt wird, die ihr bis dahin entgangen sind, wird es ihr auch möglich, unerwünschte, auf Übertragung und Gegenübertragung beruhende Interaktionsformen zu verändern. In diesem Zusammenhang gilt es zu betonen, daß sich die hier beschriebene Therapieform gerade durch dieses geänderte Übertragung- und Gegenübertragungsverständnis von anderen zeitgenössischen Kurztherapien wesentlich unterscheidet.

Ein wichtiges zusätzliches Merkmal der hier von Strupp und Binder beschriebenen Psychotherapie besteht in ihrer zeitlichen Begrenzung. Aktuelle sozioökonomische Überlegungen spielen bei dieser Begrenzung offenkundig eine Rolle. Zwar werden Therapeutinnen und Therapeuten sicherlich auch wissen wollen, wie das veränderte Modell ohne diese zeitliche Begrenzung verwendbar ist, aber ist es vielleicht erst einmal vorteilhafter, zunächst mit der leichter einzugrenzenden Kurztherapie zu arbeiten.

Ich vermute, daß die Zeitbegrenzung dabei eine Rolle spielt, wenn die Autoren vorschlagen, die Therapeutin solle einen thematischen Schwerpunkt formulieren und verfolgen (allerdings haben sich die Autoren in diesem Punkt lobenswerterweise nicht starr festgelegt). Ich denke, es wird sich erst noch zeigen, ob und inwieweit es – selbst in der zeitlich begrenzten Therapie – wirklich notwendig ist, einen solchen Schwerpunkt zu formulieren, und ob diese Festlegung nicht vielleicht eher stört, wenn man, dem Modell folgend, seine Aufmerksamkeit explizit den Übertragungen und Gegenübertragungen widmet. Zwar ist mir klar, daß eine thematisch völlig offene Haltung den Anschein erwecken kann, hier werde ein zielloses Hin- und Herspringen begünstigt – was gerade dann besonders ungünstig ist, wenn die Zeit und die Häufigkeit der Sitzungen begrenzt sind. Doch ich meine, daß abzuwarten bleibt, ob sich ein Thema nicht vielleicht genausogut oder besser entwickelt, wenn man dem Patienten trotz der begrenzenden Faktoren mehr Spielraum zur Bestimmung dieses Themas läßt.

Glücklicherweise werden wir, dank Strupps intensiver Forschungsarbeit mehr über diese Punkte erfahren, denn er und seine Kollegen werden das hier so klar und ausgezeichnet beschriebene Modell in einem ausführlichen Forschungsprogramm einem Praxistest unterziehen. Wir werden also erfahren, wie konsequent sich die Therapietechnik gebrauchen läßt, wie der Therapieprozeß verläuft und zu welchem Ergebnis er bei Patientinnen und Patienten mit unterschiedlichem Krankheitsgrad führt. Bekanntermaßen hat in der Psychotherapie die Forschung bislang wenig Einfluß auf die Praxis gehabt. Es besteht Grund zur Hoffnung, daß wir bald eine Ausnahme von dieser unglücklichen Regel erleben werden.

Dr. med. Merton M. Gill

Vorbemerkungen

Die Psychotherapietechniken werden herkömmlicherweise als weitreichende Strategien beschrieben, die in allgemeinen Prinzipien verankert sind, denen wiederum eine Theorie zugrundeliegt. In Freuds umfangreichem Werk finden sich zum Beispiel verhältnismäßig wenige Schriften, die sich speziell mit Techniken befassen, und bekanntermaßen hat er niemals eine größere Abhandlung zu diesem Thema veröffentlicht (siehe Strachey, 1958). Auf der einen Seite wollte er nicht, daß zukünftige Patienten zuviel über die Funktionsweise der Psychoanalyse wüßten, auf der anderen befürchtete er, daß ein Buch über die Techniken eine offene Einladung an Möchtegerntherapeuten sein könnte, eine »wilde Analyse« zu praktizieren (ohne sich einer ordentlichen Ausbildung unterzogen zu haben). Spätere Autoren (Fenichel, 1977; Greenson, 1975; Menninger, 1977) brachen zwar mit dieser Tradition, aber nach wie vor wurden die Techniken nur recht allgemein beschrieben. Man hielt es für selbstverständlich, daß sich jeder, der Therapeut werden wollte, einer intensiven und langwierigen Ausbildung unterziehen müßte, zu deren Eckpfeilern Seminararbeit, Lehranalyse und das Arbeiten unter Supervision gehörten. Die psychotherapeutische Praxis galt immer schon als komplexe klinische Kunst, die eine lange Ausbildung erfordert. Dies wird auch heute noch so gesehen, und es besteht allgemeine Übereinstimmung darüber, daß sich psychotherapeutische Fähigkeiten und Fertigkeiten kaum aus einem Buch erlernen lassen – genauso wie man ohne Praxis und ausführliche Anleitung kaum Maler, Pianistin oder Chirurg werden kann.

Neben ihrer Funktion für Ausbildung und Praxis können Beschreibungen psychotherapeutischer Techniken noch anderen Zwecken dienen. Zum Beispiel ergeben sich aus ihnen objektive Kriterien zur Beurteilung der Frage, ob eine Therapeutin sich an die Hauptprinzipien der von ihr angeblich praktizierten Therapieform hält. Viele Jahre lang wurde stillschweigend davon ausgegangen, daß Therapeuten, die angaben, Psychoanalyse, psychoanalytische Psychotherapie, klientenzentrierte Therapie, Verhaltenstherapie oder eine der vielen anderen in den letzten Jahrzehnten hinzugekommenen Therapieformen zu praktizieren, die von ihnen genannte Therapieform auch tatsächlich anwendeten. Außerdem nahm man an, daß *alle* Therapeutinnen und Therapeuten, die sich mit einer bestimmten theoretischen Richtung identifizierten, *dieselbe* Therapieform praktizierten.

Glover (1955), der sich auf bereits früher erhobene Daten über eine angeblich äußerst homogene Gruppe britischer Psychoanalytiker stützte, gehörte zu den ersten Autoren, die diese Annahme in Zweifel zogen. Als dann neue Theorien und Techniken entstanden, sich die Ausbildung auf eine Vielzahl von Zentren verteilte und immer mehr Therapeuten mit sehr unterschiedlichem Hintergrund ihre Arbeit aufnahmen, verloren die theoretischen Bezeichnungen zunehmend an wirklich greifbarem Sinn. Der Begriff *eklektisch,* den viele Therapeuten heutzutage gebrauchen, um ihre Richtung und ihre Praktiken zu beschreiben, ist so vage, daß er sich einer genauen Definition entzieht.

Daß man in letzter Zeit auf einer genaueren Beschreibung der Behandlungsformen beharrt, scheint seinen Grund in mindestens drei wesentlichen Faktoren zu haben. Der erste läßt sich auf den wachsenden Einfluß der Forschung und den für streng wissenschaftliche Untersuchungen anerkanntermaßen bestehenden Bedarf zurückführen (Strupp & Bergin, 1969; Bergin & Strupp, 1972). Kurz gesagt, liegt das Credo jedweder wissenschaftlicher Bemühungen in der Spezifizität oder Genauigkeit. Will man also Phänomene und Prozesse untersuchen, so muß man sie definieren und, wenn möglich, quantifizieren. Globale Beschreibungen psychotherapeutischer Techniken genügen daher nicht.

Manche Zeitschriftenredakteure stellen inzwischen Manuskripte in Frage, in denen etwa behauptet wird, eine Gruppe »neurotischer Patienten« sei mittels »analytisch ausgerichteter Psychotherapie« behandelt worden. Ebensowenig kann von einem sinnvollen Konsens ausgegangen werden, wenn die in einer Fallgeschichte erwähnten Techniken nur andeutungsweise beschrieben sind. Kiesler (1966) gehörte zu den ersten, die den »Einheitlichkeitsmythos« erschütterten – die Ansicht, daß Patienten, Therapeuten und Techniken austauschbare Einheiten darstellten.

Der zweite Faktor geht auf gesellschaftliche Zwänge zurück, die sich zum Beispiel darin äußern, daß Versicherungsgesellschaften und staatliche Institutionen genauere Angaben über die Therapien fordern, deren Finanzierung sie genehmigen sollen. Der dritte Faktor betrifft die Qualifikation der Therapeuten, die eine bestimmte Form der Psychotherapie praktizieren. Im Hinblick auf Fragen der Zulassung und andere gesetzgeberische Maßnahmen kommt man nicht umhin, Kriterien zu entwickeln, nach denen sich beurteilen läßt, ob eine Therapeutin bestimmte Kompetenznormen erfüllt.

In letzter Zeit kann das Erscheinen von sogenannten Therapiehandbüchern als Antwort der klinischen Forschung auf die Forderung nach größeren Spezifizität gesehen werden. So haben etwa Beck, Rush, Shaw und Emery (1986) ein Handbuch kognitiver Therapien verfaßt; Klerman, Rounsaville, Chevron und Weissman (1984) haben ähnliches in bezug auf die interpersonelle Psychotherapie geleistet; und Luborsky (1984) hat ein Buch geschrieben, das vielleicht als erstes Handbuch der psychoanalytischen Therapie gelten kann. Im allgemeinen geht man davon aus, daß sich behavioristische Techniken leichter spezifizieren lassen als Methoden, die auf psychodynamischen Konzeptionen beruhen; dennoch ist diese Aufgabe nicht unlösbar. Bisher haben Therapiehandbücher hauptsächlich im Rahmen kontrollierter Forschung Anwendung gefunden; als wesentliches Beispiel sei hier die Depressionsstudie des *National Institute of Mental Health* genannt (»National Institute of Mental Health Collaborative Study of Depression«).

Auch der vorliegende Band war ursprünglich als reines Therapiehandbuch geplant. Als solches ist er aus der Arbeit der Forschungsgruppe Psychotherapie an der Vanderbilt-Universität hervorgegangen und bildet im übrigen auch die Grundlage für eine systematische Studie über die Psychodynamische Kurztherapie, die gegenwärtig an der Vanderbilt-Universität erstellt wird. Wir glauben jedoch, daß wir hier über die kodifizierende Erfassung einer traditionellen Form der therapeutischen Praxis hinausgegangen sind. Wir haben uns vielmehr bemüht, unser Verständnis der psychoanalytischen Psychotherapie, das sich im Laufe der Jahre herausgebildet hat, zu einem Gesamtbild zu vereinen und ein zeitgemäßes Modell dieser Therapieform vorzulegen. Wir betrachten dieses Buch als Anleitung zu einer verfeinerten Form der Psychodynamischen Kurztherapie und als Versuch, den Leserinnen und Lesern ein Modell psychoanalytischer Psychotherapie an die Hand zu geben, das auch ohne zeitliche Begrenzungen breite Anwendungsmöglichkeiten besitzt.

Der vorliegende Band wird als Therapiehandbuch und Lehrmaterial in der Ausbildung von Therapeuten eingesetzt, deren therapeutische Tätigkeit Gegenstand systematischer Untersuchungen im Rahmen der erwähnten Vanderbilt-Studie ist. Wir sind insbesondere daran interessiert zu erforschen, inwieweit eine spezialisierte Ausbildung eine meßbare Auswirkung auf den Therapieprozeß und dessen Ergebnis hat. Zweitens werden wir untersuchen, welche Arten von Patienten von dieser Methode profitieren können, und welche – zweifellos vorhandenen – Grenzen dieser Ansatz hat. Wir werden erforschen, was Therapeuten lernen, wie sie das Gelernte anwenden und wie sich das Gelernte auf den Therapieprozeß und dessen Ergebnis auswirkt. Wir werden also, kurz gesagt, ausführlich und eingehend untersuchen, inwieweit hier die systematische Ausbildung von Therapeuten einen Unterschied macht. Bisher gibt es unseres Wissens keine entsprechenden Untersuchungen.

Der weiteren Zielvorstellung nach ist unser Modell der Psychodynamischen Kurztherapie ein einzeltherapeutischer Ansatz, der klinische Konzepte aus mehreren psychodynamischen Richtungen in sich vereint. Ziel der Therapie ist es, Patientinnen und Patienten zu helfen, die mit ihrem Leben nicht zurechtkommen und deren Schwierigkeiten sich in Form von Ängsten, Depressionen und zwischenmenschlichen Problemen äußern, die als Produkt chronischer Fehlanpassungen gesehen werden. Das hier vorgestellte Modell der Psychodynamischen Kurztherapie zielt nicht in erster Linie auf die Linderung akuter Symptome – obwohl natürlich in diesem Bereich Fortschritte erwartet werden. Uns geht es vielmehr um eine dauerhaftere Veränderung der Charakterstruktur des Patienten.

Wir gehen von der Hypothese aus, daß durch frühere Schwierigkeiten mit wichtigen Bezugspersonen – sogenannten *bedeutsamen Anderen (significant others)* – zwischenmenschliche Beziehungsmuster entstanden sind, die ursprünglich eine Selbstschutzfunktion hatten, jetzt aber anachronistisch und scheiternsfixiert sind und von einer Fehlanpassung zeugen. Im Mittelpunkt dieser Probleme stehen eine mangelnde Selbstachtung, die Unfähigkeit, befriedigende und dem Bedürfnis nach Nähe entsprechende zwischenmenschliche Beziehungen einzugehen, sowie Störungen, die ein Leben als selbständiger Erwachsener beeinträchtigen. Soweit diese Schwierigkeiten grundlegende Aspekte der Persönlichkeitsstruktur des Patienten und seines interpersonellen Repertoires betreffen, kommen sie meist dann ins Spiel, wenn der Patient eine Beziehung mit einer für ihn wichtigen Person eingeht (wozu auch die Therapeutin gehört). Obwohl das zwischenmenschliche Verhalten des Patienten – die »Inszenierung« – Ursache für seine aktuellen Schwierigkeiten ist, bildet es doch auch eine einzigartige Gelegenheit für bedeutsame Korrekturen. Das Modell der Psychodynamischen Kurztherapie versucht, die im Rahmen der Patient-Therapeut-Beziehung auftretenden Verhaltensmuster zu identifizieren und durch diesen Prozeß therapeutische Veränderungen in der Wahrnehmung und den Gefühlen des Patienten und in der Qualität seiner zwischenmenschlichen Beziehungen zu erzielen. Die Psychodynamische Kurztherapie dient also dazu, zwischenmenschliches Lernen in einem speziellen menschlichen Rahmen zu ermöglichen, nämlich im Rahmen einer auf gemeinsamer Arbeit gründenden Therapiebeziehung.

Das Schwergewicht liegt hier auf den Transaktionen, die sich aktuell zwischen Patient und Therapeutin abspielen; der Patient soll die Rolle und Funktion, die sie in seinem jetzigen Leben haben, besser verstehen lernen und sich ihrer zunehmend bewußt werden. Die Therapiebeziehung dient also sowohl dazu, die Lebensprobleme des Patienten in einer Art Laborsituation am »lebenden Objekt« zu untersuchen, als auch dazu, diese Probleme zu korrigieren. Wenn die Psychodynamische Kurztherapie für einen Patienten von Nutzen sein soll, muß er in der Lage sein, mit der Therapeutin eine gemeinsame Arbeitsbeziehung aufzubauen.

Die Hauptwerkzeuge der Therapeutin sind empathisches Zuhören, das Verstehen der Psychodynamik der gegenwärtigen Schwierigkeiten des Patienten vor dem Hintergrund seiner Lebensgeschichte sowie die Verdeutlichung der Tatsache, daß ein Scheitern in dieser Dynamik bereits angelegt ist. Ein Schlüsselproblem ist in diesem Zusammenhang der Widerstand des Patienten gegen Veränderungen sowie die Tricks, die er unbewußt anwendet, um die therapeutischen Bemühungen zu durchkreuzen. Die Aufmerksamkeit konzentriert sich ganz darauf, wie der Patient die Interaktionen deutet und wie er sich der Therapeutin gegenüber verhält, die für ihn nicht nur eine gegenwärtig wichtige Bezugsperson, sondern auch eine Personifizierung vergangener Beziehungen ist. Wenn die Therapeutin besonders auf die Inszenierungen *(enactments)* des Patienten achtet, geben ihr darüber hinaus die eigenen Gefühlsreaktionen wichtige Hinweise. Mit anderen Worten wird hier die Beziehung zwischen Patient und Therapeutin als dyadisches System verstanden, bei dem das Verhalten der beiden Beteiligten von ihnen selbst immer wieder aufmerksam untersucht wird. Hauptziel der Psychodynamischen Kurztherapie ist es, eine konstruktive menschliche Erfahrung zu vermitteln, die zu einer qualitativen Verbesserung der zwischenmenschlichen Beziehungen des Patienten führt.

Wichtige theoretische Vorläufer dieses Modells sind kaum zu übersehen. Von größter Bedeutung sind hier natürlich grundlegende psychoanalytische Prinzipien: Übertragung, Gegenübertragung und Widerstand sowie das wachsende Verständnis der Abwehrfunktionen des Ichs. In unseren Ansatz haben auch neuere Übertragungs- und Gegenübertragungsvorstellungen Eingang gefunden (die wir später diskutieren werden) sowie Ideen, die auf Harry Stack Sullivans Theorie der zwischenmenschlichen Beziehungen zurückgehen (Anchin & Kiesler, 1982), außerdem die Theorie der Objektbeziehungen (Kernberg, 1981) sowie Anwendungen der allgemeinen Systemtheorie (Bateson, 1981; Haley, 1978; Watzlawick, 1988; Watzlawick, Weakland & Fisch, 1984).

Die Ideen von Alexander und French (1946), die ihrer Zeit weit voraus waren, haben unser Denken stark beeinflußt, ebenso die Veröffentlichungen einiger Spezialisten der Psychodynamischen Kurztherapie, mit deren Beiträgen wir uns in Kapitel 1 befassen werden. Ein wichtiger Punkt besteht auch darin, daß die Psychodynamische Kurztherapie – dem allgemeinen Trend in der heutigen psychoanalytischen Theorie entsprechend – klinische Beobachtungen und therapeutische Arbeitsweisen vom Einfluß der Metapsychologie befreien möchte, deren Bedeutung für die therapeutische Arbeit zunehmend in Frage gestellt wird (Gill, 1976, 1979; Klein, 1976; Schafer, 1982, 1983). Unser Ziel ist es, uns möglichst eng an klinische und empirische Daten zu halten und soweit wie möglich Schlußfolgerungen auf höheren Ebenen und komplexe theoretische Konstruktionen zu vermeiden. Entsprechend dieser Gewichtung werden wir auch versuchen, alle Theorieaspekte beiseitezulassen, aus denen sich für die therapeutische Praxis keine offensichtlichen Konsequenzen ergeben. Insofern beziehen sich bei uns Begriffe wie Symptom, Widerstand, Übertragung, Interpretation etc. nicht auf klar unterschiedene Klassen von Phänomenen; die Bedeutung der Begriffe definiert sich vielmehr durch die Vorgänge, die sich zwischen Patient und Therapeutin abspielen, und durch deren anpassungsbezogene Relevanz für den Patienten.

Wenn ein neues psychotherapeutisches »System« eingeführt wird, wird meistens behauptet, es sei so effektiv wie kein anderes. Die zur Verfügung stehenden Forschungsdaten (Bergin & Lambert, 1978) deuten stark darauf hin, daß derzeit keine Form der Psychotherapie berechtigterweise derartiges von sich behaupten kann. Außerdem ist es ein weitverbreitetes Mißverständnis, zu glauben, spezielle »Techniken« könnten zu besseren Therapieergebnissen führen. Auch hier gibt es kaum Belege, die die Ansicht stützen, daß Techniken an sich schon für bestimmte Therapieresultate ausschlaggebend sind. Bei derartigen Diskussionen wird der zwischenmenschliche Kontext von Patient und Therapeutin häufig nicht genügend berücksichtigt, in den die Therapietechniken immer eingebunden sind. Es muß auch betont werden, daß die Fähigkeit und Bereitschaft des Patienten, mit der Therapeutin zusammen eine produktive Arbeitsbeziehung aufzubauen, ein für das Therapieergebnis entscheidender Faktor ist.

Mit diesen Bemerkungen wollen wir allerdings nicht so verstanden werden, daß auch wir die pessimistische, doch zur Zeit weitverbreitete Ansicht teilen, sämtliche Techniken seien im Grunde genommen gleich, die technischen Fertigkeiten der Therapeutin seien ohne Bedeutung, und jeder Mensch, der zu Empathie und einem gewissen Maß an Wärme fähig sei, könne die therapeutische Rolle effektiv ausfüllen. Unser Ansatz gründet sich im Gegenteil gerade auf die Hypothese – deren Stichhaltigkeit wir zur Zeit in einem Forschungsprojekt empirisch überprüfen –, daß eine Therapie durch Techniken, die auf einem zusammenhängenden theoretischen Rahmen basieren, wesentlich gefördert wird.

Natürlich läßt sich auf das Verhalten eines Menschen in vielerlei Weise therapeutisch Einfluß nehmen. Dies spricht aber nicht dagegen, die Psychotherapie als klinische und wissenschaftliche Disziplin weiterzuentwikkeln, selbst wenn die (mit den heutigen groben Instrumenten gemessenen) Ergebnisse scheinbar die gleichen sind. Uns scheint in folgender, oft gehörter Argumentationskette ein ernster Fehler zu stecken: Die meisten Menschen ziehen aus Gesprächen, bei denen sie sich von einem wohlwollenden Zuhörer akzeptiert und verstanden fühlen, einen therapeutischen Nutzen und – besonders bei kurzen Begegnungen – sind die Ergebnisse offenbar kaum von denen zu unterscheiden, die von sehr qualifizierten Therapeuten erzielt werden; also muß man, so lautet die Argumentation, zu dem Schluß kommen, daß die Fähigkeiten eines erfahrenen Psychotherapeuten keine Rolle spielen, daß die Psychotherapie mit dem Gesundbeten auf einer Ebene liegt, daß sich vom intensiven Studium der zwischen Patient und Therapeutin ablaufenden Interaktionen kaum etwas lernen läßt und daß sich das, was wir heutzutage über Psychotherapie wissen, nicht wesentlich von Volksweisheiten unterscheidet, die seit Jahrtausenden intuitiv verfügbar sind.

Genauso wenden wir uns gegen die heute verbreitete Auffassung, die Psychotherapietechniken seien – unabhängig von der Therapeutin, die sie praktiziere, und von dem Patienten, auf den sie Anwendung fänden, – nachweislich zuverlässig und wirksam. Vielmehr bemühen wir uns im ganzen Buch zu zeigen, daß Techniken in der Psychotherapie zwar von entscheidender Bedeutung sind (und insofern erforscht, erlernt, gelehrt und verfeinert werden müssen), daß sie aber auch unlösbar in den zwischenmenschlichen Kontext der Therapiebeziehung von Patient und Therapeutin eingebettet sind. Eine kompetente Psychotherapeutin beherrscht und praktiziert unserer Ansicht nach komplexe Techniken; doch von den Therapieergebnissen läßt sich höchstens teilweise auf den Wert dieser Fähigkeit schließen. Kurz gesagt glauben wir, daß – wenn man die Dinge nicht übertrieben vereinfacht darstellen will – sich die Psychotherapie nicht mit einer Arznei gleichsetzen läßt, die so stark ist, daß die näheren Umstände – der allgemeine Gesundheitszustand des Patienten, chronische Leiden, Komplikationen und ähnliches – keine Rolle spielen. Angemessener ließe sich hier verallgemeinernd sagen, daß die Psychotherapie dann »funktioniert«, wenn der »richtige« Patient und die »richtige« Therapeutin zusammen eine produktive Arbeitsbeziehung aufbauen. Der Ausdruck *produktive Beziehung* beschreibt den Schlüssel zum Erfolg oder Scheitern der Therapiearbeit. Bei dieser Gleichung bedürfen alle Begriffe unbedingt einer Spezifizierung, und das gilt auch für den Begriff *Psychotherapie* selbst. In diesem Buch werden wir uns bemühen, genauer darzulegen, welche Arten von Problemen, Menschen und Verfahrensweisen für uns von besonderem Interesse sind.

Das Buch versucht, einen Überblick über die Psychodynamische Kurztherapie zu geben und deren Ansatz mit Hilfe klinischer Beispiele zu veranschaulichen. Auf diese Weise hoffen wir, unseren Leserinnen und Lesern eine klare Vorstellung von den Grundideen, Prinzipien und empfohlenen Therapietechniken zu vermitteln. Für eine kleine Gruppe von Therapeuten, die an unserer Voruntersuchung beteiligt waren, haben sich unsere Formulierungen bei ihrer Ausbildung als hilfreich erwiesen; umgekehrt haben unsere Formulierungen auch durch die dort erlangten Erkenntnisse gewonnen. Der vorliegende Band soll hauptsächlich folgenden Personengruppen dienen: praktizierenden Therapeuten, die eine Verbesserung ihrer Fähigkeiten und Fertigkeiten anstreben; jungen Diplompsychologen, die im klinischen Bereich arbeiten; Assistenzärzten, die in der Psychiatrie tätig sind, sowie Studenten der anderen psychotherapeutischen Berufe.

Vor allem hoffen wir, daß das Buch zur Ausbildung *denkender* Therapeuten beitragen wird – Kliniker, die in ihrem Beruf eine disziplinierte Tätigkeit sehen, welche sich aus einem Zuwachs an klinischer Erfahrung und wissenschaftlich gesicherten Fakten entwickelt. Die therapeutische Praxis ist eine klinische Kunst und sollte als ein Prozeß betrachtet werden, der ständig hinterfragt und wissenschaftlich untersucht werden muß. Kurz zusammengefaßt glauben wir, daß die Therapie einer Reise gleicht und daß es eine große Reiseerleichterung ist, wenn die Therapeutin eine »Landkarte« benutzt, aus der die Reisenden ersehen können, wo sie zur Zeit sind, wohin sie gehen könnten und wie sie wohl am besten dort hingelangen. Wie jede Therapeutin und jeder Therapeut bestätigen wird, läuft man nämlich immer wieder Gefahr, sich zu verirren.

Hans H. Strupp
Jeffrey L. Binder

Dank

Das *National Institute of Mental Health* unterstützte dankenswerterweise das Forschungsprojekt der Vanderbilt-Universität durch ein Forschungsstipendium für den Projektleiter Hans H. Strupp und hat so die Entstehung dieses Buches ermöglicht. Zahlreiche Mitarbeiter des Vanderbilt-Forschungsteams haben ihrerseits wesentliches zu unserer Veröffentlichung beigetragen. Zu besonderem Dank sind wir Dr. Thomas E. Schacht, *Research Assistant Professor* am Vanderbilt-Psychotherapieforschungszentrum, verpflichtet; er hatte an der Entstehung des 5. Kapitels maßgeblichen Anteil. Seine Mitarbeit am Forschungsprojekt wurde ebenfalls durch ein Stipendium des *National Institute of Mental Health* ermöglicht. Dr. Gloria J. Waterhouse, ein ehemaliges Mitglied unseres Forschungsteams, hat bei der Erstellung früherer Versionen des Manuskripts eng mit uns zusammengearbeitet; sie half uns mit ihrer konstruktiven Kritik. Dr. Merton M. Gill möchten wir für seine Unterstützung und sein lebhaftes Interesse an unserer Arbeit danken. Seine kritischen Anmerkungen und Vorschläge haben sich als besonders wertvoll erwiesen; seine kreativen Veröffentlichungen zur Rolle der Übertragung und ihrer Analyse haben unsere eigenen Formulierungen stark beeinflußt. Dr. Allen A. Bergin, ein alter Freund, hat das Manuskript kritisch durchgesehen und eine Reihe präziser Verbesserungsvorschläge gemacht.

Die Zusammenarbeit mit Frau Judith Greissman, der Cheflektorin von Basic Books, war uns ein Vergnügen. Für ihre begeisterte Unterstützung und einfühlsame Anleitung sind wir ihr sehr dankbar.

Abschließend gilt unser Dank unserer Sekretärin, Frau Esther Stuart, die für uns geduldig unzählige Entwürfe und immer wieder überarbeitete Textfassungen getippt hat.

1
Überblick und Hintergrund

Die Kurzpsychotherapie gilt in zunehmendem Maße als Therapieform der Zukunft, und dies scheint vor allem auf ambulante psychotherapeutische Dienste *[outpatient mental health services]* zuzutreffen (Barten, 1969; Budman, 1981; Budman & Gurman, 1983; Small, 1979). Für diese Entwicklung gibt es verschiedene Gründe, von denen die folgenden besonders bedeutsam erscheinen: Erstens zeigen statistische Erhebungen unabhängig von den theoretischen Vorlieben der Therapeuten und unabhängig von den von ihnen benannten Therapiezielen durchgängig, daß die meisten ambulanten Therapien nicht länger als 20 Sitzungen dauern und daß selbst in Privatpraxen die Therapien in der Regel nicht über 26 Sitzungen hinausgehen (Pardes & Pincus, 1981). Zweitens bereitet den Versicherungsgesellschaften, die Psychotherapien finanzieren, sowie den Gesetzgebern und Politikern das Problem der Kostenexplosion immer größere Sorgen. Also wird *Rechenschaft* verlangt, und man erwartet, daß die Therapeuten die Zuverlässigkeit, Wirksamkeit, Eignung und Kosteneffektivität der verschiedenen Psychotherapieformen dokumentieren. Drittens werden durch den Wandel im Gesundheitswesen anscheinend Systeme wie die der ambulanten Gesundsheitsvorsorge begünstigt, die in der Regel großen Wert auf Kosteneffektivität legen und die Anzahl der ambulanten Psychotherapien, die sie genehmigen, entsprechend einschränken (bislang gelten für stationäre Psychotherapien, die natürlich wesentlich kostenträchtiger als ambulante Therapien sind, weniger Einschränkungen).*

Viertens wächst das Interesse an zeitlich begrenzter Therapie, da die Forschung bisher keinen überzeugenden Beweis erbracht hat, der für eine Langzeittherapie (einschließlich der Psychoanalyse) spricht. Fünftens und letztens haben verschiedene Entwicklungen auf dem Gebiet der Kurzzeittherapie selbst zu einer skeptischeren Einstellung gegenüber der traditio-

---

* Es gibt Anhaltspunkte dafür, daß bei der nichtstationären Psychotherapie die Langzeittherapien einen Großteil der Kosten verursachen. In einer Untersuchung heißt es, daß 75 Prozent der ambulanten psychotherapeutischen Behandlungen auf das Konto von Patienten gehen, die 20 oder mehr Sitzungen im Jahr in Anspruch nehmen. In einer anderen Studie ist von 86 Prozent die Rede. Andererseits verursachen stationäre Behandlungen mehr als die Hälfte und manchmal bis zu 80 Prozent der Gesamtkosten der psychotherapeutischen Versorgung der Bevölkerung (McGuire & Frisman, 1983).

nellen Ansicht geführt, daß eine Kurzpsychotherapie bestenfalls einen schwachen Ersatz für intensivere und langwierigere Therapiebemühungen darstelle.

Die erwähnten Entwicklungen haben vor allem eine technische, wirtschaftliche und politische Stoßrichtung. Sie zielen nicht grundsätzlich auf eine Erweiterung des Wissens, also etwa auf ein besseres Verständnis der Mechanismen einer wirksamen Psychotherapie. Natürlich können Verbesserungen in der Therapietechnik zu vermehrten wissenschaftlichen Erkenntnissen führen, doch gelten diese meist als zweitrangig. Die Betonung liegt zur Zeit vielmehr größtenteils auf pragmatischen Überlegungen: Funktioniert es und wieviel kostet es? Und nicht: Wie funktioniert es?

Diese Unterscheidung ist von Bedeutung, weil sie offenbar auf der Annahme beruht, das vorhandene Wissen reiche zur Unterstützung therapietechnischer Entwicklungen aus. Man könnte natürlich einwenden, daß sich die beiden Ziele nicht gegenseitig auszuschließen brauchen und daß sich in der Wissenschaftsgeschichte viele Beispiele dafür finden, daß bei dem Versuch, irgendein praktisches Problem zu lösen, schon wichtige Fortschritte für den wissenschaftlichen Kenntnisstand erzielt wurden. Unsere Sorge gilt der einseitigen Betonung der Therapietechnik und der Heftigkeit, mit der scheinbar divergierende Psychotherapieformen miteinander konkurrieren, sowie dem Umstand, daß die zwangsläufig langsamen und gewissenhaften Bemühungen, die auf ein besseres Verständnis der dynamischen Kräfte in der Psychotherapie abzielen, relativ geringe Beachtung finden. Die moderne Psychotherapie im allgemeinen und die Kurzzeit- oder zeitlich begrenzte Psychotherapie im besonderen laufen Gefahr, eine sehr hastige Entwicklung zu nehmen. Es bleibt abzuwarten, ob dabei eine geordnetere, wissenschaftliche Entwicklung einfach um- oder übergangen werden wird.

Die vorliegende Arbeit spiegelt unsere Überzeugung wieder, daß die Gesellschaft langfristig gesehen beträchtlichen Nutzen aus einer Forschung ziehen wird, die ein besseres wissenschaftliches Verständnis der für eine Therapie charakteristischen psychologischen Faktoren anstrebt. Wenn es dabei auch noch zu technischen Verbesserungen kommt, um so besser – aber sie sollten nicht das normale Ziel der Wissenschaft verdecken. Im ganzen Buch sind wir bemüht, auf bestehendem Wissen aufzubauen, und hoffen, es durch sorgfältige Forschungsarbeit zu erweitern. Darin ist übrigens eine andere Wurzel unseres Interesses an zeitlich begrenzter Psychotherapie zu finden: Wenn wir davon ausgehen können, daß dieselben dynamischen Faktoren, die in der Langzeittherapie zum Tragen kommen, auch in den kürzeren Formen am Werk sind, dann sind letztere unbedingt vorzuziehen, weil sie sich viel leichter und ökonomischer wissenschaftlich untersuchen lassen. Funktioniert die Psychotherapie? Keine Frage ist zu diesem Arbeitsbereich mit mehr Interesse, Leidenschaft oder Hartnäckigkeit gestellt worden, und das, obwohl sie auch nicht sinnvoller ist als die Frage: Funktioniert die Chirurgie oder die innere Medizin? Offensichtlich brauchen wir eine viel stärkere Spezifizierung der Begriffe. Obwohl es schwierig ist, eindeutige Antworten zu geben, hat eine Reihe angesehener Forscher beim Durcharbeiten der umfangreichen Literatur beachtliche Fortschritte erzielt (Bergin & Lambert, 1978; Luborsky, Singer & Luborsky, 1975; Meltzoff & Kornreich, 1970; Smith, Glass & Miller, 1980). Diese Forscher gelangen zu recht einheitlichen Schlußfolgerungen, deren Tenor Smith, Glass und Miller in beeindruckender Weise vermitteln; dabei stützen sie ihre Analyse auf 475 kontrollierte psychotherapeutische Untersuchungen:

Die Psychotherapie erweist sich durchgängig und auf sehr unterschiedliche Art und Weise als nützlich. Ihr Nutzen ist mit dem anderer kostspieliger und ehrgeiziger Interventionsformen wie etwa der schulischen Bildung und der Medizin vergleichbar. Die Psychotherapie hat keinen dauerhaften Nutzen, aber das ist auch anderweitig kaum der Fall.

Unterschiedliche Psychotherapiearten (Gesprächs-, Verhaltens-, psychodynamische oder klientenzentrierte Therapie oder systematische Desensibilisierung) haben keinen von Art oder Maß her unterschiedlichen Nutzeffekt.

Was den Nutzen einer Psychotherapie angeht, macht es kaum einen Unterschied, wie sie im einzelnen praktiziert wird (ob als Gruppen- oder Einzeltherapie, ob von erfahrenen oder noch unerfahrenen Therapeuten, ob über einen langen oder nur einen kurzen Zeitraum etc.).

Bei der Behandlung von ernsten psychischen Störungen ist die Psychotherapie kaum weniger effektiv als eine medikamentöse Therapie. Werden die beiden Behandlungsformen miteinander kombiniert, ist der Gesamtnutzen geringer als die Summe des einzeln erzielten Nutzens (S. 183–189).

Insgesamt sprechen die Ergebnisse verschiedener, voneinander unabhängiger Analysen deutlich für den Therapiebereich als ganzen. Am eindrucksvollsten ist vielleicht, welch stabile Wirkung all die unterschiedlichen Verfahren erzielen, die unter dem Oberbegriff Psychotherapie zusammengefaßt sind. Gleichgültig also, ob die Psychotherapie nun auf meisterhafte oder unvollkommene Art und Weise praktiziert wird, ob die Patienten sorgfältig oder willkürlich ausgewählt werden und ob die Therapie über einen kurzen oder langen Zeitraum geht, führt sie im allgemeinen zu einem positiven Ergebnis. Zumindest beweisen diese Ergebnisse, daß die Psychotherapie bei der Behandlung recht vieler psychischer Störungen ein nützliches Instrument ist, um so mehr als es häufig keine praktikablen Alternativen gibt. Zweitens scheinen Faktoren, die allen Psychotherapieformen gemein sind, für die Therapieergebnisse von größerer Bedeutung zu sein als spezielle, von einzelnen Therapierichtungen favorisierte Techniken.

Es wird oft übersehen, daß sich die Mehrzahl der Untersuchungen, die die Wirksamkeit der Psychotherapie belegen, auf Therapien bezieht, die die meisten dynamisch orientierten Therapeuten als kurz bezeichnen würden (das heißt, weniger als 50 Sitzungen und weniger als ein Jahr). Dieser Umstand ist nicht künstlich herbeigeführt, vielmehr geht es, wie bereits erwähnt, bei der Masse der ambulant durchgeführten Psychotherapien und bei den meisten Belegen, die deren Wirksamkeit dokumentieren, um zeitlich begrenzte Therapien. Dennoch bietet die große Mehrzahl der dynamisch orientierten Ausbildungsprogamme für Psychiater und Psychologen keine systematische Einführung in die Kurzzeittherapieformen an. Dieser Widerspruch wird in der Ausbildung von Anfang an deutlich: Den Studenten wird ein Langzeitmodell (im allgemeinen Psychoanalyse) vermittelt, während die meisten Patienten in Wirklichkeit nur für relativ kurze Zeit zur Therapie kommen. Dies führt dazu, daß die meisten Therapeuten bestrebt sind, improvisierte Kurztherapieformen zu entwickeln, um das Wissen, das sie sich im Laufe ihrer Ausbildung angeeignet haben, irgendwie auf die Realität der Praxis zu übertragen. Den meisten Therapeuten scheint die Übertragung dieses Wissens recht gut zu gelingen. Es mag auch für die Unverwüstlichkeit des Langzeitmodells sprechen, daß es Veränderungen der unterschiedlichsten Art verträgt. Andererseits ist es möglich, daß sich die mäßige Wirkung, die der Psychotherapie in der Regel zugeschrieben wird, vielleicht wesentlich verbessern ließe, wenn es systematische Ausbildungsprogramme gäbe, die auf spezifischeren Prinzipien beruhen und stärker mit den Realitäten der klinischen Praxis in Einklang stehen.

Auf dem Weg zu kürzeren Psychotherapieformen

In den letzten zwanzig Jahren spiegelt sich in der Literatur ein wachsendes Interesse an Kurzzeittherapien. Bei der Mehrzahl dieser Veröffentlichungen geht es allerdings um Einzelfälle oder um eine eng begrenzte Reihe von Fällen, die wegen spezifischer Probleme therapiert wurden (Dickdarmentzündung, Trauerreaktionen, panische Angstzustände). Bei den Kriseninterventionstechniken ist eine ähnliche Entwicklung zu beobachten (Bellak & Small, 1972; Small, 1979). Zwar bieten diese schriftlich festgehaltenen Bemühungen nützliche Ergänzungen zum therapeutischen Instrumentarium, aber sie liefern keine systematischen Modelle, die im Hinblick auf den Umgang mit verschiedenen Arten von Patienten den umfassenderen Modellen der zeitlich offenen *[open-ended]* Therapieformen gleichkämen. Im übrigen spiegelt sich in den meisten Berichten über Kurztherapietechniken – einschließlich der dynamisch orientierten – eine konservative Sicht der Kurzzeittherapie. Dieser Sicht zufolge eignen sich nur Individuen ohne große Funktionsstörungen und mit rezenten, leichten bis mäßigen Symptomen für eine solche Therapie, und deren Ziele beschränken sich auf eine Linderung oder Beseitigung der Symptome (Flegenheimer, 1982; Butcher & Koss, 1978; Malan, 1976*a*).

Ein alternativer Ansatz (Malan, 1976*a*) basiert auf einem radikalen Standpunkt und geht davon aus, daß sich mit Hilfe einer dynamischen Kurzzeittherapie bei entsprechend ausgewählten Patienten auch ausgeprägte und lange bestehende psychopathologische Formen so therapieren lassen, daß die Ergebnisse mit denen vergleichbar sind, die sich mit zeitlich offenen Therapien erzielen lassen (Flegenheimer, 1982; Malan, 1976*a*). Vertreter dieses Ansatzes haben umfassende Therapiesysteme zur Behandlung von Patienten mit unterschiedlichsten Beschwerden vorgelegt (Davanloo, 1978, 1980; Malan, 1976*a*; Mann, 1978; Mann & Goldman, 1982; Sifneos, 1979).

Allgemein gesagt gibt es für Befürworter der Kurzzeittherapie folgende Wahlmöglichkeiten:

1. Man kann sich Patienten aussuchen, bei denen aufgrund ihrer charakterlichen Veranlagung und der zum Ausdruck kommenden Schwierigkeiten schon relativ geringe Interventionen gute Therapieergebnisse garantieren.

2. Man kann die Therapieziele einschränken und festlegen, daß man sich mit einer relativ begrenzten Besserung zufrieden geben wird.

3. Man kann versuchen, die Therapietechniken so zu verbessern, daß sich therapeutische Veränderungen schneller einstellen. Hier ist allerdings eine Unterscheidung wichtig. Eine rasche Besserung ist nicht unbedingt auch eine dauerhafte Besserung. Außerdem kann es fraglich sein, ob ein bestimmter Ansatz menschlich vertretbar und im (wie auch immer definierten) besten Interesse des Patienten ist oder ob der Ansatz (in bezug auf Zeit, Anstrengung, Engagement und ähnliches mehr) mit berechtigten Forderungen an die Therapeutin in Einklang steht oder ob er sich mit anderen praktischen Überlegungen vereinbaren läßt.

Wenn wir – und das ist unser nächster Schritt – betrachten, wie weit man inzwischen in der Psychodynamischen Kurztherapie gekommen ist, werden wir sehen, daß sich wesentliche Anstrengungen in diesem Bereich bislang auf die genannten Themen erstrecken; Lösungen werden dadurch angestrebt, daß man versucht, die Patientenauswahl, die Ziele und geeigneten Therapietechniken besser aufeinander abzustimmen.

Im Anschluß an einen Abriß der historischen Entwicklung werden wir kurz darlegen, welche Ähnlichkeiten und Unterschiede zwischen der Psychodynamischen Kurztherapie und anderen Ansätzen bestehen. Betont werden muß an dieser Stelle, daß Forschungsergebnisse des gesamten Vanderbilt-Teams in das vorliegende Modell der Psychodynamischen Kurztherapie eingeflossen sind.

Der historische Hintergrund: Abriß und Kritik

Die Geschichte der Psychodynamischen Kurztherapie ist eng mit der Geschichte der Psychoanalyse verknüpft. Die meisten der Analysen, die Freud in den Anfangsjahren durchführte, würde man von heutigen Maßstäben her gesehen eindeutig als kurz bezeichnen. Seit der Jahrhundertwende wurden die Therapien allerdings immer länger und dauerten schließlich statt weniger Monate mehrere Jahre. Es ist interessant festzustellen, daß Freud (1905, *Gesammelte Werke*, Band 5*) dazu neigte, sich für die Länge seiner Analysen zu entschuldigen, auch wenn sie nur ein paar Monate dauerten. Um 1920 begannen einige von Freuds Mitarbeitern, vor allem Rank und Ferenczi, zu untersuchen, wie sich die üblicherweise mehrere Jahre in Anspruch nehmende analytische Behandlung abkürzen ließe. Ihre Empfehlungen legten sie in einer Monographie dar, die Mitte der zwanziger Jahre erschien (Ferenczi & Rank, 1924). Während Freud diesen Bemühungen anfangs wohlwollend gegenüberstand, änderte er bald seine Meinung und hielt derartige Bestrebungen nicht länger für ratsam. Die Einzelheiten dieser Entwicklungen sind von zahlreichen Autoren beschrieben worden (Flegenheimer, 1982; Malan, 1976a; Thompson, 1982) und brauchen hier nicht noch einmal dargestellt zu werden. Obwohl Ferenczi und Rank zur passiven Rolle des Analytikers und zu verschiedenen theoretischen Problemen einige Fragen aufwarfen, bestärkten sie vorherrschende Ansichten. So war der Zweck der Analyse »das *volle Durchleben* der Ödipusrelation

---

* Im folgenden als *GW* zitiert (*GW 5* bedeutet Band 5 der Gesammelten Werke).

im Verhältnis des Patienten zum Arzt [. . .], um sie dann mit Hilfe der Erkenntnis einer neuen, günstigeren Erledigung zuzuführen« (Ferenczi & Rank, 1924, S. 54).

Im Mittelpunkt der Überlegungen standen damals genau wie heute sowohl theoretische als auch praktische Anliegen. Im Jahre 1918 machte Freud (1918, *GW 12*) sich darüber Gedanken, wie er die Psychoanalyse größeren Teilen der Patientenpopulation zugänglich machten könnte – das heißt Menschen, die nicht so wohlhabend waren, seines Erachtens aber genauso Anspruch auf die Wohltaten der Psychoanalyse haben sollten. Seinen Lösungsvorschlag brachte er in dem berühmten Satz zum Ausdruck: »Wir werden auch sehr wahrscheinlich genötigt sein, in der Massenanwendung unserer Therapie das reine Gold der Analyse reichlich mit dem Kupfer der direkten Suggestion zu legieren« (S. 193). (Vor gar nicht langer Zeit wies ein ungenannter Kommentator daraufhin, daß eine Legierung meist stärker und dauerhafter ist als reines Gold!)

Breuers und Freuds (1973) frühe Versuche, hysterische Patientinnen zu therapieren, führten zu der Theorie, daß aufgestaute Affekte die treibende Kraft für neurotische Symptome bildeten und daß die Patientinnen unter Reminiszenzen litten, also unter traumatischen Erinnerungen, deren Begleitaffekte verdrängt worden waren. Mit Hilfe eines unter Hypnose ablaufenden nochmaligen Durchlebens dieser schmerzhaften Affekte sollte eine Besserung herbeigeführt werden. Aufgrund seiner Arbeit verstand Freud in der Folge natürlich immer besser, welche Bedeutung Kindheitskonflikte und die Kleinkindsexualität für die Entstehung von Symptomen und Schwierigkeiten haben, die den Patientinnen und Patienten dann als Erwachsene zu schaffen machen. Gleichzeitig kam er von der Hypnose als Therapietechnik ab und setzte die freie Assoziation an ihre Stelle. Die Übertragungs- und Widerstandsanalyse, mit deren Hilfe die Kleinkindneurose aufgedeckt werden sollte, wurde in der Therapie nun zur Hauptstrategie. Die Suche nach und Rekonstruktion von Neurosevorläufern in der Kindheit des Patienten trugen maßgeblich dazu bei, die Psychoanalysen immer länger werden zu lassen. Das nochmalige affektive Durchleben von Kindheitskonflikten in Gegenwart des Analytikers behielt allerdings einen herausragenden Stellenwert. Doch war Freud, wie Thompson (1982) anmerkt, mit den Therapieergebnissen wiederholt unzufrieden.

Wie Freuds Schriften belegen, war er bei der Beurteilung der Ergebnisse einer Psychoanalyse stets vorsichtig. Man könnte sagen, daß er hierzu Zeit seines Lebens eine ambivalente Einstellung hatte. In positiver Hinsicht sprach er von der Psychoanalyse (im Vergleich zu anderen Formen der Psychotherapie) stolz als »primus inter pares«. In negativer Hinsicht empfahl er, zur Psychoanalyse erst als letztes Mittel zu greifen; er beklagte deren Länge, die Schwierigkeiten, die einem Therapiefortschritt im Wege stünden, sowie die Unbeständigkeit der Therapieergebnisse. Er war sich auch bewußt, daß viele seiner berühmten Fälle keine glänzenden Erfolge waren, und immer wenn dieser Gedanke seine Stimmung beherrschte (was vor allem gegen Ende seines Lebens der Fall war), meinte er, die Psychoanalyse habe als Hilfsmittel zur Untersuchung innerpsychischer Vorgänge eine größere Zukunft als als Therapieinstrument. (Siehe Freud [1911– 1915], *GW 8 und 10*).

Es war ein langer Weg vom Therapieziel der Bewußtmachung verdrängter Erinnerungen bis zur schließlichen Betonung der Analyse der Gesamtpersönlichkeit. Zwar wurden die Therapeuten (etwa ab den zwanziger Jahren) immer ehrgeiziger, aber die Qualität der Therapieergebnisse wuchs nicht in entsprechendem Maße. Die längeren Analysen waren vielleicht gründlicher, führten jedoch nicht unbedingt zu besseren Resultaten.* Allerdings muß man zugeben, daß sich die Analytiker mit den Jahren immer schwereren Aufgaben zuwandten. Zum Beispiel stellt die Therapie eines *Borderline*-Patienten zweifellos andere Anforderungen als die Behandlung einer begrenzten Phobie. Auf jeden Fall sind bei therapeutischen Entscheidungen (1) die Art des Problems, (2) die Therapieziele und (3) die näheren Umstände sorgfältig zu bedenken. Dabei stellt sich vielleicht heraus, daß »länger« (oder »intensiver«) nicht unbedingt »effektiver« bedeutet und daß man im betreffenden Fall wohl besser nicht mit Kanonen auf Spatzen schießen sollte. Wenn gegenwärtig viel Wert darauf gelegt wird, so genau wie möglich herauszufinden, welche Ergebnisse sich von bestimmten therapeutischen Bemühungen mit bestimmten Patienten erwarten lassen (Bergin & Strupp, 1972), so ist dies eine neue Entwicklung, die sich in Zukunft sicher weitreichend auf die therapeutische Praxis auswirken wird. Diese Thematik wird uns das ganze Buch hindurch beschäftigen.

Doch zurück zum geschichtlichen Abriß: Die frühen Versuche, dem Trend zu längeren Analysen entgegenzuwirken, spiegelten auch grundlegende Meinungsverschiedenheiten wider, die zwischen Freud und seinen Schülern in bezug auf die therapeutischen Elemente der Psychoanalyse bestanden. Ferenczi und Rank (1924) erklärten, zwischen therapeutischen

---

* Bis heute haben wir keine unumstößlichen Beweise dafür, daß zwischen der Länge einer Analyse und dem Grad der therapeutischen Veränderung eine zuverlässige Beziehung besteht.

Veränderungen und dem Bearbeiten frühkindlicher Neurosen gebe es keinen zwingenden Zusammenhang; der letztgenannte Prozeß diene wohl dem wissenschaftlichen Ziel eines besseren Verständnisses der Persönlichkeitsentwicklung, sei für therapeutische Veränderungen aber nicht unbedingt erforderlich. Ferenczi und Rank waren vielmehr davon überzeugt, daß sich in der aktuellen Übertragung all das konzentriert, was aus der Vergangenheit des Patienten therapeutisch von Belang ist. Das emotionale Erleben des eigenen Kindheitskonflikts, so wie er sich aktuell in der Beziehung zur Therapeutin äußert, ist für den Patienten demzufolge das wesentliche Element einer therapeutischen Veränderung. Die Therapeutin, deren Verhalten sich von demjenigen der für den Patienten in der Vergangenheit wichtigen Bezugspersonen deutlich abhebt, ist dann implizit in der Lage, dem Patienten dabei zu helfen, seine Kindheitskonflikte in ihrer gegenwärtigen Manifestation emotional zu verstehen. Auf diese Weise rückten Ferenczi und Rank das von Freud und Breuer ursprünglich besonders betonte aktuelle affektive Erleben wieder in den Vordergrund, wenn sich auch der theoretische Kontext merklich verschoben hatte. Außerdem meinten sie, daß Therapeuten bei ihren Interpretationen eine aktivere Haltung einnehmen sollten; so werde die emotionale Spannung aufrechterhalten, und dadurch könnten sich die Grundkonflikte des Patienten im Hier und Jetzt der Übertragung besser äußern. Als letztes empfahlen sie noch, Therapeuten sollten einfühlsamer vorgehen und sich möglichst nicht so verhalten, daß sie die Übertragungserwartungen des Patienten bestätigten.

Solche Empfehlungen waren Freud und seinen Mitarbeitern aus verschiedenen, miteinander zusammenhängenden Gründen ein Greuel: Ferenczi und Rank schienen die Übertragung manipulieren zu wollen, statt sie sich frei entwickeln zu lassen; sie wiesen den Therapeuten eine aktive Rolle zu und wichen so vom Modell der »leeren Leinwand« ab, das Freud vertreten hatte; und im Gegensatz zur klassischen Sicht tendierten sie dazu, die Psychoanalyse zu einer Begegnung zweier Menschen zu machen. Zweifellos gab es auch noch andere Gründe; jedenfalls gerieten Ferenczis und Ranks Vorschläge bald in Verruf.

Die Arbeit in der oben skizzierten Richtung stagnierte dann, bis von Alexander und French (1946) in den vierziger Jahren ein neuer Anstoß ausging. Wie schon Ferenczi und Rank vor ihnen, stellten diese geachteten Analytiker die Annahme in Frage, daß die Tiefe und Beständigkeit von Therapieergebnissen in einem angemessenen Verhältnis zur langwierigen, auf psychogenetische Rekonstruktionen zielenden Arbeit stehen. Sie erklärten, daß es dann zu therapeutischen Veränderungen komme, wenn ein Patient im Hier und Jetzt der Übertragung chronische neurotische Konflikte oder Verhaltensmuster von neuem durchlebe, und griffen dadurch wieder etwas auf, was man die interpersonelle oder zwischenmenschliche Sicht nennen könnte. Damit ein neurotischer Konflikt therapeutisch verändert werden könne, müsse er in der Gegenwart lebendig sein. Folglich könnten nur solche Konflikte Gegenstand der Analyse werden, die in der Therapie wiederaufleben und von genügend intensiven Affekten begleitet sind. Außerdem waren Alexander und French der Überzeugung, daß sich Therapeut oder Therapeutin deutlich von den Rollenerwartungen abheben müßten, die ihnen in der Übertragung des jeweiligen Patienten zugewiesen werden, denn dadurch werde eine »korrigierende emotionale Erfahrung« ermöglicht. Gerade dies betrachteten Alexander und French als das wesentliche Element, das der Therapeut zum Therapieprozeß beiträgt. Wenn ein Patient zum Beispiel erwarte, von einer strafenden Autoritätsperson dominiert zu werden, solle der Therapeut in seinem Handeln ganz bewußt warmherzig und nachgebig sein. Die beiden Analytiker erkannten auch die Gefahr des Übertherapierens, insbesondere die Möglichkeit, daß der Patient vom Therapeuten zu abhängig werden könnte. Und so experimentierten sie mit Therapieunterbrechungen, variierten die Häufigkeit der Sitzungen und setzten Endtermine fest.

Das psychoanalytische Establishment stand diesen Verbesserungen sehr feindselig gegenüber und brachte die neuen Ideen schnell in Mißkredit. Wieder einmal konzentrierte sich die Opposition, die in ihrer Arbeit die orthodoxen Überzeugungen hinterfragte, vor allem auf das Thema der Manipulation der Übertragung. Indem Alexander und French die vom psychoanalytischen Establishment gehegten Ansichten in Frage stellten und Experimente befürworteten, bereiteten sie aber auch den Weg für jene begrifflichen Neubestimmungen und technischen Veränderungen, die für die Therapieszene der letzten Jahre kennzeichnend sind. (Darstellungen neuerer Entwicklungen finden sich bei Butcher & Koss, 1978; Castelnuovo-Tedesco, 1975; Small, 1979.) Zwar blieben Alexander und French dem psychoanalytischen Grundverständnis treu, traten aber engagiert für Flexibilität ein, und ihnen war klar, daß sich Fortschritte in der Therapietechnik nur durch eifriges Experimentieren und Infragestellen herrschender Praktiken erzielen lassen würden. Über mehrere Jahre hinweg gelang es ihnen nicht, mit ihrer Arbeit größeren Anklang zu finden, wenn auch im allgemeinen zugestanden wurde, daß ihre Ideen in gewisser Hinsicht nützlich sein könnten.

Diese Situation änderte sich langsam, als mehrere – bis in die siebziger Jahre hinein unabhängig von einander arbeitende – Gruppen insbesondere im Rahmen von Kurzzeittherapien mit technischen Veränderungen zu experimentieren anfingen. Die Tavistock-Gruppe (Balint, Ornstein & Balint, 1973; Malan, 1965, 1976 *a*, 1976 *b*, 1979) erarbeitete in den fünfziger Jahren systematische Studien über zeitlich begrenzte Therapien. Sifneos (1972, 1979), Mann (1978) sowie Mann und Goldmann (1982) begannen mit ihren jeweiligen Ansätzen in den sechziger Jahren, und Davanloo (1978, 1980) folgte wenig später ihrem Beispiel.* Diese relativ unabhängig voneinander arbeitenden Projekte gelangten zu erstaunlich ähnlichen Schlüssen:

1. Patienten, die schon seit langem an neurotischen und Persönlichkeitsproblemen litten, konnten mit einer dynamisch ausgerichteten Therapie in viel kürzerer Zeit therapiert werden, als bis dahin angenommen worden war.

2. Grundprinzipien psychoanalytischer Therapie – etwa die Deutung von Übertragungen und Widerständen – waren auf die zeitlich begrenzte Therapie übertragbar.

3. Mit dieser Therapieform ließen sich dauerhafte Veränderungen in der Persönlichkeitsstruktur hervorrufen.

Obwohl die von den vorgenannten Gruppen entwickelten Therapiemodelle bedeutende therapeutische Prinzipien miteinander gemeinhaben,

---

* Man sollte nicht den Fehler machen, daraus zu schließen, daß mit den im übrigen Kapitel beschriebenen Theorien und Techniken tatsächlich die Entwicklungen in der psychoanalytischen Technik seit Alexander und French (1946) erfaßt seien. Vielmehr richtet sich die Hauptströmung des psychoanalytischen Denkens auch weiterhin eher am intensiven Langzeitmodell aus, das immer noch einen überragenden Stellenwert besitzt. Im Gegensatz dazu nehmen die in diesem Kapitel hervorgehobenen Abweichungen in der psychoanalytischen Praxis nach wie vor eine Randstellung ein. Ein Hauptgrund dafür ist zweifellos, daß das Analytiker-Establishment psychoanalytischen Therapieformen, die mit einer zeitlichen Begrenzung arbeiten, mit anhaltender Skepsis begegnet und insbesondere die Ansicht vertritt, derartige Therapieformen seien bestenfalls ein schwacher Ersatz für eine ausgedehntere Behandlung.
    Wir wollen auch nicht den Eindruck erwecken, bei der Psychodynamischen Kurztherapie handele es sich um eine direkte Weiterentwicklung der im folgenden besprochenen Kurzzeittherapieansätze. In mancherlei Hinsicht trifft das zwar zu, doch sind wir, wie noch zu zeigen sein wird, in unserem Denken in vielleicht noch stärkerem Maße von theoretischen Entwicklungen (in der interpersonellen Theorie, der Objektbeziehungs- und Systemtheorie ebenso wie in der psychoanalytischen Theorie) beeinflußt worden, bei denen die zeitlich begrenzte Therapie kaum Beachtung gefunden hat. Wir betrachten es in der Tat als ein wesentliches Ziel unserer Arbeit, die letztgenannten Entwicklungen in einen mit zeitlicher Begrenzung arbeitenden Ansatz zu integrieren.

unterscheiden sie sich doch in mancher Hinsicht, vielleicht am augenfälligsten in bezug auf die Arten von Patienten, die jede Gruppe für geeignet hält. Das eine Ende des Spektrums bilden die Modelle von Sifneos und Mann; sie beschränken sich auf Patienten, die relativ wenig verhaltensauffällig, psychologisch interessiert und stark motiviert sind. Davanloo besetzt mit seinem Ansatz, der auf bestimmte Arten von Patienten mit Widerständen ausgerichtet ist, das andere Ende der Skala, während Malan eine Mittelstellung einnimmt. Um den mit zeitlicher Begrenzung arbeitenden dynamischen Psychotherapieansatz geschichtlich einzuordnen, werden wir zunächst etwas ausführlicher untersuchen, was diese Autoren zur Entwicklung beigetragen haben. Zwar stellen ihre Bemühungen keineswegs die einzigen dar, aber an ihnen läßt sich der derzeitige Trend veranschaulichen, der zu zeitlich begrenzten Therapiemethoden hingeht, die auf einer empirischen Basis *und* auf psychodynamischen Prinzipien beruhen.

Die Angst provozierende Kurzzeittherapie

Sifneos (1972, 1979) wollte herausfinden, ob sich psychoanalytisch ausgerichtete Methoden zu einer zeitlich begrenzten Psychotherapieform abwandeln lassen, die Patienten mit beträchtlichen neurotischen Problemen helfen könnte. In Einklang mit psychoanalytischen Lehrsätzen war bis dahin angenommen worden, daß sich bei Patienten, die unter akuten Störungen litten, durch eine (12 bis 20 Sitzungen umfassende) Kurzzeittherapie zwar eine Symptombeseitigung erreichen lasse, daß in solchen Fällen jedoch keine dauerhaften charakterlichen Veränderungen zu erwarten seien. Wenn praktische Erfordernisse keine andere Wahl ließen, hatte auch Freud (Breuer & Freud, 1973) hin und wieder Kurzzeitmethoden angewendet und dabei durchaus spektakuläre Erfolge erzielt, die er aber als Übertragungsheilungen oder Flucht in die Gesundheit abtat. Diese Tradition stellte Sifneos in Frage und entwickelte einen Ansatz, der sich unter anderem dadurch auszeichnet, daß er ein besonderes Gewicht (1) auf die Auswahl der Patienten und (2) auf spezielle Techniken legt.

Sifneos vertritt zwar die radikale Ansicht, daß eine zeitlich begrenzte Therapie tiefgehende und dauerhafte Veränderungen bewirken kann, seine Techniken und Auswahlkriterien sind jedoch im Vergleich zu anderen Kurzzeittherapeuten konservativ. Was die Patientenselektion anbelangt, so wählt Sifneos sorgfältig Patientinnen und Patienten aus, die trotz ihrer neurotischen Störungen eine bemerkenswerte Ich-Stärke zeigen. Elemente einer solchen Ich-Stärke sind unter anderem: Aufgeschlossenheit gegenüber psychologischen Fragen, Aufrichtigkeit, die Neigung zur Selbstbeobachtung, Neugier, die Bereitschaft zur aktiven Zusammenarbeit mit dem Therapeuten und zum Experimentieren mit angepaßteren Verhaltensweisen und außerdem realistische Erwartungen an die Therapie. Diese Kriterien werden unter dem Begriff der Motivation zur Veränderung (beziehungsweise der minimalen Abwehrhaltung) zusammengefaßt. Sifneos stellt auch die Bedingung, daß die Konflikte sich auf bestimmte eingegrenzte Funktionsbereiche beschränken (für gewöhnlich heterosexuelle Beziehungen) und sich ödipal beschreiben lassen (ein Dreiecksbeziehungskonflikt). Diese Bedingung erlaubt dem Therapeuten, für die Arbeit einen enggefaßten Zielbereich zu definieren: den ödipalen Fokus.

Sifneos konservative Auslesekriterien führen dazu, daß seine Wahl auf Patienten fällt, deren Schwierigkeiten in der Regel nur wenige oder geringe Probleme für die Therapiebeziehung mit sich bringen. Normalerweise sind diese Patienten stark motiviert, weil sie sich selbst besser verstehen lernen wollen, und akzeptieren bereitwillig die emotional distanzierte, interpretierende Rolle des Therapeuten. Und so spielt Sifneos zwar darauf an, wie wichtig die Gegenübertragungsproblematik sei, erklärt aber gleichzeitig, daß es in der Praxis »kaum Probleme mit Gegenübertragungen« gebe (1979, S. 90–92). Im Einklang mit diesem konservativen Ansatz sieht Sifneos in der Gegenübertragung einen Störfaktor, dessen Ursache seines Erachtens darin zu suchen ist, daß Therapeuten oft selbst nicht ganz verhindern können, daß bei ihnen die eigenen ödipalen Konflikte reaktiv wiederaufleben, wenn sich beim Patienten ähnliche Konflikte zeigen. Im übrigen rät Sifneos Therapeuten zur Selbstanalyse oder -therapie, wenn sie Gefahr laufen, ihre neutrale Haltung zu verlieren.

Der Auswahl geht nicht nur eine informelle Untersuchung des Geisteszustands, sondern vor allem auch eine detaillierte Anamnese voraus (um festzustellen, ob ödipale Probleme vorliegen); mit ihrer Hilfe sollen relevante Persönlichkeitsmerkmale erfaßt und beurteilt werden. Auf der Grundlage dieser Einschätzung wird dann ein Therapieschwerpunkt oder -fokus festgelegt und dem Patienten erläutert; das heißt, ihm wird sein fehlangepaßtes Verhalten intellektuell erklärt und dabei betont, daß hier ein anhaltender Einfluß von Beziehungsmustern ausgeht, die ihren Ursprung in Familienkonflikten haben.

Sifneos wollte zeigen, daß die Haupttechnik der Psychoanalyse, die psychogenetische Übertragungsinterpretation, auch die technische Grundlage der dynamischen Kurzzeittherapie sein kann. Nachdem er Patienten ausgewählt hat, die für jede analytische Therapieform besonders geeignet sind, konzentriert er die therapeutische Arbeit daher auf Übertragungsinterpretationen und psychogenetische Rekonstruktionen. Dementsprechend legt er weniger Gewicht auf das, was sich in der Therapiebeziehung abspielt, auch wenn für ihn das Vorhandensein einer guten Arbeitsbeziehung selbstverständlich und außerdem eine Voraussetzung für die Fähigkeit und Bereitschaft des Patienten ist, sich ganz auf die Therapiearbeit einzulassen. Die Heilwirkungen dieser Angst provozierenden Psychotherapie werden größtenteils auf die korrekte Deutung ödipaler Konstellationen zurückgeführt.

Die Therapie geht im allgemeinen über zwölf bis fünfzehn Sitzungen, wobei im voraus keine zeitliche Begrenzung festgelegt wird. Sifneos berichtet, daß seine Patienten das Thema des Therapieendes häufig von sich aus ansprechen. Er glaubt, die Strenge seiner Auswahlkriterien verhindere, daß Patienten angenommen würden, die zur Bildung von Abhängigkeitsbeziehungen neigen. Doch wird diese Möglichkeit zweifellos auch durch die aktive Haltung des Therapeuten verringert.

Sifneos bemüht sich sehr, seine Methode so darzustellen, daß sie überprüfbar ist: Er operationalisiert die Auswahlkriterien, beschreibt die Techniken, führt nachbereitende Interviews durch und zeigt Videoaufzeichnungen von typischen Therapiesitzungen. Insgesamt wird dadurch hinreichend belegt, daß man bestimmten »attraktiven« Patienten, die bisher im allgemeinen mit dynamischen psychotherapeutischen oder psychoanalytischen Langzeitformen behandelt wurden, in viel kürzerer Zeit in beträchtlichem Maße helfen kann und psychoanalytische Grundprinzipien dabei nicht aufzugeben braucht. Sifneos hat hierdurch gewiß einen wichtigen Beitrag geleistet; allerdings wurde bisher nicht schlüssig gezeigt, daß die Therapieergebnisse auf die von ihm empfohlenen Interventionstechniken zurückzuführen sind und nicht auf die schon vorher vorhandenen Ich-Ressourcen der Patienten, zu denen auch deren Fähigkeit gehört, schon in der Anfangsphase zum Therapeuten eine produktive Arbeitsbeziehung aufzubauen. Unter diesen Bedingungen könnten andere therapeutische Interventionsarten vielleicht genauso effektiv sein. Bei den veröffentlichten Ergebnissen spielen Sifneos' beeindruckende klinische Fähigkeiten und seine Überzeugungskraft fraglos auch eine wichtige Rolle.

Zeitlich begrenzte Psychotherapie: James Mann

Der Bostoner Psychoanalytiker James Mann (Mann, 1978; Mann & Goldmann, 1982) hat eine Form zeitlich begrenzter Psychotherapie entwickelt, bei der die Erfahrung und Bedeutung der Zeit im Mittelpunkt der Aufmerksamkeit steht. Sein Ansatz zeichnet sich durch zwei besondere Merkmale aus: erstens durch ein striktes Festhalten an zwölf Sitzungen, die einmal wöchentlich stattfinden, und zweitens dadurch, daß das Problem zeitlicher Grenzen dazu genutzt wird, den gesamten Therapieprozeß und -fortschritt zu verstehen. Mann ist der Auffassung, andere mit zeitlicher Begrenzung arbeitende Therapeuten hätten nicht erfaßt, welche »dauernde dynamische Bedeutung diese Art zeitlicher Begrenzung im gesamten Therapieprozeß« hat (Mann & Goldmann, 1982). Dieser Ansatz basiert auf der Annahme, daß alle durch die Mannsche Methode therapierbaren emotionalen Konflikte des Patienten ihre affektiven Wurzeln letztlich im inneren Kampf zwischen dem unbewußten Wunsch nach unendlicher Zuwendung und Liebe einerseits und dem Wissen um die Endlichkeit der Zeit andererseits haben und daß die Wünsche des einzelnen nur in Grenzen befriedigt werden können.

Diese Form der zeitlich begrenzten Therapie gilt allgemein als für ein breites psychopathologisches Spektrum geeignet, wobei das Hauptproblem der ganzen Bandbreite ödipaler und prädipaler Konflikte entstammen kann. Im übrigen gehört zu Manns Auswahlkriterien keine breite Untersuchung der Ich-Funktionen. Er hält seine Kriterien deshalb für flexibler als die von Sifneos oder Malan. Mann ist der Ansicht, daß sich mit seiner Methode auch ernste psychopathologische Probleme therapieren lassen, wenn die Ich-Stärken des Patienten insgesamt ausreichen. In Abweichung zu den anderen hier dargestellten Autoren meint er, daß sich bei diagnostischen Irrtümern der Therapieplan ohne Schaden für den Patienten entsprechend abändern lasse. Die zwei Ich-Funktionen, die Mann zur Beurteilung heranzieht, – die Fähigkeit, sich schnell affektiv einzulassen und anschließend rasch affektiv zu lösen (einen Verlust zu ertragen) – werden allerdings recht strikt gehandhabt. In der Tat sind Manns Patienten offensichtlich in bemerkenswertem Maße dazu fähig, positiv auf die von ihm angebotene Art der Therapie und Beziehung anzusprechen: »Es stellt sich rasch eine Arbeitsbeziehung und positive Übertragung ein, und in diesem Rahmen verschwinden die vorhandenen Symptome und Beschwerden dann meist« (Mann & Goldmann, 1982, S. 18).
Es wird ein Therapieschwerpunkt definiert, der sich eng an die subjek-

tive Erfahrung des Patienten hält. Bei den ersten ein bis vier Therapiegesprächen versucht Mann, die »chronisch durchlittenen Qualen« des Patienten, in denen sich ein starr fixiertes negatives Selbstbild spiegelt, in Worte zu fassen. Der Therapieprozeß verläuft zweigleisig: Zuerst wird das Hauptproblem erforscht; etwas später werden dann die Gefühle gründlich untersucht, die sich beim Patienten mit Blick auf die Beendigung der Therapie regen. Dabei kommt es laut Mann zwangsläufig zu einer Verbindung zwischen den individuellen Problemen, die der Patient mit seinem negativen Selbstbild hat, und den allgemein üblichen Reaktionen auf Trennung und Verlust.

Sobald der Therapeut ein Hauptthema für die Therapie formuliert hat, legt er es dem Patienten dar und erläutert ihm das Therapiearrangement. Wenn der Patient dieses Arrangement ausdrücklich akzeptiert, wird eine spezifische Abfolge dynamischer Ereignisse in Gang gesetzt. Der Therapieprozeß unterteilt sich, grob gesagt, in drei Phasen, von denen jede ungefähr vier Therapiegespräche umfaßt. Diese Phasen sind jeweils gekennzeichnet durch (1) eine anfänglich bestehende unbewußte Erwartung nach unendlicher Zuwendung, (2) Enttäuschung und Ambivalenz, wenn die Realität der unvermeidlichen Trennung deutlich wird, und (3) den Versuch des Patienten, die affektiven Reaktionen zu wiederholen, die bei der frühesten (traumatischen) Trennung von bedeutungsvollen Objekten bei ihm abgelaufen sind. Ziel ist es hier, eine gesündere Trennungserfahrung zu fördern, bei der eine neue Internalisierung des verlorenen Objektes (Therapeut/in) unter weniger Trauer, Wut, Schuldgefühlen und Angst möglich ist, als das bei früheren Bezugspersonen der Fall sein konnte. Das enge Therapiearrangement dieses Ansatzes gilt als Vorteil, da der Therapeut mit seiner Hilfe den Patienten verstehen, den Therapieprozeß erfassen und Interventionen planen kann.

Bei einer sorgfältigen Patientenselektion und einer starken Therapiebeziehung überdauert eine Therapie selbst Zeiten intensiver Enttäuschung und Ambivalenz. Von daher ist Mann in der Therapiebeziehung auch nicht mit merklichen Schwierigkeiten konfrontiert, die sich auf chronische Vertrauens- und Intimitätsprobleme des Patienten gründen. So kann Mann seine Aufmerksamkeit ungehindert darauf konzentrieren, die kontraproduktiven zwischenmenschlichen Folgen zu erklären, die das negative Selbstbild des Patienten im außertherapeutischen Bereich hat. Übertragungsinterpretationen kommen hier selten vor der Endphase zur Anwendung, wo sie dann dazu dienen, dem Patienten zu zeigen, wie er aufgrund seines negativen Selbstbilds die Bedeutung des Therapieendes verzerrt. In der Gegenübertragung wird in erster Linie dann ein Problem gesehen, wenn der Therapeut sich wegen des starren Endtermins unbehaglich fühlt (oder einen neurotischen Konflikt durchmacht).

Anders als die übrigen hier besprochenen Therapeuten haben Mann und seine Kollegen bei ihrem Ansatz bisher keinen Versuch unternommen, den Therapieprozeß und das Therapieergebnis empirisch zu untersuchen. Mann ist offenbar der Ansicht, daß die Methode von ihrer begrifflichen Genauigkeit her noch nicht so ausgereift ist, wie es für eine empirische Untersuchung notwendig wäre (Mann & Goldmann, 1982).

Die Tavistock-Gruppe: David Malan

In den fünfziger Jahren begann eine psychoanalytisch orientierte Therapeutengruppe, die in London unter der Leitung von Michael Balint (Balint, Ornstein & Balint, 1973) arbeitete, eine mit zeitlicher Begrenzung operierende Therapieform auf psychoanalytischer Basis zu entwickeln. Balints schöpferische Ideen wurden von David Malan weiterentwickelt, der nach Balints Tod zum beredtesten und einflußreichsten Sprecher dieser Gruppe wurde. Malan erkannte auch, wie wichtig es ist, die eigenen klinischen Beobachtungen durch eine systematische Erforschung des Prozesses und der Ergebnisse zu untermauern, und dieser Aufgabe hat er sich über viele Jahre mit Fleiß und Hingabe gewidmet.

Die Tavistock-Gruppe teilte anfangs die vorherrschende Meinung, eine Kurzzeittherapie könne Menschen, die an sich verhaltensunauffällig sind, bei akuten neurotischen Konflikten zwar zu einer Symptomminderung verhelfen, aber solche Bemühungen seien nur ein zweitklassiger Ersatz für langfristige, intensive therapeutische Anstrengungen. Die Arbeit nahm dann allerdings eine andere Richtung, als sich herausstellte, daß sich solche Patienten unter den typischen Klienten der Tavistock-Klinik kaum finden ließen. Vielmehr kamen diese häufig mit chronischen Problemen und mit größeren Störungen, als für eine zeitlich begrenzte Therapie theoretisch optimal gewesen wäre. Dieser Realität beugte sich die Tavistock-Gruppe und beschloß, ihre Auswahlverfahren flexibel zu handhaben, vor allem dann, wenn einer der beteiligten Therapeuten den starken Wunsch äußerte, eine bestimmte Person zur Therapie anzunehmen. Diese Flexibilität führte zu dem unerwarteten Ergebnis, daß auch solchen Patientinnen und Patienten geholfen werden konnte, die in ihrer Ich-Stärke (und im Hinblick auf andere Kriterien, die man für eine zeitlich begrenzte Therapie

39

als notwendig erachtet hatte) beträchtliche Defizite aufwiesen. In der Tat waren die Resultate in zahlreichen Fällen recht beeindruckend, auch wenn die zeitlich begrenzte Therapie dabei manchmal bis zu 40 Stunden dauerte. In der Regel wird das geplante Therapieende vom Datum her festgelegt. Malan meint, durch diese Vorgehensweise komme man um das Problem herum, entscheiden zu müssen, ob Sitzungen, die ein Patient versäumt hat, nachgeholt werden sollten oder nicht.

Eine (auch von Sifneos hervorgehobene) entscheidende Eigenschaft dieser Patienten war, daß sie positiv auf Interpretationen im Bereich des Fokalkonflikts ansprachen (worauf an späterer Stelle noch näher einzugehen sein wird). Malan bezeichnete diese Eigenschaft als »dynamische Interaktion«. Damit meinte er, daß der Patient auf die von der Therapeutin oder dem Therapeuten angebotene Form der Therapie und Art der Beziehung in geeigneter Weise ansprechen müsse. Vielversprechend seien Patienten, denen es gelinge, zur Therapeutin schnell Vertrauen zu fassen. Dies zeige sich darin, daß sie offen über ihre Gefühle sprächen und der Therapeutin dadurch ermöglichten, ihre Probleme besser zu verstehen und ihnen die so gewonnenen Erkenntnisse zu vermitteln.

Bei Malans Ansatz spielt die Diagnose eine wichtige Rolle. Neben der – recht traditionell ablaufenden – Erfassung und Bewertung der Entwicklung des Patienten und seiner derzeitigen Lebensbewältigung *[background and current functioning]* dient die diagnostische Beurteilung dem doppelten Ziel, (1) ein fokales Konfliktthema festzulegen und (2) zu einer Prognose darüber zu gelangen, was nach dem Therapiebeginn wohl geschehen wird. Die Prognose dient darüber hinaus dazu, (a) abzuschätzen, wie anfällig der Patient für ernste Funktionsstörungen im Alltag ist, und (b) vorauszusagen, auf welche Weise sich das Fokalthema im Verlauf der Therapie manifestieren wird. Malan erkennt zwar an, daß es wichtig ist, sowohl der förmlichen Anamnese als auch dem Aufbau einer tragfähigen Therapiebeziehung seine Aufmerksamkeit zu schenken, aber dieses angestrebte Gleichgewicht scheint bei ihm zugunsten diagnostischer Tätigkeiten verschoben zu sein.

Wie bereits erwähnt, meint Malan, daß es ein für die Abschätzung möglicher Ergebnisse entscheidender Faktor ist, wie der Patient auf die speziellen, von der Tavistock-Gruppe vorgeschlagenen Therapietechniken anspricht. Daher empfiehlt er, Probeinterpretationen vorzunehmen, um zu sehen, ob der Patient bereit und fähig ist, bei der psychoanalytischen Therapie mitzuarbeiten. Eine Form der Probeinterpretation besteht darin, die Widerstände des Patienten zu deuten, sobald man sie bemerkt. Wenn der

Patient seinen Widerstand – besonders wenn dieser in Zusammenhang mit dem Fokalthema auftritt – nicht bereitwillig aufgibt, hält Malan seine Methode für kontraindiziert.

Bei dieser Therapieform beschränken sich die emotionalen Konflikte, die sich mit dem Therapiefokus erfassen lassen, – genau wie bei den Ansätzen von Mann und Davanloo – nicht auf ödipale Themen, sie können vielmehr auch anders geartet sein, solange sich ein konkretes Arbeitsfeld eingrenzen läßt. Außerdem ist es theoretisch möglich, mehrere Fokusse zu bearbeiten, vorausgesetzt, daß sie sichtlich miteinander zusammenhängen. Im Hinblick auf die Bestimmung eines Fokus spricht Malan von einem »interpretierbaren Thema, das sich im Laufe mehrerer Sitzungen langsam herauskristallisiert«.

Genau wie Sifneos vertritt auch das Tavistock-Team die Ansicht, daß sich bei geeigneten Patienten psychogenetische Übertragungsdeutungen mit Erfolg in der Psychodynamischen Kurztherapie anwenden lassen. Daher gelten Interpretationen, die einen Zusammenhang zwischen Übertragungserlebnissen und Familienkonstellationen in der Kindheit herstellen (sogenannte *Transference-Parent Links* oder *T/P Links*), als wesentliches therapeutisches Element. Außerdem bewegt sich die ganze Interpretationsarbeit innerhalb eines eingegrenzten Konfliktbereichs.

Es scheint, daß Malan – in Anlehung an das traditionelle psychoanalytische Modell – seine Aufmerksamkeit in starkem Maße auf Technikprobleme konzentriert, die mit Übertragungsdeutungen zusammenhängen; das erinnert wiederum an Sifneos Prioritätensetzung. Entsprechend weniger Gewicht wird auf den dyadischen Charakter der Patient-Therapeut-Beziehung gelegt beziehungsweise darauf, wie die Therapeutin auf das Verhalten des Patienten innerhalb der Therapie persönlich reagiert. Patienten, die bei der Therapeutin starke (negative) Reaktionen hervorrufen, werden vermutlich als für Malans Methode ungeeignet erachtet.

Malans Forschung basiert auf umfangreichen Untersuchungen von mehreren Patientengruppen, deren Entwicklung über eine Reihe von Jahre verfolgt wurde. Er hat auch eine ansehnliche Sammlung von Fallgeschichten veröffentlicht, deren Daten hauptsächlich auf Therapeutenaufzeichnungen zurückgehen. Diese Notizen bilden auch die Grundlage für die Verlaufs- und Ergebnisbewertungen, die in die statistischen Analysen eingegangen sind. Eine wichtige Schlußfolgerung aus den Untersuchungen erhärtet den bei der klinischen Arbeit entstandene Eindruck, daß es bei geeigneten Patienten auch in einer zeitlich begrenzten Therapie zu signifikanten Persönlichkeitsveränderungen kommen kann. Diese Veränderungen scheinen genauso tiefgehend und dauerhaft zu sein wie diejenigen, die bei langwierigeren Therapieformen erzielt werden.

Die Montreal-Gruppe: Habib Davanloo

Ein anderer mit zeitlicher Begrenzung arbeitender Psychotherapieansatz stammt von Habib Davanloo, der seine Analytikerausbildung in Boston absolviert und die Entwicklung der Kurzzeittherapie am *General Hospital* von Montreal maßgeblich vorangetrieben hat. Seit 1975 hat er mehrere internationale Kongresse organisiert, durch die er eine Reihe von Fachleuten zusammenbrachte, darunter Sifneos und Malan. In neuerer Zeit entwickelte Davanloo vor allem zu Malan eine enge Arbeitsbeziehung. Sein Ansatz ähnelt im großen und ganzen dem von Malan und läßt sich durchaus als logische Weiterentwicklung von dessen Arbeit bezeichnen. Zu den charakteristischen Merkmalen seines Ansatzes gehört, daß Davanloo Wert darauf legt, (1) bestimmte Patiententypen mit Widerständen auszuwählen und (2) ihre Widerstände gleich von Beginn der Therapie an aktiv und beharrlich anzugehen.

Davanloos Diagnosestellung ähnelt im wesentlichen der Malanschen. Er sammelt ausführliche Hintergrundinformationen, um die Ich-Funktionen des Patienten einschätzen zu können, und versucht, genau wie Malan, einen Fokus für die Therapiearbeit zu bestimmen. Anders als Malan geht er jedoch die Widerstände des Patienten aktiv an, selbst wenn anfängliche Probeinterventionen erst einmal keine Wirkung zeigten. Unmittelbares Ziel ist es, den Schwierigkeiten entgegenzuwirken, die der Patient mit dem Aufbau einer produktiven Arbeitsbeziehung zum Therapeuten hat.

Während Sifneos, Mann und (in geringerem Maße) Malan die Psychodynamische Kurztherapie als kontraindiziert ansehen, wenn sich gleich bei der ersten Begegnung deutliche Widerstände bemerkbar machen, arbeitet Davanloo lieber mit Patienten, die zwar eindeutig über wichtige adaptive Ressourcen verfügen, dabei aber ein massives (in der Regel intellektualisiertes) Abwehrverhalten (Charakterpanzerung) manifestieren. Davanloos Ansicht nach müssen diese Abwehrmechanismen so rasch wie möglich identifiziert, hinterfragt und entschärft werden. Der Therapeut wird also – um mit Davanloos Worten zu reden – zu einem »unerbittlichen Heiler«: Er versucht die Schranken zu durchbrechen, die der Patient gegen eine menschliche Verbundenheit aufgerichtet hat. Wenn diese Bemühungen Erfolg haben, ist der Patient bereits auf dem besten Wege, eine produktive

Arbeitsbeziehung aufzubauen, und dann ist ein erfolgreicher Abschluß der Therapie möglich; anderenfalls kann es sein, daß sich die Anstrengungen des Patienten verstärken und zu einer gegen den Therapeuten gerichteten Wut oder Feindseligkeit sowie eventuell zu einer vorzeitigen Beendigung der Therapie führen. Davanloo zufolge geschieht letzteres nur selten, dies mag aber deshalb der Fall sein, weil er Patienten auswählt, die positiv auf die vom Therapeuten kommende Herausforderung ansprechen. Starken Widerständen wird jedenfalls mit Probeinterpretationen begegnet, um festzustellen, ob der betreffende Patient in der Lage ist, im Rahmen des Konfrontationsansatzes von Davanloo zu arbeiten. Man kann auch sagen, daß der Therapeut sich hier von Anfang an eine dominierende Position schafft, die der Patient akzeptieren muß.

Davanloo vertritt die traditionelle psychoanalytische Ansicht, daß im Rahmen der Übertragung unbewußte Konflikte inszeniert werden. Genau wie Malan ist er bestrebt, Übertragungsmanifestationen dadurch zu deuten, daß er sie mit Kindheitserlebnissen in Verbindung bringt *(T/P Link)*. Die therapeutischen Bemühungen bestehen folglich größtenteils aus Interpretationen, die darauf abzielen, (1) die Widerstände des Patienten aufzuweichen, sobald sie sich gegenüber der Therapeutin manifestieren, und (2) dem Patienten die Art seines Konflikts mit Blick auf frühere Familienkonstellationen zu erklären.

Die Art von Patienten, die Davanloo auswählt – häufig Menschen mit tiefsitzenden zwanghaften Neigungen –, widersetzt sich heftig jeglicher Form von Nähe (selbst in Gestalt von Dominanz und Unterwerfung) und wehrt sich dagegen, wenn eine Therapeutin ihre Charakterpanzerung durchbrechen will; deshalb kommt es hier eher zu Gegenübertragungsreaktionen als bei sämtlichen anderen beschriebenen Methoden. Bei solchen Reaktionen kann die Therapeutin ihre Fähigkeiten natürlich nicht optimal entfalten. Davanloo warnt, daß derartige Gegenübertragungsreaktionen dazu führen könnten, daß Patienten unangebrachterweise von einer Kurzzeittherapie ausgeschlossen werden; umgekehrt kann, wenn eine Therapeutin solche Patienten annimmt, ihre Gegenübertragung in starkem Maße dazu beitragen, daß»Fehlverbindungen zum Patienten« entstehen (1978). Über diese Warnung hinaus stellt Davanloo keine systematischen Untersuchungen darüber an, wie sich das Verhalten des Patienten auf die persönlichen Reaktionen der Therapeutin oder des Therapeuten auswirkt. Statt dessen vertritt er die Meinung, daß diese Form der Therapie kontraindiziert ist, wenn es dem Patienten durchweg nicht gelingt, positiv auf die Dinge anzusprechen, mit denen ihn die Therapeutin konfrontiert. Obwohl bei Davanloo der Patient stärker als bei Sifneos, Mann oder Malan dazu gedrängt wird, sich auf den Therapieprozeß einzulassen, hängt die Entscheidung darüber, ob er für die Therapie geeignet ist oder nicht, in beträchtlichem Maße davon ab, wie empfänglich er für den speziellen Ansatz des Therapeuten und die ihm dabei zugewiesene Rolle ist. Folglich werden Patienten, die innerhalb des vorgegebenen Therapierahmens nicht produktiv mitarbeiten können, abgewiesen oder ziehen sich auch von selbst zurück, weil sie die Therapie als zu bedrohlich empfinden. Mit der Beendigung der Therapie geht Davanloo erheblich anders um als Malan. Er setzt zu Beginn der Therapie keinen Endtermin fest, sondern sagt dem Patienten, daß die Therapie »nur so lange dauern« werde, wie es »zur Lösung des Hauptkonflikts« erforderlich sei. Er versucht Patienten auszuwählen, die keine erkennbaren Probleme mit Abhängigkeit oder Trennung zu haben scheinen, und sein aktiver Ansatz ist darauf angelegt, eventuellen Abhängigkeitswünschen des Patienten entgegenzuwirken. Andererseits kann das den Patienten veranlassen, gegenüber der Autorität des Therapeuten eine unterwürfige Haltung einzunehmen. Davanloos Therapien dauern meist 15 bis 30 Sitzungen, sind aber bei Bedarf verlängerbar. Genau wie die anderen, bereits erwähnten Therapeuten bevorzugt auch er wöchentliche 45- bis 50-Minuten-Sitzungen.

Davanloo setzt mit seinem Ansatz die von der Tavistock-Gruppe eingeleitete Tendenz fort, den Kreis der als geeignet erachteten Patienten weiter zu vergrößern. Die Fokalkonflikte sind vom Inhalt her vielleicht ebenso mannigfaltig, aber in erster Linie wendet sich Davanloos Methode doch an Patienten, die mehr Widerstand erkennen lassen als die von Malan therapierten.

Bei mehreren Patientengruppen hat Davanloo seine Arbeit mit Hilfe von Videoaufzeichnungen und zusammenfassenden Berichten dokumentiert. Er hat auch die Ergebnisse von – offenbar recht locker vorgenommenen – Nachuntersuchungen veröffentlicht. Genau wie Malan bezieht er sich bei der Erläuterung seiner Ergebnisse auf Grundsätze der psychoanalytischen Therapie, und er ist der Ansicht, daß er bei seinen Patienten genauso radikale und dauerhafte Veränderungen erzielt hat, wie das die längeren und intensiveren Therapien für sich in Anspruch nehmen.

In einer Reihe von Elementen stimmt die hier beschriebene Form der Psychodynamischen Kurztherapie mit anderen Systemen überein, die ähnliche Ziele verfolgen, doch es gibt auch wichtige begriffliche und praktische Unterschiede. Ähnlichkeiten bestehen in folgenden Punkten:

1. *Die Patientenauswahl.* Ob ein Patient fähig ist, sich auf eine zeitlich begrenzte Therapie einzulassen, wird anhand von Persönlichkeitsstrukturmerkmalen beurteilt, die für die bei der Therapie zu erfüllenden Aufgaben als relevant angesehen werden. Das heißt, die Art der Psychopathologie (Symptome, diagnostische Klassifizierung) ist gegenüber der Frage, ob der Patient in der Lage ist, mit einer Therapeutin eine konstruktive Arbeitsbeziehung aufzubauen, von zweitrangiger Bedeutung. Entsprechende Anhaltspunkte lassen sich in erster Linie daraus entnehmen, wie der Patient bei den ersten Therapiegesprächen auf Probeinterventionen reagiert.

2. *Festlegung und Verfolgung eines Hauptthemas oder dynamischen Fokus.* Genau wie andere Kolleginnen und Kollegen, die auf diesem Gebiet arbeiten, glauben auch wir, daß unbedingt ein Arbeitsbereich definiert werden muß, und dies mit Hilfe von spezifischen, sowohl für die Therapeutin als für den Patienten sinnvollen Begriffen. In unserer dynamischen Fokusformulierung unterscheiden wir uns jedoch von anderen Autoren. Wie wir in Kapitel 5 noch zeigen werden, ist bei uns der Fokus eher ein heuristisches Mittel als ein Ziel.

3. *Die Übertragungsanalyse ist ein wesentlicher Arbeitsbereich.* Die Inszenierung von emotionalen Patientenkonflikten in der Therapiebeziehung wird als Hauptgegenstand der Interpretationsarbeit betrachtet. Aber nur die Psychodynamische Kurztherapie sieht sämtliche therapeutischen Transaktionen in einem dyadischen, zwischenmenschlichen Rahmen.

4. *Es wird eine zeitliche Begrenzung festgelegt.* Gleich zu Beginn werden – wenn auch recht großzügige – zeitliche Grenzen gesetzt (25 bis 30 Stunden), und die Beendigungsproblematik kommt während der ganzen Therapie immer wieder zur Sprache.

Trotz dieser weitgehenden Parallelen, stellt die Psychodynamische Kurztherapie einen weiteren Schritt in der Entwicklung zeitbegrenzter Therapieformen dar, und als solcher weicht sie in vielen wichtigen Punkten von vorhergehenden Ansätzen ab. Um diese Unterschiede zu verdeutlichen, ist es wohl am besten, wenn wir kurz auflisten, welche psychopathologischen und therapieprozessualen Grundannahmen den begrifflichen Rahmen der bedeutenderen Psychodynamischen Kurztherapie geprägt haben. Dabei wird deutlich werden, daß diese Annahmen einen traditionellen psychoanalytischen Standpunkt verkörpern:

1. Neurotische Konflikte manifestieren sich in gegenwärtigen Beziehungen als Wiederholung von Kindheitskonfliktmustern. Die derzeitigen Kindheitskonfliktversionen manifestieren sich in der therapeutischen Beziehung als Übertragung. Letztere wird definiert als »Ausdruck von Impulsen, Gefühlen, Phantasien, Einstellungen und Abwehrreaktionen, die gegenüber einem Menschen in der Gegenwart zum Tragen kommen, diesem Menschen aber nicht wirklich angemessen sind, sondern eine Wiederholung von Reaktionen darstellen, die ursprünglich einmal wichtigen Bezugspersonen in der frühen Kindheit gegolten haben und nun unbewußt auf Personen in der Gegenwart verlagert werden« (Greenson & Wexler, 1969).

2. Diese Vorstellung von neurotischen Konflikten und Übertragungen stellt eine lineare Sichtweise dar, derzufolge gegenwärtige emotionale Konflikte durch eine Wiederholung von Kindheitskonflikten verursacht werden, die sich durch Derivate oder Ableitungen äußern. Die Triebkraft, die für das Andauern der Schwierigkeiten des Patienten verantwortlich ist, ist der Wiederholungszwang – ein theoretisches Konstrukt, das aus zwei Elementen besteht: (a) dem Drang unbewußter Instinkte (Sexualität, Aggression), die nach Ausdruck suchen, und (b) dem Versuch des Ichs, alte traumatische Umstände oder Ereignisse, die mit einer Kindheitsneurose zusammenhängen, zu meistern.

3. Die Kindheitsneurose wird in begrifflich neu gefaßter, stark eingegrenzter Form als »nuclear conflict« (Malan, 1976a) oder »core conflict« (Davanloo, 1980), also als Kernkonflikt, verstanden. Das Therapieziel kann so ehrgeizig gewählt sein, daß eine Lösung des Kindheitskonflikts angestrebt wird (Davanloo, 1980).

4. Die Derivate des Kernkonflikts kommen der Therapeutin gegenüber durch die Übertragung zum Ausdruck, die sich bereits beim ersten Therapiegespräch deuten läßt, vorausgesetzt, (a) sie ist eine Negativübertragung oder (b) sie spiegelt Merkmale des dynamischen Fokus wieder.

5. Der dynamische Fokus ist ein eingegrenzter Konflikt, der in einer metapsychologischen Impuls/Abwehr-Terminologie konzeptualisiert wird (zum Beispiel kann das immerwährend »nette« Verhalten eines Patienten eine Reaktionsbildung gegen analsadistische Impulse darstellen). Während der Besprechung des Konflikts mit einem Patienten normalerweise auf einer zwischenmenschlichen Ebene abläuft, machen die Befürworter

der zeitlich begrenzten Therapie keine eindeutigen Aussagen darüber, wie die abstraktere, metapsychologische Diskursebene auf die klinische Ebene übertragen werden soll (obwohl Mann hier bemerkenswerte Fortschritte erzielt hat; Mann & Goldmann, 1982). Auf der klinischen Ebene stellt der dynamische Fokus ein eingegrenztes zwischenmenschliches Konfliktmuster dar, das in gegenwärtigen Beziehungen, einschließlich der Patient-Therapeut-Beziehung, auftritt. Eine Voraussetzung für die Festlegung eines dynamischen Fokus ist die Fähigkeit des Patienten, rasch Hintergrundinformationen zu liefern, anhand derer die Therapeutin ein klares Kindheitskonfliktmuster (den Kernkonflikt) festmachen kann, das einen direkten psychogenetischen Zusammenhang zum derzeitigen Problem aufweist. Der dynamische Fokus ist somit ein gegenwärtiger, hervorstechender emotionaler Konflikt, der die Wiederholung einer Kindheitsneurose repräsentiert.

6. Veränderungen sollen durch einen Einblick in den Zusammenhang zwischen aktuellen fehlangepaßten Verhaltensmustern und deren Ursprung in Kindheitskonflikten erreicht werden. Daher besteht die technische Strategie hauptsächlich darin, durch Interpretationen deutlich zu machen, daß es zwischen gegenwärtig ablaufenden Übertragungen und deren Vorläufern in der Kindheit einen Zusammenhang gibt. Diese *T/P Links* oder psychogenetischen Übertragungsinterpretationen basieren auf Daten, die der Patient vom ersten Therapiegespräch an über die Kindheitsvorgeschichte der gegenwärtigen neurotischen Konflikte liefert und die als sachlich richtig unterstellt werden.

7. Die Methode der Übertragungsanalyse ist ein entschieden innerpsychischer Ansatz, daß heißt, der Primat der *T/P Links* (also der Zusammenhänge zwischen Übertragungen und früheren Familienkonstellationen) gründet darauf, daß die Übertragung auf eine neutrale Therapeutin projiziert wird. In den Widerständen des Patienten werden Abwehrmechanismen gesehen, die verhindern sollen, daß unbewußte Konflikte und mit ihnen verbundene schmerzhafte Affekte hochkommen. Die Therapeutin nimmt folglich größtenteils die Rolle einer mehr oder weniger unbeteiligten technischen Expertin ein, deren Aufgabe es (in Analogie zum Chirurgen) ist, die Abwehr zu durchdringen, um Zugang zu dem dahinterliegenden Hauptkonflikt zu bekommen. Diesem Gedankengang entsprechend gilt die Gegenübertragung bei den hier betrachteten, mit zeitlicher Begrenzung arbeitenden Ansätzen als ein Therapiehindernis (ausführlicher wird die Gegenübertragungsproblematik in Kapitel 7 behandelt).

Die vorgenannten Funktionsprinzipien der Persönlichkeit und die daraus abgeleiteten technischen Strategien bilden die Grundlage sämtlicher mit zeitlicher Begrenzung arbeitenden, radikalen Therapiesysteme, die bisher entwickelt worden sind. Die Übertragung dieser – von der psychoanalytischen Langzeittherapie her vertrauten – Prinzipien auf Ansätze, die mit zeitlicher Begrenzung arbeiten, stellt eine beträchtliche Leistung dar. Sie ermöglicht eine Anwendung der psychoanalytischen Methode bei bestimmten Patienten und (etwa in kommunalen Psychotherapiezentren) unter organisatorischen Umständen, bei denen eine Langzeittherapie weder wünschenswert noch möglich ist. Die radikalen, mit zeitlicher Begrenzung arbeitenden Therapiesysteme verbinden eine konservative psychoanalytische Sichtweise des Therapieprozesses mit technisch innovativen Verfahrensweisen (nämlich Arbeit in einem eingegrenzten Bereich, Setzen zeitlicher Grenzen und frühzeitige Übertragungsdeutung). Dies hat auch weitreichende Auswirkungen darauf, welche Patienten für diese Therapieform als geeignet erachtet werden.

Die hier beschriebenen bedeutenderen Kurzzeitmethoden basieren auf einer modellhaften Vorstellung davon, wie sich emotionale Konflikte in der Therapiesituation manifestieren. Der Patient legt die Geschichte seines Lebenskonflikts in einer bestimmten Erzählform dar (Schafer, 1983), die schematisch von der Aussage umrissen wird:»Ich befinde mich als Mensch heute in einem speziellen Konflikt, und dieser Konflikt ist das Produkt klarer, emotional verletzender elterlicher Einflüsse auf meine Kindheit.« Mit anderen Worten ist der Patient in diesem Fall fähig und bereit, Material über gegenwärtige Probleme in seinem Leben so zu liefern, daß es der Therapeutin möglich ist, einen eingegrenzten Arbeitsbereich zu formulieren. Außerdem ist der Patient in der Lage, Kindheitserinnerungen anzuführen, die der Therapeutin erlauben, ein Kindheitskonfliktmuster zu identifizieren, das sich mit der Formulierung aktueller Probleme deckt. Die Vertreter dieser Sichtweise erklären ausdrücklich, daß Patienten, die kein aktuelles Material und keine lebensgeschichtlichen Fakten liefern können, die sich zu einem dynamischen Fokus strukturieren lassen, charakterlich zu sehr gestört seien, als daß sie mit Hilfe der beschriebenen Methode innerhalb einer gesetzten Frist therapierbar wären. Dies scheint eine nicht näher überprüfte Annahme zu sein, die – jedenfalls zu diesem Zeitpunkt in der Entwicklung der zeitlich begrenzten Therapie – ungerechtfertigt ist.

Eine alternative Sichtweise geht davon aus, daß die Patienten bei der Darstellung ihrer Lebensgeschichte verschiedene Erzählstrukturen verwenden (Schafer, 1983) und daß es keine direkte Korrelation zwischen einer bestimmten Struktur und dem Grad der Psychopathologie gibt. Anders gesagt, bestehen die mit zeitlicher Begrenzung arbeitenden Therapeuten darauf, Patienten eher aufgrund der Persönlichkeitsstruktur als der Psychopathologie auszuwählen. So haben sie eine Spanne von Persönlichkeitsstrukturen festgelegt, die sie zu therapieren bereit sind. Doch scheint es für die Schlußfolgerung, Patienten, die diese Persönlichkeitsstrukturen nicht gleich aufwiesen, seien mit Hilfe der zeitlich begrenzten Psychotherapie nicht therapierbar, noch zu früh zu sein.

Ein Patient kann seine Lebenskonfliktgeschichte zum Beispiel auch in folgende Erzählform kleiden:»Ich befinde mich als Mensch heute in einem Konflikt, und dieser Konflikt ist das Produkt von Kindheitserlebnissen, von denen ich nur eine verschwommene Vorstellung habe oder die mir gar nicht bewußt sind.« In diesem – recht häufig vorkommenden – Fall liefert der Patient über gegenwärtige Konflikte in seinem Leben Informationen, die sich vielleicht – aber nicht unbedingt – schnell zu einem Fokalproblem strukturieren lassen. Außerdem erinnert er sich an Kindheitserlebnisse nur verschwommen, oder diese Erinnerungen lassen sich nicht leicht zu einem zentralen Konfliktthema zusammenfassen.

Und, um eine weitere Möglichkeit anzuführen, die Darstellungsweise des Patienten kann auch folgende Form annehmen:»Ich befinde mich als Mensch heute in einem Konflikt, und soweit ich weiß, hat er nichts mit meiner Kindheit zu tun.« Gleichgültig, ob der Patient nun Kindheitserinnerungen liefert oder nicht, ist es in diesem Fall so, daß ihn Zusammenhänge zwischen seinem derzeitigen Problem und seinen Erinnerungen an Kindheitserlebnisse nicht berühren.

Wenn es der Therapeutin in den ersten Sitzungen nicht gelingt, einen Zusammenhang zwischen Übertragungen und Kindheitserlebnissen (T/P Link) zu formulieren, oder wenn der Patient einem solchen von ihr formulierten Zusammenhang nicht zustimmt, so beweist das noch nicht unbedingt, daß sich der Patient für eine zeitlich begrenzte Therapie nicht eignet. Vielmehr deutet es nur darauf hin, daß sich der Konflikt des Patienten nicht in jenem traditionellen Rahmen verstehen oder bewältigen läßt, der zur Bestimmung eines dynamischen Fokus gebraucht wird. Denkbar ist jedoch, daß eine andere Konzeption des dynamischen Fokus (und des Therapieprozesses) – eine, die es der Therapeutin erlaubt, sich flexibler auf unterschiedliche Erzählstrukturen bei der Darstellung der Lebensgeschichte einzustellen – die Möglichkeit eröffnen könnte, einen größeren Kreis von Patienten zu therapieren, als zur Zeit für möglich gehalten wird. Wir haben

49

eine solche alternative Konzeption des dynamischen Fokus entwickelt, die wir im nächsten Kapitel einführen und in den folgenden dann ausführlicher beschreiben möchten.

Wie wir gesehen haben, basiert das Therapieprozeßmodell, das sich die bedeutenderen unter den mit zeitlicher Begrenzung arbeitenden Systemen zueigen gemacht haben, auf einer lebensgeschichtlichen Rekonstruktion. Die therapeutische Veränderung wird durch Einsicht herbeigeführt. Darunter versteht man das affektive Erleben und kognitive Verstehen der heutigen fehlangepaßten Verhaltensmuster, in denen sich zwischenmenschliche Konfliktmuster aus der Kindheit wiederholen. Umgesetzt wird dieses Modell durch die frühzeitige und wiederholte Deutung möglicher *T/P Links*. Wenn sich Anhaltspunkte für ein Übertragungsverhalten ergeben, wird dieses rasch geklärt und anhand lebensgeschichtlicher Daten, die der Patient liefert, ein Zusammenhang zu ähnlichen Erlebnissen in der Kindheit aufgezeigt.

Dieser Prozeß setzt die Existenz recht spezifischer Persönlichkeitsmerkmale (Ich-Funktionen) voraus: (1) Wie bereits oben beschrieben, muß der Patient in der Lage sein, seine Lebensgeschichte so darzulegen, daß sich dabei Material zur Formulierung eines *T/P Links* ergibt – also eines Zusammenhangs zwischen der jeweiligen Übertragung und Kindheitserfahrungen mit den Eltern; (2) die eigenen Gefühle müssen dem Patienten leicht zugänglich sein; (3) er muß rasch begreifen, welche Bedeutung das Übertragungsverhalten hat, das heißt, er muß fähig und willens sein, aktuelle Konflikterlebnisse als Wiederholung früherer Konfliktmuster zu sehen (muß also ein starkes beobachtendes Ich haben). Das sind beeindruckende Fähigkeiten, die der Patient bereits in die Therapie *mitbringen* soll, und daraus erklärt sich die verbreitete Kritik, daß sich die bedeutenderen unter den mit zeitlicher Begrenzung arbeitenden Therapieansätzen nur für ganz gesunde Menschen eignen. Diese Kritik wird zwar oft benutzt, um die Psychotherapie insgesamt leichtfertig abzutun, wir meinen aber, daß sie einen zutreffenden Kern enthält.

Bei dem in diesem Buch vorgestellten Therapieansatz und dem parallel dazu durchgeführten Forschungsprogramm geht es uns darum, herauszufinden, ob man mit Hilfe der Psychodynamischen Kurztherapie Patienten auch dann erfolgreich therapieren kann, wenn sie größere oder kleinere Ich-Funktionsdefizite aufweisen, ohne die sie ideale Therapiekandidaten wären. Zur Verwirklichung dieses Ziels müssen Therapiemodell und Therapietechniken der Therapeutin genügend Raum für Flexibilität lassen, damit sie sich einfühlsam und effektiv jener Aspekte des Patientenverhaltens annehmen kann, die eine starke Auswirkung auf den Therapieverlauf haben können. Wir denken dabei in erster Linie an Feindseligkeit, Negativismus und ähnliche Verhaltensweisen, die sich für die Therapeutin oft als höchst frustrierend erweisen und zu ernsten Schwierigkeiten führen können.

Unser Ansatz steht in der Tradition der Arbeiten von Ferenczi und Rank; er setzt unseres Erachtens die in neuerer Zeit von Alexander und French geleistete Pionierarbeit fort. Wir lehnen es jedoch ab, in einer Rekonstruktion der Vergangenheit oder im Bewußtmachen verdrängter Erinnerungen ein wesentliches Therapieziel zu sehen. In Übereinstimmung mit Autoren wie Spence (1982) halten wir die Suche nach lebensgeschichtlichen Zusammenhängen weder für durchführbar noch für therapeutisch besonders vielversprechend. Statt dessen analysieren wir in erster Linie, inwieweit sich subjektive Verhaltensweisen, mit denen der Patient auf frühere Erlebnisse (insbesondere Kindheitserlebnisse) reagiert hat, immer noch tiefgehend auf seine heutigen Beziehungen auswirken. Von diesem Standpunkt aus gesehen ist es nicht erforderlich, die Lebensgeschichte des Patienten zu rekonstruieren; es genügt, davon auszugehen, daß gegenwärtige emotionale Störungen und zwischenmenschliche Schwierigkeiten ein Produkt dieser Geschichte sind. Wir berücksichtigen bei unserem Ansatz also durchaus Erinnerungen an die Vergangenheit und stellen dabei das gegenwärtige Patientenverhalten in einen lebensgeschichtlichen Zusammenhang, achten aber gleichzeitig ganz besonders darauf, inwieweit der Patient seine neurotischen Konflikte in der Therapiebeziehung inszeniert, wobei wir letztere durchgängig als dyadisches System behandeln; und wir versuchen zu klären, in welcher Weise anachronistische Überzeugungen, Wünsche und Phantasien die zwischenmenschlichen Beziehungen des Patienten in der Gegenwart erschweren.

Dies ist heute kein ketzerischer Ansatz mehr. Hier werden traditionelle Freudsche Konzeptionen mit neueren Entwicklungen in der Objektbeziehungstheorie und im neofreudianischen Denken verbunden. Ebenso ist unserem Ansatz der Einfluß der Systemtheorie anzumerken, vor allem der in der Familientherapie angewandten Form der Systemtheorie.

Die genannten Entwicklungen haben sich bisher jedoch in erster Linie im Rahmen intensiver Langzeittherapien abgespielt, bei denen es oftmals besonders um ernsthaft gestörte *(Borderline-)*Patienten ging. Wir meinen, daß es an der Zeit ist, die neueren Erkenntnisse auf die Psychodynamische Kurztherapie zu übertragen. Dabei wissen wir uns mit jenen modernen Theoretikern einig, die es sich zur Aufgabe gemacht haben, klinische

Beobachtungen und therapeutische Verfahrensweisen vom Einfluß der Metapsychologie zu befreien, deren klinische Relevanz immer stärker in Frage gestellt wird (Gill, 1976b; Klein, 1976; Schafer, 1982, 1983). Wir sind ständig bemüht, uns eng an klinische und empirische Daten zu halten und so weit wie möglich Schlußfolgerungen auf höheren Ebenen sowie komplexe theoretische Konstruktionen zu vermeiden. Es ist unser Bestreben gewesen, einen Ansatz zu entwickeln, der vernünftig und praktisch ist und sich vermitteln, lehren und erforschen läßt. Gleichzeitig wollten wir hier die besten klinischen Erkenntnisse der heutigen Zeit mitverarbeiten. Die aus der Studie *Vanderbilt I* gezogenen Lehren stellen eine unschätzbare empirische Basis für die Psychodynamische Kurztherapie dar.

Zusammenfassung

Wir betrachten die Psychodynamische Kurztherapie als einen individualtherapeutischen Ansatz, der mehrere – auf verschiedene psychodynamische Perspektiven zurückgehende – klinische Konzepte in sich vereinigt und bestrebt ist, begrenzte Ziele in 25 bis 30 Sitzungen zu erreichen. Diese Therapie ist für Patienten gedacht, deren Schwierigkeiten mit dem Leben sich durch Ängste, Depressionen und zwischenmenschliche Beziehungskonflikte manifestieren (Unfähigkeit zu wirklicher Nähe, Hemmungen, Verschlossenheit). Darüber hinaus glauben wir, daß sie besonders für solche Patienten geeignet ist, deren Konflikte sich in der therapeutischen Beziehung auf eine Weise äußern, durch die die Herstellung und Aufrechterhaltung einer Arbeitsbeziehung deutlich erschwert wird. Unseres Erachtens rühren aktuelle zwischenmenschliche Schwierigkeiten in der Regel von chronischen Fehlanpassungen her. Dementsprechend konzentriert sich die Psychodynamische Kurztherapie nicht in erster Linie auf manifeste Symptome – auch wenn natürlich erwartet wird, daß sich der Patient nachher besser fühlt –, sondern zielt auf eine dauerhaftere Veränderung der Charakterstruktur des Patienten.

Die Hauptbetonung liegt auf dem, was sich *gegenwärtig* zwischen Patient und Therapeutin abspielt, und darauf, daß der Patient immer besser versteht und erkennt, welche Rolle und Funktion diese Transaktionen in seinem jetzigen Leben haben. Die therapeutische Beziehung dient somit als Laborsituation, in der sich die Schwierigkeiten, die der Patient mit dem Leben hat, am »lebenden Objekt« studieren lassen; sie dient aber auch dazu, diese Schwierigkeiten zu korrigieren.

Die Therapeutin ist bemüht, empathisch zuzuhören, die Psychodynamik der gegenwärtigen Schwierigkeiten des Patienten im Hinblick auf seine Lebensgeschichte so weit wie möglich zu verstehen und deren scheiternsfixierten Charakter zu klären, vor allem insoweit er sich unmittelbar in der aktuellen Interaktion zwischen Patient und Therapeutin zeigt; dies sind ihre drei wichtigsten Therapieinstrumente. Ziel ist es, eine konstruktive Lebenserfahrung zu vermitteln, die beim Patienten zu einer Besserung des Selbstbilds und der Qualität seiner zwischenmenschlichen Beziehungen führt.

Ein letzter wichtiger Punkt ist für uns die Integration theoretischer und technischer Aspekte der therapeutischen Arbeit. Aus diesem Grund versuchen wir, alle Theorieaspekte zu meiden, die keine offensichtlichen Konsequenzen für die therapeutische Tätigkeit haben. Wir hoffen, mit unserer Arbeit einen Beitrag zu einer realistischeren Psychotherapie zu leisten, denn bei unserem Ansatz soll in Verbindung mit systematischen Untersuchungen genauer geklärt werden, in welchen Grenzen man mit Hilfe der Therapie bei bestimmten Menschen und bei einem bestimmten Einsatz an Zeit und therapeutischem Engagement etwas ausrichten kann. Es wird Zeit, daß man die unrealistische Sichtweise überwindet, die Psychotherapie könne allen alles sein; ebensowenig sollte man normalerweise erwarten, daß sich eine radikale Änderung lebenslanger Fehlanpassungsmuster in ein paar Sitzungen erreichen läßt. Doch bleibt zur Erforschung dieser Möglichkeiten und Grenzen noch viel zu tun.

2
Patientenprobleme als Funktion
gestörter zwischenmenschlicher Beziehungen

Wie schon erwähnt, basiert die Psychodynamische Kurztherapie auf psychoanalytischen Konzeptionen und deren Weiterentwicklungen durch Theoretiker der Gegenwart, auf deren Arbeiten wir in diesem Buch immer wieder verweisen. Genausowenig zu übersehen ist, daß wir an einer interpersonellen – zwischenmenschlichen – Perspektive festhalten, die auf den Theorien von Harry Stack Sullivan und Anhängern der neofreudianischen Schule (Horney, Erikson) sowie auf den Beiträgen moderner Vertreter interpersoneller Theorien (Anchin & Kiesler, 1982) gründet. Wir wollen weder eine neue Theorie der Persönlichkeitsentwicklung aufstellen, noch den Versuch einer systematischen Integration bestehender Theorien unternehmen. Vielmehr haben wir interpersonelle Konzeptionen als Rahmen für die hier vorgeschlagene Form der Psychotherapie deshalb gewählt, weil sie uns relevant und nützlich zu sein scheinen.

Dementsprechend gehen wir davon aus, daß eine Psychotherapie im Grunde genommen aus einer Reihe interpersoneller Transaktionen besteht. Das Ganze ist ein Prozeß, der deshalb therapeutisch wirksam werden kann, weil der Patient (und dies hat er mit allen Menschen gemein) unbewußt dazu neigt, der Therapeutin die Rolle einer »bedeutsamen Anderen« *(significant other),* also einer wichtigen Bezugsperson, zuzuweisen und in der Interaktion mit ihr unbewußte Konflikte beziehungsweise in unbewußten Konflikten wurzelnde, fehlangepaßte Verhaltensmuster zu inszenieren. Durch teilnehmende Beobachtung liefert die Therapeutin ein neues Identifikationsmodell. Sie versucht dann zu erfassen, welche latenten Bedeutungen sich hinter dem zwischenmenschlichen Verhalten des Patienten verbergen, und teilt ihm ihre Erkenntnisse mit. Dadurch hilft sie dem Patienten, Aspekte seiner Erfahrung zu integrieren, die er bis dahin verleugnet beziehungsweise nicht anerkannt (verdrängt) hat.* Dabei stel-

* Die Therapeutin schafft erstens einen interpersonellen Rahmen (der durch die im folgenden Kapitel diskutierten Merkmale gekennzeichnet ist) und versucht zweitens, in diesem Rahmen bestimmte Lernerfahrungen zu vermitteln. Ersteren als »nichtspezifisch« oder »allgemein« zu bezeichnen und in letzteren »spezifische« oder »technische« Faktoren zu sehen, wie das häufig in der Forschungsliteratur geschieht, erscheint uns als künstliche Unterscheidung. Unseres Erachtens üben Therapeuten ihre Kunst zwar mit unterschiedlichem Geschick

len die Erfahrungen, die der Patient vor kürzerer oder längerer Zeit mit bedeutsamen Anderen gemacht hat, wichtige Informationsquellen dar, mit deren Hilfe die Therapeutin Zusammenhänge verstehen kann; verglichen mit den aktuellen Transaktionen zwischen Patient und Therapeutin sind diese Erfahrungen jedoch nur von sekundärer Bedeutung.

Dies impliziert, daß das Selbstverständnis und zwischenmenschliche Verhalten des Patienten eine wichtige Folge von Lernerfahrungen sind, die er in den für ihn entwicklungsmäßig entscheidenden Jahren gemacht hat. Die Herausforderungen, mit denen jedes heranwachsende Kind konfrontiert ist, haben ihre Wurzeln in der langen biologischen und psychischen Abhängigkeit, die für die menschliche Entwicklung kennzeichnend ist. Entsprechend erweisen sich frühkindliche zwischenmenschliche Beziehungen zu bedeutsamen Anderen als für die Entwicklung des Kindes entscheidend. Die Funktion, die die Familie bei der Kindererziehung hat, läßt sich – um einen Autor (Lidz, 1971) stellvertretend für andere zu zitieren – unter folgenden Oberbegriffen zusammenfassen: (1) Fürsorge und Pflege, (2) Strukturierung der Persönlichkeit der Nachkommen, (3) grundlegende Sozialisierung, (4) kulturelle Eingewöhnung und Anpassung, zu der auch die richtige Anleitung bei der sprachlichen Entwicklung gehört, und (5) Schaffung von Identifikationsmodellen, die das Kind verinnerlichen kann. Wenn in einem dieser Bereiche Unzulänglichkeiten auftreten, führt das zu Entwicklungsdefiziten, die sich beim Erwachsenen eventuell als neurotische (manchmal auch psychotische) Störungen bemerkbar machen. Im wesentlichen handelt es sich dabei um Formen von Unreife, die sich störend auf die Anpassungsfähigkeit des Betreffenden auswirken. Aufgrund frühkindlicher Deprivationen, traumatischer Erlebnisse und ähnlichem ist der Patient nicht in der Lage, aus seinen heutigen Interaktionen mit anderen Menschen genügend Befriedigung zu ziehen, und ihm fehlen geeignete Ressourcen (oder er leugnet ihr Vorhandensein), um seine Umgebung entsprechend seinen legitimen Wünschen und Bedürfnissen zu formen. Der Patient stellt an sich und andere unrealistische Erwartungen und fühlt sich häufig blockiert oder festgefahren. Auf wechselnde Lebensumstände rea-

aus, aber man kann Techniken nicht in einem zwischenmenschlichen Vakuum anwenden und einen zwischenmenschlichen Rahmen nicht ohne Techniken schaffen. Was ausgebildete Therapeuten von ungeschulten Individuen unterscheidet, sind nicht die Techniken im üblichen Sinne, sondern es ist der Umstand, daß die Therapeutin zwischenmenschliche Prozesse, Psychodynamiken und auch die Ziele, auf die sie ihre Tätigkeiten richtet, erfaßt und versteht. In starkem Maße unterstützt und erleichtert wird dieses Verstehen durch eine Theorie der Psychotherapie, die fest in der Forschung und der klinischen Literatur verankert ist.

giert er mit starren Verhaltensmustern, und auch wenn er vielleicht merkt, daß es sich dabei um fehlangepaßte Verhaltensweisen handelt, hat er doch das Gefühl, sie nicht ändern zu können. In chronischen Angstzuständen manifestiert sich ein tiefsitzendes Gefühl der Hilflosigkeit, das zum Teil von zwischenmenschlichen Konflikten, aber auch von unbewußten Phantasien herrührt, die mit primitiven sexuellen und aggressiven Impulsen zusammenhängen, deren Auf und Ab natürlich ein Grundthema des psychoanalytischen Denkens ist. Kurz gesagt befindet sich der Patient in einem Konfliktzustand und leidet darunter. Das Dilemma sieht oft folgendermaßen aus:

1. Der Patient kennt nicht den Kern des Problems, das er zu lösen versucht; er verbirgt ihn vor sich selbst, um schmerzhaften Affekten aus dem Wege zu gehen.

2. Die Verbannung des Problems aus dem Bewußtsein führt jedoch nicht zu dessen Lösung. Vielmehr ist der Betreffende gezwungen, sich mit dem Problem zu befassen, weil es sich immer wieder störend auf seine heutigen zwischenmenschlichen Beziehungen auswirkt. Der Patient merkt also vage, daß es in bezug auf Personen, die für ihn in der Kindheit wichtig waren, unerledigte Probleme gibt, aber er fühlt sich nicht in der Lage, diese Probleme endgültig zu lösen.

3. Insbesondere neigt der Patient dazu, die Rolle des hilflosen Kindes anzunehmen, das mit einem mächtigen Elternteil konfrontiert ist – in der (vergeblichen) Hoffnung, das ursprüngliche Problem werde dadurch ein anderes Ergebnis zeitigen. Ohne es zu merken, inszeniert der Patient das ursprüngliche Problem immer wieder mit Menschen, die in seinem jetzigen Leben für ihn wichtig sind (einschließlich der Therapeutin), und behandelt sie in wichtigen Punkten so, als wären sie die bedeutsamen Anderen aus seiner Vergangenheit. Da sich die Uhr aber nicht zurückdrehen läßt, kann auf diese Weise keine Lösung zustandekommen.

4. In vielerlei Hinsicht ist der Patient auf einer früheren Entwicklungsstufe stehengeblieben und nicht in der Lage, gegenwärtige Möglichkeiten für befriedigende zwischenmenschliche Beziehungen zu nutzen. Dieses Unvermögen trägt dazu bei, daß er dauernd frustriert und wütend ist. Durch sein heutiges Verhalten hält der Patient nicht nur Konflikte mit bedeutsamen Kindheitsfiguren aufrecht, sondern bringt sich auch um die Möglichkeiten, die in seinem jetzigen Leben für befriedigende Beziehungen mit bedeutsamen Menschen bestehen.

Ein Traum, den eine verheiratete junge Patientin hatte, die in einem scharfen Konkurrenzverhältnis zu ihrer (aggressiven) Mutter stand, veranschaulicht das neurotische Dilemma auf treffende Weise: Die Patientin mußte in Gegenwart ihrer Mutter eine mündliche Prüfung in

Mathematik ablegen, versagte jedoch. Sie mußte wohl versagen, um ihre Rolle als gehorsames, von der Mutter geliebtes Kind aufrechtzuhalten; hätte sie in sich eine ihrer Mutter ebenbürtige Frau (und aggressive Rivalin) gesehen, dann wäre sie mit ihren aggressiven und konkurrenzbetonten Zügen konfrontiert worden, die aus der Sicht der jungen Frau jedoch unterdrückt werden mußten. In ihrem jetzigen Leben fiel es der Patientin schwer, sich zu entscheiden, welches die richtige Arbeit für sie sei und ob sie ein Kind wolle, und sie hatte Mühe, mit anderen Frauen gleichberechtigt umzugehen.

Die oben genannten Einschränkungen betreffen Phantasien und affektive Erlebnisse sowie Verhaltensweisen gegenüber bedeutsamen Anderen. Sie können auch zu verschiedenen Symptomen (Angstzuständen, Depressionen, somatischen Beschwerden und ähnliches mehr) führen, und – was noch wichtiger ist – sie spiegeln sich im Charakter des Betreffenden, das heißt in seinen gewohnheitsmäßigen zwischenmenschlichen Verhaltenstechniken. Zu letzteren zählen beispielsweise chronische Schüchternheit, Tendenzen zu Herrschsucht und Unterwürfigkeit. Es kann sein, daß der zwischenmenschliche Ursprung dieser Dispositionen unklar erscheint und sich nur schwer festmachen läßt, aber dahinter steht immer eine Lerngeschichte. Allgemein kann man sagen, daß alle Konflikte und charakterlichen Neigungen, die sich in der Gegenwart störend bemerkbar machen (Probleme, die schmerzhafte Affekte hervorrufen und dem Patienten daher lästig sind), einer therapeutischen Intervention leichter zugänglich sind als Symptome oder Dispositionen, die ich-synton sind (mit denen der Patient also einverstanden ist).

Welcher Art sind nun die schmerzhaften Kindheitserlebnisse, durch die die Fähigkeit des Patienten, zu bedeutsamen Anderen befriedigende Beziehungen zu unterhalten, eingeschränkt worden ist und die zu neurotischen Symptomen und zur Ausbildung störender Charakterzüge führen? In den meisten Fällen sind sie keine Folge einzelner Ereignisse (etwa daß ein Elternteil zu einem Zeitpunkt stirbt, an dem das Kind von seinem Entwicklungsstadium her noch sehr verletzlich ist; oder daß das Kind von einem wütenden Vater verprügelt wird), sondern das Endergebnis lange bestehender Eltern-Kind-Beziehungsmuster, die sich *in ihrer Häufung* negativ auf die Persönlichkeitsentwicklung und Reifung des Kindes ausgewirkt haben. Letzten Endes haben wir es hier mit einer wiederholten Verletzung der Selbstachtung des Kindes und seines Selbstwertgefühls als Mensch zu tun. Nach einer einleuchtenden Volksweisheit muß man, um als Erwachsener lieben zu können, als Kind Liebe erfahren haben. Umgekehrt wird jedes Erlebnis, das das Sicherheitsgefühl des Kindes stört – und zwar vor allem, wenn sich dies über einen längeren Zeitraum abspielt –, mehr oder weniger ernste Folgen für dessen Persönlichkeitsentwicklung haben. Typische Beispiele dafür sind etwa eine feindselige Haltung der Eltern (oder eines Elternteils), elterliche Ablehnung, Gleichgültigkeit oder Selbstversunkenheit, die in ihren Auswirkungen durch den frühzeitigen Tod eines Elternteils, durch Trennung, die Geburt eines Bruders oder einer Schwester und ähnliches noch verstärkt werden können. Wenn solche Erlebnisse nicht durch wohlwollendere Menschen (etwa durch liebevolle Großeltern oder Ersatzeltern) abgemildert werden, stören sie die Selbstachtung des betreffenden Kindes und führen zu entsprechenden Komplikationen. Wie Sullivan (1955) feststellte, besteht das Selbst im wesentlichen aus »reflektierten Einschätzungen«, das heißt, man beurteilt sich selbst so, wie man bisher von bedeutsamen Anderen beurteilt worden ist.

Das Kind ist jedoch nicht nur ein passiver Organismus, dem der elterliche Einfluß mechanisch aufgeprägt wird. Ausführliche Untersuchungen haben gezeigt, daß bereits zwischen dem Neugeborenen und der Mutter eine dynamische Interaktion besteht, die sich noch verstärkt, wenn das Kleinkind seinen eigenen Willen zu behaupten beginnt, indem es sich zum Beispiel der Mutter widersetzt, mit ihr eine Art Tauziehen anfängt, sich mit passiven Mitteln gegen sie stellt und ähnliches mehr.

Genauso bedeutsam ist, welche Phantasien das Kind hat und welche Bedeutungen es dem elterlichen Verhalten zuschreibt. Da diese Phantasien schon vor der Sprachentwicklung bestehen, sind viele von ihnen niemals verbalisiert worden. Weil das Kind noch unreif und nur in begrenztem Maße in der Lage ist, Erlebnisse richtig einzuschätzen, können seine Erfahrungen Übertreibungen oder Verzerrungen der Erwachsenenrealität enthalten und von primitiven Phantasien gefärbt sein, die ihre Wurzeln in sexuellen oder aggressiven Wünschen haben. So werden den Eltern etwa magische Eigenschaften zugeschrieben, die dem Kind dann umgekehrt große Angst machen können. Wie Freud überzeugend gezeigt hat, hat die menschliche Fähigkeit zur Phantasie und Symbolentwicklung einen entscheidenden Einfluß auf die Erfahrungen des Kindes und seine emotionalen Reaktionen auf diese Erfahrungen. Mit anderen Worten wird das Kind nicht nur durch das tatsächliche Elternverhalten beeinflußt, sondern auch durch die eigenen primitiven Theorien zum Sinn dieses Verhaltens.

Jeder Mensch lernt schon früh im Leben, soweit wie möglich tatsächlichen oder symbolischen Erlebnissen aus dem Wege zu gehen, durch die schmerzhafte Affekte reaktiviert werden könnten, die in der Erinnerung mit früheren (unter Umständen fehlgedeuteten) Erlebnissen verbunden sind. Wenn dies nun bedeutet, jede Form von vertraulicher zwischenmenschlicher Nähe zu meiden oder zwischenmenschliche Beziehungen auf andere Weise einzuschränken, dann ist das eben der Preis, den man zu zahlen hat.

Sogenannte Abwehrmechanismen haben daher die Funktion des Selbstschutzes: Sie schirmen den Menschen (wenn auch noch so unwirksam) gegenüber schmerzhaften Affekten, wie zum Beispiel Ängsten, ab. Einschränkungen im menschlichen Leben ließen sich vielleicht ertragen, wenn sie nicht zu weiteren Komplikationen führen würden. So wird ein Mensch, der zwischenmenschliche Nähe für gefährlich hält, dieser dadurch aus dem Wege gehen, daß er kühl, unnahbar, arrogant (und ähnliches mehr) wird. Da sich das Individuum jedoch aufgrund psychischer Bedürfnisse zu zwischenmenschlicher Nähe genötigt sieht, steht es vor einem Dilemma, denn es fühlt sich gleichzeitig nicht in der Lage, eine solche vertrauliche Nähe herzustellen. Daß der Betreffende dies nicht durchschaut, liegt, wie schon gesagt, an der allgemeinen Tendenz des Menschen, schmerzhafte Erfahrungen und deren Folgen vor sich selbst zu verbergen. Ebenso wird der Patient immer dann, wenn die Gefahr einer Reaktivierung solcher Erfahrungen besteht (wie das ja im Laufe einer Psychotherapie typischerweise der Fall ist), entsprechende Gegenmaßnahmen ergreifen. Solche Widerstände können dann so aussehen, daß der Patient die Therapeutin angreift, sich gegen sie auflehnt oder abwertend über sie urteilt, je mehr er sie mit dem Elternteil identifiziert, von dem ihm die ursprüngliche Verletzung zugefügt worden ist.

Es ist wichtig zu erkennen, daß nur *einige* Aspekte der zwischenmenschlichen Beziehungen des Patienten in Mitleidenschaft gezogen sind und den vorgenannten Verzerrungen unterliegen. Wäre das nicht der Fall, dann gäbe es keine Möglichkeit der Psychotherapie. Mit anderen Worten ist der Patient normalerweise recht wohl in der Lage, als erwachsener Mensch auf die Therapeutin zuzugehen und sich bewußt einzugestehen, daß sie nicht allwissend, allmächtig oder der wundervollste Mensch ist, der je gelebt hat. Außerdem erkennt der Patient, daß die Therapeutin nicht die extrem negativen Eigenschaften besitzt, die er ihr regelmäßig zuschreibt (beziehungsweise auf sie projiziert). Kurz gesagt, kann der Patient sich selbst als Erwachsenen sehen, der sich mit einem anderen (wohlwollenden) Erwachsenen auf eine spezielle Form menschlicher Interaktion eingelassen hat. Da er zur Selbstbeobachtung fähig ist, kann der Patient auch verbalisieren, welche subjektiven Erfahrungen er mit der Therapeutin und mit anderen Menschen macht. Er kann zu seinen Gefühlen, Affekten, Impulsen etc. sozusagen Distanz einnehmen, sie mehr oder weniger objektiv untersuchen. Diese Fähigkeit, Erfahrungen zu machen und über diese eigenen Erfahrungen nachzudenken, ist eine wesentliche Voraussetzung für die Psychotherapie. Der Patient beteiligt sich und nutzt – mit Hilfe der Therapeutin – in zunehmendem Maße seine Fähigkeit zur Selbstbeobachtung. Menschen, denen diese Fähigkeit abgeht, eignen sich im allgemeinen wenig für eine dynamische Psychotherapie.

Die Realitätsbezogenheit des Patienten ermöglicht ihm auch, gegenüber der Therapeutin ein gewisses Maß an Vertrauen zu entwickeln – zu spüren, daß es vielleicht in Ordnung ist, die eigenen (wirklichen oder eingebildeten) Schwächen und Mängel einzugestehen und Gefühle wie auch Erinnerungen zu verbalisieren, mit denen er Schuldgefühle oder Scham verbindet. Das Vertrauen des Patienten in die Sicherheit der Therapiesituation hängt davon ab, inwieweit in ihm die Überzeugung wächst, daß eine Selbstenthüllung keine negativen Folgen wie Kritik, Ablehnung oder Demütigung nach sich ziehen wird.

Die Fähigkeit zu vertrauen – so eingeschränkt sie auch aufgrund früherer verletzender Erfahrungen sein mag – ist die Grundlage der therapeutischen Beziehung. Diese wird durch die Fähigkeit des Patienten ermöglicht, eine vertrauensvolle Beziehung zu einem anderen Menschen aufzubauen, der (durch seine Haltung und sein Verhalten) hinreichend Gewähr dafür bietet, daß man gefahrlos man selbst sein kann. Wenn diese wichtige Vorbedingung erfüllt ist, ist die Möglichkeit zur Zusammenarbeit im gemeinschaftlich getragenen Therapiebemühen geschaffen. Das bedeutet, daß dann der Patient die Therapeutin bei seinen Anstrengungen als Verbündete betrachten kann und daß die Therapeutin im Patienten einen Verbündeten hat, der sich – innerhalb gewisser Grenzen, die durch die Befürchtungen gegeben sind, von denen jede seiner Beziehungen geprägt ist – bemühen wird, mit ihr zusammenzuarbeiten; er wird ihr ehrlich und ungeschönt seine Erfahrungen schildern (gerade auch dann, wenn sie für ihn schmerzhafte Affekte hervorrufen). Diese Schilderungen sind das Rohmaterial, die empirischen Daten, mit denen die Therapeutin in der dynamischen Therapie arbeitet.

Im Rahmen einer solchen wohlwollenden Beziehung tauchen nun die bereits erwähnten Unterscheidungen auf. Diese Entdeckung geht auf Freud zurück: Wenn einem Menschen schmerzliche Gefühle zu schaffen machen, die in früheren zwischenmenschlichen Erlebnissen wurzeln, dann führt die Schaffung einer speziellen menschlichen Situation (der therapeutischen Situation) unweigerlich dazu, daß diese Erlebnisse von neuem inszeniert werden. Affektmäßig gesehen erleben die Patienten die Gegenwart so, als wäre sie die Vergangenheit, und schreiben gegenwärtig bedeutsamen Personen aus der Vergangenheit übertragene Eigenschaften und Merkmale zu. In dem Maße, in dem zwischen der Realität und diesen Merkmalen eine hinreichende Übereinstimmung besteht, ist der Patient in der Lage, flexibel und anpassungsfähig auf Menschen in der Gegenwart zuzugehen. Tatsächlich sind wir alle auf die Fähigkeit zur Übertragung von der Vergangenheit auf die Gegenwart angewiesen; das heißt, wir wenden in der Gegenwart das an, was wir in der Vergangenheit gelernt haben. Wenn sich bestimmte Aspekte der Vergangenheit und der Gegenwart nur schlecht decken, beeinträchtigt das die Anpassung. Aufgabe der Psychotherapie ist es, eine bessere Übereinstimmung zwischen den Prädispositionen des Patienten und der jetzigen Realität zu erreichen. Um diese Korrekturen herbeiführen zu können, muß sich die Therapeutin in starkem Maße auf die aktuellen Transaktionen zwischen ihr und dem Patienten stützen.

Durch die Theorie der Objektbeziehungen (Allen, 1977; Sandler & Sandler, 1978) wird diese Problematik weiter erhellt. Jede gegenwärtige Beziehung ist mehr oder weniger stark von früheren Beziehungen beeinflußt, die seither als strukturierende Themen den Aufbau der Persönlichkeit prägen und als solche in der Gegenwart von neuem in Szene gesetzt werden. Frühere Beziehungen, die für diesen Einfluß verantwortlich sind, stellen Wunschbeziehungen dar, von denen das Individuum unbewußt glaubt, sie würden ihm Sicherheit, Fürsorge und Wohlbefinden bringen. Der Drang, diese Wunschbeziehungen von neuem zu erleben, ist besonders stark, wenn die Sicherheit des Betreffenden bedroht ist. In diesem Fall wird die gegenwärtige Objektbeziehung durch einen Abwehrmechanismus verzerrt, um den Patienten vor der von ihm befürchteten Verletzlichkeit zu bewahren, die von Phantasien oder Sehnsüchten nach primitiven Formen von Nähe (etwa danach, vom Liebesobjekt ganz in Besitz genommen zu werden oder es sich einzuverleiben) herrührt. Der Patient wird sich gegen eine Bewußtwerdung dieser Phantasien sperren, weil er mit ihnen schmerzhafte Affekte (Verlust der Selbstachtung) verbindet.

Das Dilemma des Patienten läßt sich folgendermaßen schematisieren: Einerseits drängt die (aus Bildern, Wünschen und Ängsten bestehende) primitive Phantasie nach Bewußtwerdung, was unbewußt mit Inszenieren (Einverleiben oder Zerstören des Liebesobjekts) gleichgesetzt wird; andererseits widersetzt sich das von Freud so genannte »archaische Über-Ich« heftig einer solchen Bewußtwerdung, da es sich davor fürchtet, wegen des verbotenen Wunsches furchtbar bestraft zu werden. So steht der Patient dann mit einem kostbaren Geheimnis da, dessen Wesen er nicht hinreichend identifizieren oder in Worte fassen kann. Der Patient möchte das

Geheimnis wahren (weil es etwas Angenehmes an sich hat), möchte es aber auch los sein, weil es sich wie ein ich-fremdes Symptom verhält. Das Problem läßt sich nur dadurch lösen, daß der Patient lernt, der Therapeutin soweit zu vertrauen, daß das Geheimnis in symbolischer Form zum Ausdruck kommen kann, damit es für die Therapeutin erkennbar und interpretierbar wird. Indem die Therapeutin das Problem benennt, nimmt sie der Phantasie die Macht, die diese bislang über das Ich des Patienten hatte, und beseitigt damit in Wirklichkeit den unbewußten Konflikt des Patienten.

Von der Theorie der Objektbeziehungen her gesehen bestehen innere Objektbeziehungen aus Selbstbildern, Bildern vom anderen und einer Reihe von Transaktionen, die zwischen ihnen ablaufen. Mit diesen Transaktionen sind eine Vielzahl von Gefühlen, Wünschen, Gedanken und Erwartungen verbunden, die die Objektbeziehung kennzeichnen. Man nimmt an, daß ein Erlebnis dann bedeutungsvoll wird, wenn es mit starken – angenehmen oder unangenehmen – Affekten verbunden ist. Dementsprechend hat eine dauerhafte innere Objektbeziehung sicher eine starke affektive Komponente, die ihr psychologische Bedeutung verleiht und die Antriebskraft für ihre ständig wiederholte Inszenierung liefert.* Innere Objektbeziehungen folgen einem ähnlichen Muster wie strukturierte Rollenbeziehungen, wobei dem Selbst und dem Objekt spezielle Rollen zugewiesen werden. Die (menschliche) Tendenz, diese strukturierten Rollenbeziehungen in gegenwärtigen zwischenmenschlichen Beziehungen zu aktualisieren, führt dazu, daß man sich selbst und anderen unbewußt bestimmte Rollen zuweist. Es besteht also eine isomorphe Beziehung zwischen inneren Objektbeziehungen und der charakteristischen Form aktueller konfliktträchtiger zwischenmenschlicher Beziehungen.

Innere Objektbeziehungen, die mit anhaltenden starken Affekten verbunden sind, können somit eine Verkörperung der vergeblichen Versuche des Patienten sein, in Beziehungen Nähe zu erreichen. Entsprechend stark werden sie in gegenwärtigen Beziehungen – und das heißt auch in der Therapiebeziehung – nach Inszenierung drängen. Außerdem wird der Patient unbewußt versuchen, bei der Therapeutin Verhaltensweisen hervorzurufen, die von neuem die Rolle in Szene setzen, die das Objekt im Dauerszenario des Patienten zugewiesen bekommen hat. Diesen Prozeß bezeich-

---

* Die innermenschlichen und zwischenmenschlichen Prozesse, die für eine ständige Wiederholung der inneren Objektbeziehung sorgen, werden in Kapitel 5, »Der dynamische Fokus«, diskutiert.

nen wir als In-Szene-Setzen oder Inszenieren *[enactment]* einer anachronistischen, konfliktgeladenen Beziehungsprädisposition durch den Patienten. So übersetzen wir den Übertragungsbegriff auf der zwischenmenschlichen Ebene. Damit betonen wir nicht nur, daß der Patient die Therapeutin leicht aus der Perspektive seiner primären Prädisposition wahrnimmt, sondern – und das ist genauso wichtig – erfassen auch das Verhalten, mit dem der Patient unbewußt versucht, die Therapeutin dahingehend zu manipulieren, daß sie ihrerseits die Rolle des Objekts im Szenario des Patienten ausfüllt. Aus den genannten Gründen schwankt die zwischenmenschliche Beziehung von Patient und Therapeutin ständig zwischen der berechtigten Erwachsenenbeziehung der Gegenwart und der anachronistischen Kind-Eltern-Beziehung der Vergangenheit.

Im wesentlichen nutzt die Therapeutin die Beziehung zum Patienten dazu, eine Veränderung herbeizuführen. Alles, was der Patient in der Psychotherapie lernt, und alles, was zu einer therapeutischen Veränderung führt, wird ausschließlich in der therapeutischen Beziehung und durch ihre Dynamik erreicht. Mit anderen Worten ist therapeutisches Lernen ein Erfahrungslernen. Man verändert sich, indem man affektiv schmerzhafte, aber tiefwurzelnde zwischenmenschliche Szenarios durchlebt, wobei diese durch die therapeutische Beziehung zu einem anderen als dem erwarteten, vorausgesehenen, befürchteten und manchmal auch erhofften Ende geführt werden. Um diese Veränderungen zu fördern, vermeidet die Therapeutin erstens gewissenhaft alles, was dazu führen könnte, die Schwierigkeiten, zu verlängern, aus denen die zwischenmenschlichen Probleme des Patienten hervorgegangen sind, und fördert zweitens aktiv konstruktive Lebenserfahrungen.

Im Hinblick auf den ersten Punkt achtet die Therapeutin beständig auf unbewußte Versuche des Patienten, bei ihr Verhaltensweisen hervorzurufen, die seinem Bedürfnis (Wunsch) nach Dominanz, Kontrolle, Manipulation, Ausnutzung, Bestrafung, Kritik etc. entsprechen. Eine unbewußte Aufforderung zu solchen Verhaltensweisen kann die Form einer subtilen Verführung, einer Bitte um Rat, besondere Zuwendung, zusätzliche Stunden haben oder auch in Form von vielen anderen Manövern ablaufen, vor denen die Therapeutin auf der Hut sein muß. Der Wirkung des Drucks, der von den Übertragungen des Patienten ausgeht, könnte sich die Therapeutin nur dann völlig entziehen, wenn sie sich auf den Patienten erst gar nicht empathisch einließe. Eine eher therapeutische Haltung ist es da, jeweils flexibel zu reagieren, wenn der Patient versucht, die Therapeutin in ein bestimmtes Szenario hineinzuziehen (vgl. Sandler & Sandler, 1978). Eine Therapeutin, die vorsichtig mit dem Patienten mitgeht (und zwar sowohl bewußt als auch unbewußt) und dabei gleichzeitig ihre eigenen Reaktionen aufmerksam registriert, kann zu äußerst wertvollen Informationen darüber gelangen, wie die Komponenten der Beziehungsprädispositionen des Patienten beschaffen sind, die das Selbst und das Objekt verkörpern.

Im Hinblick auf den zweiten Punkt muß der Patient die Therapeutin als verläßliche und vertrauenswürdige Verbündete erleben, die auf seiner Seite steht und der sein – in einem grundsätzlichen Sinne – wohlverstandenes Interesse am Herzen liegt. Dazu muß der Patient zu der Überzeugung gelangen, daß die Therapeutin etwas Lohnendes zu bieten hat, daß sie an ihm als Mensch – und nicht so sehr als Fall – ein echtes Interesse besitzt und daß die Therapieerfahrung ganz offensichtlich hilfreich ist. Dies sind die wesentlichen Elemente einer guten therapeutischen Beziehung – Hauptantriebskraft aller psychodynamischen Therapieformen. Wenn diese Bedingungen in der Therapie nicht frühzeitig erfüllt werden, läßt sich andererseits vorhersagen, daß – gerade in der zeitlich begrenzten Psychotherapie – ein gutes Ergebnis ernstlich in Frage steht (Strupp, 1980 a, 1980 b, 1980 c, 1980 d).

Abbildung 2.1 ist ein Diagramm der Beziehung zwischen Patient und Therapeutin und skizziert das Psychotherapiemodell, das wir in diesem Buch vorstellen. Dabei ist folgendes zu beachten:

1. Zwischen Patient und Therapeutin findet immer eine dynamische Interaktion statt, die in der Abbildung durch die Ellipse dargestellt ist.

2. Gleichzeitig besitzen Patient und Therapeutin jeweils eine eigene Identität, hier dargestellt durch die Kreise A_1 und A_2. Sie interagieren als Erwachsene in der realen Welt, und ihre Interaktion ist durch die Regeln der betreffenden Psychotherapie bestimmt. Zum Beispiel beteiligen sich Patient und Therapeutin aus eigenem freien Willen, und jede/r von ihnen kann die Beziehung jederzeit beenden. Wie jede menschliche Interaktion hat die Psychotherapie eine realitätsbezogene und eine »als ob«-Komponente. Realitätsbezogen ist sie insofern, als die Beteiligten eine strukturierte menschliche Beziehung zueinander unterhalten; und die »als ob«-Komponente besteht darin, daß der Patient dazu neigt, sich auf die Therapeutin so zu beziehen, als wäre sie eine der Vergangenheit entstammende Personifizierung (eine mächtige Elterngestalt). Als Zwischenziel will die Therapie die Fähigkeit des Patienten verbessern, die Therapeutin als das wahrzunehmen, was sie wirklich ist – nämlich ein erwachsener Mitmensch – und entsprechend auf sie zuzugehen. Der Therapieprozeß dient dazu, dieses Ziel zu erreichen.

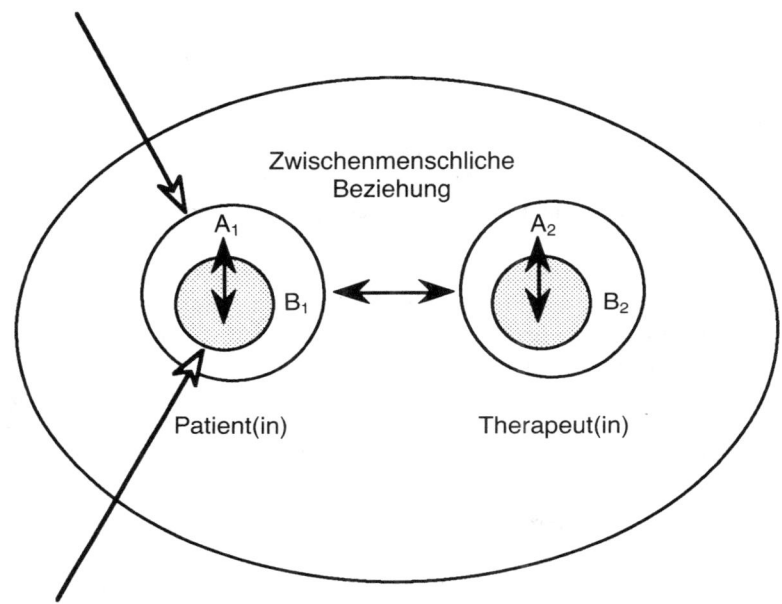

Realitätsbezogenheit
als Erwachsener

Zwischenmenschliche
Beziehung

A_1

A_2

B_1

B_2

Patient(in)

Therapeut(in)

"Prädispositionen"
"Szenarios"

Abbildung 2.1: Die therapeutische Beziehung

3. Alle Menschen haben Prädispositionen, Handlungstendenzen, Szenarios, die sie mehr oder weniger automatisch mit Menschen inszenieren, die im Leben für sie bedeutsam sind. Eine wichtige Funktion dieser Tendenzen ist es, ein Gefühl persönlicher Integrität zu wahren, verschiedene unbewußte Phantasien auszuleben sowie zwischenmenschliche Nähe (Vertrautheit) zu erreichen und dabei gleichzeitig Trennung und Verlust zu verhindern. Dadurch wird eine Befriedigung wichtiger Wünsche und Bedürfnisse sichergestellt, die Teil der Gesamtpersönlichkeit sind. Diese werden durch die schraffierten Bereiche B_1 und B_2 dargestellt. Einige dieser Wünsche lassen sich in der Therapie verwirklichen – zum Beispiel der Wunsch, in der Therapeutin eine Vertraute, eine verständnisvolle Freundin, eine Verbündete und ähnliches mehr zu haben. Andere Wünsche lassen sich hingegen nicht verwirklichen – etwa der Wunsch, die Therapeutin als Liebesobjekt

so unter Kontrolle zu haben, daß sie den Patienten nie verläßt und ihm ihr ganzes Leben widmet.

4. Das Lebensproblem (oder die »Krankheit«) des Patienten besteht darin, daß er unbewußt dazu neigt, bei Mitmenschen unrealistische Szenarios in Szene zu setzen – das heißt, diese Mitmenschen in private Dramen zu verwickeln, die für den Patienten selbst negative Folgen haben. Beispielsweise sieht sich der Patient vielleicht als Mensch, den man nicht lieben und der seinerseits keine Liebe geben kann, und glaubt noch dazu, daß andere diese Ansicht teilen; er möchte Nähe, kann aber nur auf der Basis dieser Grundannahmen danach suchen; folglich wird der Patient Beziehungen zu anderen Menschen so strukturieren, daß er herbeiführt, was er sich wünscht und wovor er gleichzeitig Angst hat. Wenn sich bedeutsame Andere zur Inszenierung dieses speziellen Dramas finden lassen (was meistens nicht schwer ist, da andere Menschen oft ihre eigenen neurotischen Bedürfnisse haben), dann wird die Szene so arrangiert, wie es dem vorbestimmten Szenario entspricht – mit vorhersehbaren Resultaten, die auf den Patienten wie eine sich selbst bewahrheitende Voraussage wirken. Es ist daher die Aufgabe der Psychotherapie, (1) optimale (risikolose) Voraussetzungen für die Inszenierung der Patientenszenarios zu schaffen, (2) deren Inszenierung (innerhalb gewisser Grenzen) zuzulassen, (3) dazu beizutragen, daß der Patient sieht, was er tut, während er es tut, und (4) die Inszenierung komplementärer, vom Patienten zugewiesener Rollen einzuschränken, damit er dazu gebracht wird, die Annahmen, die seinen Szenarios zugrunde liegen, neu zu formulieren, zu verändern und zu korrigieren. Dieser Prozeß wird dadurch außerordentlich erleichtert, daß sich die Therapeutin in ihrem Verhalten als konsequenter und verläßlicher erwachsener Mitmensch zeigt, der durch seine Handlungen eine Reihe anachronistischer und falscher Annahmen widerlegt, von denen der Patient im Hinblick auf die Realität ausgeht – das heißt, in bezug auf das Verhalten, auf die Motive (und so weiter) anderer Menschen.

5. Bei der gemeinsamen Kommunikation spricht die Therapeutin immer sowohl Teil A_1 als auch Teil B_1 der Persönlichkeit des Patienten an (umgekehrt gilt natürlich das gleiche). Das heißt, die Botschaften der Therapeutin werden sowohl von Teil A_1, der mit der Therapeutin als erwachsenem Mitmenschen in Verbindung steht, gehört als auch von Teil B_1, der das, was sich zwischen den beiden Personen tatsächlich abspielt, falsch zu deuten sucht. A_1 wird immer durch B_1 beeinflußt, aber A_1 versucht auch, B_1 unter Kontrolle zu bekommen, denn auf einer bestimmten Ebene wird B_1 als irrational, unrealistisch und etc. erkannt. A_1 ist größtenteils mit dem beob-

achtenden Ich identisch, das mit der Therapeutin zusammenarbeitet, eine therapeutische Beziehung herstellt und sich auch in anderer Hinsicht bessere Formen der Anpassung an die Realität wünscht.

Die Implikationen dieser Thesen werden in den folgenden Kapiteln näher ausgeführt.

3
Die Haltung der Therapeutin

Allgemeine Überlegungen

Wie im ganzen Buch betont, ist die Psychotherapie prinzipiell eine besondere zwischenmenschliche Beziehung; sie ist dazu bestimmt, eine Erfahrung zu vermitteln, die zu konstruktiven Veränderungen im Selbstbild und Verhalten des Patienten führt. Von daher ist es natürlich äußerst wichtig, welches Verhalten und welche Einstellung die Therapeutin gegenüber dem Patienten an den Tag legt. Als Mitmensch hat sie auf privilegierte Weise am Leben eines anderen teil, der um therapeutische Hilfe gebeten hat. Als professionelle Therapeutin ist sie eine ausgebildete klinische Beobachterin, deren fachliches Geschick von der Fähigkeit abhängt, die Schwierigkeiten des Patienten in ihren wichtigsten Zügen zu verstehen und dieses Verständnis therapeutisch zu nutzen. In der Praxis verschmelzen diese Rollen miteinander; doch ist die Therapeutin ständig bestrebt, an ihrer beruflichen Rolle festzuhalten, und das ist bei menschlichen Beziehungen einmalig. Es heißt, die psychotherapeutische Beziehung sei eine höchst persönliche Beziehung in einem höchst unpersönlichen Rahmen. Diese einzigartige Beziehungsstruktur bildet die Basis des gemeinschaftlichen therapeutischen Bemühens.

Es ist schon viel über die Therapeutenrolle und -funktion geschrieben worden, und wir gehen davon aus, daß die Leserinnen und Leser dieses Buches im Hinblick auf die psychodynamischen Grundprinzipien bereits über praktische Kenntnisse verfügen. Im folgenden werden wir die wichtigsten von ihnen noch einmal kurz darlegen; in erster Linie wollen wir in diesem Kapitel jedoch *die* Aspekte des Therapeutenverhaltens hervorheben, die speziell für die Praxis der Psychodynamischen Kurztherapie von Bedeutung sind.

Bei allen dynamischen Psychotherapieformen besteht das therapeutische Leitprinzip in der Fähigkeit zuzuhören (Fromm-Reichmann, 1950). Die Therapeutin muß sich ständig fragen: (1) Wie kann ich die innere Welt des anderen am besten verstehen, und (2) welches wäre jetzt die konstruktivste Intervention? Um einer Beantwortung dieser Frage näherzukommen darf die Therapeutin das im vorliegenden Band postulierte doppelte Ziel der Psychotherapie nicht aus den Augen verlieren, nämlich dem

Patienten durch die in der Therapie vermittelte Erfahrung (1) zu mehr Selbständigkeit und Selbstvertrauen und (2) zu größerer Befriedigung und Nähe in zwischenmenschlichen Beziehungen zu verhelfen. In Übereinstimmung mit psychodynamischen Prinzipien sind wir der Ansicht, daß sich diese Ziele am ehesten dadurch erreichen lassen, daß man sich systematisch bemüht, das Selbstverständnis des Patienten zu verbessern. Hinter den Ängsten und Selbstschutzmechanismen des Patienten verbirgt sich die Hoffnung auf eine liebevolle Beziehung, in der er Rückhalt findet und verstanden wird; denn dann würde er nicht mehr so sehr leiden und wäre weniger niedergeschlagen (Frank, Hoehn-Saric, Imber, Liberman & Stone, 1978). Von dieser Hoffnung ist der Patient beseelt, auch wenn die Therapeutin manchmal das Gefühl hat, daß ihre Geduld durch das provozierende, feindselige oder negativistische Verhalten des Patienten auf eine harte Probe gestellt wird. Obwohl es bisweilen den gegenteiligen Anschein hat, versucht der Patient die ganze Zeit, ein zwischenmenschliches Beziehungsproblem zu lösen, – und möchte sich geliebt, gemocht und akzeptiert fühlen.

In der Haltung der Therapeutin sollte ständig zum Ausdruck kommen, daß sie an dem anderen Menschen Interesse hat, ihn respektiert, ihn nicht verletzen möchte (selbst wenn er sie provoziert), sich ihm gegenüber einer Kritik und eines moralischen Urteils enthält und (innerhalb der Grenzen, die durch ihr Menschsein und durch die Therapeutenrolle gesetzt sind) wirklich zu helfen bestrebt ist. Die Therapeutin sollte sich, wie Hill (1958) es ausgedrückt hat, so verhalten, daß ihre Handlungen in optimaler Weise konstruktiv und möglichst wenig destruktiv sind.

Dies erfordert in aller Regel, daß man aufnahmebereit und ruhig zuhört, alles zu verstehen versucht und einfach da ist. Oft hilft die Therapeutin am meisten, wenn sie sich auf ihr Gegenüber einstimmt und aufnahmebereit und ruhig zu verstehen sucht, was der Patient ihr gerade auf symbolische oder verdeckte Art und Weise mitteilt. Insbesondere sollte die Therapeutin nicht dem inneren Drang nachgeben, unbedingt etwas zu tun – vor allem dann nicht, wenn sie sich vom Patienten (und von sich selbst) gedrängt fühlt, einzugreifen, tätig zu werden, zu beruhigen etc. Es wird häufig unterschätzt, wie sehr schon allein die Gegenwart der Therapeutin und ihr empathisches Zuhören eine der stärksten Quellen für Unterstützung und Hilfe darstellt, die ein Mensch dem anderen geben kann.

Viel zu oft fühlen sich Therapeuten – sowohl durch sich selbst als auch durch ihre Patienten – aufgerufen, ein Problem zu lösen und klug, stark und allwissend zu sein. Und je hilfloser und verletzlicher sich der Patient fühlt, desto größer ist das Bedürfnis, die Fähigkeiten und Kräfte der Therapeutin zu idealisieren und zu überschätzen. Auch daß unsere Kultur so technikfixiert ist und ständig schnelle Resultate erwartet werden, trägt dazu bei, die Therapeutin unter Druck zu setzen: Was soll ich tun? Habe ich jetzt das Richtige getan? Was wäre besser gewesen? – Solche Fragen stellen sich junge (aber auch erfahrenere) Therapeuten häufig. In der zeitlich begrenzten Therapie, in der das näherrückende Therapieende immer eine große Rolle spielt und bei der in relativ kurzer Zeit Ergebnisse erwartet werden, erscheinen solche Zwänge vielleicht noch stärker. Dennoch ist es häufig am besten, wenn die Therapeutin ihre Haltung nicht ändert, sondern weiter zuhört und ihr Gegenüber zu verstehen sucht. Paradoxerweise heißt es dann oft geringschätzig, die Therapeutin »tue« nicht genug.

In jedem Fall sollte die Therapeutin eine erwartungsvolle Haltung einnehmen; das heißt, sie sollte bereit sein, nicht nur zu beobachten, sondern auch zu erleben und sich bis zu einem gewissen Grade auf das zwischenmenschliche Szenario des Patienten – den lebendigen Ausdruck seiner zwischenmenschlichen Beziehungsprobleme – einzulassen. Umgekehrt kann die Therapeutin nichts tun, wenn und solange der Patient nicht einen Prozeß in Gang setzt, auf den sie reagieren und eingehen kann. Die Reaktion der Therapeutin ist ein größtenteils intuitiver Prozeß, der sich nur mit allgemeinen Worten beschreiben läßt. Zu den grundsätzlichen Fragen gehören dabei immer: Was teilt mir der Patient verbal oder nonverbal mit? Welche Ergänzungsrolle weist er mir zu? Was erwartet der Patient von mir – was soll ich für ihn tun, was für ihn sein? Welche Reaktionen versucht er mir zu »entlocken«? Welcher Art ist, grob gesagt, das zwischenmenschliche Drama, an dem ich mich beteiligen soll?

Doch was der Patient direkt und – noch wichtiger – indirekt auch vermittelt, es sollte nie vergessen werden, daß damit die Therapeutin als bedeutsame Andere angesprochen wird. Deshalb sagt das Patientenverhalten insgesamt immer etwas über die Therapeutin und die wirkliche oder phantasierte Beziehung zu ihr aus. Diese Erkenntnis sollte die Therapeutin in den Vordergrund ihrer Überlegungen stellen und sich von ihr leiten lassen, während sie dem Patienten zuhört und an seinem Leben teilhat, so wie es sich in jeder Therapiestunden entfaltet. Gleichzeitig ist nichts von dem, was der Patient mitteilt oder was die Therapiesituation angeht, jemals belanglos. Natürlich kann sich der Patient aufgrund innerer Zwänge veranlaßt sehen, der Therapeutin wichtige Gedanken zu verheimlichen oder sie irrezuführen beziehungsweise ihre Aufmerksamkeit auf Randprobleme zu lenken etc., doch in allen Fällen stellt sich die Frage: Warum macht der

Patient das? Warum kann er nicht direkter sein? Welchen Gefühlen geht er aus dem Weg? – Es kann zum Beispiel sein, daß ein Patient fest entschlossen ist, sich selbst (und der Therapeutin) zu beweisen, daß ihn niemand versteht; einen anderen drängt es vielleicht innerlich dazu, die Therapeutin zu provozieren, um sich anschließend an sie zu klammern und ähnliches mehr. Eine wesentliche Herausforderung, vor der die Therapeutin steht, ist es, das zu erfassen, was der Patient gerade mitteilt oder inszeniert. Es kann sein, daß dies mit dem übereinstimmt, was er gerade sagt; häufiger ist es jedoch so, daß sich das Verhalten in (und auch außerhalb) der Therapie nicht mit dem deckt, was verbal vermittelt wird. Es besteht allgemein die Gefahr, in eine Sackgasse gelockt zu werden, und dies kommt bei allen Therapeuten immer wieder einmal vor. Das heißt, sie werden vom Patienten manipuliert, den es innerlich dazu drängt, die Aufmerksamkeit auf ein Nebenproblem zu lenken, durch das er – und ebenso die Therapeutin – sich aus der Affäre ziehen kann; dadurch wird dann aber die synchronisierte Kommunikation gestört und untergraben.*

In manchen Therapiestunden steckt in dem, was der Patient gleich zu Anfang mitteilt (die »Eröffnung«), oft schon das Thema, das sich durch die ganze Sitzung ziehen wird; ein andermal muß die Therapeutin vielleicht eine Zeitlang – gelegentlich eine ganze Weile – warten, bevor sie sich über das Thema im klaren ist; wieder ein anderes Mal bringt der Patient vielleicht eine solche Abwehrhaltung mit, daß sich aus der verbalen Kommunikation kein Thema herauskristallisiert. Obwohl diese Stunden dem Patienten (und auch der Therapeutin) unter Umständen als verlorene Zeit erscheinen, muß die Therapeutin gerade dann die Art der Transaktionen, an denen sie beteiligt ist, besonders aufmerksam verfolgen. Denn das affektive Thema ist niemals wirklich verschwunden; wenn es sich vielleicht auch nicht mehr im Inhalt der Mitteilungen des Patienten zeigt, so taucht es doch in unterschwelligen Aspekten der Beziehung zwischen Patient und Therapeutin wieder auf. Anders gesagt, wenn sich der Therapeutin das Thema der Sitzung zu entziehen scheint, wird es häufig in den therapeuti-

---

* Ganze Therapien können auf der Basis solcher Mißverständnisse ablaufen und am Ende zu Veränderungen führen, die vom Patienten genauso wie von anderen Personen als »Verbesserungen« eingestuft werden. Der Unterschied zwischen echten Verbesserungen und dem, was Malan (1976a) als »falsche Lösungen« bezeichnet, läßt sich allein am Wohlbefinden des Patienten festmachen. Im Falle einer Fehllösung hat der Patient die Therapeutin (und sich selbst) vielleicht dazu verleitet, sich mit einem Problem zu beschäftigen, das nicht das wirkliche Problem war, und nach der Therapie ist der Patient dann enttäuscht und unzufrieden, weil er sich – in einem tieferen Sinne – weiterhin mißverstanden fühlt.

schen Transaktionen ausagiert. Ebenso müssen Therapeuten sich davor hüten, ihren Worten oder denen des Patienten zuviel Gewicht beizumessen oder aber die ganze Zeit auf ein »Aha-Erlebnis« zu warten.

Andererseits gibt es auch Stunden, die vom Patienten genauso wie von der Therapeutin als gut erlebt werden (Auerbach & Luborsky, 1968; Hoyt, 1980; Strupp, Ewing & Chassan, 1966). Merkmale solcher Stunden sind: (1) das Vorhandensein eines starken (und in der Regel schmerzhaften) Affekts, was darauf hindeutet, daß der Patient nahe daran ist, sich über ein wichtiges Problem bewußt zu werden; (2) der Affekt wird in der Beziehung zur Therapeutin erlebt, wobei der Patient gleichzeitig erkennt, daß die Therapeutin nur zum Teil das tatsächliche Objekt ist, auf das sich der Affekt richtet; (3) die Therapeutin hat eine klare Vorstellung von dem Szenario, das gerade abläuft (das heißt, Patient und Therapeutin sind auf derselben Wellenlänge); und (4) ist die Therapeutin dadurch in der Lage, das Szenario des Patienten in einem anderen Zusammenhang neu zu besetzen (neu zu deuten). Letzteres dürfte zu einer besser an die Erwachsenenrealität angepaßten Sichtweise führen.

Beispiele dafür, wie eine Therapiestunde »eröffnet« werden kann, gibt es viele. Zwei sollen hier genügen: Der Patient setzt sich, sagt, er habe das Gefühl, daß er eigentlich gar nicht hier sein sollte, und wendet sich dann scheinbar ganz anderen Themen zu. Während der Stunde hat die Therapeutin diese Eingangsbemerkung weiterhin im Ohr und versucht zu verstehen, warum der Patient sich zu Beginn so gefühlt hat – warum er also nicht bei der Therapeutin sein wollte. Eventuell findet die Therapeutin relevante Anhaltspunkte, aus denen die Gründe für die Gefühle des Patienten erklärbar werden. In einem zweiten Fall hängt das Hauptproblem der Patientin mit ihrer feindseligen Haltung gegenüber Männern zusammen, denen sie sich zu unterwerfen gezwungen fühlt. Sie kommt ins Zimmer und fragt den Therapeuten:»Glauben Sie, daß beim Menschen eigene Emotionen die Ursache körperlicher Probleme sein können?« – Wie der Therapeut später erfuhr, hatten sich bei der Patientin Blasenprobleme eingestellt, als sie zu ihrem Anwalt gehen wollte, um ihren geschiedenen Mann auf finanzielle Unterstützung für das gemeinsame Kind zu verklagen. Sie hielt die Klage für einen unannehmbar aggressiven Akt und erwartete schon im voraus, dafür bestraft zu werden. Außerdem teilte sie dem Therapeuten fast im gleichen Atemzug mit, daß sie »nichts« empfinde – weder jetzt, beim Therapeuten, noch vorher beim Anwalt. Damit wollte die Patientin den Therapeuten ganz klar dazu drängen, auf eine Fangfrage zu antworten, um dann ihrerseits triumphieren zu können, wenn er dazu nicht in der Lage wäre; so hätte sie sich (wieder einmal) das Unvermögen aller Männer bewiesen (die sie andererseits aber – was kaum überraschen dürfte – auch idealisierte).

Es liegt auf der Hand, daß eine Therapeutin mit ihren Kräften immer nur in Grenzen etwas erreichen kann, zum einen, weil auch sie nur ein Mensch ist, zum anderen, weil in vielen Fällen tatsächlich nur schwer zu fassen und zu verstehen ist, was der betreffende Patient unterschwellig mitteilt, da komplexe Abwehrmechanismen mit im Spiel sind. So steht die Therapeutin oft vor einem Rätsel. Ein andermal glaubt sie vielleicht, sie habe einen herausragenden Aspekt des Konflikts, der den Patienten beschäftigt, in etwa verstanden, hält aber aufgrund der Widerstände des Patienten die Zeit noch nicht für reif, um ihm ihre Sicht der Dinge mitzuteilen. Oder die Therapeutin erkennt, daß sie dem Patienten nicht helfen kann, rasch mit einem seit langem bestehenden, tiefwurzelnden Persönlichkeitsmuster, Konflikt und ähnlichem fertigzuwerden. Die folgenden Regeln sollte man sich immer wieder vor Augen halten:

1. Widerstehen Sie dem *Furor sanandi* (dem verzückten Unbedingt-Heilen-Wollen) in jeglicher Form. Hüten Sie sich davor, zu lenken, zu überreden, zu schmeicheln, gut zuzureden, zu kontrollieren, zu dirigieren etc.

2. Widerstehen Sie der Versuchung, unbedingt etwas zu tun, vor allem wenn Sie sich von seiten des Patienten dazu gedrängt fühlen.

3. Lassen Sie bei sich kein Gefühl der Allmacht, Großartigkeit oder Allwissenheit aufkommen, und versuchen Sie nicht, den Patienten zu beeindrucken.

4. Wenn Sie sich nicht sicher sind, aus welchem Motiv heraus Sie etwas sagen wollen, schweigen Sie lieber! (Denken Sie an das alte Sprichwort: »Durch Zuhören allein gerät man nur selten in Schwierigkeiten.«)

5. Achten Sie von vornherein darauf, daß Sie sich auf einigermaßen hinreichende Belege stützen, und berücksichtigen Sie auch alternative Hypothesen. Bevorzugen Sie knappe, skizzenhafte Darstellungen, die sich eng an die klinischen Daten halten. Vermeiden Sie vor allem klinische Fachausdrücke und starke Verallgemeinerungen (Penisneid, Todeswunsch und ähnliches mehr).

6. Bemühen Sie sich, realistisch einzuschätzen, welches zum jeweiligen Zeitpunkt die wahrscheinlich konstruktivste Intervention ist.

7. Denken Sie vor allen Dingen daran, daß eines der Definitionsmerkmale der Psychotherapie die *zwischenmenschliche Beziehung* ist. Sie können Ihren Patienten vor allem deshalb helfen, weil auch Sie ein Mensch sind – weil Sie sich als Mitmensch in das Erleben Ihrer Patienten einfühlen können und ihnen helfen können, ihre innere Welt zu verstehen.

Es lohnt, auf den letzten Punkt ausführlicher einzugehen. Die Therapeutin ist in der Lage, ein korrigierendes emotionales Erlebnis herbeizuführen, weil sie die Fähigkeit hat, am Erleben des Patienten teilzunehmen (sich hineinzuversetzen). Da sie außerdem dank ihrer beruflichen Ausbildung grundlegende psychodynamische Prinzipien versteht, kann sie dem Patienten helfen, rätselhafte, unangenehme und angsterregende Phänomene, deren Sinn er nur unzureichend begreift, in eine gewisse Ordnung zu bringen. Das Wesen einer psychotherapeutischen Veränderung besteht jedoch nicht darin, daß der Patient irgendein abstraktes Prinzip versteht. Eine solche Veränderung ist vielmehr das Ergebnis eines menschlichen *Erlebnisses,* bei dem der Patient sich verstanden fühlt und dieser Erfahrung eine neue Bedeutung gibt. Was die Therapeutin verdeutlicht oder deutet, ist daher weit weniger wichtig als das, was der Patient im Rahmen der Interaktion erlebt. Es kommt entscheidend darauf an, daß beide Beteiligten verstehen, was der Patient bei seinem Erlebnis subjektiv als wahr empfindet (Schecter, 1981). Das therapeutische Erlebnis besteht zwar aus beschreib- und analysierbaren Elementen, ist dabei aber eine Einheit, eine *Gestalt,* etwas, das der Mensch sich als geschlossenes Ganzes aneignet.

Empfohlene Haltung beim therapeutischen Zuhören

Wenn die Therapeutin über einen längeren Zeitraum dem Patienten gegenüber eine *konsequente* Haltung zeigt, so ist allein das schon ein machtvoller therapeutischer Faktor. Prägnant zusammengefaßt läßt sich unsere Position folgendermaßen auf die Praxis übertragen:

Den Patienten achten

Die Therapeutin begegnet dem Patienten mit äußerster Achtung, denn er ist ein Mitmensch und unterscheidet sich in seinem Menschsein im Grunde genommen nicht von ihr. Die Therapeutin hat sich gewisse technische Fähigkeiten angeeignet und genießt den Status einer ausgebildeten Fachkraft, doch das ist auch die einzige Form von »Überlegenheit«, die ihr rechtmäßigerweise zukommt. Die Haltung der Therapeutin sollte der eines vernünftigen, reifen, vertrauenswürdigen erwachsenen Mitmenschen entsprechen und eine *symmetrische* Beziehung zwischen Gleichberechtigten fördern. Der Patient sollte niemals erleben, daß er als Objekt oder als Fall behandelt wird – als jemand, der mit einem Leiden oder einer Krankheit behaftet ist (zum Beispiel als Hysteriker oder Psychopath) – oder als Organismus, den es zu therapieren, zu verändern, anzupassen oder zu manipulieren gilt.

Achtung bedeutet auch, daß man beständig an der berufsbedingten Rolle festhält: Die Therapeutin erweist dem Patienten keine besonderen Gefälligkeiten und erwartet auch keine von ihm; sie achtet sein Recht und seine Verantwortung, Entscheidungen zu treffen. Sie übernimmt keine leitende Rolle, außer in dringenden Notfällen. Sie benutzt den Patienten nicht, um sich eigene Ziele und Wünsche zu erfüllen außer denen, die in der Natur der Therapiebeziehung liegen (wozu auch gehört, daß ihr die Arbeit Freude bereitet und ihr ermöglicht, ihren Lebensunterhalt zu verdienen). Die Therapeutin erkennt an, daß der Patient ein Recht darauf hat, in jeder Sitzung ihre ganze Zeit und Aufmerksamkeit beanspruchen zu können. Die Therapeutin sollte den Patienten eigentlich nie zu einer bestimmten Handlungsweise drängen oder seine Freiheit in anderer Weise einschränken. Ein moralisierendes Verhalten der Therapeutin gegenüber dem Patienten stellt ein Zeichen von Respektlosigkeit oder Mißachtung dar; dazu sollte es niemals kommen. Aus dem gleichen Grunde sollte die Therapeutin den Patienten nicht kritisieren, verurteilen, ermahnen, ihm keine Vorhaltungen machen und ähnliches mehr. Durch ihre Haltung und Handlungsweise sollte die Therapeutin dem Patienten deutlich machen, daß ihr umgekehrt das gleiche Recht zusteht, daß heißt, daß ihre Handlungsfreiheit durch den Patienten ebensowenig verletzt oder eingeschränkt werden sollte.

Wirkliche Achtung kommt in einer angemessen nüchternen, freundlichen und sachlichen Haltung zum Ausdruck. Sie zeigt sich außerdem darin, daß die Therapeutin konsequent vermittelt, daß sie sich voll und ganz der therapeutischen Aufgabe widmet, dem Patienten zu helfen – wenn auch nicht unbedingt zu den Bedingungen des Patienten. Überschwenglichkeit, Versuche, eine kumpelhafte Beziehung zu fördern, und Unaufrichtigkeit sollten streng vermieden werden. Am besten arbeitet die Therapeutin, wenn sie sie selbst ist und so diszipliniert vorgeht, wie ihr Beruf es verlangt. Der Patient sollte nie verhätschelt oder verwöhnt werden, indem er als jemand Besonderes, Ungewöhnliches oder Einmaliges behandelt wird. Wichtigtuerei, Arroganz und Eingebildetheit zählen zu den größten Hindernissen auf dem Weg zu einer richtigen therapeutischen Haltung.

Achtung wird von der Therapeutin durch alle Aspekte ihres Verhaltens vermittelt und hat ihre Grundlage in der eigenen Selbstachtung. Wie für jede zwischenmenschliche Interaktion gilt auch hier: Was man durch Haltung und Handlung vermittelt, ist weit wichtiger als das, was man sagt. Was zählt, ist das gesamte Verhalten der Therapeutin und der Geist, in dem sie mit dem Patienten kommuniziert.

Empathisches Zuhören

Die Therapeutin hört einfühlsam zu. Dies ist das vielleicht grundlegendste Prinzip, dem zurecht alle Psychotherapieformen folgen und ebenso Therapeuten, die in ihren Ansichten so stark divergieren wie Rogers, Fromm-Reichmann und Kohut. Dieses Prinzip unterstreicht, wie überaus wichtig es ist, daß die Therapeutin sich beständig und konzentriert darum bemüht, den Patienten zu verstehen – seine Gefühle, Ängste, Kämpfe und Sorgen. Durch ihr Einfühlungsvermögen nimmt die Therapeutin an dieser Zwei-Personen-Beziehung teil; und Empathie ist das wichtigste menschliche und technische Hilfsmittel, das der Therapeutin zur Verfügung steht. Zuhören bedeutet, sich in die Welt eines anderen Menschen zu versenken; sich auf die verbale und, was noch wichtiger ist, auf die nonverbale Botschaft des anderen einzulassen – und sich dabei der eigenen Gefühle, Vorstellungen, Phantasien und Assoziationen bewußt zu sein. Es ist ein intuitiver Prozeß, bei dem es folgende Regeln zu beachten gilt:

1. Lassen Sie so oft wie möglich den Patienten selbst initiativ werden. Erlauben Sie ihm, seinen eigenen Anhaltspunkten nachzugehen und seine eigenen Entdeckungen zu machen. Eine solche Haltung gestattet dem Patienten, unabhängiger und selbständiger zu werden. Gleichzeitig können Sie ihm am besten dadurch helfen, daß Sie sein Vertrauen in die eigenen Ressourcen fördern (statt in Ihre). In einer solchen Haltung zeigt sich außerdem eine größtmögliche Achtung gegenüber dem Patienten als erwachsenem Mitmenschen. Sie steht möglicherweise in starkem Gegensatz zu der Einstellung, die der Patient von seinen Eltern und anderen bedeutsamen Erwachsenen her gewohnt ist.

2. Hören Sie dem Patienten zu, bis Sie einigermaßen überzeugt sind, daß Sie verstehen, was er Ihnen mitzuteilen versucht. Fallen Sie ihm möglichst nicht ins Wort, und unterbrechen Sie seinen Gedankengang oder seine Assoziationen nicht. Doch wenn es angebracht erscheint, rufen Sie bei ihm ruhig Neugier und Interesse an sich selbst und an der Arbeit mit Ihnen hervor. Werfen Sie Fragen auf und denken Sie laut nach, um das, was der Patient Ihnen sagt, zu klären und weiter auszuführen.

3. Versuchen Sie, das Thema (oder die Themen) der Stunde herauszuhören. Wenn sich kein Thema zu ergeben scheint, achten Sie noch stärker auf Hinweise in der therapeutischen Beziehung. Wenn Sie nach einer Weile immer noch vor einem Rätsel stehen, ist es unter Umständen angebracht, dies zum Ausdruck zu bringen, um den Patienten zur Mitarbeit anzuregen. Lassen Sie sich nicht zu weit hergeholten Konstruktionen verleiten. Lernen Sie, ohne Unbehagen zugeben zu können, daß Sie nicht weiterwissen. So läßt sich manchmal eindrucksvoll die Wirklichkeit überprüfen.

4. Seien Sie sachbezogen, aber vermitteln Sie dabei eine entspannte Haltung. Die Therapie ist eine ernste Sache, sie braucht aber keine verbissene Angelegenheit zu sein. Wenn Sie gelegentlich etwas Humor zeigen, etwa einen Witz oder eine Anekdote erzählen, kann das sehr dazu beitragen, dem Patienten etwas von seiner Last zu nehmen und eine für die gemeinsame Arbeit förderliche Atmosphäre zu schaffen.

5. Seien Sie sparsam mit Ihren Bemerkungen, ohne dabei einsilbig zu sein. Bedeutsame Bemerkungen, die in relativ großen Abständen gemacht werden, haben eine stärkere Wirkung als ständiges Reden. Verwenden Sie eine einfache, für den Laien verständliche Sprache. Hüten Sie sich ganz allgemein davor, dem Patienten etwas einzuhämmern, indem Sie Ihre Kommentare wiederholen, denn das kann manchmal dazu führen, daß das betreffende Problem eher verworrener gemacht als geklärt wird.

6. Widerstehen Sie der Versuchung, klug oder großartig zu sein. Wenn Sie eine fertige Interpretation abzugeben versuchen, verhindern Sie eventuell ein weiteres Nachforschen. Ein solcher Versuch ist weniger hilfreich als ein interpretierender Hinweis auf Themen, die möglicherweise eine nähere Untersuchung wert wären. Durch letzteres wird ein Prozeß beiderseitiger Wißbegierde und gemeinsamen Forschens gefördert. Die besten Deutungen sind die, zu denen der Patient im Laufe eines langsamen Lernprozesses selbst gelangt.

7. Vermeiden Sie dogmatische Feststellungen. Betonen Sie vielmehr, daß Ihre Bemerkungen etwas Versuchhaftes, Vorläufiges an sich haben, einen Versuch darstellen. Verschonen Sie den Patienten gleichzeitig mit Ihren eigenen Unsicherheiten, Grübeleien und Sorgen. Wenn es Ihnen in einem bestimmten Moment nicht gelingt, sich dem Patienten zu vermitteln, dann versuchen Sie nicht, ihm Ihr Argument mit noch mehr Nachdruck klarzumachen. Trachten Sie vielmehr danach, Abstand zu gewinnen und zu verstehen, warum der Patient unaufmerksam ist oder Widerstände hat, um dann möglichst mit seiner Hilfe zu untersuchen, was gerade vor sich geht.

8. Wenn Sie meinen, daß es nichts zu sagen gibt, schweigen Sie. Das gilt

vor allem dann, wenn Sie sich vom Patienten gedrängt fühlen, auf eine Frage zu antworten, die vielleicht dazu bestimmt ist, den zwischenmenschlichen Therapieprozeß vom eigentlichen Thema abzulenken oder auf ein ganz falsches Gleis zu bringen. Beharrt der Patient jedoch auf seiner Frage, könnte es sein, daß er weiteres Schweigen als Unhöflichkeit mißverstehen würde; dann empfiehlt es sich eher, gemeinsam zu untersuchen, woran es liegen mag, daß der Patient in diesem Punkt so hartnäckig ist.

9. Lassen Sie sich durch den Patienten nicht von wichtigen Therapieaufgaben ablenken. Vermeiden Sie unverbindliches Geplauder, oberflächliches Gerede und andere Schachzüge, die verdecken, in welcher berechtigten Absicht der Patient eigentlich bei Ihnen ist.

10. Zeigen Sie für die Schwierigkeiten des Patienten Verständnis, selbst wenn Sie das Gefühl haben, daß Ihre Geduld auf eine harte Probe gestellt wird. Geduld ist eine der wichtigsten Eigenschaften einer guten Therapeutin.

11. Bemühen Sie sich darum, die Selbstachtung des Patienten zu stärken, und lassen Sie niemals Bemerkungen fallen, die seine Selbstachtung schmälern könnten. Seien Sie auf der Hut, wenn der Patient das, was Sie sagen, als Kritik, Zurechtweisung oder Ermahnung empfindet. Die Tendenz des Patienten, konfliktgeladene Beziehungsthemen zu inszenieren, kann dazu führen, daß Ihre Interventionen mißverstanden oder falsch ausgelegt werden. Versuchen Sie, Mißverständnisse so rasch wie möglich auszuräumen.

12. Hüten Sie sich davor, in Machtkämpfe, verbale Auseinandersetzungen oder Streitereien verwickelt zu werden. Seien Sie, allgemeiner gesagt, vor der Dynamik komplementärer Rollen auf der Hut, die der Patient Ihnen unabsichtlich zuweist (zum Beispiel die einer strafenden Autoritätsfigur oder die eines ihn ausnutzenden Elternteils). Als teilnehmende Beobachterin können Sie derartige Rollenzuweisungen nicht ganz vermeiden, aber Sie müssen sie im passenden Augenblick klarstellen beziehungsweise interpretieren (siehe Kapitel 7, »Die Therapietechnik«).

13. Konkurrieren Sie mit dem Patienten auf keinem Gebiet, weil Sie sonst unwissentlich dazu herangezogen werden könnten, die Rolle eines Elternteils zu spielen, der den Patienten (das Kind) zu besonderen Leistungen anspornt. Lassen Sie nicht zu, daß der Patient Sie als Liebesobjekt wahrnimmt, welches Ansprüche an ihn stellt, ihn zu verführen oder sich auf andere Weise seiner Ergebenheit zu versichern sucht. Denken Sie immer daran, daß die Therapie in sich noch kein Ziel ist, sondern nur ein Mittel, mit dessen Hilfe der Patient zu Unabhängigkeit und Selbständig-

keit gelangen soll. Er sollte lernen, einem anderen Menschen nah zu sein (eine Beziehung zu ihm zu haben), ohne dabei seine Eigenständigkeit aufzugeben.

14. Seien Sie immer völlig ehrlich; verstellen Sie sich nie. Da die meisten Patienten reichlich Erfahrung mit doppelzüngigem Verhalten (schizophrenieerzeugender Kommunikation) haben, reagieren sie häufig außerordentlich feinfühlig, wenn sie bei ihrer Therapeutin derartige Eigenschaften entdecken. Ehrlichkeit bedeutet jedoch nicht, daß die Therapeutin unkritisch alles von sich erzählt. Genau wie der Patient hat auch sie ein Recht auf eine Privatsphäre. Da der Patient die Therapeutin notwendigerweise ins Vertrauen zieht und ihr bestimmte Dinge gesteht, muß sie sich in besonderem Maße darum bemühen, diese vertraulichen Mitteilungen zu schützen. Sie dürfen unter keinen Umständen jemals ausgenutzt werden.

15. Seien Sie sich Ihrer menschlichen Grenzen und Unzulänglichkeiten bewußt und gestehen Sie sie gegebenenfalls ein. Seien Sie bei allem, was Sie mit dem Patienten tun, realistisch. Vermitteln Sie ihm durch Ihr Reden und Tun, daß es viele Dinge gibt, die nicht in Ihrer Macht stehen, und daß Sie auch nicht daran interessiert sind, sich an ihnen zu versuchen. Patienten idealisieren die Therapeutin gerne (und spiegeln damit, daß sie sich selbst als bedürftig und hilflos wahrnehmen), und es bereitet ihnen dann Vergnügen, zu zeigen, daß ihr Idol auf tönernen Füßen steht.

16. Vermitteln Sie dem Patienten, daß die wertvollste Hilfestellung, die Sie geben können, darin besteht, an seiner inneren Welt teilzuhaben, Szenarios zu identifizieren, die er gerade inszeniert, und scheinbar komplexe Prozesse zu klären. Es kommt häufig vor, daß Patienten mehr wollen oder sich beklagen, daß das, was von der Therapeutin kommt, nicht ausreichend ist. Lassen Sie sich davon nicht verunsichern!

17. Nehmen Sie gleichzeitig auf das neurotische Leiden des Patienten Rücksicht. Begegnen Sie seinem Leiden mit Respekt und Empathie, aber fühlen Sie sich nicht (schuldhaft) dafür verantwortlich, es zu ändern – es sei denn mit Hilfe legitimer therapeutischer Interventionen. Wenn der Patient zu einem bestimmten Zeitpunkt ungewöhnlich stark leidet und Sie um eine zusätzliche Stunde bittet, dann gewähren Sie sie ihm, wenn Sie können. Wenn es sich aber nicht einrichten läßt, bringen Sie Ihr Bedauern zum Ausdruck. Der Patient wird das respektieren. Wenn Sie sich gezwungen fühlen, etwas zu geben, was Sie nicht geben wollen, werden Sie es nur mit Widerwillen tun; versuchen Sie es deshalb besser erst gar nicht.

18. Achten Sie möglichst auf einigermaßen enge zeitliche Grenzen. Wenn der Patient zu spät kommt, sind Sie nicht verpflichtet, die verlorene

Zeit nachzuholen. Wenn Sie selbst zu spät kommen, haben Sie hingegen eine solche Verpflichtung. In der Regel ist es möglich, eine Therapiestunde mit einem sanften »Die Zeit ist um« oder einer ähnlichen Bemerkung zu beenden.

19. Bemühen Sie sich, Starrheit und Rituale zu vermeiden. Durch sie kann eine Weiterentwicklung ernsthaft behindert werden, da der Patient sich darauf einstellt und seine Spontaneität zügelt. Man muß natürlich sehen, daß alles zu einem Ritual werden kann (die regelmäßig vereinbarten Treffen, das Zahlen des Honorars, das Arrangieren der Zimmereinrichtung und so weiter). Versuchen Sie, sich dieser Faktoren bewußt zu sein und sie möglichst gering zu halten.

20. Entschuldigen Sie sich nicht für Ihre menschlichen Grenzen, und versuchen Sie nicht, unrealistischen Wünschen und Erwartungen des Patienten zu entsprechen. Selbst wenn Ihnen das gelänge, wäre es doch eine schlechte Therapie. Wenn Sie sich größte Mühe geben und der Patient dennoch nicht zufrieden ist, bleibt ihm nichts anderes übrig, als sich nach einer anderen Therapeutin umzusehen. Sie sollten versuchen, dem Patienten zu helfen, diese Gefühle zu verstehen, aber trotzdem kann es sein, daß bei ihm letztlich der Wunsch nach einem Wechsel die Oberhand gewinnt. In diesem Fall können Sie den Patienten vielleicht sogar bei seiner Suche nach einer neuen Therapeutin unterstützen, falls er Sie darum bittet.

21. Sie können den Patienten nicht dazu zwingen, sich zu ändern, und sollten auch nicht auf Phantasien eingehen, die der Patient vielleicht zu diesem Thema entwickelt. Allerdings hat der Patient ein Recht darauf, daß ihm frühzeitig – am besten in der ersten Stunde – die Regeln beschrieben werden, nach denen die Therapie durchgeführt wird. Dabei bedarf es nicht unbedingt eines Vertrages im juristischen Sinne, doch sollte der Patient in groben Zügen verstehen, welche Rolle von ihm erwartet wird, welche Rolle die Therapeutin zu spielen beabsichtigt und inwiefern ihre gemeinsame Arbeit vielleicht hilfreich sein kann. Solche Erklärungen sollten einfach und direkt sein. Es kann erforderlich sein, sie an späterer Stelle zu wiederholen.

22. Die Therapeutin sollte niemals die Rolle einer strafenden Mutter oder gestrengen Chefin einnehmen. Die Realität erlegt zwar jedem Menschen Grenzen auf, aber es ist eine schlechte Vorgehensweise, wenn die Therapeutin darauf herumreitet.

23. Auch in anderer Hinsicht kann es für die Therapeutin verlockend scheinen, gegenüber einem Patienten die Rolle der »Überlegenen« auszuspielen, vor allem da der Patient sich per definitionem hilfebedürftig fühlt.

Wenn die Therapeutin strafend oder hart eingreift, geht es dabei vielleicht um ihre eigenen Probleme der Triebkontrolle. Nehmen Sie sich allgemein vor Therapiegesprächen in acht, die bei Ihnen von einer Welle eigener starker (positiver oder negativer) Gefühle getragen werden; solche Arten der Kommunikation haben meist etwas Selbstsüchtiges an sich.

24. Verfolgen Sie aufmerksam, was und wie Sie mit dem Patienten kommunizieren, und bemühen Sie sich ernstlich, schon im voraus festzustellen, ob es in seinem oder in Ihrem Interesse ist. Im Zweifelsfalle verkneifen Sie es sich besser. Achten Sie gleichzeitig darauf, Ihre Spontaneität nicht zu unterdrücken. Es gibt wahrscheinlich nichts Schlimmeres als eine »hölzerne« Therapeutin beziehungsweise eine, die vom Patienten als Maschine erlebt wird.

25. Wenn Sie müde oder sonstwie nicht in Form sind, kann es angebracht sein, dies offen zuzugeben. Wenn Sie sich bei Ihren Klärungsversuchen gelegentlich verhaspeln oder weniger präzise und anschaulich sind, als Sie es gerne wären, dann sagen Sie es! Dies sind nur zwei Beispiele, wie Sie vermitteln können, daß Sie ein Mensch und nicht Gott sind. Ein wesentliches Prinzip einer guten Psychotherapie besteht darin, eine (durch bestimmte Notwendigkeiten und die Art der beruflichen Tätigkeit bedingte) disziplinierte Haltung zu wahren, ohne sich dadurch der Fähigkeit zur Spontaneität, Kreativität und Empathie zu berauben. Patient und Therapeutin sind in allererster Linie zwei miteinander interagierende Menschen.

4
Die therapeutische Beurteilung

Der Beurteilungsprozeß

Obwohl bei der Psychodynamischen Kurztherapie die ersten Gespräche – die dazu dienen, sich ein Urteil über den Patienten zu bilden – im allgemeinen stärker strukturiert sind als die nachfolgenden Sitzungen (in dem Sinne, daß die Therapeutin aktiver ist, weil sie diagnose- und prognoserelevante Informationen sammelt), beginnt die eigentliche Therapie gleich von dem Augenblick an, in dem der Patient die Therapeutin zum erstenmal aufsucht. Wir glauben, daß die traditionelle Trennungslinie zwischen Diagnose und Therapie größtenteils künstlich und noch ein Überrest des alten Modells ist, bei dem ein Team von Psychiatern eine förmliche Diagnose stellte, um den Patienten anschließend für die Therapie an jemand anderes zu überweisen (aus verwaltungstechnischen Gründen kann es in Kliniken und ambulanten Psychotherapiezentren auch heute noch erforderlich sein, nach diesem Muster zu verfahren). Allerdings muß man sagen, daß eine gewisse diagnostische Beurteilung notwendig ist, um festzustellen, ob sich ein Kandidat für die Psychodynamische Kurztherapie eignet; das heißt, es muß sozusagen erst einmal das Terrain erkundet werden, wie H. S. Sullivan es genannt hat.

Während man bei den Beurteilungsgesprächen bestrebt ist, in kurzer Zeit viele Informationen zu sammeln, ist es allerdings wichtig, daran zu denken, daß sich diese Bemühungen im Rahmen einer Zwei-Personen-Beziehung abspielen. Dementsprechend haben die Art des von der Therapeutin in Gang gesetzten Dialogs und die Weise, in der die beiden Beteiligten aufeinander reagieren, eine starke Auswirkung darauf, an welche Art von Daten man gelangt und in welche Richtung sich die gerade begonnene therapeutische Beziehung entwickelt. Wenn das Gespräch zum Nutzen des Patienten geführt wird (und nicht zum Zwecke einer formalen Diagnosestellung), kann es bereits therapeutisch sein. Der Patient sollte nach jedem Therapiegespräch mit dem Gefühl fortgehen, daß er von der gemeinsamen Arbeit profitiert (auch wenn natürlich die dabei hochkommenden Gefühle keineswegs immer angenehm sind). Dieses Gebot legt der Therapeutin die Verantwortung auf, sich zu bemühen, derartige Erfahrungen zu fördern. Dementsprechend werden wir zeigen, daß der Beurteilungsprozeß ein Bindeglied in dem gesamten Bemühen der Therapeutin bildet, eine produktive Arbeitsbeziehung herzustellen.

Es sind die zwei Hauptziele des Beurteilungsprozesses, festzustellen, ob sich der Patient für eine Psychodynamische Kurztherapie eignet, und der Therapeutin einen skizzenhaften Plan zur Durchführung der Therapie an die Hand zu geben. Dieser Therapieplan ist als dynamischer Fokus formuliert; darauf wird in Kapitel 5 noch ausführlicher eingegangen. Das vorliegende Kapitel befaßt sich damit, wie die therapeutische Beziehung dazu genutzt wird, (1) eine allgemeine Vorstellung von der derzeitigen Störung des Patienten zu erhalten, (2) abzuschätzen, inwieweit der Patient bereit und in der Lage ist, sich auf die von der Psychodynamischen Kurztherapie erforderten therapeutischen Aufgaben einzulassen, und (3) nach und nach eine Arbeitsbeziehung aufzubauen.

Ein Patient, der mit einer Therapeutin das erste Mal redet, hat eine Geschichte zu erzählen – von Problemen, Konflikten, Unzufriedenheit. Der Patient hofft (erwartet, verlangt), daß die Therapeutin, in der er eine professionelle Helferin oder Heilerin sieht, für Abhilfe sorgt. Es entsteht sofort eine Spannung zwischen dem Patientenwunsch nach Abhilfe und dem Verantwortungsgefühl der Therapeutin. Stärke und Qualität dieser Spannung hängen davon ab, (1) in welchem Maße sich die Störung des Patienten bemerkbar macht und in welcher Form sich sein ungeduldiges Verlangen nach Abhilfe äußert – von welchem Übertragungsmuster es also geprägt ist –, und (2) auf welche Art und Weise die Therapeutin auf diese Ungeduld reagiert. Wenn sich die Therapeutin gedrängt fühlt, die Probleme des Patienten rasch zu verstehen – und vor allem, etwas dagegen zu »tun« –, wird der Beurteilungsprozeß in zu engen Bahnen erfolgen.

So kann es etwa dazu kommen, daß sich die Therapeutin sehr stark mit einer Faktensammlung im Hinblick auf die Symptome, die gegenwärtige Art der Lebensbewältigung und vor allem die Lebensgeschichte des Patienten beschäftigt. Diese Tätigkeit kann dazu dienen, rasch zu einer Diagnose und/oder einer psychodynamischen Formulierung zu gelangen. Eine Diagnose oder eine dynamische Formulierung kann der Therapeutin das beruhigende Gefühl geben zu wissen, was den Patienten quält, und kann auch dazu beitragen, dem Patienten das Problem zu verdeutlichen und eine entsprechende Therapie nahezulegen. Unter Umständen kann diese Art des Faktensammelns beziehungsweise der Anamnese aber auch zu einer willkürlichen »Anhäufung von Beschreibungen gegenwärtiger und vergangener Ereignisse« führen, die im allgemeinen zu »*Spekulationen* darüber verlocken, wie sie wohl zusammenpassen« (Shevrin & Shectman,

1973; Hervorhebung durch H. S. & J. B.). Selbst wenn die Spekulationen der Therapeutin über die Psychopathologie des Patienten in groben Zügen relevant sind, ist dies eine riskante Methode, um das gegenwärtige Problem zu identifizieren.

Erlebnisse und Ereignisse aus der Kindheit beeinflussen die Struktur der heutigen psychischen Anpassung und Fehlanpassung eines Individuums. Man kann jedoch in keiner Weise sicher sein, daß ein bestimmter lebensgeschichtlicher Faktor – so wichtig er theoretisch auch sein mag – einen nennenswerten Einfluß darauf hat, wie ein Individuum *jetzt* mit seinem Leben zurechtkommt (A. Freud, 1988). Beziehungsweise kann es vorkommen, daß ein bestimmtes Erlebnis oder Ereignis den Betreffenden zwar früher einmal beeinflußt hat, jetzt aber von seinem Einfluß her nicht mehr »lebendig« ist.

Außerdem bearbeiten die Patienten – wenn auch in unterschiedlichem Maße – die von ihnen erzählten lebensgeschichtlichen Fakten unbewußt so, daß sie mit den vorbewußten und bewußten Ansichten, die sie von sich selbst und ihrer Welt haben, übereinstimmen; das heißt, Erinnerungen an Ereignisse und Erlebnisse werden ständig modifiziert, um mit dauerhaften affektiven Themen, um die herum sich der Charakter des Individuums strukturiert, in Einklang gebracht zu werden (Mayman, 1968). So machen wir als Therapeuten zum Beispiel immer wieder die Beobachtung, daß sich im Laufe einer Therapie Bilder von Elternfiguren in der Erinnerung so verändern, daß bis dahin verborgene Erlebnisse (Konflikte oder Zärtlichkeit und Nähe) auf einmal in ihnen Platz finden.

Kurz gesagt unterliegen die Erinnerungen, die ein Patient an persönlich relevante – vor allem in der frühen Kindheit liegende – Ereignisse hat, oft vielfältigen Rekonstruktionen. Zwar mag eine entsprechende Information nützlich sein, um das emotionale Leben eines Patienten besser verstehen zu lernen, aber es ist gefährlich, sich bei der Formulierung des aktuellen Patientenproblems darauf als Hauptquelle zu stützen. Vernünftiger ist es wohl, das Hauptaugenmerk auf Fehlanpassungen zu richten, die unmittelbar in der Therapiebeziehung sowie in aktuellen Beziehungen außerhalb der Therapie zum Ausdruck kommen. So lassen sich Einflußlinien identifizieren, die *von* fehlangepaßtem Verhalten in aktuellen Beziehungen *zu* Erinnerungen an frühere Beziehungen führen. Solche Daten lassen sich dann auf Informationen abklopfen, die für das identifizierte *gegenwärtige* Problem relevant sind.

Kehren wir noch einmal zu anderen Problemen zurück, die einem anamnese- oder faktenlastigen Ansatz anhaften. Indem die Therapeutin das

Schwergewicht auf das Sammeln »diagnostischer Fakten« legt, versäumt sie vielleicht zu erfassen, inwieweit der Patient bereit und fähig ist, sich aktiv auf die Therapie einzulassen, die die Therapeutin ihm bieten möchte. Es kommt gar nicht selten vor, daß man gerade den dynamischen Konflikt, der einem neuen Patienten zuzusetzen scheint, formuliert hat, um dann hilflos mitanzusehen, wie sich der Patient von den Vorschlägen und Formulierungen enttäuscht zeigt und die Therapie abbricht. Doch selbst wenn der Patient an der therapeutischen Beziehung festhält, kann es sein, daß die Therapeutin in ihm versehentlich die Erwartung nährt, passiver Empfänger ihrer therapeutischen »Behandlung« zu sein. Insofern kann der Beurteilungsprozeß beim Patienten einen iatrogenen, von der Therapeutin ausgelösten Widerstand gegen jede aktive Mitarbeit in der Therapie erzeugen. Eine solche Mitarbeit ist aber, das sei noch einmal betont, für den Erfolg der Psychodynamischen Kurztherapie entscheidend. Folglich läuft jedes Beurteilungsbemühen, das den Patienten in einer passiven Rolle bestärkt, dem Hauptvorhaben der Therapeutin zuwider: einen wirksamen Therapieprozeß in Gang zu setzen.

Wie wir bereits in Kapitel 1 andeuteten, dient die Interaktion, die sich zwischen Patient und Therapeutin entwickelt, vom Beginn des ersten Therapiegesprächs an als Mittel zur Inszenierung jener zwischenmenschlichen Konflikte, die im Leben des Patienten zur Zeit besonders akut sind. Deshalb achtet die Therapeutin in der Psychodynamischen Kurztherapie darauf, welche affektive Wirkung diese neue Beziehung auf den Patienten hat, und interveniert, um das zu klären. Traditioneller ausgedrückt, ist die Therapeutin bestrebt, Übertragungserlebnisse und -verhaltensweisen jeweils dann zu untersuchen, wenn sie sich zu manifestieren scheinen.

Genauso wichtig ist, daß die Therapeutin ständig auf affektive Reaktionen (Gegenübertragungen) achtet, die durch das fehlangepaßte Verhalten des Patienten bei ihr hervorgerufen werden. Solche subjektiven Informationen liefern wichtige Anhaltspunkte zur Identifizierung fehlangepaßter Einstellungen und Verhaltensweisen. Darüber hinaus hält eine Therapeutin, die die emotionale Wirkung des Patienten nicht erkennt, vielleicht ihre eigenen affektiven Reaktionen irrtümlich für objektive Prognosen. Wir wollen diesen Punkt veranschaulichen: In einem mehrsemestrigen Fallseminar, das einer von uns zum Thema der zeitlich begrenzten Therapie abhielt, bemühte sich ein junger Therapeut, einen Fall zu finden, den er vorstellen könnte. Einen neuen Patienten, der erst einmal bei ihm gewesen war, tat er mit der Bemerkung ab, dieser sei für eine zeitlich begrenzte Therapie ungeeignet; als Therapiefall werde der Betreffende nicht viel hergeben. Als man die Informationen, die der junge Kollege im ersten Gespräch gesammelt hatte, noch einmal durchging, zeigte sich in der Geschichte des Patienten ein akutes affektives Thema. Aufgrund beruflicher und sozialer Mißerfolge und aufgrund der Haltung, mit der ihm seine Eltern begegneten, war beim Patienten das Selbstbild entstanden, aus ihm werde nicht viel werden. Dieses Selbstbild zeigte sich nicht nur in seiner Verhaltensgeschichte, sondern hatte auch sein Verhalten gegenüber dem Therapeuten geprägt, der daraufhin unter dem Deckmantel einer objektiven Prognose unbewußt abschätzig reagiert hatte. Als dies dem Therapeuten bewußt wurde, beschloß er, den Patienten für eine zeitlich begrenzte Therapie anzunehmen, und diese erwies sich dann als recht erfolgreich.

Wir gehen bei unserer Arbeit von der Annahme aus, daß sich in den auffallendsten und emotional am stärksten besetzten Übertragungs-Gegenübertragungs-Mustern die Probleme spiegeln, die zum Fokus der Therapie werden (diese Sicht wird in Kapitel 6 ausführlicher dargelegt). Gleichzeitig erhält die Therapeutin Informationen über Symptome und Alltagsverhalten sowie über gegenwärtige und frühere Beziehungen. Um diese Informationen zu einem zusammenhängenden Diagnosebild strukturieren zu können, ist die Therapeutin jedoch in erster Linie auf Anhaltspunkte angewiesen, die sie dadurch erhält, daß sie sorgfältig darauf achtet, welche Art von Therapiebeziehung sich da entwickelt. Der Inhalt der zwischenmenschlichen Konflikte des Patienten spiegelt sich in dessen Verhaltensweise gegenüber der Therapeutin und wird durch Hinweise auf parallele Konfliktmuster weiter verdeutlicht, die sich aus der Untersuchung von früheren und gegenwärtigen außertherapeutischen Beziehungen ergeben. Ebenso läßt sich am unmittelbarsten anhand der Interaktion des Patienten mit der Therapeutin – und erst in zweiter Linie anhand seines Verhaltens in außertherapeutischen Beziehungen – beurteilen, inwieweit der Patient fähig ist, auf die Aufgaben einzugehen, wie sie von der Psychodynamischen Kurztherapie gefordert werden.

Informationen über die manifesten Schwierigkeiten des Patienten zu sammeln, ist nur eine der Aufgaben, vor denen die Therapeutin steht. Genauso wichtig, wenn nicht noch wichtiger ist es, die sich entwickelnde Beziehung sorgfältig auf Anhaltspunkte zu beobachten, die Auskunft über die Eignung des Patienten für eine Psychodynamische Kurztherapie geben. Wenn man auf diese Faktoren achtet, stärkt das auch die Beziehung, denn die Therapeutin zeigt dadurch, daß sie sich für das *unmittelbare* Erleben des Patienten interessiert.

Eine Patientin äußerte in der zweiten Sitzung, daß sie sich bei dem Gedanken an eine Fortsetzung der Therapie nicht wohl fühle, und stellte dem Therapeuten Fragen zur Therapie und zu seiner Person. Dank einer sorgfältigen Untersuchung dieses Unbehagens wurde deutlich, daß die Patientin befürchtete, der Therapeut werde sie zu etwas zwingen wollen und verärgert sein, wenn sie sich seinen Anweisungen widersetzte. Eine weitere Untersuchung ihrer manifesten Schwierigkeiten ergab, daß sich in der Erwartung, die sie im Hinblick auf die Therapiebeziehung geäußert hatte, ein hervorstechendes zwischenmenschliches Problemmuster widerspiegelte; dieses bildete dann einen Teil des Therapiefokus. Durch die rechtzeitige Beachtung der Sorgen, die die Patientin sich wegen der therapeutischen Beziehung machte, konnte der Therapeut somit die Patientin hinsichtlich seiner Absichten beruhigen und gelangte gleichzeitig an wichtige diagnostische Informationen.

Einige Vertreter der dynamischen Kurzzeittherapie wie Sifneos (1979), Malan (1976a), Davanloo (1980) und Wolberg (1983) haben sich besonders innovativ gezeigt, wenn es darum ging, die anfänglichen Beurteilungsgespräche als »Probelauf« zu nutzen, um festzustellen, ob der Patient auf die von den jeweiligen Therapieansätzen geforderten therapeutischen Aufgaben anspricht. Für diese Therapeuten sind die Reaktionen des Patienten auf Probeinterpretationen ein entscheidendes Auswahlkriterium; wenn der Patient sich also strikt dagegen sträubt, sich mit diesen anfänglichen Interpretationsbemühungen zu befassen, wird ihm höchstwahrscheinlich keine Kurzzeittherapie angeboten werden.

Man darf nicht vergessen, daß alle Patienten der Wirkung therapeutischer Interventionen in unterschiedlichem Maße und auf verschiedene Art und Weise Widerstand entgegenbringen. Das ist deshalb der Fall, weil solche Interventionen unabhängig von ihrem Inhalt dazu tendieren, eine größere zwischenmenschliche Nähe zu fördern (und dabei meist auch verborgene Phantasien zu aktivieren), die der Patient innerlich abwehren muß.

Wir haben den Eindruck, daß die meisten Kurzzeittherapeuten nicht genügend darauf achten, in welcher Weise und in welchem Maße der Patient sogenannten Probeinterpretationen Widerstand entgegensetzt. Anstatt Widerstände als diagnostische Anhaltspunkte für die in der Therapie zu behandelnden zwischenmenschlichen Probleme zu betrachten, verlassen sich die Betreffenden bei der Entwicklung der dynamischen Formulierung und des Fokus in der Therapie viel zu sehr auf den lebensgeschichtlichen Ansatz. Das trifft häufig selbst dann zu, wenn die Transaktionen, die sich aktuell zwischen Therapeutin und Patient abspielen, genutzt werden, um die Eignung des Patienten für die Therapie zu beurteilen. Die Betonung lebensgeschichtlicher Fakten kann dann bei der Entscheidung darüber, ob sich ein Patient für eine zeitlich begrenzte Therapie eignet, zu einem wesentlichen Hemmfaktor werden, und zwar deshalb, weil, wie wir schon gesehen haben, bei den meisten Therapieansätzen vom Patienten erwartet wird, daß er lebensgeschichtliche Daten klar darlegt, damit die Therapeutin aufgrund dieser Informationen rasch einen dynamischen Fokus formulieren kann. Nach Ansicht der meisten Kurzzeittherapeuten muß in dieser Formulierung ein aktueller Konflikt enthalten sein, von dem aus sich leicht eine Verbindung zu einem Kernkonflikt aus der Kindheit herstellen läßt. Wenn der Patient nicht in der Lage ist, in kurzer Zeit die erforderlichen lebensgeschichtlichen Informationen zu liefern, gilt er unter Umständen als für eine zeitlich begrenzte Therapie ungeeignet.

Unserer Ansicht nach sollten die Transaktionen, die sich momentan zwischen Patient und Therapeutin abspielen, genutzt werden, um abzuschätzen, inwieweit der Patient auf die notwendigen Therapieaufgaben anspricht, *und* um den Inhalt der zwischenmenschlichen Hauptkonflikte des Patienten zu identifizieren.

Wenn die Therapeutin versucht, den Patienten in die therapeutische Beziehung einzubinden, entsteht für ihn implizit die »Gefahr« vertraulicher Nähe; dies wird bei ihm zu einem Konflikt zwischen Tendenzen der Annäherung und der Vermeidung führen: Der Patient strebt verzweifelt nach einer Beziehung, hat aber gleichzeitig Angst davor. In diesem Zusammenhang ergeben sich dann Informationen über gegenwärtige Beziehungen und über Beziehungen aus der näheren und ferneren Vergangenheit.

Beurteilungsrichtlinien

Wer kann mit Hilfe der Psychodynamischen Kurztherapie therapiert werden? Bei der Betrachtung anderer mit zeitlicher Begrenzung arbeitender Ansätze haben wir gesehen, daß das Spektrum der für therapierbar gehaltenen Patienten ständig größer geworden ist. Tatsächlich empfehlen einige erfahrene Therapeuten (Wolberg, 1983), es bei *allen* Patienten probeweise mit einer Kurzzeittherapie zu versuchen. Die meisten Therapeuten haben jedoch lieber ein paar Richtlinien, mit deren Hilfe sie feststellen können, welche Patienten sich für diese Therapieform eignen könnten und welche nicht. Der beste Anhaltspunkt bleibt hier die klinische Erfahrung. Zum Beispiel schließt Malan (1976 a) Patienten aufgrund von Kriterien aus, die er im Laufe mehrerer Jahre an der *London Clinic of Psycho-Analysis* entwickelt hat: (1) ernsthafte Suizidversuche, (2) Drogenabhängigkeit, (3) überzeugte Homosexualität, (4) langwieriger Krankenhausaufenthalt, (5) mehr als eine Elektroschocktherapie, (6) chronischer Alkoholismus, (7) lähmende chronische Zwangssymptome, (8) lähmende chronische Angstsymptome oder (9) grob zerstörerisches oder selbstzerstörerisches Ausagieren. Wir empfehlen zwar nicht, an diesen Kriterien sklavisch festzuhalten, aber sie sind doch eindeutig nützliche Anhaltspunkte, die vor möglichen Schwierigkeiten bei der Anwendung von Kurzzeittherapien warnen. In der Tat wird von den meisten der mit zeitlicher Begrenzung arbeitenden dynamischen Ansätze einschließlich unseres eigenen empfohlen, beim Ausschluß von Patienten diese oder ähnliche Kriterien anzuwenden.

Diese Ausschlußkriterien stehen in unterschiedlichem Maße für größere Persönlichkeits- oder Verhaltensdefizite, die von der Frage ablenken können, ob der zukünftige Patient fähig ist, an den von der Psychodynamischen Kurztherapie geforderten Aufgaben zu arbeiten. Eine diagnostische Einstufung oder eine dynamische Formulierung weist eventuell auf relevante Persönlichkeitsstärken oder -schwächen hin, doch wenn, dann nur vage und indirekt. In Anbetracht dieses wichtigen Punktes erklären wir unmißverständlich, daß – wenn man wesentliche Krankheitsbilder einmal ausnimmt – Beschreibungen der Psychopathologie, der Symptome, der Beschwerden etc. nicht weiterhelfen, weil sich aus ihnen keine verläßliche Prognose über die Eignung des Patienten für diese Therapieform ableiten läßt. Statt dessen konzentrieren wir uns auf die Beurteilung *der* Persönlichkeitsdimensionen, die sich aufgrund klinischer Erfahrung als besonders relevant erwiesen haben. Die folgende Zusammenstellung von Kriterien ähnelt den Listen, die auch schon andere Kollegen aufgestellt haben, die in diesem Bereich arbeiten:

1. *Emotionales Unbehagen.* Dem Patienten sind die eigenen Gefühle und/oder Verhaltensweisen so unangenehm, daß er sich um psychotherapeutische Hilfe bemüht.

2. *Grundvertrauen.* Der Patient vertraut und hofft so sehr darauf, durch eine therapeutische Beziehung von seinen Problemen befreit zu werden, daß er bereit und in der Lage ist, regelmäßig zu Therapiesitzungen zu kommen und über sein Leben zu sprechen.

3. *Bereitschaft, Konflikte als zwischenmenschliche Vorgänge zu betrach-*

ten. Der Patient ist flexibel genug, um die Möglichkeit zu erwägen, daß sich in seinen Problemen letzten Endes Schwierigkeiten in der Beziehung zu anderen Menschen spiegeln und daß er, ohne es richtig zu merken, seinen Teil zu den Schwierigkeiten beiträgt.

4. *Bereitschaft, Gefühle zu untersuchen.* Auch wenn es dem Patienten noch so schwerfällt, über Gefühle zu reden, ist er doch offen dafür, die möglicherweise wichtige Rolle in Betracht zu ziehen, die sein Gefühlsleben bei zwischenmenschlichen Schwierigkeiten spielt. Und so quälend und intensiv die gegenwärtigen Affekte (einschließlich derjenigen, die vielleicht auf die Therapeutin gerichtet sind) auch sein mögen, ist der Patient doch immer noch fähig, sich emotional von diesen Gefühlen soweit zu distanzieren, daß Patient und Therapeutin sie gemeinsam untersuchen können.

5. *Fähigkeit zu reifen Beziehungen.* Es ist offensichtlich, daß der Patient in seinen Beziehungen andere Menschen in ausreichendem Maße als eigenständige Individuen zu sehen vermag, so daß identifizierbare Beziehungsprädispositionen – so schmerzhaft und konfliktgeladen sie auch sein mögen – in der therapeutischen Beziehung inszeniert und anschließend in gemeinsamer Arbeit untersucht werden können. Diese Fähigkeit geht jenen Patienten ab, die so mißtrauisch sind und deren Affekte so isoliert sind, daß die Therapeutin entweder die Inszenierung einer Beziehungsprädisposition nicht identifizieren kann oder, falls eine Identifizierung möglich ist, der Patient einer gemeinsamen Untersuchung dieser Verhaltensmuster keinen Sinn abzugewinnen vermag. Ebensowenig eignen sich Patienten, die nicht fähig sind, andere Menschen als eigenständige ganze Personen zu erleben und entsprechend auf sie zuzugehen. Das manifestiert sich beispielsweise darin, daß ein Patient unermüdlich und unbeirrbar versucht, die Therapeutin dahingehend zu manipulieren, daß sie seine neurotischen Bedürfnisse befriedigt. Im Extremfall wird die Therapeutin im Grunde genommen daran gehindert, eine psychotherapeutische Rolle wahrzunehmen.

6. *Motivation für die angebotene Therapie.* Motivation für die Therapie beziehungsweise Motivation für eine Veränderung gilt allgemein als ein entscheidendes Merkmal, an dem sich die voraussichtliche Eignung eines Patienten für eine zeitlich begrenzte Therapie ablesen läßt. Unserer Auffassung nach betrifft die Motivation Regelmäßigkeiten in der Strukturierung und verhaltensmäßigen Äußerung der Hoffnungen, Ängste, Gefühle, Phantasien, Haltungen und Erwartungen des Patienten, von denen seine zwischenmenschlichen Beziehungen beeinflußt und gekennzeichnet sind.

In dem Maße, in dem ein Patient die Therapeutin als hilfsbereite Erwachsene zu erleben und entsprechend auf sie zuzugehen vermag, zeigt er, daß er die Fähigkeit hat, stabilere und realistischere Beziehungen zu verwirklichen. Die Motivationsbeurteilung spiegelt sich daher in den Einschätzungen wider, die ihren Niederschlag in den Kriterien 1 bis 5 gefunden haben.

Zwar ähneln die Persönlichkeitsdimensionen, auf die in der Psychodynamischen Kurztherapie bei der Auswahl von Patienten besonderer Wert gelegt wird, jenen, die auch in anderen mit zeitlicher Begrenzung arbeitenden Methoden Verwendung finden; wir empfehlen jedoch, auch solche Menschen für eine Kurzzeittherapie anzunehmen, deren Störungen von anderen vielleicht als zu gravierend eingestuft werden könnten. Wir verlangen zum Beispiel nicht, daß ein potentieller Patient tatsächlich beweist, daß er Gefühle zum Ausdruck bringen kann; wir achten allerdings darauf, daß er bereit ist, die Möglichkeit in Betracht zu ziehen, daß ein solches Verhalten in der Therapie nützlich und erstrebenswert sein könnte. Dieser größere Spielraum ist deshalb möglich, weil in der Psychodynamischen Kurztherapie eine »gute« Therapiebeziehung keine Vorbedingung für eine Therapie ist; vielmehr gelten Hindernisse, die sich der Entwicklung einer solchen Beziehung in den Weg stellen, als Hauptarbeitsgebiet, sobald sie in der Interaktion zwischen Patient und Therapeutin auftreten.

Die Arten von Daten, die man in einem für die Kurzzeittherapie typischen Beurteilungsgespräch erhält, fallen meist in die folgenden Kategorien: (1) Art der derzeitigen und früheren »Krankheiten« einschließlich näherer Einzelheiten über Symptome, relevante »Krankheiten« bei Familienmitgliedern, frühere Therapien, förmliche Untersuchung des Geisteszustands; (2) Geschichte früherer Beziehungen einschließlich einer detaillierten Familiengeschichte; (3) Informationen über gegenwärtige Beziehungen; (4) Beobachtungen im Hinblick auf Transaktionen in der therapeutischen Beziehung. Die meisten Kurzzeittherapeuten bringen explizit oder implizit zum Ausdruck, daß man diese Informationen bei allen Therapiekandidaten mit der gleichen Gründlichkeit sammeln solle und daß sich dies in 1 bis 3 Sitzungen erreichen lasse. Wir haben bereits die Probleme angesprochen, die unseres Erachtens mit einem derartigen Faktensammeln verbunden sind. Darüber hinaus ist es nur schwer vorstellbar, daß sich ein derart gründliches und umfassendes Unterfangen bei jedem Patienten verwirklichen läßt. Vernünftiger scheint es, sich bei jedem Patienten daran zu orientieren, wie er seine Geschichte selbst am liebsten erzählt und welche Arten von Problemen sich manifestieren, und dementsprechend das Schwergewicht auf eine oder mehrere der obigen Kategorien zu legen.

Wenn sich zum Beispiel während des ersten Therapiegesprächs die Frage stellt, ob ein ernstes psychopathologisches Problem vorliegt, muß die Therapeutin natürlich relevante Informationen sammeln, um diese diagnostische Hypothese zu überprüfen.* Zu diesem Prozeß kann das Aufnehmen einer detaillierten Familien- und auch Krankengeschichte gehören, sowie eine förmliche Untersuchung des Geisteszustands, eine Überweisung zur Durchführung psychologischer Tests und anderes mehr. Wenn es jedoch keine Anzeichen für spezifische Situationsprobleme oder ernste Störungen gibt, empfiehlt die Psychodynamische Kurztherapie für die zu untersuchenden inhaltlichen Bereiche eine bestimmte Prioritätenfolge. Dazu gehören in der Reihenfolge ihrer Wichtigkeit:

1. Transaktionen in der therapeutischen Beziehung;
2. gegenwärtige und bis vor kurzem bestehende Beziehungen zu bedeutsamen Anderen;
3. Beziehungen zu bedeutsamen Anderen in der Kindheit.

Die Untersuchung der Symptome haben wir hier nicht als gesonderten Punkt aufgeführt, weil wir meinen, daß sich die entsprechenden Informationen am zweckmäßigsten dann gewinnen lassen, wenn die Therapeutin das subjektive Erleben des Patienten in verschiedenen Beziehungen untersucht.

Die primäre Beobachtungsgrundlage zur Identifizierung chronisch fehlangepaßter, starrer zwischenmenschlicher Verhaltensmuster ist die sich entwickelnde therapeutische Beziehung, doch dienen die Beurteilungsgespräche auch dazu, eine umfassende Vorstellung davon zu gewinnen, welche Art und Qualität von zwischenmenschlichen Beziehungen der Patient im allgemeinen zu anderen Menschen aufbaut. Ein Überblick über die gegenwärtigen und früheren Beziehungen des Patienten, die sowohl angepaßte als auch fehlangepaßte Muster aufweisen können, kann die Hypothesen stützen und ergänzen, die man aufgrund von Beobachtungen der therapeutischen Interaktion aufgestellt hat. Aus diesen Zusammenhängen

---

* Unsere klinischen Beobachtungen, die von Forschungsergebnissen gestützt werden (Sandifer, Horndern & Green, 1974), deuten darauf hin, daß sich eine relativ erfahrene Therapeutin innerhalb der ersten Minuten eines Beurteilungsgesprächs ein recht genaues Urteil darüber bildet, wie ernst die Pathologie des Patienten ist. Genauso bilden sich bei der Therapeutin auch rasch bestimmte Haltungen gegenüber dem Patienten aus, die für die Formulierung des therapeutischen »Problems« und für den Therapieverlauf von weitreichender Bedeutung sein können (Strupp, 1960).

ergibt sich auch eine Grundlinie, von der aus sich Veränderungen, beurteilen lassen, die im Laufe der Therapie beim Patienten eintreten. Und schließlich werden Informationen über die früheren und derzeitigen Beziehungen des Patienten während der Therapie noch genutzt, um festzustellen, wie relevant bestimmte Entdeckungen sind, die die Therapeutin innerhalb der therapeutischen Beziehung im Hinblick auf das Verhalten des Patienten macht.

Ein anderes Ziel der Beurteilungsgespräche ist es, herauszufinden, ob und inwieweit der Patient mitteilen kann, wie er die Therapeutin wahrnimmt und auf sie reagiert (diese Fähigkeit ist für eine der Hauptaufgaben in der Psychodynamischen Kurztherapie wichtig, nämlich daß der Patient schildert, was er in der therapeutischen Beziehung erlebt). Daher achtet die Therapeutin aufmerksam darauf, ob sich ihr eine Gelegenheit bietet, den Patienten nach seinen Reaktionen ihr gegenüber und auf die Gesprächssituation zu fragen. Wenn sich die Möglichkeit ergibt, Parallelen zwischen Schwierigkeiten in jetzigen oder früheren Beziehungen des Patienten und Auffälligkeiten in der sich entwickelnden therapeutischen Beziehung zu ziehen, oder wenn die Therapeutin spürt, daß in bezug auf ihre Beziehung affektiv besetzte Probleme vorhanden sind, teilt sie ihre Beobachtungen mit. So ergibt sich die Möglichkeit festzustellen, wie der Patient mit einer solchen »Prozeß«-Information umgeht.

Beim Beurteilungsgespräch sollte die mit einem zeitlich begrenzten dynamischen Ansatz arbeitende Therapeutin die oben aufgeführten Inhaltsbereiche nicht aus den Augen verlieren. Je nach Art der manifesten Beschwerden und anderen Umstände kann es sein, daß sich über deren relative Bedeutung im vorliegenden Fall bei der Therapeutin rasch bestimmte Hypothesen bilden. Die Themen lassen sich jedoch in jeder beliebigen Reihenfolge erforschen. Das Therapiegespräch sollte sich soweit wie möglich mit den Themen decken, die spontan vom Patienten eingebracht werden. So wird er ermutigt, seine eigene Geschichte zu erzählen. Außerdem erfährt die Therapeutin, wenn sie in dieser Weise vorgeht, in kurzer Zeit eine Menge darüber, wie der Patient sich in Beziehungen vorzugsweise verhält und welche zwischenmenschlichen Erfahrungen er für besonders wichtig hält. Die Therapeutin muß ständig abwägen, ob es vorteilhafter ist, einen Patienten dazu zu ermuntern, selbstgewählten Themen nachzugehen, oder ob es besser ist, das Gespräch auf bestimmte Inhalte hinzulenken. Hier ist Flexibilität gefragt, und die beste Orientierungshilfe ist dabei die klinische Erfahrung der Therapeutin und ihr intuitives Urteil. Die Therapeutin sollte sowohl den Themen nachgehen, die der Patient vorgibt, als auch das

Therapiegespräch auf Bereiche lenken, die angesichts der derzeitigen Schwierigkeiten des Patienten besonders relevant erscheinen; im Idealfall herrscht zwischen beidem ein optimal ausgewogenes Verhältnis. Gewöhnlich sind einige Nachfragen erforderlich, die dem Patienten außerdem vermitteln können, daß sich die Therapeutin für das interessiert, was er ihr nach und nach erzählt. Sie sollte jedoch unbedingt der Versuchung widerstehen, die Gesprächsführung an sich zu reißen, wenn der Patient sich nur zögernd mitteilt, zu viele scheinbar unnötige Details ausbreitet etc. Aus verschiedenen und oft komplexen Gründen kann es vorkommen, daß ein Patient es vorzieht, sich passiv zu verhalten, so wie er es vom medizinischen Bereich her gewohnt ist. Dem Patienten sollte rasch deutlich gemacht werden, daß in der Psychodynamischen Kurztherapie die Rolle der Therapeutin eine andere als die eines Arztes ist, der nach der Diagnose die alleinige Verantwortung für die Behandlung übernimmt.

Im Eingangsgespräch treten zwischen Patient und Therapeutin stichprobenartig die Interaktionsarten auf, die sich dann aller Voraussicht nach im weiteren Verlauf der Therapie noch vertiefen werden. In der Regel wird die Therapeutin:

1. spezifische Fragen stellen, um das zwischenmenschliche Verhalten und subjektive Erleben des Patienten zu klären;

2. offene Fragen stellen, um die Befragung auf das zwischenmenschliche Verhalten und subjektive Erleben des Patienten auszudehnen;

3. klärende und interpretierende Kommentare anbieten und dabei auch auf Parallelen aufmerksam machen, die vom fehlangepaßten zwischenmenschlichen Verhalten her bei scheinbar unterschiedlichen Beziehungen oder Interaktionen bestehen.

Erinnern wir uns an ein anderes zentrales Ziel der Beurteilungsgespräche: die Formulierung eines dynamischen Fokus, durch die der Inhalt festlegt wird, der während der Therapie selektiv Beachtung finden soll. Wie wir noch sehen werden, wird dieser Fokus in zwischenmenschlicher Hinsicht formuliert. Dementsprechend wichtig ist es für die Therapeutin, in Erfahrung zu bringen, inwieweit der Patient in der Lage ist, subjektive Erfahrungen zu erkennen und zu diskutieren, die er in der Interaktion mit bedeutsamen Anderen macht. Um dieses Ziel zu erreichen, sollte die Therapeutin seine gegenwärtigen und früheren Beziehungen gründlich untersuchen und diejenigen besonders berücksichtigen, die für den Patienten außerordentlich wichtig sind. Zu den Punkten, die bei jeder Beziehung von besonderem Interesse sind und mit der Struktur des (in Kapitel 5 näher behandelten) dynamischen Fokus korrespondieren, gehört, (1) wie der Patient seine eigenen zwischenmenschlichen Handlungen sieht*; (2) wie er die Handlungen und Reaktionen eines anderen Menschen im Hinblick auf sich selbst sieht; (3) welche Erwartungen und Bedeutungen der Patient an die Transaktionen mit bedeutsamen Anderen knüpft; und (4) wie sich seine Beteiligung an der Beziehung auf sein Selbstbild und seine Selbstachtung auswirkt.

Orientierungshilfe zur Durchführung eines Beurteilungsgesprächs

Als flexibel einsetzbare Orientierungshilfe können die folgenden Gesprächsgrundzüge dazu dienen, das Material zu strukturieren, das während der Beurteilungsgespräche anfällt, sowie die Therapeutin zu bestimmten Themenbereichen hinzuführen. Bei jedem der größeren Themenbereiche sollte die Therapeutin folgende Fragen beachten:
1. In welchen Lebensphasen des Patienten und bei welchen Arten von Beziehungen gibt es Anhaltspunkte für Schwierigkeiten, in denen sich die aktuellen Probleme widerspiegeln, aufgrund derer sich der Patient um eine Therapie bemüht?
2. Achten Sie, wenn Sie sich einen Überblick über die zwischenmenschlichen Beziehungen verschaffen, die der Patient im Laufe des Lebens eingegangen ist, auf die Qualität seiner Beziehungen zu und Interaktionen mit (a) Gleichgestellten, (b) Autoritätspersonen, (c) Menschen, die er als untergeordnet wahrnimmt, (d) anderen, die dasselbe Geschlecht wie der Patient haben und (e) solchen, die zum anderen Geschlecht gehören.
3. Wenn Sie sich einen Überblick über die zwischenmenschliche Seite der Lebensgeschichte und die gegenwärtigen Beziehungen des Patienten verschaffen, achten Sie auf Anzeichen für Konflikte, bei denen es (a) um Wut, Aggression und Durchsetzungsvermögen geht, (b) um Passivität und Abhängigkeit, (c) um wechselseitige Abhängigkeit und Nähe (einschließlich Trennung und Selbständigkeitsbestrebungen), (d) um liebevolle, zärtliche Empfindungen und Sehnsüchte, (e) um Ausgelassenheit und Spontaneität, (f) um sexuelle Impulse und Gefühle, (g) um Freude und Genuß im Gegensatz zu eingeengten Impulsen und Gefühlen und/oder einer gedrückten Stimmung.

* Unsere Definition von »Handlung« umfaßt in diesem Zusammenhang sowohl Wahrnehmungen und Gefühle als auch frei beobachtbares Verhalten (Schafer, 1983).

Grundzüge des Beurteilungsgesprächs

I. *Manifestes Problem:*
  1. Welcher Art ist das manifeste Problem? (»Was bringt den Patienten jetzt hierher?«)
  2. Kann der Patient das Problem in zwischenmenschlicher Hinsicht sehen? Welche bedeutsamen Personen sind beteiligt?
  3. Läßt sich sofort ein Trauma oder Komplex identifizieren oder aber nach einer Weile finden?
  4. Tritt das manifeste Problem dem Anschein nach zum ersten Mal im Leben des Patienten auf? Wie lange ist sich der Patient des Problems schon bewußt? Ist bei ihm früher schon Ähnliches vorgekommen? Wenn ja, wann und unter welchen Umständen? Wie ist der Patient damals damit umgegangen?
  5. Wie ist der Patient zu der Entscheidung gelangt, jetzt therapeutische Hilfe in Anspruch zu nehmen? (Eine Beantwortung dieser Frage kann unter Umständen erfordern, daß der Patient sich noch einmal die Gedanken vergegenwärtigt, die ihm bis unmittelbar vor der Entscheidung, sich an die Therapeutin zu wenden, durch den Kopf gingen.)

II. *Beziehungen:* in der Gegenwart, jüngsten Vergangenheit, Jugend und Kindheit.
  1. Soziale Beziehungen.
  2. Schulische und/oder Arbeitsbeziehungen.
  3. Vertrauliche und/oder sexuelle Beziehungen (einschließlich der zum Ehepartner und zu den Kindern).
  4. Herkunftsfamilie (Eltern, Ersatzeltern, Geschwister, Verwandte).
  5. Freizeitbeschäftigungen und -interessen.

Bei den unten aufgeführten Themen sollte die Therapeutin die Situationen und/oder Ereignisse daraufhin untersuchen, welche Auswirkungen und Bedeutungen sie im Hinblick auf die zwischenmenschlichen Beziehungen des Patienten haben.

III. *Bedeutsame Verluste* (emotionaler und/oder tatsächlicher Art): Trennungen und/oder Verluste (1) in der Kindheit, (2) in der Jugend, (3) im Erwachsenenalter. Zu solchen Verlusten oder Trennungen können gehören: (a) Trennung oder Scheidung der Eltern, (b) Tod eines

Elternteils, (c) Geburt einer Schwester oder eines Bruders, (d) häufige Umzüge, (e) die Trennung oder Scheidung vom Ehepartner, (f) Tod des Ehepartners oder eines anderen geliebten Menschen.

IV. *Andere bedeutsame Einbrüche im Leben:*
Ernste Verletzungen oder Krankheiten des Patienten oder eines für ihn bedeutsamen Anderen, starke Probleme am Arbeitsplatz oder Brüche in der Karriere und ähnliches mehr.

Zusammenfassung

Hauptaufgabe der Beurteilung ist es nicht, zu einer klinischen Diagnose zu gelangen, die sich elegant in eine der traditionellen nosologischen Kategorien einfügt, sondern festzustellen, ob sich der zukünftige Patient für die Psychodynamische Kurztherapie eignet, und einen begrenzten Arbeitsbereich festzulegen. Dazu ist es erforderlich, einen zwischenmenschlichen Prozeß in Gang zu setzen, der in wesentlichen Grundzügen mit dem für die Psychodynamische Kurztherapie charakteristischen Therapieprozeß übereinstimmt. Wir versuchen eine interpersonelle Diagnose zu stellen; das heißt, wir versuchen herauszufinden, ob der Patient produktiv in eine bestimmte psychotherapeutische Beziehung eingebunden werden kann. Kurz gesagt, gehen wir von der Annahme aus, daß die manifesten kognitiven, emotionalen und verhaltensmäßigen Schwierigkeiten des Patienten ihre Wurzeln in – sowohl heutigen als auch früheren – gestörten zwischenmenschlichen Beziehungen haben und daß die Psychodynamische Kurztherapie die Auswirkungen dieser Störungen positiv beeinflussen kann.

Am besten nutzt man die Patient-Therapeut-Beziehung von Anfang an dazu, das zwischenmenschliche Verhalten des Patienten zu beobachten. Daten, die man auf diese Weise sammelt, müssen natürlich durch relevante Informationen ergänzt werden, die die gegenwärtigen und früheren zwischenmenschlichen Erfahrungen des Patienten mit bedeutsamen Anderen betreffen. Und schließlich ist es noch erforderlich, bestimmte Ausschlußkriterien anzuwenden, die in gewissen Fällen aufgrund klinischer Erfahrung stark dagegen sprechen, eine Person für eine Psychodynamische Kurztherapie anzunehmen.

Einer der wesentlichen Vorteile dieser Beurteilungsmethode ist ihr praktischer Nutzen: Sie gibt einem für die unmittelbare therapeutische Praxis Regeln an die Hand. Zwar zielt eine wissenschaftliche Untersuchung idealerweise auf eine vollständige Erklärung, doch ist ein sparsamer Umgang mit Erklärungen in bestimmten Situationen genauso wichtig, vor allem wenn es dabei um eine Handlungsanleitung geht. Shevrin und Shectman (1973, S. 44) bemerken in diesem Zusammenhang treffend: »In der klinischen Arbeit läßt sich Erklärungsökonomie als das Maß an Erklärung definieren, daß notwendig ist, *um mit dem vorliegenden Problem fertig zu werden*« (Hervorhebung durch H. S. & J. B.). Dem stimmen wir zu und glauben darüber hinaus, daß diagnostische Kategorien und komplexe dynamische Formulierungen einem kaum helfen, wenn man festlegen will, was bei einem bestimmten Patienten, der vielleicht eine Psychotherapie braucht und auch haben möchte, als nächstes zu unternehmen ist. Wir schlagen mit unserem Ansatz statt dessen ein bestimmtes Handlungsmuster vor, das wir im nächsten Kapitel genauer beschreiben werden.

5
Der dynamische Fokus

Thomas E. Schacht, Jeffrey L. Binder und Hans H. Strupp

Beim dynamischen Fokus geht es um das Problem, therapeutisch relevante Informationen zu sammeln und zu strukturieren sowie diese Informationen systematisch in die Therapie zu integrieren. In der Psychodynamischen Kurztherapie wird der dynamische Fokus als heuristisches Mittel verstanden. Er hilft der Therapeutin psychotherapeutisch relevante Informationen zu gewinnen, zu erkennen und zu strukturieren. Dieses aktive und explizite Entdeckungsverfahren steht im Gegensatz zu dem passiven, auf eine breite Untersuchung angelegten, offenen Modell, das von einigen ohne zeitliche Begrenzung arbeitenden Therapiemethoden vertreten wird. Bei solchen Langzeittherapien geht man beispielsweise von der Erwartung aus, daß – wenn die Therapeutin sich richtig verhält und der Patient sich für die Therapieaufgaben eignet – spontane Strukturierungstendenzen ausreichen. So erklären etwa Gill und Hoffmann (1982): »Es ist anzunehmen, daß im Laufe der Arbeit die Übertragungsanalyse *ohne besondere Bemühungen* durch den Analytiker zur Analyse eines *stärker strukturierten* Bündels von Empfindungen und Reaktionen wird« (S. 143, Hervorhebung durch H. S. & J. B.). Während manche Patienten wohl auch ohne besondere Bemühungen seitens der Therapeutin gut vorankommen, fällt es vielen anderen nicht leicht, sich auf eine solche Methode einzustellen.

Historischer Überblick

Allgemein gesagt hofft man, mit Hilfe des *dynamischen Fokus* die therapeutische Effizienz bei zeitlich begrenzten Therapien zu maximieren (Armstrong, 1980; Bellak & Small, 1972; Binder, 1977; Binder & Smokler, 1980; Budman, 1981; Davanloo, 1980; Flegenheimer, 1982; Malan, 1976a; Mann, 1978; Ryle, 1979; Sifneos, 1972). Tatsächlich betrachten mehrere der genannten Autoren eine Kurztherapie als gänzlich kontraindiziert, wenn sich kein Fokus finden oder aufrechterhalten läßt. Zumindest eine Forschergruppe trägt diesem Umstand Rechnung, indem sie ihre dynamische Kurztherapiemethode als »Fokaltherapie« bezeichnet (Balint, Ornstein & Balint, 1973). Verwandte Begriffe sind in diesem Zusammenhang »Kernkonflikt« (Alexander & French, 1946), »neurotischer Kernkonflikt« (Wallerstein & Robbins, 1956), zentrale »Übertragungsprädisposition« (Racker, 1978), »Resttrauma« (Blos, 1941; Ekstein, 1956), »Hauptproblem« (Mann & Goldmann, 1982) und »Beziehungskernkonfliktthema« (Luborsky, 1977).

Einen dynamischen Fokus bestimmt man im allgemeinen mit Blick auf ein Hauptsymptom, einen spezifischen innerpsychischen Konflikt beziehungsweise eine Entwicklungssperre, eine fehlangepaßte Selbsteinschätzung, ein wesentliches Interpretationsthema oder ein anhaltendes zwischenmenschliches Dilemma beziehungsweise ein fehlangepaßtes Handlungsmuster. Inhalt und Form des dynamischen Fokus können je nach theoretischer Richtung und von Therapeutin zu Therapeutin verschieden sein. In einem Fall versucht eine Therapeutin beispielsweise, sich auf Abhängigkeitswünsche zu konzentrieren, die mit der Entwicklungskrise des Patienten und dem inneren Kampf zwischen Selbständigkeit und Scham in Zusammenhang stehen; eine Therapie könnte sich aber auch auf ungelöste aggressive Gefühle, die mit dem Prozeß des Trauerns um ein verlorenes Objekt zusammenhängen, oder auf tiefsitzende sexuelle Schuldgefühle konzentrieren, außerdem auf unbewußte Kastrationsängste, die durch die ödipalen Implikationen eines bevorstehenden Ausbildungsabschlusses aktiviert worden sind. Auch wenn bestimmte Autoren hier klar definierte Vorlieben haben – Sifneos (1972) etwa beschäftigt sich vorzugsweise mit Ödipuskonflikten –, führt die psychotherapeutische Literatur im Hinblick auf die Liste potentieller Fokusthemen keine allgemein akzeptierten Beschränkungen an.

Leider bietet die aktuelle klinische Literatur nur wenige explizite Verfahrensweisen und nur eine Handvoll allgemeiner Prinzipien zur Identifizierung eines dynamischen Fokus an. Hingegen trifft man häufiger auf die Ansicht, die Herausarbeitung eines dynamischen Fokus sei eine höchst intuitive Kunst. Malan (1976a) meint beispielsweise, daß sich bei einer feinfühligen Therapeutin der Fokus gedanklich »herauskristallisiere«. Obgleich die Wissenschaftler, die sich mit Kurztherapieforschung befassen, einhellig der Meinung sind, daß ein dynamischer Fokus der Therapeutin als Orientierungshilfe oder Bezugsrahmen für ihre Interventionen dienen sollte, herrscht doch keine Übereinstimmung darüber, welche spezifische Form eine solche fokale Richtschnur annehmen sollte (innerpsychischer Konflikt, zwischenmenschliches Dilemma, Entwicklungssperre, anhaltendes affektives Thema); und genausowenig ist man sich darüber einig, wie die Therapeutin an eine Fokusformulierung herangehen, sie entwickeln und darlegen soll (Kinston & Bentovim, 1981), oder auch nur darüber, wie die Qualität eines bestimmten Fokus zu beurteilen ist. Fortschritte hin zu einer größeren Genauigkeit des Fokusbegriffs sind bisher größtenteils im Rahmen von Forschungsprojekten erzielt worden (Gill & Hoffmann, 1982; Luborsky, 1977; Ryle, 1979; Schacht, im Druck). Doch da die innerhalb der Forschung entwickelten Verfahren für eine Anwendung im klinischen Alltag häufig zu spezialisiert oder umständlich sind, bekommen die Therapeuten in dieser Hinsicht wenig konkrete Hilfestellung und müssen sich meistens auf ihren eigenen Erfindungsgeist, theoretisch fundierte Intuition und klinische Erfahrung verlassen.

Trotz seiner theoretisch zentralen Rolle wird der dynamische Fokusbegriff in der Praxis immer noch vage und verschwommen benutzt. Zweck dieses Kapitels ist es daher, ein konkretes Modell zu umreißen.

Begriffliche Grundlagen des dynamischen Fokus

In der Psychodynamischen Kurztherapie wird ein Fokus nicht einfach verwandt, um eine Therapie zu begrenzen, einzuengen, einzugrenzen oder zu verkürzen. Ein Fokus sollte den Patienten nicht in seiner Bewußtwerdung oder seinem Ausdruck behindern; ebensowenig sollte er die Beschwerden eines Patienten auf stereotype Formen reduzieren. Ein solcher dynamischer Fokus unterscheidet sich auch von einem Zielbereichsproblem (eine unglücklich gewählte Metapher, die impliziert, eine Therapeutin sei eine Art Scharfschütze und klinische Techniken seien Teil des therapeutischen Waffenarsenals).

In der Psychodynamischen Kurztherapie sollte der Fokus als ad hoc individualisierte Theorie verstanden werden, mit deren Hilfe Verhaltens- und Erfahrungsphänomene geklärt und zueinander in Beziehung gesetzt werden, die anderenfalls nicht zusammenzuhängen und keine Kontinuität aufzuweisen scheinen. Der Fokus ist keine absolute oder endgültige Formulierung (ein wohl in jedem Falle naives und unerreichbares Ziel). Vielmehr dient er als heuristische Leitlinie. Sowohl der Prozeß der Fokusgewinnung als auch der Fokus selbst helfen dem Patienten, sein Selbstgefühl zu erweitern, verwirrende Erlebnisse zu integrieren und komplexe Lebensprobleme zu bewältigen. Der wesentliche Wert des dynamischen Fokus besteht in der Art und Weise, in der er eine Therapieerfahrung strukturieren helfen kann. Falls die Therapie dabei kürzer wird, ist die Reduzierung des für eine wirksame Therapie erforderlichen Zeitraums im allgemeinen ein Nebenprodukt dieser verbesserten Strukturierung. Wenn eine Therapie kurz sein muß, dann wird sie am besten einfach dadurch verkürzt, daß man zeitliche Grenzen setzt. Ein Fokus hilft dann die vorgesehene Zeit wirksam zu nutzen.

Therapeuten sollten darauf achten, daß sie durch ihre Fokusarbeit gute Therapiebedingungen nicht so verändern, daß sich der Patient einer dominierenden Expertin fügt. Ein Fokus sollte von der Therapeutin nicht aufgezwungen werden; ein solches Vorgehen verstieße gegen grundlegende Prinzipien der Psychodynamischen Kurztherapie, denn dadurch würde die Abhängigkeit des Patienten von einer mächtigen Autoritätsfigur verstärkt, was sich langfristig gesehen als eher hinderlich denn hilfreich erweisen würde. Eine therapeutische Konfrontierung kann unter bestimmten Umständen zwar von Nutzen sein, doch sollte man dies nicht mißverstehen und den Patienten etwa unterschwellig oder offen drängen, manipulieren, verführen, zwingen, ihm zusetzen, ihn kontrollieren, ermahnen oder indoktrinieren. Eine Psychodynamische Kurztherapie erfordert die Zusammenarbeit von Patient und Therapeutin, und dafür übernimmt der Patient aus freien Stücken selbst aktiv Verantwortung. In diesem Sinne sollte man gemeinsam zum Fokus gelangen, und zwar so, daß es dem Patienten in einem größeren Teil seiner Welt Erleichterung verschafft und Wechselbeziehungen verdeutlicht.

Der dynamische Fokus als Struktur für zwischenmenschliche Erzählungen

In der Psychodynamischen Kurztherapie ist der Fokus ein Arbeitsmodell (Peterfreund, 1983), das ein zentrales – vom Patienten unbewußt angenommenes – zwischenmenschliches Rollenmuster erfaßt, genauso wie die komplementären Rollen, die er anderen zuweist, sowie die daraus resultierenden fehlangepaßten Interaktionssequenzen, scheiternsfixierten Erwartungen und negativen Selbsteinschätzungen. Der Fokus hilft der Therapeutin, diese problematischen Muster systematischer und zusammenhängender zu beschreiben und zu verstehen. Er liefert Benennungen und eine Struktur, die die therapeutisch relevanten Informationen besser zugänglich macht und idealerweise sowohl dem Patienten als auch der Therapeutin hilft, zu bedeutungsvollen Unterscheidungen und Integrierungen zu gelangen.

Der dynamische Fokus basiert auf zwei Prinzipien:

1. *Bei den mit Hilfe der Psychodynamischen Kurztherapie behandelten Arten von psychischen Problemen wird die Lebenserfahrung in erster Linie im zwischenmenschlichen Bereich gedeutet.*
2. *Psychologisch gedeutet wird die Lebenserfahrung hierbei in erster Linie mit Hilfe der* Erzählung: *Man erzählt sich und anderen eine Geschichte.*

Daher wird dem Fokus die Form eines schematischen Erzählrahmens gegeben. Der dynamische Fokus verbindet die beiden Prinzipien und liefert eine typische Struktur, die dem Patienten ermöglicht, die in seinem Leben zentralen zwischenmenschlichen Geschichten zu erzählen. *Warum wird der zwischenmenschliche Aspekt so betont?* Auf interpersonelle Transaktionen wird hier deshalb soviel Gewicht gelegt, weil sie eine allgemeine psychologische Bühne bieten, auf der problematische Lebensdramen entstehen und wiederholt aufgeführt werden. Yalom (1980) etwa veranschaulicht diesen Punkt am Beispiel unverarbeiteter Todesängste. Er weist darauf hin, daß solche Ängste mit charakteristischen zwischenmenschlichen Transaktionsmustern verbunden sind (und von diesen eventuell weiter aufrechterhalten werden). Weit verbreitet ist zum Beispiel das Muster, sich mit Errettungsphantasien zu trösten, die zu einer verzweifelten Abhängigkeit von mächtigen Figuren führen. Todesängste können aber auch einen abwehrbetonten Glauben an die eigene Besonderheit und heimliche Unverletzbarkeit erzeugen; ein solcher Glaube ist seinerseits mit einer arrogant narzißtischen Abwertung anderer Personen verbunden, die aus dieser Sicht als etwas weniger Besonderes erscheinen.

Die Menschen bilden kognitive und affektive Strukturen und Triebstrukturen aus, ringen mit existentiellen und philosophischen Problemen und entwickeln Vorstellungen vom Selbst und von der Realität in einem zutiefst zwischenmenschlichen Kontext, in dem eine Transaktion nach der anderen zur Entfaltung kommt. Jede Transaktion enthält etwas von dem größeren Ganzen. So werden in der Therapie Probleme hauptsächlich dadurch sichtbar, daß sie eine bestimmte Rolle bei den Transaktionen spielen, die zwischen dem Patienten und bedeutsamen Anderen – und hier ganz unmittelbar der Therapeutin – ablaufen. Der Fokus soll dazu dienen, die therapeutisch zentralen Aspekte dieser Transaktionsmuster einzufangen.

Was ist unter Erzählung zu verstehen, und warum ist sie wichtig? Das für psychotherapeutische Zwecke zentrale psychologische Handlungs-, Struktur- und Organisationsmodell ist die Geschichte oder »Erzählung« – von kognitiven Psychologen in einem engeren Sinne auch als »script« bezeichnet

(Schank & Abelson, 1977). In einer Geschichte werden Erfahrungen und Handlungen aufeinanderfolgend zu mehr oder weniger vorhersagbaren situationsbedingten Gefühls-, Wahrnehmungs-, Wunsch-, Erwartungs-, Deutungs- und Handlungsmustern strukturiert. Wenn diese Muster zu Lebensproblemen führen, werden sie Gegenstand der Psychotherapie. Viele lebensgeschichtliche Aspekte sind häufig, ja sogar in der Regel, unbewußt. Da wir uns ihrer nicht bewußt sind, leben wir diese strukturierenden Lebensskripte aus, als verkörperten sie absolute Wahrheiten und wären nicht einfach nur Wirklichkeitsvarianten. Durch die Psychodynamische Kurztherapie wird das Wissen um diese Lebensgeschichten gefördert, so daß Patient und Therapeutin die gegenwärtig problematische Realität schließlich als relativ erkennen und sie zusammen entsprechend bearbeiten können. Eine Lebensgeschichte lernt man dadurch kennen, daß man sie zu erzählen versucht. Beim »Erzählen« geht es um den Prozeß des Kennenlernens der eigenen strukturierenden Lebensgeschichten durch die eigene Erzählanstrengung. Das Erzählen ist somit ein Entdeckungsprozeß, eine Art Untersuchung. »Erneutes Erzählen« oder »Wiedererzählen« bezieht sich auf den gleichzeitigen Veränderungsprozeß, zu dem es dadurch kommt, daß man eine Lebensgeschichte auf andere (therapeutische) Art verstehen lernt. Obwohl die Begriffe *Erzählen* und *Wiedererzählen* eine gewisse kognitive Qualität haben, sollten die Prozesse selbst nicht intellektualisiert werden, und um von therapeutischem Nutzen zu sein, müssen sie von stark erlebten Emotionen getragen sein.

In der Psychodynamischen Kurztherapie sind Patient und Therapeutin gemeinsam damit befaßt, die zentralen zwischenmenschlichen Dilemmata im Leben des Patienten zu erzählen und wiederzuerzählen (Schafer, 1983; Sherwood, 1969; Spence, 1982). Dadurch schaffen sie zusammen einen Verständnisrahmen, eine neue Geschichte, innerhalb der die peinlichen, verwirrenden und scheiternsfixierten Erlebnisse des Patienten verständlich und zweckvoll erscheinen, denn die Gründe für deren Zustandekommen werden innerhalb der vom Patienten gedeuteten Welt und innerhalb der in dieser Welt in Szene gesetzten Dramen begreiflich. Durch den Prozeß des wiederholten Gestaltens der Geschichte lernen Patient und Therapeutin verschiedene Möglichkeiten des Verstehens, Fühlens und Handelns schätzen, die mit flexibleren und vielleicht beherrschbareren Resultaten verbunden sind. Dieses Erkennen alternativer Möglichkeiten ist ein Anzeichen dafür, daß eine therapeutische Veränderung eingesetzt hat.

Der Fokus hat die Form einer prototypischen oder schematischen zwischenmenschlichen Erzählung. Diese Erzählung baut auf einer für ihre Deutung hilfreichen abstrakten Struktur oder begrifflichen Schablone auf (näheres dazu weiter unten). Ähnlich wie die Regeln einer Grammatik nichts Näheres über den Inhalt eines bestimmten Satzes aussagen (dabei aber angeben, daß ein verständlicher Satz ein Subjekt, Prädikat, Objekt und so weiter haben sollte), liefert auch die abstrakte Form des Fokus eine strukturelle Norm, nach der sich spezifische und individuelle Bedeutungen zu einer Erzählung strukturieren lassen, die einen zwischenmenschlichen Sinn ergibt. Um dieses Ziel zu erreichen, muß ein Fokus etwas darüber aussagen, (1) welche Arten von Unterscheidungen der Patient in bezug auf sich und andere trifft, (2) wie er auf der Grundlage dieser Unterscheidungen charakteristischerweise handelt (und dabei eventuell weitere Unterscheidungen trifft), und (3) auf welche Weise der Patient diese Unterscheidungen und Handlungen zu einem starren und problematischen zwischenmenschlichen Drama strukturiert. Genauer gesagt beschreibt eine Fokuserzählung:

1. menschliche Handlungen, die
2. in einen zwischenmenschlichen Transaktionskontext eingebettet sind,
3. einem zyklischen psychodynamischen Muster folgen und die
4. immer wieder zu Problemen im Leben geführt haben und auch gegenwärtig Schwierigkeiten bereiten.

Wir werden im folgenden alle Elemente dieser Definition näher erläutern.

Menschliche Handlungen. Dies bedeutet, daß sich ein dynamischer Fokus aus Handlungen oder Aktionen zusammensetzt und nicht einfach nur eine Ansammlung von Charakterzügen oder anderen statischen hypothetischen Konstrukten ist. Hier wird eine Lebensgeschichte von einem verantwortungsbewußten Menschen erzählt, der in bestimmten Situationen aus potentiell identifizierbaren (wenn auch häufig unbewußten) Gründen gewisse Dinge tut (und erlebt). In einer Lebensgeschichte sind die Figuren aktiv: sie nehmen wahr, denken, fühlen, geben ihren Gefühlen Ausdruck, bewegen sich, sehen voraus und erinnern sich. Außerdem können sie diese und andere Dinge auf verschiedene Weise tun, zum Beispiel widerwillig, begeistert, verzweifelt, wütend, sexuell gefärbt, unbewußt, widersprüchlich und so weiter. Konflikte können sich darin äußern, daß versucht wird, unvereinbare Handlungen auszuführen – etwa sich bei einer Autoritäts-figur unterwürfig einzuschmeicheln und gleichzeitig lautstark eigene Rechte geltend zu machen – oder in ein und demselben Augenblick nicht mitein-ander vereinbare Emotionen zu empfinden – wie etwa Zuneigung und Wut.

Wie Schafer (1982, 1983) ausführlich darlegt, ist die handlungsbezogene Sprache eine Art »Muttersprache«, mit der sich Erzählungen über mensch-liches Verhalten und Erleben entwickeln lassen. Hingegen schafft ein Fo-kus, der in abstrakter Fachsprache formuliert ist, bedeutende heuristische und kommunikative Probleme. Es läßt sich zum Beispiel sehr schwer Über-einstimmung über die genauen Bezugspunkte von gedanklichen Konstruk-ten wie verdrängte Oralität, unbewußte Kastrationsangst oder primitive Wut erzielen. Um solche Konstrukte verständlich vermitteln zu können, muß man sie aus der Fachsprache in Begriffe übersetzen, in denen das nor-male Erleben stärker mitschwingt. Kastrationsangst läßt sich zum Beispiel im Hinblick auf spezifische Verhaltensmuster neu beschreiben, etwa: »fühlt sich körperlich klein und unfähig, sich in Anwesenheit älterer Män-ner zu äußern, die Autoritätspositionen innehaben«. Diesen Überset-zungsprozeß kann man jedoch größtenteils umgehen, wenn man in der Therapie von Anfang an eine Sprache benutzt, die einfach, direkt und aktionsbezogen ist. Eine solche Sprache ist besser in der Lage, sowohl im Patienten als auch in der Therapeutin die ganze Erfahrungskomplexität wach-zurufen, aus der ursprünglich die Fokusformulierung hervorgegangen ist.

Wie Schafer (1982) gezeigt hat, läßt sich sowohl privates (Gedanken, Gefühle, Bilder) als auch öffentliches Tun (sprechen, sich bewegen) am be-sten durch Verben und Adverben und nicht durch Substantive oder Adjek-tive beschreiben. Beispielsweise ist es besser, sich vorzustellen, man fühle sich aus irgendeinem Grund wütend und verhalte sich entsprechend, als zu sagen, »meine Wut bringt mich dazu, das zu tun«. Folglich sollte in den Aussagen, aus denen sich eine Fokuserzählung zusammensetzt, das Schwergewicht auf Verben und Adverben (Handlungen) liegen und nicht auf Substantiven und Adjektiven (Wesen, Charakterzügen, Verdinglichun-gen). Handlungen sind charakteristischerweise konkret; sie eignen sich für Empathie, weil ihre Beschreibung in der Therapeutin ein – erinnertes oder vorgestelltes – Erlebnis mit ähnlichem Handeln (Fühlen, Empfinden, Den-ken, Entscheiden etc.) wachrufen kann. Bei Therapeuten, die in Verding-lichungen oder Charakterzügen zu denken gewohnt sind (abhängig, intro-vertiert, größenwahnsinnig, paranoid, narzißtisch, zwanghaft, hysterisch und so weiter), mag anfangs einige geistige Anstrengung erforderlich sein, um diese vertrauten Bezeichnungen im Hinblick auf die spezifischen Verhaltensmuster, auf die sie sich unweigerlich beziehen, neu zu besetzen.

Diese Anstrengung lohnt sich, da sich, wie Schafer überzeugend dargelegt hat, mit aktionsbezogenen Formulierungen »gut denken« läßt. Der dynamische Fokus ordnet Handlungen zu einem strukturierten Muster. Dieses Muster faßt Handlungen aufgrund der Rolle oder Funktion, die sie beim Erzählen zwischenmenschlicher Szenarios haben, zu bedeutungsvollen Gruppen zusammen. So sollten, wenn eine zwischenmenschliche Geschichte erzählt wird, die Aktionen des Erzählenden und die Handlungen der anderen Figuren getrennten Gruppen zugeordnet werden, sonst wird nicht deutlich, wer was gemacht hat. Eine Geschichte, die nicht zwischen dem Handeln des Erzählers und dem anderer Figuren unterscheidet, ist möglicherweise unverständlich (obwohl der Umstand, daß ein Patient sich entschieden hat, eine solche unverständliche Geschichte zu erzählen, von größtem Interesse wäre und eventuell darauf hindeuten könnte, daß seine Selbst-Grenzen ernsthaft gestört sind oder daß er in überstarkem Maße auf Projektionen angewiesen ist). Ähnlich wertvoll ist es, die Rolle anderer Handlungsgruppen zu identifizieren – etwa, welche Rolle beim Erzähler das Antizipieren der Aktivitäten anderer Personen oder seine Reaktionen auf deren Aktivitäten spielen.

Zwischenmenschliche Transaktionen. Fokale Handlungsmuster sollten in einen zwischenmenschlichen Transaktionsrahmen, der Grundeinheit interpersoneller Skripte, eingebettet sein. Im Gegensatz zu einfachen Handlungen, die von einer einzelnen Person ausgeführt werden können, werden Transaktionen von zwei Menschen ausgeführt, die in Beziehung zueinander handeln. Bei der Beschreibung einer Transaktion wird deutlich gemacht, daß die Handlungen der einen Person explizit die Handlungen einer anderen Person hervorrufen. Beispielsweise: »Als du ihm das Geheimnis mitgeteilt hast, wurde er wütend und schlug die Tür hinter sich zu, und du meintest schon, du würdest ihn nie wieder sehen.« Hier wird der Vorgang so verstanden, daß die eine Handlung die andere hervorruft: Das Mitteilen des Geheimnisses führt zum Wütendwerden und Türzuschlagen, was seinerseits die Vorstellung von einer endgültigen Trennung entstehen läßt.

Bei nichttransaktionalen Erzählungen ist es so, daß sie sich entweder nicht auf eine Handlung beziehen (»Das ist ein schönes Gemälde«), daß sie sich nicht mit einer zwischenmenschlichen Handlung befassen (»Ich habe heute den Rasen gemäht«) oder daß es dabei zwar um zwischenmenschliche Handlungen geht, diese aber nicht in dem Sinne als Handlungen einer Person beschrieben werden, die die einer anderen hervorrufen (»Sie schrie mich an, und dann weinte sie und umarmte mich«). Im Gegensatz zur Beschreibung einer Handlung, die sich einfach nur in Gegenwart anderer (wirklicher oder vorgestellter) Personen abspielt, spiegelt eine Transaktionserzählung somit nicht nur das wider, was eine Person zu einer Beziehung beiträgt, sondern berücksichtigt auch, wie andere Menschen darauf – sichtbar oder vorgestellt – reagieren (Gedanken, Wünsche, Ängste, Beweggründe etc.). Wir werden den Transaktionsbegriff noch genauer erläutern, wenn wir diskutieren, wie man denn nun einen dynamischen Fokus entwickelt und mit ihm arbeitet.

Zyklische psychodynamische Muster. Der Fokus muß so strukturiert werden, daß hinter der scheiternsfixierten Beharrlichkeit und Starrheit der fehlangepaßten und stereotypen zwischenmenschlichen Transaktionen eines Patienten ein Sinn erkennbar wird. Die Vorstellung von einem »zyklischen psychodynamischen Muster« (Anchin & Kiesler, 1982; Wachtel, 1982; Wender, 1968) spiegelt am besten diese charakteristische Starrheit, chronische Wiederholung und sich selbst perpetuierende Art neurotischer Lebensprobleme. Um diese scheiternsfixierte Beharrlichkeit und Starrheit begreiflich zu machen, bemühen traditionelle Erklärungen lineare Modelle von Ursache und Wirkung. Diese linearen Darstellungen gehen davon aus, daß frühe Traumata und unglückliche Entwicklungsumstände auch das spätere Verhalten beeinflussen, ähnlich wie beim Billardspiel die Bälle durch einen ersten Stoß mit dem Queue in Bewegung gesetzt werden. Leider führen solche linearen Modelle von Ursache und Wirkung – mechanische Interpretationen der Freudschen Metapsychologie mögen dafür typisch sein – häufig zur Postulierung äußerst komplizierter Systeme von hypothetischen psychischen Kräften und Geistesstrukturen sowie zu einer unangebrachten Hervorhebung längst vergangener, »ursprünglicher« Ursachen.

Bei einer zyklischen Darstellung wird der psychodynamische Prozeß nicht an einer anachronistischerweise aufrechterhaltenen Vergangenheit festgemacht. Vielmehr wird dieser Prozeß als das Zusammenwirken von gegenwärtig inszenierten, aus sich heraus fortbestehenden Teufelskreisen verstanden. Bei diesen dienen die sich selbst bestätigenden Muster eines ständig wiederholten sozialen Austausches dazu, den Patienten in seinen fehlangepaßten Ansichten zu bestätigen und in seinen problematischen Handlungen zu bestärken. Diese *Circuli vitiosi* sind zwar durch frühere

Ereignisse in Gang gesetzt worden, doch hängt das aktuelle Fortbestehen dieser scheiternsfixierten Muster nicht von dem andauernden ursächlichen Einfluß dieser vergangenen Ereignisse (als »verdrängter« psychischer Kraft) ab. Aus diesem Grund ist eine detaillierte tatsächliche Kenntnis der Vergangenheit (ein wohl in jedem Fall unerreichbares Ziel) für eine zyklische psychodynamische Darstellung nicht entscheidend. Die folgenden schematischen Szenarios veranschaulichen das zyklische psychodynamische Konzept:

Von seiner Mutter wurde Georg beschimpft und vernachlässigt; sein Vater verließ die Familie, als der Junge vier Jahre alt war. Als Erwachsener ist Georg nun überzeugt, daß er häßlich sei und man ihn nicht lieben könne. Diese Eigenwahrnehmung führt zu schmerzhaften Selbstablehnungsgedanken und gelegentlichen leicht depressiven Anfällen. Statt sich der zusätzlichen Ablehnung auszusetzen, die er seiner Ansicht nach aufgrund seiner Häßlichkeit und wenig liebenswerten Art durch andere Menschen mit Sicherheit erfahren würde, zieht sich Georg von anderen Personen zurück und verhält sich durch übermäßiges Essen selbstzerstörerisch; dabei grübelt er gleichzeitig wütend über das »heuchlerische Verhalten« nach, das andere Menschen in bezug auf körperliche Attraktivitätsnormen an den Tag legen. Georg hält sein Verhalten für Selbstschutz, andere hingegen erleben seinen Rückzug und seine Wut als undankbar und negativ, so daß sie ihn schließlich ablehnen und ihm aus dem Weg gehen. Georg interpretiert ihr Verhalten nicht als berechtigte Reaktion auf sein eigenes Verhalten, sondern als Beweis dafür, daß er hoffnungslos häßlich ist und niemand ihn lieben kann. Mit diesem »Beweis« vor Augen lehnt Georg sich selbst erst recht ab und sieht sich veranlaßt, sich weiterhin von anderen Menschen zurückzuziehen und ihnen in seiner Ablehnung zuvorzukommen.

Maria ist von ihrem Vater aus jeweils unvorhersagbaren Gründen abwechselnd verwöhnt und bestraft worden. Bei ihm hat sie gelernt, daß ihre eigenen Wünsche und Gefühle unwichtig sind; sie hat einen Großteil ihrer Zeit damit verbracht, ängstlich und besessen sein Verhalten auf Anhaltspunkte zu untersuchen, die auf den jeweils nächsten Stimmungsumschwung hindeuten könnten. Maria bildete gegenüber ihrem Vater ein unterwürfiges und einschmeichlerisches Verhalten aus, denn sie hoffte, ihn auf diese Weise dazu bewegen zu können, sie weiterhin zu verwöhnen; sie glaubte, die scheinbar unvermeidlichen schweren Bestrafungen so auf ein Minimum reduzieren zu können. Diese einschmeichlerische zwischenmenschliche Verhaltensweise wurde gerade auch von solchen Männern als anziehend empfunden, die ihrerseits aufgrund ihrer Rollenvorlieben gerne eine komplementäre beherrschende und kontrollierende Haltung einnehmen. Insofern hatte Maria den größten sozialen Erfolg bei dominierenden Männern, die sie mit Geschenken überschütteten und es genossen, sie zu unhinterfragter Unterwerfung und bedingungslosem Gehorsam bewegen zu können. So heiratete sie einen Mann, mit dem sie erst kurze Zeit zusammen war und entdeckte erst später, daß auch er zu exzessivem Trinken und Gewalttätigkeiten neigte. Maria erkennt zwar die Fehler ihres Mannes und bangt um ihre Sicherheit, aber sie bildet sich gleichzeitig ein, daß sie »das Gute in ihm wecken« könne, wenn sie sich nur mehr Mühe gäbe. Und so verbringt sie einen Großteil ihrer Zeit damit, ängstlich und besessen sein Verhalten nach Anhaltspunkten zu untersuchen, die ihr zeigen könnten, wie sie ihn besser zufriedenstellen könnte. Er hält sie seinerseits für verachtenswert und meint, sie verdiene jede einzelne von ihm gewählte Strafe. Maria interpretiert diese periodischen Bestrafungen nicht als Beweis für die sadistische Veranlagung ihres Mannes, sondern ist weiterhin der Ansicht, das Problem liege nur daran, daß sie es nicht schaffe, ihn zufriedenzustellen. Von daher hat sie ein schlechtes Gewissen, macht sich wegen eingebildeter Unzulänglichkeiten Vorwürfe und nimmt sich vor, sich noch mehr Mühe zu geben.

Diese Beispiele veranschaulichen die selbstbestätigende Selektion und Prägung des Erlebens, die für einen zyklischen psychodynamischen Prozeß wesentlich sind. Diese selbstbestätigende Prägung des Erlebens ergibt sich sowohl aus nichtöffentlichem Handeln (selektivem Denken, Fühlen, Wahrnehmen) als auch aus zwischenmenschlichem (öffentlichem) Handeln; dieses ruft bei anderen Menschen Reaktionen hervor, die den Betreffenden in seiner vorgefaßten Meinung über sie bestärkt. Durch diese größtenteils unbewußten Handlungsmuster bestätigt der Patient immer wieder die impliziten Prämissen, unter denen er sich und andere sowie die jeweilige Situation analysiert; so kommt es, daß er Anzeichen, die dazu im Widerspruch stehen, aller Wahrscheinlichkeit nach nicht sieht und entgegengesetzte Erfahrungen erst gar nicht macht beziehungsweise solche Erfahrungen nicht entsprechend wahrnimmt. So bekommen neurotische Lebensprobleme etwas Hartnäckiges und Scheiternsfixiertes, und diese Hartnäckigkeit wird zu einer verständlichen Funktion der Transaktionen, die sich immer wieder zwischen dem Patienten und anderen Menschen abspielen, zu denen letztlich auch die Therapeutin gehört.

Lebensgeschichtliche und gegenwärtige Bedeutung. Ein dynamischer Fokus sollte idealerweise ein zwischenmenschliches Transaktionsmuster erfassen, das lebensgeschichtlich bedeutsam ist und darüber hinaus gegenwärtig Schwierigkeiten verursacht. Aktuell inszenierte Muster sind von primärer Wichtigkeit, allerdings können diese Muster von ihrem spezifischen Wesen her mehrdeutig sein, selbst wenn sie innerhalb der therapeutischen Beziehung in Szene gesetzt werden. Lebensgeschichtliche Kenntnisse dienen als therapeutische Verständnishilfe, insofern sie einen klärenden Kontext liefern, in dem sich verwirrende aktuelle Vorgänge leichter deuten lassen. Da der primäre Wert von lebensgeschichtlichem Material in einem zyklischen psychodynamischen Zusammenhang darauf begrenzt ist, gegenwärtige Verhaltensweisen zu klären, sollte die Suche nach lebensgeschichtlichen»Vorläufern« immer der Erkundung der Gegenwart untergeordnet sein. Diese Gewichtung steht in diametralem Gegensatz zu einem linear-kausalen Ansatz, bei dem Anhaltspunkte aus der Gegenwart dazu benutzt werden, um angeblich entscheidende Vorgänge herzuleiten und zu bestätigen, die sich hypothetischerweise in der Vergangenheit abgespielt haben.

Eine Therapeutin muß verstehen, daß es manchmal unmöglich ist, an tatsächliches lebensgeschichtliches Wissen zu gelangen, und daß eine psychotherapeutische Lebensgeschichte immer eine erzählte Geschichte ist, die einer bestimmten Therapeutin unter den Bedingungen einer bestimmten Gesprächssituation erzählt wird. Da Erinnerungsprozesse rekonstruierende Vorgänge sind und da diese Rekonstruktionsprozesse von Erfahrungen beeinflußt werden, die über die erinnerten Ereignisse hinausgehen, wird das Erinnerte wesentlich von dem geprägt, was im Hier und Jetzt zwischen Patient und Therapeutin abläuft. Spence (1982, S. 95) bemerkt hierzu treffend: »Die Erinnerung an die Vergangenheit ist eine Gefangene der Übertragung.« Ein dynamischer Fokus fördert den psychodynamischen Therapieprozeß, insofern er an dieser hier und jetzt rekonstruierenden Schilderung der Vergangenheit und – noch wichtiger – der Gegenwart teilhat. Recht häufig entwickeln Patienten im Laufe der therapeutischen Erzählung eine größere Angsttoleranz, ein stärkeres Vertrauen zur Therapeutin und einen besseren Sinn für die eigene Vergangenheit. Und so kommt es nicht selten vor, daß man zu Beginn einer Therapie kaum etwas von der Vergangenheit des Patienten weiß, bei einem erfolgreichen Fall schließlich aber bis zum Ende der Therapie in gemeinsamer Arbeit zumindest eine partielle Lebensgeschichte zusammengetragen hat (nämlich das, was im Hinblick auf die Hauptprobleme des Patienten am relevantesten ist). Im Gegensatz zur traditionell einseitig ablaufenden Annamneseerstellung fördert der Fokus somit die gemeinsame Erstellung einer bedeutungsvollen Geschichte.

Da die (Lebens-)Geschichte immer so ist, wie sie gerade erzählt wird, und da sich der Erzählprozeß nicht von der aktuellen Patient-Therapeut-Beziehung trennen läßt, ist die Therapeutin in der Psychodynamischen Kurztherapie auf diese Beziehung als Hauptgebiet psychologischer Untersuchung und Veränderung angewiesen. Um die Patient-Therapeut-Beziehung in dieser Weise nutzen zu können, müssen die problematischen zwischenmenschlichen Muster des Patienten in dieser Beziehung manifest werden. Natürlich besteht ein gewisses Risiko darin, zuzulassen oder zu fördern, daß die zwischenmenschlichen Schwierigkeiten des Patienten in der aktuellen Beziehung zur Therapeutin sichtbar werden, da in der Regel gerade diese Schwierigkeiten den Problemen zugrundeliegen, deretwegen der Patient um Hilfe bittet. Zum Risiko kommt jedoch ein enormer potentieller Nutzen. Wenn die zwischenmenschlichen Schwierigkeiten eines

Patienten in der therapeutischen Beziehung deutlich werden, kann sich bei der anschließenden therapeutischen Arbeit ein überzeugendes Unmittelbarkeitsgefühl und eine affektive Überzeugung einstellen, die sich auch durch eine noch so scharfsinnige Analyse von Material über andere Beziehungen nicht erreichen läßt.

Die allgemeine Struktur des Fokus in der Psychodynamischen Kurztherapie

Zur dynamischen Struktur des Fokus sind wir auf empirischem Wege gelangt: durch Analyse der Informationskategorien, auf die sich erfahrene Therapeuten bei der Entwicklung von Fokalinterventionen in ihren Kommentaren beziehen (Schacht, im Druck). Vier Informationskategorien sind es, die die Mindestanforderungen für eine gut gestaltete Erzählung über ein zwischenmenschliches Transaktionsmuster bilden. Damit eine interpersonelle Transaktion einen minimalen narrativen Sinn ergibt, sollten wir etwas darüber wissen, (1) was die zwischenmenschlich Handelnden tun (wahrnehmen, denken, fühlen, erwarten etc.), (2) was jeder der Handelnden mit seinem Verhalten zu vermitteln meint oder zu vermitteln trachtet, (3) was der Handelnde jeweils vom anderen als Reaktion darauf erwartet beziehungsweise haben möchte und (4) wie die vorgenannten Aktivitäten die Meinung der Handelnden und ihren Umgang mit sich selbst beeinflussen.

Der Fokus enthält vier Strukturelemente, die auf schematische Weise diese für die Erzählung grundlegenden Handlungskategorien zum Ausdruck bringen. Zusammen bilden diese vier Handlungskategorien – und ihre Wechselbeziehungen – einen Rahmen für die narrative Beschreibung zwischenmenschlicher Handlungs- oder Aktionsmuster. Die vier Handlungskategorien sind:

1. *Eigenhandlungen.* Diese können alle Bereiche menschlicher Aktion umfassen wie beispielsweise Affekte und Motive (»Ich fühle mich zu meiner Mutter stark hingezogen« oder »Ich wünschte, meine Frau würde mir mehr Aufmerksamkeit schenken«), Wahrnehmung von Situationen (»Ich spürte, daß wir miteinander konkurrierten«), Erkenntnisse (»Wenn ich einem attraktiven Menschen begegne, muß ich immer daran denken, wie häßlich und minderwertig ich bin«) oder offenkundiges Verhalten (»Ich kann meinem Chef einfach nicht in die Augen sehen, wenn ich auf ihn wütend bin«). Eigenhandlungen können sich sowohl öffentlich als auch nicht-

öffentlich abspielen (zum Beispiel Zuneigung zeigen oder empfinden) und dem Bewußtsein in unterschiedlichem Maße zugänglich sein.

2. *Erwartungen im Hinblick auf die Reaktionen anderer Menschen.* Hierbei handelt es sich um vorgestellte Reaktionen anderer Menschen auf die eigenen Handlungen; dies kann bewußt, vorbewußt und unbewußt ablaufen. Um zu einem transaktionalen Verständnis zu gelangen, sollte man diese erwarteten Reaktionen beim Erzählen in eine konkrete Beziehung zu eigenen Handlungen setzen. Aussagen in dieser Kategorie sollten unterstreichen, welche Handlungen anderer Menschen man im stillen voraussieht, statt offen Anforderungen an ihr Verhalten zu stellen (letzteres wird unter Eigenhandlungen eingeordnet). Erwartungen in bezug auf die Reaktionen anderer Leute äußern sich oft in Sätzen wie:»Ich stelle mir vor, daß sie es mißbilligt, wenn ich meine Meinung sage« oder »Wenn ich sie bitte, mit mir auszugehen, wird sie mich bloß auslachen«.

3. *Handlungen anderer dem Selbst gegenüber.* Dabei geht es um bei anderen Menschen beobachtete Handlungen, die in den Augen des Betreffenden in einer bestimmten Beziehung zu den eigenen Handlungen verlaufen. Das heißt, die Handlungen der anderen scheinen durch die Handlungen des Patienten hervorgerufen zu werden (zumindest nimmt er das an). Genau wie vorher können diese Handlungen alle Bereiche menschlicher Aktion einschließlich öffentlicher und nichtöffentlicher Handlungen umfassen. Handlungen anderer Menschen kommen in der Regel in folgender oder ähnlicher Form zum Ausdruck:»Als ich ihn um das Geld bat, hat er mich nicht beachtet.«

4. *Eigenhandlungen gegenüber dem Selbst (Introjekt).* Diese Handlungskategorie betrifft die Frage, wie man mit sich selbst umgeht (ob man sich zum Beispiel beherrscht, bestraft, anerkennt oder zerstört). Diese Aktionen sollten in konkreter Beziehung zu den übrigen Strukturelementen, also den Eigenhandlungen, den Erwartungen in bezug auf die Reaktionen anderer und den Handlungen anderer artikuliert werden. Ein Introjekt kommt prototypischerweise etwa in folgender Form zum Ausdruck: »Wenn mein Mann mich lobt, habe ich ein schlechtes Gewissen und muß an meine Unzulänglichkeiten denken« oder »Wenn ich wütend bin, versuche ich einfach, ruhiger zu werden und die Dinge zu durchdenken. Dabei lasse ich mir soviel Zeit, wie ich brauche«.

Bei einem vollständigen dynamischen Fokus werden die Informationen über die oben genannten Handlungskategorien zu einem grob umrissenen prototypischen, fehlangepaßten, zyklischen interpersonellen Transaktionsmuster zusammengefaßt. Wenn die Therapeutin die Struktur ihrer eigenen Formulierungen systematisch mit diesem Maßstab vergleicht, kann die Fokusstruktur ihr auch helfen zu erkennen, wann ein Probefokus unvollständig ist, und kann ihre Nachforschung nach den fehlenden Informationen leiten. Wie viele andere begriffliche Instrumente, die einer Psychotherapeutin zur Verfügung stehen, ist auch der dynamische Fokus für die Therapeutin in erster Linie ein heuristisches Hilfsmittel, und man sollte ihn nicht mit dem verwechseln, was man einem Patienten normalerweise direkt mitteilt. Nicht alles, was die Therapeutin in bezug auf einen Fokus versteht, wird notwendigerweise in eine Interpretation umgesetzt.

Beispiel einer dynamischen Fokuserzählung

Im folgenden Beispiel wird ein problematisches interpersonelles Transaktionsmuster skizziert, das bei der Patientin zuerst in ihrer aktuellen Beziehung zu ihrer Therapeutin beobachtet wurde. In der Erzählung wurde dann eine Verbindung zu ihrer Kindheitsgeschichte und ihrer jetzigen Ehe hergestellt.

Manifestes Problem. Die Patientin klagt über Depressionen und Eheprobleme.

Eigenhandlungen. Franziska nimmt eine passive interpersonelle Haltung ein, bei der sie ihr inneres Selbst nicht offenbart, durch Rückzug oder Zurückhaltung sozialen Kontakt vermeidet, sich den Wünschen anderer fügt oder unterwirft und viel Zeit mit stillem Nachdenken und Grübeln, statt mit aktiver Kommunikation verbringt.

Erwartungen in bezug auf die Reaktionen anderer. Franziska erwartet, daß andere Menschen sie ablehnen oder nicht beachten. Sie bestärkt sich in dieser Erwartung durch Erinnerungen an Vorfälle, bei denen sie von ihrer Mutter und verschiedenen bedeutsamen Anderen abgelehnt oder nicht beachtet worden ist.

Bei anderen beobachtete Reaktionen. Andere Menschen finden Franziskas Passivität nicht gerade anziehend; sie erkennen ihre Not nicht von sich aus und kommen ihr deshalb nicht spontan zu Hilfe. Franziska sieht darin nun nicht eine verständliche Reaktion auf ihre Passivität, sondern deutet dieses Verhalten als Beweis dafür, daß die anderen sie tatsächlich ablehnen und ignorieren.

Introjekt (Umgang der Patientin mit sich selbst). Franziska glaubt, sie sei hilflos einer hoffnungslosen Situation ausgeliefert. Bevor sie sich den eingebildeten negativen Reaktionen der anderen aussetzt, beherrscht und hemmt sie sich lieber; sie verleiht ihren Wünschen und Beschwerden keinen Ausdruck (in der Hoffnung, durch diese zwischenmenschliche Passivität würden die anderen ihre bloße Gegenwart bereits anziehender finden).

Wie man einen dynamischen Fokus entwickelt

Für die Formulierung eines dynamischen Fokus ist es nicht erforderlich, daß die Therapeutin zu einer bestimmten Persönlichkeitstheorie tendiert. Die meisten Persönlichkeitstheorien stufen gewisse interpersonelle oder Aktionsmuster als prototypisch ein. Zum Beispiel werden beim Freudschen psychosexuellen Schema zwischenmenschliche Verhaltensweisen als prototypische orale, anale, phallische und genitale Muster verstanden. Hingegen stellt der dynamische Fokus nicht irgendeine bestimmte interpersonelle Sicht oder Theorie oder ein bestimmtes interpersonelles Muster als primär heraus. Bei ihm geht es vielmehr hauptsächlich darum, wie sich eine vollständige und verständliche zwischenmenschliche Geschichte erzählen läßt, und weniger darum, welchen spezifischen Inhalt die Geschichte vermitteln soll. Dementsprechend kann der Inhalt eines dynamischen Fokus allen möglichen allgemeinen Erzählmethaphern, kulturellen Mythen und psychologischen Persönlichkeitstheorien entstammen.

Für klinische Zwecke ist die Frage, inwieweit eine Persönlichkeitstheorie einen verständlichen und gemeinschaftlichen therapeutischen Erzählprozeß fördert, wichtiger als deren sogenannte objektive oder wissenschaftliche Stichhaltigkeit. In der Praxis bedeutet dies, daß eine Fokusformulierung die Phänomenologie der Erfahrung von Patient und Therapeutin respektieren muß. Jede Lebensgeschichte kann man zwar auf verschiedene Weise erzählen, aber weder stereotype theoretische Annahmen noch reine Fiktionen können eine Erzählung ersetzen, die den spezifischen Einzelheiten des Patientenlebens und der besonderen therapeutischen Beziehung hinreichend gerecht wird. Durch Druck und rein charismatische Überredung lassen sich manche Menschen dazu bewegen, kritiklos eine fertige Lebensgeschichte zu übernehmen; für eine solche prokrustesartige Formulierung nach dem Motto »Eine Schema paßt für alle!« ist in der Psychodynamischen Kurztherapie jedoch kein Platz.

Malan (1976*a*, S. 55) betont, daß man die Fähigkeit zur Formulierung eines Fokus von der Motivation und Fähigkeit eines Patienten, innerhalb des Fokus zu arbeiten, trennen muß. In der Psychodynamischen Kurztherapie ist diese Unterscheidung zwischen der Formulierung von und der Arbeit

115

mit einem Fokus weniger von Bedeutung, da die beiden Prozesse miteinander verknüpft sind. Das heißt, in der Psychodynamischen Kurztherapie wird die Formulierung eines Fokus als wesentlicher Teil der Therapiearbeit verstanden und nicht einfach als Vorarbeit dazu. Für den Patienten sind sowohl der Prozeß als auch das Ergebnis dieser Tätigkeit von Nutzen. Zum Beispiel kann der Prozeß der Fokusbildung Tätigkeiten erfordern, die die Fähigkeit des Patienten zur Selbstbeobachtung, zur Unterscheidung von Gefühlen, Vorstellungen und Gedanken, zur Regulierung und Strukturierung seiner Aufmerksamkeit und zur Beobachtung der Interaktion mit anderen verbessern.

Wenn man einen Fokus entwickeln will, besteht der erste Schritt darin, eine Zeitlang nichts derartiges zu tun, sondern den Patienten dabei zu beobachten, wie er seine Geschichte in seiner eigenen Sprache, seinem eigenen Tempo und mit seiner eigenen Strukturierung erzählt. So läßt sich beurteilen, ob der Patient aus sich heraus in der Lage ist, Zugang zu seinem Innenleben zu gewinnen und seine Lebensgeschichte in kontinuierlicher, zusammenhängender und relevanter Weise zu strukturieren. Wenn die Therapeutin dem Patienten zuerst einmal freie Hand läßt, kann sie beobachten, wie komplex die narrativen Themen des Patienten normalerweise sind und wie sich Emotionen und zwischenmenschliche Verbundenheit (besonders mit der Therapeutin) auf die Erzählfähigkeit des Patienten auswirken. Wenn gewisses, affektiv besetztes Material zur Sprache kommt oder wenn die therapeutische Beziehung in bestimmte Bereiche vordringt, reagieren manche Patienten darauf unter Umständen mit ungenauem oder unsystematischem Denken, mit scheinbar unpassenden Affekten, mit immer angestrengteren Bemühungen, impulsive Handlungen unter Kontrolle zu halten, oder mit Abwehrmanövern, die das psychische und zwischenmenschliche Gleichgewicht wiederherstellen sollen. Eine Therapeutin, die zu energisch die Leitung übernimmt, behindert sich möglicherweise selbst, weil sie verhindert, daß der Patient diese wichtigen Tendenzen zum Ausdruck bringt.

Ehe die zweite oder dritte Sitzung beendet ist, hat die Therapeutin dann aber oft genügend Informationen, um systematischer auf einen Fokus hinzuarbeiten und/oder mit einem Fokus zu arbeiten. Diese systematische Arbeit beinhaltet zwei allgemeine Schritte. Der erste Schritt besteht darin, aus dem laufenden Therapiegespräch Informationen über wiederkehrende interpersonelle Transaktionsmuster zu sammeln. Im zweiten Schritt werden diese Rohdaten über interpersonelle Transaktionen mit Hilfe der als Leitlinie dienenden vierteiligen Struktur des dynamischen Fokus sortiert, interpretiert und strukturiert und zu zusammenhängenden Grundzügen eines wiederkehrenden problematischen, interpersonellen Transaktionsmusters zusammengefügt. In der Praxis vollziehen sich diese Schritte praktisch zur gleichen Zeit. Das heißt, die Therapeutin sammelt Informationen und gibt ihnen gleichzeitig eine interpretative Struktur. Aus praktischen Gründen und um der Klarheit willen werden hier beide Schritte getrennt behandelt. Außerdem wird das Vorgehen im folgenden ganz bewußt Schritt für Schritt beschrieben. Normalerweise kann die Therapeutin bei ausreichender Praxis allerdings flüssiger und weniger überlegt vorgehen, als die folgende Darstellung vielleicht vermuten läßt. Doch wird der Wert einer modellhaften und schrittweisen Darstellung auch für erfahrene Therapeuten spätestens dann offenkundig, wenn sich in der Therapie einmal etwas Unerwartetes oder Verwirrendes ereignet. In so einem Moment kann es äußerst hilfreich sein, auf eine bewußt verfügbare Richtschnur zurückgreifen zu können.

Wie man zwischenmenschliche Informationen sammelt

Wie verschiedene mikroanalytische Studien gezeigt haben, enthalten selbst kurze Gespräche eine ganze Reihe zwischenmenschlicher Informationen (Labov & Fanshel, 1977). Wenn Therapeuten aus dem laufenden Kommunikationsfluß Informationen über interpersonelle Transaktionsmuster ableiten, müssen sie ihren Wunsch nach Gründlichkeit mit den zahlreichen Grenzen in Einklang bringen, die dem Sammeln von Informationen durch zeitliche, motivationsbedingte und finanzielle Zwänge wie auch durch menschlich-intellektuelle Fähigkeiten gesetzt sind. Es ist wichtig zu erkennen, daß eine therapeutische Erkundung niemals in die Nähe einer erschöpfenden Vollständigkeit kommen kann und daß eine wirksame psychotherapeutische Arbeit zum Glück normalerweise nicht von einer umfassenden Vertrautheit mit dem Patienten abhängt. Beim Sammeln von zwischenmenschlichen Informationen gibt es zwei hilfreiche Grundprinzipien, und zwar (1) Transaktion zu suchen und (2) die funktionale Bedeutung der identifizierten Transaktionen zu beurteilen.

Da im dynamischen Therapiefokus ein prototypisches Transaktionsmuster zum Ausdruck kommt, kann die Therapeutin natürlich erst dann einen Fokus entwickeln, wenn sie die Probleme des Patienten in transaktionsbezogener Hinsicht versteht. Doch obwohl sich vieles von dem, was in der Therapie zum Vorschein kommt, auf interpersonelle Transaktionsmuster beziehen kann, sind spontane Erzählungen des Patienten über zwischenmenschliche Vorgänge oft bruchstückhaft oder oberflächlich. So fehlen in seinen Schilderungen dann Informationen, die nötig sind, um das, was gerade besprochen wird, ganz transaktionsbezogen zu verstehen. Schauen Sie sich zum Beispiel das folgende wortwörtlich wiedergegebene Beispiel aus einer der ersten Therapiesitzungen mit einem Studenten an:

Sie könnten, wie man das brauchen könnte, wenn die eigenen Freunde, wenn es wie etwas ist, was man immer schon gehabt hat, oder Gefühle, die man entwickelt hat, so als Kind oder so, wissen Sie. Ich muß gerade daran denken, als, als meine Mutter, als wir in (Name der Stadt) wohnten, als ich in der zweiten und dritten Klasse war; meine (Pause) wir wohnten auch noch bei meinen Großeltern (Pause) da waren meine Großeltern und meine Mutter und meine Schwester und mein Bruder, und meine Mutter besuchte Fortbildungskurse (Pause) und, wissen Sie, ich wurde oft ausgeschimpft und so, weil (Pause) eine Sache, die mir deutlich in Erinnerung geblieben ist, ist, daß meine Mutter eines Abends spät nach Hause kam, und wir saßen vor dem Fernseher, und sie war müde und, hmm, oder so (Pause) oder vielleicht war sie auch gar nicht da (Pause) sie war nicht da (Pause) und es war nur mit meiner Großmutter, und ich (Pause) irgendwie kam es zu einem Streit; und sie fing an, mich anzuschreien (Pause) ich war so ein (Pause) ich konnte, ich konnte, ich glaube, ich konnte als Junge leicht einen Streit provozieren, denn ich hatte oft Streit – mit meiner Mutter und meinen Großeltern und anderen Leuten, und ich weiß nicht mehr (Pause) na egal. Irgendwie hieß es dann, du hast deine Mutter nicht lieb, du hast deine Mutter nicht lieb, irgendwas in der Richtung (Pause) und dann weiß ich nicht, ob das vorher passiert ist, (Pause) etwas ist passiert, und dann, als meine Mutter nach Hause kam, habe ich meiner Mutter davon erzählt, und dann fing irgend etwas anderes an. Ich weiß nicht mehr, ach, ich weiß.

Es ist nicht zu übersehen, daß diese Erzählung auch für den verständnisvollsten Deuter interpersoneller Transaktionen eine große Herausforderung darstellt. Die Äußerungen des Patienten stehen zwar eindeutig in einem zwischenmenschlichen Zusammenhang, sind dabei aber vage, ungenau strukturiert und in sich widersprüchlich und stellen die jeweiligen Handlungen eines Menschen nicht deutlich in der Form dar, daß sie die Handlungen eines anderen hervorrufen oder provozieren. Insofern wird es für den Therapeuten sehr schwer, seiner Aufgabe gerecht zu werden und die transaktionsbezogenen Implikationen sämtlicher verbaler und nonverbaler Äußerungen des Patienten herauszufinden.

Im oben wiedergegebenen Beispiel war das, was zuerst als chaotische Denkweise erschien, in Wirklichkeit Teil eines strukturierten zwischenmenschlichen Szenarios, das zwischen Patient und Therapeut zur Aufführung gelangte und in der Sitzung erst später sichtbar wurde. Dieser Patient hatte in einem Psychologiekurs von der Idee der freien Assoziation gehört und versuchte nun, alles zu sagen, was ihm in den Sinn kam, ohne sich dabei um dessen Interpretierbarkeit zu kümmern. Er betrachtete seine Bemühungen um freie Assoziation als ein Geschenk an den Therapeuten, dem er bewußt unbedingt gefallen wollte (auch in seinen Beziehungen zu bedeutsamen Anderen war der Patient in ähnlicher Weise bemüht zu gefallen). Daß der Patient es zunächst unterließ, den Therapeuten von seinem Experiment mit der freien Assoziation in Kenntnis zu setzen, läßt andere Bedeutungen seines Verhaltens deutlich werden, darunter der gegenläufige Wunsch, die Autorität des Therapeuten herauszufordern und seine Kompetenz auf die Probe zu stellen (»Sie sind so klug, mal sehen, ob Sie das hier rauskriegen!«), und die Angst, zwischenmenschlich gesehen unzugänglich zu sein (»Können Sie – kann überhaupt jemand – mich verstehen?«).

Ungenauigkeit, Durcheinander und abwehrendes Aus-dem-Weg-Gehen sind nicht die einzigen Faktoren, die den Blick auf die transaktionsbezogene Bedeutung der Symptome und Probleme des Patienten verstellen können. Psychische Schwierigkeiten zeigen sich oft in symbolischer, metaphorisch gewandelter oder schlecht differenzierter Form, und dadurch wird verdeckt, daß sie ihre funktionalen Wurzeln in fehlangepaßten interpersonellen Transaktionsmustern haben. Die folgenden Beispiele veranschaulichen diesen Punkt.

BEISPIEL 1

Arnold war ein intelligenter Abiturient. Mit Ende Zwanzig klagte er über Depressionen und Angstzustände, die angeblich von seiner »Unfähigkeit, Ziele zu erreichen« herrührten. Auf weiteres Nachfragen erklärte er, daß er »schon immer« eine höhere Bildung hatte haben wollen, sich aber unfähig fühle, die zur Verwirklichung dieses Zieles erforderlichen Schritte zu unternehmen, obwohl er über genügend finanzielle Mittel verfüge und seine Familie und Freunde ihn offensichtlich unterstützten.

Arnold suchte psychologischen Rat, um herauszufinden, ob seine Ausbildungsziele realistisch seien, und um seine innere Sperre überwinden zu können.

Auf der Suche nach der transaktionsbezogenen Bedeutung von Arnolds Beschwerden fiel dem Therapeuten als erstes auf, daß Arnold in der therapeutischen Beziehung ein übertrieben kameradschaftliches Verhalten an den Tag legte. So redete er den Therapeuten in der ersten Sitzung mit dem Vornamen an und benahm sich, als ob sie beide alte Freunde wären. Der Therapeut nahm an, daß hinter diesem Verhalten das Bemühen stecken könnte, eine gegenteilige (abwehrende) Art von Beziehung zu verhindern. Er ging von der Hypothese aus, daß Arnold durch sein demonstrativ geselliges Verhalten herauszufinden versuchte, ob der Therapeut ihn eventuell nicht mochte beziehungsweise nicht akzeptierte (oder ob sich diese Möglichkeit vielleicht ausschließen ließe). Dieses Bemühen um Anerkennung bemerkte der Therapeut zunächst im Rahmen der therapeutischen Beziehung, entdeckte aber bald noch andere zwischenmenschliche Zusammenhänge, die es ihm ermöglichten, seine Beobachtung zu untermauern und in Beziehung zu den aktuellen Beschwerden zu setzen.

Der Therapeut entdeckte, daß Arnolds Wunsch nach einer akademischen Ausbildung anscheinend daherrührte, daß er geliebt und akzeptiert werden wollte, sich selbst aber grundsätzlich für nicht liebenswert und für unakzeptierbar hielt. Arnolds Eltern waren sozial aufgestiegene Geschäftsleute, die großen Wert auf Erfolg legten und dadurch ungewollt vermittelten, daß bei ihren Kindern keine Leistung je genügen könne. Arnold reagierte auf diese elterliche Botschaft auf zweierlei Weise: Erstens entwickelte er ein chronisches Unzulänglichkeitsgefühl, und zweitens nahm er es seinen Eltern indirekt übel, daß sie ihn nicht zu schätzen wußten und grenzenlose Erwartungen hatten. Dieser indirekte Groll äußerte sich darin, daß er nach außen hin hart auftrat und nach Unabhängigkeit strebte. In diesem Transaktionskontext wurde das Ziel der College-Ausbildung als Teil eines Wunsches von Arnold verständlich, sich so zu verhalten, daß man ihn akzeptieren und lieben könne. Ebenso wurde Arnolds Unfähigkeit, dieses Ziel zu erreichen, als verärgerte Ablehnung der Bedingungen verständlich, die seiner Vorstellung nach an ein Aktzeptiert-Werden geknüpft waren, und außerdem kam in dieser Unfähigkeit das persönliche Gefühl zum Ausdruck, daß jede Anstrengung hoffnungslos sei, da keine Leistung je genügen könne.

Diese Sorgen spielten in Arnolds derzeitigen Beziehungen zu Frauen eine zentrale Rolle. Da er intelligent, sehr umgänglich und gutaussehend war, fiel es ihm leicht, Beziehungen anknüpfen. Diese scheiterten jedoch wiederholt, weil er es immer wieder schaffte, an beruflich erfolgreiche Frauen zu geraten, die sich nicht ernsthaft auf einen einfachen Arbeiter einlassen wollten (auch wenn sein Arbeitsplatz noch so sicher und gutbezahlt sein mochte).

Schließlich wurde deutlich, daß gerade durch die Inanspruchnahme der Therapie eine Variante dieses Transaktionsmusters inszeniert wurde. Arnold bemühte sich um eine Therapie, weil ihm seine derzeitige Freundin dazu geraten hatte und weil er hoffte, dadurch die kriselnde Beziehung zu retten. In diesem Fall waren schon seine Therapiebestrebungen Teil eines neurotischen Transaktionsmusters: Sein Leistungswunsch war ein Streben nach Liebe, aber seine Unabhängigkeit bekräftigte Arnold gerade dadurch, daß er die gesteckten Ziele nicht erreichte. Die Therapie war in diesem Fall ein weiteres Leistungsziel, das die Liste seiner Mißerfolge letztlich wohl um einen weiteren Fehlschlag verlängert hätte. Da der Therapeut diese Möglichkeit aber im Auge behielt, konnte er verhindern, daß Arnold seine eigene Therapie sabotierte, und erreichen, daß der Patient seine Unfähigkeit zur Verwirklichung von Zielen unter einem neuen Blickwinkel sah (wiedererzählte).

Dynamischer Fokus bei Beispiel 1

Eigenhandlungen. Arnold strebt danach, von anderen akzeptiert zu werden (und verhindert, von ihnen abgelehnt zu werden), indem er (1) ein besonders geselliges Verhalten an den Tag legt und so seine Ängste verbirgt, (2) versucht, Beziehungen so zu strukturieren, daß Kontroll- und Machtprobleme vermieden und Möglichkeiten, Zuwendung zu geben und zu bekommen, maximiert werden, (3) zur Vermeidung von Konflikten in einer übertrieben entgegenkommenden Weise auf die von anderen Personen geäußerten Wünsche reagiert und (4) andere bittet, ihm bei der Verwirklichung von Zielen zu helfen, die sie seiner Meinung nach wohl gutheißen werden.

Erwartungen an andere. Arnold glaubt, daß andere Menschen seine Ziele, Entscheidungen, Gefühle und seine Lebensrichtung kontrollieren und beeinflussen wollen. Er bildet sich ein, daß sie von ihm Handlungen und Gefühle erwarten, zu denen er nicht fähig ist; und er meint weiter, daß man ihn in Bausch und Bogen ablehnt, wenn er diesen Erwartungen nicht gerecht wird.

Bei anderen beobachtete Reaktionen. Arnold erkennt, daß andere ihm ihre Unterstützung und Ermutigung anbieten. In seinen Augen wird durch diese Ermutigung jedoch nur die drohende Ablehnung und Demütigung verschleiert, der er sich ausgesetzt glaubt, sobald es ihm nicht gelingt, die Dinge auszuführen, zu denen er ermutigt wird.

Introjekt. Arnold macht sich wegen seiner Unzulänglichkeit und mangelnden »Leistung« Vorwürfe, fühlt sich deprimiert und meint, niemand könne ihn lieben. Er unterdrückt die gelegentlich aufkommende Wut auf die Menschen, die seiner Meinung nach Anforderungen an ihn stellen, und zwingt sich, sich deren angeblichen normativen Erwartungen zu fügen.

BEISPIEL 2

Katharina, eine gebildete, berufstätige Frau, fing mit siebenundzwanzig Jahren eine Therapie an, weil sie unter Depressionen litt und das Gefühl hatte, verrückt zu sein, denn sie brachte jeden Abend mehrere Stunden damit zu, sorgfältig ihr Haar nachzuschneiden. Dadurch war ihr Haar so kurz geworden, daß sie sich gezwungen fühlte, in der Öffentlichkeit eine Perücke zu tragen. Es war Katharina äußerst peinlich, dem Therapeuten von ihrem akuten Problem auch nur zu erzählen, und ihr zwanghaftes Verhalten war ihr ein solches Rätsel, daß sie ernstlich an ihrem Verstand zweifelte.

Auf der Suche nach einer transaktionsbezogenen Bedeutung von Katharinas Beschwerden fielen dem Therapeuten an der therapeutischen Beziehung anfangs zwei Besonderheiten auf. Erstens traten in den ersten Therapiesitzungen wiederholt dramatische und wenig passende Veränderungen in Katharinas emotionalem Zustand und nonverbalem Verhalten auf. Zweitens wahrte sie gegenüber dem Therapeuten geflissentlich eine geschäftsmäßige Distanz. Selbst wenn sich im Ton ihrer Stimme eindeutig eine starke emotionale Reaktion auf eine Therapeutenbemerkung abzeichnete, bestritt sie unerschütterlich, in irgendeiner Weise persönlich auf den Therapeuten zu reagieren. Aus diesen Merkmalen des Transaktionsverhaltens der Patientin ließen sich, wie der Therapeut erkannte, mögliche Hypothesen über ihr Haarschneidesymptom ableiten. Um nun herauszufinden, welcher konkrete erfahrungsbezogene und zwischenmenschliche Kontext bei Katharina jeweils den Wunsch auslöste, sich die Haare zu schneiden, unterbrach der Therapeut sie wiederholt, wenn sich in ihrem affektiven oder kommunikativen Verhalten eine plötzliche Veränderung zeigte oder wenn es nonverbale Anzeichen dafür gab, daß die Patientin auf den Therapeuten emotional reagierte. In diesen Fällen fragte er sie, inwieweit sie *in dem betreffenden Moment* die Neigung verspüre, ihre Haare zu schneiden. Auf diese Weise konnte der Therapeut einen Zusammenhang zwischen der Stärke ihres zwanghaften Wunsches und den innerhalb der therapeutischen Beziehung ablaufenden zwischenmenschlichen und affektiven Vorgängen herstellen.

Im Laufe der Zeit förderte dieser Prozeß im Hinblick auf das Haareschneiden ein sexuell besetztes Assoziationsmuster zutage, dessen Wurzeln sich in dem abzuzeichnen begannen, was Katharina über ihre Familie und Kindheit erzählte. Sie war in einer äußerst perfektionistischen und prüden Familie aufgewachsen, in der sexuelle Dinge nur angesprochen wurden, um sie zu verbieten, und in der es an körperlicher Zuwendung gefehlt hatte. Soweit Katharina sich erinnern konnte, hatte es zu ihrer Großmutter, bei der sie aufgewachsen war, nur dann Körperkontakt gegeben, wenn diese ihr die Haare schnitt. Als Katharina diese Erinnerungen schilderte, wich der harte Zug aus ihrem Gesicht, und ihre normalerweise verkrampfte Haltung entspannte sich zusehends.

Katharina hatte als Teenager feine lange Zöpfe gehabt, auf die sie sehr stolz gewesen war. Sie schnitt sich ihre Haare zum ersten Mal, als ein damaliger Freund (der mehrfach unangenehme sexuelle Annäherungsversuche gemacht hatte) ihr gegenüber äußerte, sie dürfe sich niemals die Haare schneiden, weil ihr Haar ihm gehöre, da sie »sein Mädchen« sei. Katharina wies seine sexuellen Annäherungsversuche zurück und demonstrierte herausfordernd ihre Unabhängigkeit, indem sie sich einen kürzeren Haarschnitt zulegte. Um diesen Haarschnitt beizubehalten, war ein regelmäßiges Nachschneiden erforderlich, doch war diese Handlung anfangs nicht zwanghaft.

In der Folge traf Katharina ein tragischer Verlust: Der erste Mann, bei dem sie sich eine tiefe Liebesbeziehung (und sexuelle Beziehung) gestattet hatte, verschwand auf mysteriöse Weise. Obwohl die Umstände seines Verschwindens nicht eindeutig waren, gab Katharina sich die Schuld dafür und glaubte, sie hätte dem irgendwie vorbeugen können, habe das aber versäumt. Zu diesem Zeitpunkt wurde Katharinas regelmäßiges Haareschneiden zum ersten Mal zu einer zwanghaften Handlung. Sie empfand eine starke innere Beklemmung, wenn sie nicht jeden Abend mehrere Stunden darauf verwandte, ihr Haar perfektionistisch nachzuschneiden und dabei jeder Strähne genau die gleiche Länge wie allen anderen zu geben.

Im Laufe der Zeit begriffen die Patientin und ihr Therapeut, daß dieses zwanghafte Haareschneiden teilweise eine Art Entschädigungshandlung war, durch die Katharina die Schuldgefühle verringern konnte, die sie wegen des Verschwindens ihrer »großen Liebe« empfand. Durch das Abschneiden ihrer Haare meinte Katharina für Männer sexuell unattraktiv zu werden und so ihrem verlorenen Lebensgefährten »treu« zu bleiben. Gleichzeitig empfand sie beim Berühren ihres Haares ein gewisses autoerotisches Wohlbehagen. Im Laufe der Therapie wurde schließlich auch deutlich, daß Katharina das Haareschneiden als Mittel benutzte, um mit einer Vielzahl zwischenmenschlicher Belastungen – vor allem vermuteter heterosexueller Ablehnung – fertigzuwerden. Mit ihrem kurzen Haar ließ sich jede Ablehnung leicht entschuldigen. Dieser selbstgeschaffene Grund für eine heterosexuelle Ablehnung war für Katharina das kleinere Übel, weil sie auf diese Weise den Ablehnungsgrund unter Kontrolle hatte.

Dynamischer Fokus bei Beispiel 2

Eigenhandlungen. Katharina empfindet sich als völlig unzulänglich und gestört. Sie bringt viele Stunden damit zu, ihr Haar nachzuschneiden, und neigt zu diesem Verhalten vor allem dann, wenn sie mit sich selbst uneins ist. In der Tätigkeit des Haareschneidens spiegeln sich mehrere zwischenmenschliche Handlungen wieder, darunter: (1) eine symbolische Entschädigungshandlung, da die Patientin glaubt, sie hätte das Verschwinden ihres Lebensgefährten verhindern können, habe aber versagt; (2) das Unansehnlichmachen der eigenen Person, um die verlockende, aber verbotene Aufmerksamkeit der Männer abzuwehren und so die Möglichkeit vertrauter Nähe oder Intimität zu verhindern, weil sonst aufgedeckt werden könnte, daß sie die Aufmerksamkeit gar nicht verdient; (3) die Wahrung des Gefühls, alles in der Hand zu haben (indem sie jedes Haar perfektionistisch auf eine bestimmte Länge bringt); und (4) das Trösten der eigenen Person durch das Berühren und Streicheln des eigenen Haares beim Schneiden.

Erwartungen gegenüber anderen. Katharina bildet sich ein, daß andere Menschen sie vor allem wegen ihrer körperlichen Erscheinung unzulänglich finden. Insbesondere glaubt sie, daß sich bei den meisten Männern diese mangelnde Wertschätzung darin zeigt, daß sie aufdringlich werden oder sie sexuell auszunutzen versuchen.

Bei anderen beobachtete Reaktionen. Katharina bemerkt, daß die meisten Menschen kaum etwas mit ihr zu tun haben. Dies deutet sie als Bestätigung ihrer negativen Erwartungen und nicht als verständliche Folge ihres eigenen Rückzugs.

Introjekt. Katharina straft sich dadurch, daß sie sich selbst Schuld zuweist und Gelegenheiten zu potentiell angenehmen gesellschaftlichen Aktivitäten aus dem Wege geht, um sich in dieser Zeit statt dessen die Haare zu schneiden.

BEISPIEL 3

Adam war Ende Zwanzig, als er sich um eine Hypnotherapie bemühte, weil er nichts essen konnte außer einem etwas ungewöhnlich belegten Sandwich (Salami und Erdbeermarmelade). Er hatte gelesen, daß man durch Hypnotherapie größere Selbstbeherrschung erlangen könne, und suchte nach einem Therapeuten, der ihn – paradoxerweise – *dazu bringen* könnte, sich selbst zu beherrschen. Obwohl Adam gerne etwas anderes essen wollte, wurde ihm, seinen Worten zufolge, jedesmal übel, wenn er versuchte, irgend etwas anderes als eines dieser Sandwiches zu verzehren. Adam wagte nicht, ans Essen zu denken, und hungerte normalerweise bis zum Abend, um sich dann hastig drei oder vier solcher Sandwiches zu machen und sie, meistens im Badezimmer, heimlich hinunterzuschlingen.

Auf der Suche nach der transaktionsbezogenen Bedeutung von Adams Schwierigkeiten fragte ihn der Therapeut zunächst danach, wie sich diese Eßgewohnheiten wohl auf seine Beziehungen zu anderen Menschen auswirkten. Als (in der ersten Sitzung) das Thema Beziehungen angeschnitten wurde, eröffnete Adam dem Therapeuten recht unvermittelt, daß er sich hauptsächlich deshalb um eine Therapie bemühe, weil er seine eheliche Situation verbessern wolle. Das Problem der eigentümlichen Eßgewohnheiten war in seinen Augen nur insofern wichtig, als es das wesentlichste Thema war, über das er und seine Frau sich nicht einigen konnten.

Im Laufe der nächsten drei Sitzungen entdeckte der Therapeut, daß Adam aus einer Familie stammte, in der der Vater hilflos und schwach, die Mutter aber sehr aufdringlich und dominierend war. Selbst als Erwachsener hatte Adam noch Angst davor, einen Anruf von seiner Mutter zu bekommen. In der ganzen Familie konnte ihr nur ein einziger Verwandter halbwegs Paroli bieten, und bei diesem Verwandten hatte Adam (als Gymnasiast) zum erstenmal Sandwiches mit Erdbeermarmelade und Salami kennengelernt. Dieser Verwandte hatte Adam auch geholfen, sich mit seinem Wunsch nach diesen Sandwiches zu behaupten, auch wenn seine Mutter darauf beharrte, daß er zusammen mit der übrigen Familie das essen müsse, was sie auf den Tisch stellte. Von den Transaktionen her betrachtet, erfuhr Adam also das Essen ungewöhnlicher Sandwiches als eine Möglichkeit, seine Identität und Selbstachtung trotz des Einflusses einer tyrannischen und herrischen Mutter zu wahren. Seine Eßgewohnheiten waren eine Art letzter Widerstand, mit dem er seiner Mutter sagte: »Ich bestimme, was ich meinem Körper zuführe. Hier hört dein Einfluß auf!«

Während der Therapeut eifrig damit beschäftigt war, nähere Einzelheiten von Adams Lebensgeschichte zutage zu fördern, achtete er leider nicht auf den Stellenwert des therapeutischen Umfelds und der therapeutischen Beziehung. Denken Sie daran, daß Adam ursprünglich um eine Hypnotherapie gebeten hatte! Aufgrund der klarer werdenden transaktionalen Bedeutung seiner Symptome riet der Therapeut ihm nun von einer solchen Therapie ab, da sie nur eine weitere Manifestation seiner ständigen Beschäftigung mit Beherrschungsproblemen sei beziehungsweise mit seiner Schwierigkeit, sich Frauen (seiner Mutter und seiner Frau) gegenüber zu behaupten. Der Therapeut sagte ihm dies jedoch in recht bestimmtem Ton (er machte ihm klar, daß seine Schwierigkeiten eng mit einem anhaltenden zwischenmenschlichen Transaktionsmuster zusammenhingen und eine Hypnotherapie in diesem Fall ungeeignet sei). Rückblickend gesehen, war Adams Reaktion auf die Art, in der der Therapeut mit diesem Problem umging, angesichts seines festen Musters vorhersehbar: Er wehrte sich gegen den beherrschenden Einfluß des Therapeuten und brach die Therapie abrupt ab.

Dynamischer Fokus bei Beispiel 3

Eigenhandlungen. Adam behauptet sich autonom gegen die Erwartungen anderer Menschen. Er meidet Situationen, in denen er von anderen abhängig ist.

Erwartungen gegenüber anderen. Adam glaubt, andere Menschen wollten ihn beherrschen und hätten gerne, daß er sich entgegenkommend und abhängig verhält. Er meint, daß andere nur darauf warten, ihn zu bestrafen und zu demütigen, falls er sich nicht fügt. Diese Erwartungen bilden einen Kontext für sein Eßverhalten, das er geheimhält, da er sich vorstellt, daß jeder, der über seine Vorlieben beim Essen Bescheid wüßte, versuchen würde, ihn zu einem anderen Eßverhalten zu bewegen.

Bei anderen beobachtete Reaktionen. Adam meint, andere Menschen behandelten ihn normal (stellten keine übermäßigen Anforderungen an ihn), glaubt aber, daß sei nur deshalb so, weil er so eifrig zeige, daß er nicht gewillt sei, sich beeinflussen zu lassen.

Introjekt. Da Adam in der Selbstbeherrschung eine Voraussetzung dafür sieht, dem Einfluß anderer Menschen zu widerstehen, bemüht er sich, sich zu beherrschen (indem er nur eine Sorte von Essen zu sich nimmt und eine Hypnotherapie anstrebt).

Die genannten Beispiele veranschaulichen, daß eine Vielzahl von Symptomen und Beschwerden ihre Wurzeln in interpersonellen Transaktionsmustern haben können. Hin und wieder ist es sogar möglich, das Wesen eines Transaktionsmusters in Beziehungen zu erkennen, an denen keine wirklichen Menschen oder sogar überhaupt keine Menschen beteiligt sind. Sehen wir uns zum Beispiel Jennifer an: Im Alter von achtundzwanzig Jahren bemühte sie sich wegen ihrer schrecklichen Schüchternheit und sozialen Empfindlichkeit um eine Therapie. Dieses Transaktionsmuster äußerte sich in der Therapie insofern, als Jennifer anfangs nicht im einzelnen über ihre zwischenmenschlichen Beziehungen reden wollte. Auf Nachfragen reagierte sie äußerst ängstlich, wurde knallrot und wechselte geschickt das Thema oder äußerte sich nur vage. Wenn man auf eine Antwort drängte, erlebte Jennifer eine Art Spaltungsreaktion und konnte sich selbst nur dadurch zu einer Antwort zwingen, daß sie sich in ihrer Phantasie an einen anderen Ort versetzte.

Wohler fühlte Jennifer sich jedoch, wenn sie über ihre Lieblingsbeschäftigung sprach: Springreiten. Zu ihrem Pferd hatte sie eine psychologisch reiche und komplexe Beziehung. Sie redete von dem Tier, als wäre es ein Mensch, und schrieb ihm eine Vielzahl von Gedanken, Gefühlen, Wünschen und Persönlichkeitsmerkmalen zu. In bezug auf ihr Pferd erlebte Jennifer auch intensive Emotionen (sie wurde jedesmal sehr ärgerlich, wenn sie das Gefühl hatte, daß ihr Springpferd »absichtlich« einen Fehler machte). Während Jennifer sich also nur sehr zurückhaltend über menschliche Beziehungen äußerte, redete sie mit viel weniger Hemmungen über ihre Beziehung zu ihrem Pferd. Der Therapeut nutzte nun diese Beziehung zwischen Mensch und Tier als Informationsquelle und schloß von ihr hypothetisch darauf, wie Jennifer sich wohl in Transaktionen mit Menschen verhielt. Schließlich begann er laut darüber nachzudenken, ob es nicht vielleicht Ähnlichkeiten zwischen Transaktionsmustern, die im Zusammenhang mit der Beziehung zum Pferd erhellt worden waren, und parallelen

Mustern gäbe, die eventuell in ihren Beziehungen zu anderen Menschen existierten. Es gelang Jennifer, sich auf diese indirekte Methode einzulassen, die jedoch schon bald darauf aufgegeben werden konnte, als Jennifer anfing, sicherer und beziehungsfähiger zu werden. Aus diesem und den vorangegangenen Beispielen läßt sich ersehen, daß der Prozeß der Herleitung transaktionaler Wurzeln subtil und komplex sein kann; für gewöhnlich läßt sich die Aufgabe des Therapeuten nicht darauf reduzieren, einfach ein paar Routinefragen zu stellen.

Die charakteristischen Transaktionsmuster eines Patienten lassen sich auf zwei grundlegende und komplementäre Arten erkunden. Im ersten Fall fungiert die Therapeutin als teilnehmende Beobachterin (Havens, 1976), die auf die Feinheiten der therapeutischen Beziehung achtet und sich vergegenwärtigt, wie sie persönlich den Patienten erlebt. Diesing (1971, S. 282) führt dazu aus:

Teilnehmende Beobachter und Kliniker arbeiten sich in das System [das Erleben des Patienten], das sie gerade untersuchen, ein und versuchen, ein aktiver Teil davon zu werden, um es von innen heraus zu verstehen. Sie fassen ihr Wissen in Begriffe, die der [Patient selbst] gebraucht oder verstehen kann, versuchen aber auch, über das Verständnis, das [der Patient] erlangt hat, hinauszugehen. Sie überprüfen die Objektivität ihres Wissens einerseits dadurch, daß sie schauen, ob es [der Patient] verstehen und annehmen kann, und andererseits dadurch, daß sie versuchen, darauf aufbauend zu handeln und zu schauen, ob ihre Handlungen verstanden und akzeptiert werden . . .

Im zweiten Fall bemüht sich die Therapeutin, dadurch an transaktionsbezogene Informationen zu gelangen, daß sie in Ergänzung zu ihrer teilnehmenden Beobachtung direkt *über* interpersonelle Transaktionen *redet*. (Wenn man mit Blick auf das, was sich gerade zwischen Patient und Therapeutin abspielt, über Transaktionen redet, wird dies als Metakommunikation bezeichnet [Anchin & Kiesler, 1982].) Die Fähigkeit zum transaktionsbezogenen Gespräch ist unentbehrlich, wenn die Art zwischenmenschlichen Verständnisses erreicht werden soll, die von der Psychodynamischen Kurztherapie angestrebt wird. Das weiß der Patient allerdings nicht automatisch. Manch einer erzählt hartnäckig nur von Handlungen einer einzigen Person (»erst tat er dies, dann machte er das . . .«), ein anderer stellt keine expliziten Verbindungen zwischen den Handlungen zweier Personen her (»ich tat dies, er machte das, und sie taten irgend etwas anderes«). Ebenso kann es vorkommen, daß der eine oder andere Patient sich auf unpersönliche Themen beschränkt, bei denen es entweder nicht um menschliche Handlungen geht (»Schönes Wetter heute!«) oder aber um Handlungen, die in keinem ersichtlichen zwischenmenschlichen Zusammenhang stehen

(»Ich habe geduscht, dann habe ich Mittagessen gemacht, anschließend war ich deprimiert«).

Um mit Erfolg an einer Psychodynamischen Kurztherapie teilzunehmen, muß der Patient lernen, in zwischenmenschlichen Beziehungen auf transaktionale Zusammenhänge zu achten, und er muß sich auf seine eigenen Transaktionserfahrungen in einer unmittelbaren und affektiv lebhaften Art und Weise beziehen. Die Therapeutin sollte sich sanft, aber beharrlich um einen Dialog mit transaktionalen Aussagen bemühen, also Aussagen, die deutlich machen, daß die Handlungen (Gefühle, Vorstellungen, Erwartungen etc.) zweier Menschen sich gegenseitig bedingen.

Zuweilen erfaßt ein Patient die Idee der Transaktion schon allein durch das Beispiel, daß die Therapeutin durch ihre systematischen Fragen gibt, mit deren Hilfe transaktionsbezogene Inhalte sichtbar werden. Ein andermal muß sich die Therapeutin hingegen eines direkteren Ansatzes bedienen und gemeinsam mit dem Patienten nichttransaktionsbezogene Äußerungen auf eine mögliche transaktionale Relevanz untersuchen. Zum Beispiel sagt ein Satz wie »Das ist wirklich ein scheußliches Wetter!« von seiner Bedeutung her nichts über interpersonelle Transaktionen aus. Wenn man diese Äußerung jedoch in einen neuen Zusammenhang stellt und sie als Teil einer fortlaufenden transaktionalen Inszenierung im Zusammenspiel mit der Therapeutin begreift, könnte es aufschlußreich sein, zu untersuchen, warum ein Patient, dessen Leben in Unordnung ist und der unter schmerzhaften Symptomen leidet, es vorzieht, wertvolle Therapiezeit darauf zu verwenden, über das Wetter zu reden. Aussagen, die nicht auf einen interpersonellen Kontext eingehen (»Ich habe den Rasen gemäht« oder »Ich war deprimiert«), lassen sich auf mögliche, nicht zur Sprache gebrachte zwischenmenschliche oder transaktionale Aspekte untersuchen (»Weil meine Mutter sich zu einem Besuch angesagt hatte, habe ich ihr zuliebe den Rasen gemäht, mir dabei aber gesagt, daß sie sicher immer noch irgendwas am Haus auszusetzen haben würde, und dann war ich wieder deprimiert«).

Prozeß und Inhalt. Um zu einem praktischen Verständnis zwischenmenschlicher Transaktionsmuster zu gelangen, muß die Therapeutin gleichermaßen auf den interpersonellen Prozeß und die inhaltlichen Aspekte des Therapiegesprächs achten. Der Inhalt eines Gesprächs ist der Teil, der sich am ehesten (wenn auch nicht ganz) mit mechanischen Mitteln festhalten läßt. Der Inhalt ist das, worüber geredet wird; das, was die Gesprächsteilnehmer im eigentlichen Sinne als Gegenstand ihres Gesprächs begreifen – und letzten Endes vielleicht auch einige seiner unbewußten Aspekte. Im Gegensatz dazu geht es beim interpersonellen Prozeß eines Therapiegesprächs nicht um das, worüber man sich unterhält, sondern darum, wie sich die Gesprächsbeziehung entwickelt. Der Prozeß spiegelt – im Unterschied zu dem mutmaßlichen Gesprächsthema – das wider, was interpersonell zwischen den Gesprächspartnern abläuft. Ein bestimmter Gesprächsinhalt kann durch den zugehörigen interpersonellen Prozeß einen anderen Sinn erhalten oder umgekehrt. Um sowohl den Prozeß als auch den Inhalt umfassend zu verstehen, muß man den situationsbedingten und interpersonellen Kontext kennen, in dem eine Äußerung fällt. Die Äußerung »Mein Beileid!« enthält zum Beispiel dem Anschein nach eine Mitleidsbotschaft; abhängig vom Prozeß transportiert dieser Inhalt jedoch sehr unterschiedliche Konnotationen, je nachdem, ob man ihn bei einer Hochzeit oder einer Beerdigung äußert oder aber in einem Ton, in dem eher Geringschätzung als Mitgefühl mitschwingt.

Ein interpersoneller Inhalt wird oft in unterschiedlicher latenter, indirekter, verschleierter oder unbewußter Form zum Ausdruck gebracht. Und obwohl der verbale Austausch für das heilende Gespräch von zentraler Bedeutung ist, ist die Sprache doch nur eine der symbolischen Formen, in denen die Menschen ihre Erfahrung darstellen und vermitteln können. Insofern können Informationen über die interpersonelle Welt eines Menschen praktisch mit jedem Darstellungsmittel transportiert werden, darunter Kinesik (Gestik, Haltung), paraverbale Ausdrucksformen (Intonation, Timing, Phrasierung, Betonung), Kleidung und Makeup sowie vom Patienten stammende – oder bei ihm Reaktionen auslösende – Bilder und Zeichnungen, Gedichte, Geschichten oder Lieder etc. Aus frühen Erinnerungen und Träumen lassen sich ebenfalls indirekte Informationen über die interpersonelle Welt eines Patienten gewinnen (Binder & Smokler, 1980; Maymann, 1968), ebenso aus Reaktionen auf psychologische Tests (Blatt & Lerner, 1983).

Diese indirekten Symbolisierungsformen interpersoneller Informationen sollten sorgfältig untersucht werden, wobei besonders darauf zu achten ist, welche Arten von interpersonellen und affektiven Unterscheidungen, Transaktionen und Ergebnissen vorkommen. Trotz der möglicherweise äußerst komplizierten Struktur symbolischer Produktionen (Foulkes, 1978), können diesbezügliche Beobachtungen nützliche Hinweise darauf geben, wie ein Patient gewohnheitsmäßig zwischenmenschliche Beziehungen darstellt. Wie bei den meisten klinischen Daten sollte man auch hier die Bedeutung dieser Informationen nicht losgelöst von dem vermittelnden Kontext der klinischen Beziehung beurteilen, in dem sie wahrgenommen werden.

Im Unterschied zum Inhalt ist der interpersonelle Prozeß dem Bewußtsein oft nicht unmittelbar zugänglich. Die Menschen neigen dazu, bei zwischenmenschlichen Transaktionen und deren Interpretation mehr oder weniger unbewußt ihren eigenen Regeln zu folgen. Und so kommt es, daß der interpersonelle Prozeß häufig nicht klar und eindeutig zu verstehen ist. Die Therapeutin sollte sich daher soweit disziplinieren, daß sie sich systematisch fragt, welche Art von Szenario der Patient gerade zu inszenieren versucht. Als Faustregel hilft es, alles, was der Patient sagt, als möglichen Kommentar zum fortlaufenden Prozeß zu betrachten – als möglicherweise versteckte Anspielung auf die therapeutische Beziehung (Gill, 1982). Diese Empfehlung trägt dem Umstand Rechnung, daß es keine zwischenmenschliche Neutralität gibt und daß in der gesamten Kommunikation, so banal sie auch sein mag, Mitteilungen über den Zustand der zwischen den kommunizierenden Parteien bestehenden Beziehung enthalten sind. Natürlich steckt nicht in jeder Patientenäußerung zwangsläufig auch ein versteckter Hinweis auf die therapeutische Beziehung. Dennoch sind solche versteckten Hinweise auf den interpersonellen Prozeß häufig vorhanden und werden von der Therapeutin unter Umständen erst bemerkt, wenn sie sich bewußt darum bemüht.

Für die Beurteilung des interpersonellen Prozesses ist es nützlich, sich als Ausgangspunkt (siehe auch Kapitel 3) immer wieder zu fragen: In welchem Kontext oder in welcher Situation scheinen wir uns in der Vorstellung des Patienten zu befinden? Was versucht der Patient im Augenblick mir gegenüber, für mich, mit mir, trotz mir oder ohne mich zu tun? Wozu versucht der Patient mich gerade zu bewegen; was soll ich mit ihm, für ihn oder ihm gegenüber machen? Woran versucht mich der Patient zu hindern; was soll ich nicht mit ihm, für ihn oder ihm gegenüber machen? Woran versucht der Patient sich selbst zu hindern; was will er nicht mit mir, für mich oder mir gegenüber tun? Beim Durchgehen möglicher Antworten auf diese Fragen ist es wichtig, falsche »entweder/oder«-Dichotomien zu vermeiden. Die Therapeutin muß daran denken, daß neurotische Konflikte nicht unbedingt den normalen Regeln der Logik folgen und daß diese Fragen oft mehrere und sogar widersprüchliche Antworten haben können. Die Therapeutin kann ihre eigenen Reaktionen als nützliche Quelle möglicher Antworten auf diese Fragen betrachten.

Die Therapeutin sollte darauf achten, wie sie auf den jeweiligen Patienten reagiert (das heißt, sie sollte sich ihrer Gefühle, Assoziationen, Wünsche, Ängste und Verhaltensweisen gegenüber dem Patienten bewußt sein), und sollte sich fragen, was er vielleicht dazu getan hat, um diese

Reaktionen hervorzurufen. Durch diese Art von Selbstbeobachtung kann sich die Therapeutin unter Umständen schon frühzeitig bewußt machen, welche Arten von Transaktionen der Patient unbewußt in Szene zu setzen versucht. Selbstverständlich sollte die Therapeutin solche Gegenübertragungsanzeichen vorsichtig und zurückhaltend beurteilen und in ihnen eher Hypothesen als schlüssige Beweise sehen. (Wie Therapeuten ihre eigenen Reaktionen nutzen können, wird ausführlicher in den Kapiteln 3 und 7 behandelt.)

Zwischen dem augenscheinlich ablaufenden Prozeß und dem in den Patientenäußerungen offenbar werdenden Inhalt bestehen häufig Diskrepanzen oder Unstimmigkeiten (zum Beispiel, wenn etwas Schreckliches mit einem Lächeln erzählt wird oder wenn einem ein Kompliment in einer Weise gemacht wird, daß es wie eine unterschwellige Beleidigung wirkt). Aufgrund ihrer allgemeinen Erfahrung achtet die Therapeutin auf derartige Diskrepanzen, da diese aller Wahrscheinlichkeit nach auf psychische Konflikte hinweisen. Da Inhalte größtenteils mit verbalen Mitteln transportiert werden und da interpersonelle Prozesse oft in nonverbaler Kommunikation zum Ausdruck kommen, achtet man als Therapeutin routinemäßig sowohl auf verbale als auch auf nonverbale Äußerungen und schließt auf das Vorhandensein eines Konflikts, wenn sich die beiden Ebenen nicht richtig decken. Man sollte allerdings nicht automatisch davon ausgehen, daß die eine Kommunikationsform wahrer als die andere ist. Wenn ein Patient zum Beispiel wiederholt lächelt, während er eine traurige Geschichte erzählt, sollte man nicht davon ausgehen, daß sich in dem Lächeln die wirkliche Botschaft spiegelt und daß die Beschwerden des Patienten nicht echt sind und ihm insgeheim in Wirklichkeit Vergnügen bereiten. Das ist sicherlich eine plausible Hypothese, aber nicht die einzige Möglichkeit. Es kann sein, daß der Patient durch sein Lächeln bemüht ist, von der Therapeutin bestätigt zu bekommen, daß die geschilderten Probleme ihrer Ansicht und Erfahrung nach weder katastrophal noch stark pathologisch sind; es könnte auch sein, daß sich im unpassenden Lächeln des Patienten das Bemühen spiegelt, sich als »guten Menschen« zu präsentieren – in der Hoffnung, daß die Therapeutin dann keine Kritik übt und keine Vorwürfe macht.

Wenn eine Therapeutin mit einer Diskrepanz zwischen verbalen und nonverbalen Kommunikationsformen konfrontiert ist, tut sie gut daran, Zusammenhänge in Betracht zu ziehen, bei denen sich beide Botschaften als wahr interpretieren lassen. Wenn sie zum Beispiel wahrnimmt, daß die feindseligen verbalen Äußerungen eines Patienten von einer nonverbalen erotischen Aufforderung begleitet werden, bedeutet es eine gefährliche Vereinfachung, anzunehmen, daß die erotische die wirkliche Botschaft ist und daß der Patient diese einfach hinter einer oberflächlich gezeigten Feindseligkeit verbirgt. In diesem Fall könnte es nützlicher sein, daran zu denken, daß man es bei neurotischen Konflikten üblicherweise mit Versuchen zu tun hat, gleichzeitig einander widersprechende Handlungen auszuführen, und es könnte aufschlußreicher sein, zu untersuchen, auf welche Weise der Patient die Therapeutin sowohl zu verführen als auch anzugreifen meint beziehungsweise welche verschiedenen Taktiken er anwendet, um solche Handlungen zu vermeiden.

Zusätzliche indirekte Informationen über die Transaktionsmuster von Patienten lassen sich auch dadurch gewinnen, daß man sich mit Erwartungen und Nachahmungen beschäftigt. Eine Erwartung ist die geistige Vervollständigung einer unvollständig zum Ausdruck gebrachten Geschichte. Genauso wie sich anhand von Reaktionen auf projektive Tests unbewußte psychodynamische Zusammenhänge aufdecken lassen, läßt sich auch die Art der Erwartungen, die der Patient wiederholt an das eigene Handeln und die Handlungen anderer Menschen stellt, als wichtige Informationsquelle nutzen. Wie bei projektiven Tests können wir auch hier dadurch an Informationen gelangen, daß wir sowohl den thematischen interpersonellen Inhalt von Erwartungen (gesellig, aggressiv, beherrschend etc.) als auch deren Struktur untersuchen. (Äußern sich die Erwartungen des Patienten in Form von Transaktionen, bei denen voneinander unterschiedene Personen bei ihrem Gegenüber Handlungen auslösen beziehungsweise ihre Handlungen umgekehrt durch ihn ausgelöst werden?) Viele Erwartungen lassen sich einfach dadurch in Erfahrung bringen, daß man den Patienten danach fragt. Oft sind Erwartungen aber unbewußt, und dann hilft es, sich näher mit der therapeutischen Beziehung, Träumen und anderen weniger direkten Informationsquellen zu befassen. Wenn die Therapeutin den Patienten dazu ermuntert, nicht nur seine Beobachtungen und Wahrnehmungen, sondern auch seine Vorstellungen, Folgerungen, Träume, Phantasien und Erwartungen zu schildern, kann sie (und auch der Patient) wertvolle Einblicke erhalten, in welcher Richtung der Patient gewohnheitsmäßig interpersonelle Zusammenhänge deutet.

Die Therapeutin sollte auch sorgsam darauf achten, ob der Patient bemüht ist, andere Menschen nachzuahmen, und zwar unabhängig davon, ob er dabei bewußt einem Modell folgt oder sich unbewußt mit jemandem identifiziert. Durch das Wen oder Was und die Art der Nachahmung lassen sich unter Umständen wichtige Informationen darüber gewinnen, in welcher Richtung der Patient interpersonelle Szenarios entwickelt. Die Therapeutin sollte ihre Aufmerksamkeit darauf richten, wen der Patient verehrt und wen er verachtet (oder nach außen hin verachtet, aber in Wirklichkeit zum Idol macht). Die Analyse solcher Beziehungen kann Hinweise auf zwischenmenschliche Abwehrmuster liefern, die der Patient zu leugnen oder zu verbergen sucht beziehungsweise deren »Gegenteil« er zu sein versucht, und kann darüber hinaus auf Wunschmuster hinweisen, die der Patient idealisiert, bislang aber noch nicht erreichen konnte.

Da Transaktionsmuster sich über einen längeren Zeitraum abspielen können, sollten die momentanen Beobachtungen der Therapeutin durch eine Sequenzanalyse ergänzt werden. Viele nützliche Informationen lassen sich dadurch gewinnen, daß man Therapieereignisse als Teil einer strukturierten Transaktionsabfolge betrachtet, statt in ihnen einfach voneinander getrennte Verhaltenseinheiten zu sehen. Die Therapeutin sollte ihr Augenmerk darauf richten, in welcher Reihenfolge Themen, Affekte und zwischenmenschliche Schachzüge sowohl in der Therapiestunde als auch, den Schilderungen des Patienten zufolge, in Beziehungen außerhalb der Therapie vorkommen. Transaktionssequenzen lassen sich relativ leicht beobachten, wenn sie sich innerhalb einer einzelnen Therapiestunde ereignen; sie können sich aber auch genauso auf mehrere Sitzungen verteilen, und deshalb sollte die Therapeutin immer die Handlungen ihrer Patienten nicht nur zu dem unmittelbar vorausgehenden Geschehen in Beziehung setzen, sondern auch zu dem, was sich eine Woche oder einen Monat vorher abgespielt hat, beziehungsweise zu dem, was sich der Erwartung nach in der Zukunft abspielen wird (siehe besonders Kapitel 9, »Therapiebeendigung«). Die Transaktionssequenzanalyse liefert Informationen darüber, was in den Beziehungen des Patienten wodurch angeregt, hervorgerufen oder unterdrückt wird. Für das Verständnis zyklischer Muster kann die Sequenzanalyse von entscheidender Bedeutung sein.

Zum Beispiel kann es sein, daß ein Patient zu Beginn einer Sitzung zurückhaltend und ängstlich wirkt (und bei der Therapeutin dadurch eine unterstützende Haltung hervorruft). Der Patient wird (als Reaktion auf die erfahrene Unterstützung) zunächst offen und freundlich, legt dann aber ein konkurrenzbetontes Verhalten an den Tag (und hält die Therapeutin auf Abstand, weil ihm zuviel Nähe Angst macht). Schließlich fällt es dem Patienten am Ende der Stunde schwer zu gehen (weil er Angst hat, sein Konkurrenzverhalten könne der therapeutischen Beziehung geschadet haben). Ganz anders verhält es sich vielleicht bei einem zweiten Patienten, bei dem sich zwar die gleichen Verhaltensweisen, jedoch in einer anderen

Reihenfolge abspielen. So könnte es sein, daß sich ein Patient anfangs unsicher fühlt (und Unterstützung hervorruft), sich dann aber konkurrenzbetont verhält (weil er auf die Unterstützung so reagiert, als handele es sich dabei um eine Form von Kontrolle oder Beherrschung), und anschließend zum Ausdruck bringt, daß er sich wegen einer möglichen Trennung von der Therapeutin Sorgen mache (weil er Angst hat, die Therapeutin werde einen Patienten ablehnen, der zu selbständig ist); und beim Verabschieden am Ende der Stunde ist er dann vielleicht freundlich und warmherzig (nachdem er gesehen hat, daß die Therapeutin nicht mit Ablehnung oder komplementärem Konkurrenzverhalten reagiert).

Wie man funktionelle Bedeutsamkeit identifiziert

Für die Psychotherapie sind nicht alle zwischenmenschlichen Transaktionen von gleicher Wichtigkeit. Ein sinnvoller Fokus unterscheidet zwischen hervorstechenden Transaktionsvorgängen, die von zentralem Interesse sind, und solchen, die von eher sekundärer Bedeutung sind. Um funktionelle Bedeutsamkeit identifizieren zu können, muß man ein interpersonelles Transaktionsmuster zu dem psychischen Problem (oder den Problemen) in Beziehung setzen, das durch die Therapie angegangen werden soll. Ein bedeutsames Transaktionsmuster enthält nicht nur das bestehende Problem – es wird letztlich zu dem Problem, das innerhalb der therapeutischen Beziehung therapiert wird. Die folgende Skizze veranschaulicht, wie wichtig hier ein Fokus ist:

Eine junge Frau bemühte sich um eine Therapie, weil sie verstehen wollte, warum sie ihre Verlobung zu einem Mann aufrechterhielt, der sie meist betont kühl behandelte, bereits untreu gewesen war und offen daran zweifelte, daß das Paar noch lange zusammenbleiben würde. Die Patientin erklärte, die einzige Befriedigung, die sie aus der Beziehung schöpfe, hänge damit zusammen, daß ihr Verlobter es schaffe, gelassen zu bleiben und ihr Rückhalt zu geben, wenn sie aufgebracht und durcheinander sei.

Die Therapeutin versuchte, der Patientin verstehen zu helfen, warum sie noch immer so an ihrem Verlobten hing, und lenkte ihre Aufmerksamkeit auf ihre Beziehungen zu anderen Männern, vor allem auf die zu ihrem Vater. In diesem Zusammenhang erinnerte sich die Patientin an bezeichnende Vorfälle, etwa, daß sie als kleines Mädchen miterlebt hatte, wie ihr Vater ihre Mutter und andere Familienmitglieder fürchterlich beschimpft hatte. Sie hatte die Mutter wiederholt gebeten, entweder den Vater dazu zu zwingen, sich um professionelle Hilfe zu bemühen, oder ihn zu verlassen, aber jedesmal hatte ihre Mutter ganz ruhig abgestritten, daß es irgendwelche ernsten Probleme gebe. Die Patientin stellte auch die beständige Unterstützung von seiten der Therapeutin der angsterregenden emotionalen Labilität ihres Vaters gegenüber.

Trotz beharrlicher Bemühungen merkte die Therapeutin bald, daß sie bei der Patientin wenig ausrichtete (auch wenn diese ihr für ihr Interesse weiterhin dankbar war). Zwei Monate nach Beginn der Therapie heiratete die Patientin ihren Verlobten, und gleich darauf begann es, in der Ehe zu kriseln. Mit Hilfe ihres Supervisors stellte sich die Therapeutin die Frage, warum sie sich bei dieser Patientin so machtlos fühlte. Es galt herauszufinden, welche Handlung der Patientin bei ihr dieses Gefühl der Machtlosigkeit hervorrief. Und die Therapeutin erkannte schließlich, daß sie von der Patientin so behandelt wurde, als wäre ihre Hilfe zwar gut gemeint, aber völlig ineffektiv. In dieser Haltung spiegelte sich die Meinung der Patientin über ihre Mutter wider, die sich gegen das tyrannische Verhalten des Vaters nicht hatte durchsetzen können. In der zu Beginn der Therapie zum Ausdruck kommenden interpersonellen Prädisposition zeigte sich also ein wichtiger Aspekt der Beziehung zur Mutter, der seinerseits eine wichtige Begleiterscheinung der konfliktreichen Beziehung der Patientin zu ihrem Vater – und gegenwärtig zu ihrem Mann – darstellte. Doch dadurch, daß die Therapeutin den Fokus zunächst auf die offensichtlichen Beziehungsprobleme mit Männern beschränkte, entging ihr die Bedeutung dessen, was sich in der therapeutischen Beziehung abspielte. Von der Patientin wurde die Therapeutin unbewußt mit ihrer Mutter identifiziert und für ähnlich ineffektiv gehalten, und da die Therapeutin diese Inszenierung nicht ansprach, wurde ihre therapeutische Wirksamkeit untergraben.

Die Bedeutsamkeit eines Fokus zu beurteilen, ist gleichbedeutend mit der Aufgabe, zusammenhängende zyklische psychodynamische Schilderungen zu entwickeln, die eine Verbindung zwischen den vom Patienten erlebten Symptomen und Problemen auf der einen und seinen charakteristischen interpersonellen Transaktionsmustern auf der anderen Seite herstellen.»Bedeutsamkeit« bezieht sich in diesem Zusammenhang auf einen funktionellen beziehungsweise kausalen Primat. Alles, was zur zyklischen psychodynamischen Schilderung gehört, ist bedeutsam; alles, was noch kein Teil der Schilderung ist, ist noch nicht bedeutsam. Die Therapeutin steht also vor der Aufgabe herauszufinden, welche Informationen über einen Patienten sich für die Entwicklung einer zyklischen psychodynamischen Formulierung am ehesten als nützlich erweisen könnten. Für die Auswahl dieser Informationen gibt es keine unfehlbaren Regeln, doch können bei dieser Arbeit verschiedene Richtlinien der Therapeutin eine Hilfe sein.

Erstens spiegelt die besonders stark ausgeprägte Häufigkeit oder Seltenheit und/oder Intensität einer Handlung oder Erfahrung oft eine Starrheit oder besonders starke Beschäftigung mit bestimmten Themen wider und ist daher bedeutsam. Wiederkehrende Traumata, ernste Verluste oder schwere Krankheiten bedürfen einer näheren Untersuchung. Wiederholungen können durchaus auch im eher metaphorischen oder symbolischen als wörtlichen Sinne auftreten, wie dies etwa in wiederkehrenden charakteristischen Reaktionen der Patienten auf scheinbar ganz verschiedene Ereignisse deutlich wird.

Zweitens kann auch etwas bedeutsam sein, was im Verhalten und Erleben eines Patienten fehlt, und ebenso das, was ständig anzutreffen ist. Häufig ist es von besonderer Bedeutung, wenn ein Patient bestimmte Arten von Affekten oder (sexuellen, aggressiven) zwischenmenschlichen Handlungen niemals erwähnt oder – falls er sie erwähnt – diese Themen nur in umschriebener Form anspricht (der Patient klagt beispielsweise über »Konkurrenzprobleme mit Männern« und sagt nie etwas über seine Beziehungen zu Frauen). Wenn Reaktionen im Repertoire des Patienten fehlen, die man bei einem Durchschnittsmenschen erwarten würde, (wenn er etwa nach einer offenen Ungerechtigkeit keinen Groll oder nach dem Tod eines geliebten Menschen keine Trauer empfindet), liegt für die Therapeutin der Verdacht nahe, daß wichtige Problembereiche bislang aus dem Therapiegespräch ausgeklammert sind. Die transaktionsbezogene Bedeutung solcher fehlenden Reaktionen läßt sich in der Regel an der Art und Weise festmachen, in der der betreffende Patient sich die ganze Zeit bemüht, seine Beziehungen so zu arrangieren, daß es zu bestimmten bedrohlichen Erlebnissen oder Handlungen erst gar nicht kommt. Bei der Bewertung von Reaktionen, die man im Schnitt erwarten könnte, sollte die Therapeutin nicht vergessen, die möglichen Auswirkungen von normalen ethnischen, subkulturellen oder auch familienbedingten Unterschieden zu berücksichtigen.

Drittens läßt sich die Bedeutsamkeit auch an bestimmten, kontextbezogenen Anzeichen ersehen. Größere Veränderungen im Leben (im Hinblick auf Arbeit, Ausbildung, Familie, Gesundheit) sollten nicht übersehen werden. Transaktionsmuster, die innerhalb bestimmter Zusammenhänge oder kontextübergreifend (in verschiedenen Beziehungen, Zeiten, Situationen) in redundanter Weise vorkommen, sind oft von größerer narrativer Bedeutung als Transaktionen, die in einer kontextmäßig flexibleren und sich verändernden Weise auftreten. Im Idealfall kann eine Therapeutin in dem, was der Patient über die Vergangenheit, über seine Familienverhältnisse, über gegenwärtige Beziehungen zu bedeutsamen Anderen und über seine Erwartungen gegenüber zukünftigen Beziehungen erzählt, sowie in den Rollen, die der Patient in der therapeutischen Beziehung zu inszenieren versucht, ähnliche problematische Transaktionen feststellen. Von diesen sich aus dem Kontext ergebenden Möglichkeiten sind die bedeutsamsten Transaktionsmuster höchstwahrscheinlich diejenigen, die sich in der therapeutischen Beziehung und in aktuellen Beziehungen zu bedeutsamen Anderen beobachten lassen.

Die Suche nach besonders bedeutsamen interpersonellen Informationen darf allerdings nicht so verstanden werden, daß nur ein ganz herausragendes Merkmal beschrieben werden sollte. Transaktionssysteme haben mehrere Elemente, und es ist ein grundsätzlicher Fehler, zur Darstellung des gesamten Transaktionsmusters nur ein einzelnes Element herauszugreifen. Dieser Punkt läßt sich gut an dem folgenden, von Mortimer und Smith (1983) stammenden Beispiel veranschaulichen. Ein fiktiver Patient sagt:

Seine überlegen wirkende Hilfsbereitschaft hat mich echt fertig gemacht. Je mehr er mir auf der Pelle saß, desto unbeholfener wurde ich. Genauso hat mich früher meine Mutter behandelt – als wenn ich irgendwie zurückgeblieben wäre und bei allem Hilfe bräuchte. Als er mich dann stehen ließ, war das einfach zuviel für mich. Wenn ich weiter geblieben wäre, wäre mir sicher die Hand ausgerutscht, und so bin ich einfach rausgelaufen. Zur Prüfung hätte ich eigentlich den Schein von seinem Seminar gebraucht, aber nach dem, was ich getan hatte, hatte es keinen Sinn, noch einmal hinzugehen.

Mortimer und Smith identifizieren in dieser Passage ein weites Spektrum möglicher Themen, zum Beispiel die Angst, von anderen abgewertet zu werden; das Übertragungsmuster, andere, die ihre Hilfe anbieten, als aufdringlich und herabwürdigend zu erleben; sich durch Abhängigkeitswünsche bedroht und durch den Wunsch nach Hilfe erniedrigt zu fühlen; eine Art der Wutabwehr durch Flucht und ähnliches mehr. Die Autoren deuten dann an, daß potentiell jedes dieser Themen zum Hauptthema einer Therapie gemacht werden könnte.

Bei der Psychodynamischen Kurztherapie würde eine Therapeutin hingegen nicht versuchen, nur eine dieser sich wiederholenden Handlungen oder Erfahrungen für den Fokus auszuwählen oder zwar mehrere der Themen zu nehmen, sie aber getrennt zu behandeln. Vielmehr werden hier durch einen Fokus möglichst viele der identifizierten Themen zur zusammenhängenden Darstellung eines zyklisch sich wiederholenden psychodynamischen Transaktionsmusters zusammengeführt. Bei der Psychodynamischen Kurztherapie besteht die Aufgabe der Therapeutin nicht darin, eine Auswahl aus einheitlichen Fokusalternativen zu treffen, sondern sich um eine Formulierung zu bemühen, bei der möglichst viele Beobachtungsdaten einen Sinn ergeben. Obwohl es bei Mortimer und Smiths skizzenhaftem Beispiel schwerfällt, unseren Ansatz Punkt für Punkt zu veranschaulichen, zeigt der folgende dynamische Therapiefokus, wie sich die von ihnen identifizierten Themen zu einer einzigen Fokuserzählung integrieren lassen.

Eigenhandlungen. Der Patient nimmt eine zwischenmenschliche Vermeidungshaltung ein, bei der er Konfrontationen dadurch aus dem Weg geht, daß er vor Situationen flieht, in denen Autoritätspersonen von ihm die

Bewältigung schwieriger Aufgaben erwarten. Als Teil dieses Vermeidungsmusters zeigen sich beim Patienten verschiedene Anzeichen dafür, daß er emotional leidet und zum Beispiel deutlich zittert und stottert. *Erwartungen gegenüber anderen.* Der Patient erwartet, daß andere ihn als inkompetent oder dumm ansehen und ständig um ihn sind, weil sie meinen, ihm sei nicht zuzutrauen, daß er alleine zurechtkommt. *Bei anderen beobachtete Reaktionen.* Der Patient beobachtet, daß andere Menschen oft intensiv darauf achten, was er tut. Er sieht darin aber nicht eine hilfsbereite Reaktion, die von seinen »Notsignalen« her verständlich wird, sondern deutet die von anderen Menschen erfahrene Nähe und Aufmerksamkeit als Bereitschaft, ihn zu kritisieren, anzugreifen und zu beherrschen. *Introjekt.* Statt gegenüber den Personen, die er als herablassend und kritisch empfindet, seine Wut zum Ausdruck zu bringen, macht der Patient sich selbst Vorwürfe, daß er nicht mehr leistet und mit Kritik nicht besser fertig wird. In seinen Augen bestätigt sein Versagen in diesen Punkten die Botschaft, die ihm von Autoritätspersonen angeblich die ganze Zeit vermittelt wird: nämlich, daß er unzulänglich und inkompetent sei. Von seiner eigenen Wertlosigkeit überzeugt, meidet der Patient Situationen, bei denen sich anderen die Gelegenheit bieten könnte, seine Leistungen zu beurteilen. Selbst wenn sich diese Vermeidungshaltung letzten Endes als scheiternsfixiert erweist, indem sie den Patienten davon abhält, benötigte Hilfe auch anzunehmen, erscheint ihm dies doch besser, als die Demütigung zu ertragen, die seines Erachtens zwangsläufig mit einer solchen Hilfe verbunden wäre.

Die dynamische Fokusformulierung mit Hilfe interpersoneller Informationen

Es ist recht unwahrscheinlich, daß zwei beliebige Therapeuten beim Sammeln von Informationen genau gleich vorgehen. Zu Unterschieden kommt es, weil jede Therapeutin und jeder Therapeut individuelle Wahrnehmungs- und erzählungsfördernde Fähigkeiten besitzt und weil jedes Therapeut-Patienten-Paar andere Teile des möglichen gemeinsamen Erfahrungsspektrums finden wird, auf die sie ihre Kommunikation gründen können. Im Laufe einer ersten Einschätzung trägt die Therapeutin eine Reihe von klinischen Beobachtungen, empathischen Intuitionen, vorbewußten Eindrücken, persönlichen Phantasien, emotionalen Reaktionen etc. zusammen. Auch wenn diese intuitiven Prozesse, die dem Sammeln klinischer Informationen in vielen Fällen zugrundeliegen, unter Therapeuten zu unterschiedlichen Ansichten führen werden, sollte doch die unvermeidliche Rolle der Intuition nicht dazu benutzt werden, ein leichtfertiges Abgehen vom Weg des disziplinierten und kritischen Denkens zu rationalisieren. Ein angestrengtes Nachdenken ist vielmehr ein wichtiges Mittel zur Ausbildung der eigenen klinischen Intuition (was zunächst angestrengt ist, wird mit zunehmender Praxis gewandt und intuitiv).

Es kommt vor, daß die gesammelten Beobachtungen und Eindrücke nicht kohärent zusammenzuhängen scheinen und daß eine Therapeutin bestimmte Beobachtungen einfach deshalb ignoriert, verwirft oder abwertet, weil sie deren Bedeutung nicht verstehen kann. Doch dieser Versuchung, die Augen vor verwirrenden Informationen zu verschließen, muß man unbedingt widerstehen und fest daran glauben, daß man letzten Endes den Sinn dessen herausfinden wird, was zuerst wie eine viel zu vieldeutige und komplexe Anhäufung von Informationen erscheint. Um sich hier nicht beirren zu lassen, muß die Therapeutin bereit und in der Lage sein, die Spannung auszuhalten, die von der Konfrontation mit einer solchen Mehrdeutigkeit herrührt; und sie muß mit solchem Eifer bei der Sache sein, daß sie die Verantwortung für diese harte Arbeit akzeptiert.

Die dynamische Fokusgliederung liefert eine heuristische Norm für die Auswertung, Strukturierung, Interpretation und Analyse *sowohl* der systematischen Beobachtungen *als auch* der intuitiv gewonnenen Eindrücke. Mit Hilfe dieser Struktur kann die Therapeutin ihre Eindrücke zu einer prototypischen schematischen Erzählung zusammenfassen, die (1) zentrale problematische Aspekte der Verhaltensgewohnheiten eines Patienten gegenüber anderen Menschen umfaßt und (2) diese zwischenmenschlichen Transaktionen zu einem scheiternsfixierten, zyklischen psychodynamischen Muster zusammenfügt. Wenn eine Therapeutin das vierteilige dynamische Fokusmodell als Schablone zur Strukturierung der Befragung verwendet, beginnt sie die Fokusentwicklung zunächst damit, sich über relevante Fragen Gedanken zu machen. Zum Beispiel: Welche Aktionen und Transaktionen treten in redundanter Weise auf? Welche zyklisch-kausalen Beziehungen zeigen sich bei den beobachteten Aktionen und Transaktionen? Welche Handlungen des Patienten hängen dem Anschein nach mit welchen Erwartungen gegenüber anderen zusammen; und welche dieser Handlungen bringen ihrerseits andere Menschen dazu, sich so zu verhalten, daß sie die ursprünglichen Erwartungen des Patienten bestätigen? Inwiefern haben andere Menschen (in der Vergangenheit oder Gegenwart) durch ihr Verhalten beim Patienten zur Bildung von Introjekten beigetragen? Inwiefern wirkt sich eine bestimmte Art des Umgangs mit sich selbst auf die Erwartungen des Patienten gegenüber anderen Menschen und seine Transaktionen mit ihnen aus?

Diese systematischen Überlegungen führen zu einer Reihe von Aussagen, die den vier Kategorien der Fokusstruktur in der Psychodynamischen Kurztherapie folgen und die zentralen zwischenmenschlichen Schwierigkeiten eines Patienten in einer schematischen Erzählung zum Ausdruck bringen. Es kann sein, daß dieser erste Fokus bereits gut entwickelt und die Therapeutin von seiner Stichhaltigkeit überzeugt ist, in der Regel ist es jedoch besser, den Fokus immer als unvollständig und vorläufig zu betrachten (und ihn deshalb fortlaufend zu überprüfen und bei Bedarf zu korrigieren). Wenn man einem Fokus gegenüber eine vorsichtige Haltung einnimmt, vergißt man nicht, daß das menschliche Leben komplex und vielfältig ist und man als Therapeutin oder Therapeut nicht darauf hoffen kann, einen Patienten jemals erschöpfend oder endgültig zu verstehen – selbst wenn die Therapie noch so lange und intensiv fortgesetzt würde.

Schwierigkeiten bei der Fokusformulierung

Es ist möglich, daß eine Therapeutin nicht in der Lage ist, einen vollständigen Fokus zu entwickeln, weil ihr entweder Informationen fehlen, die für eine oder mehrere der vier Handlungskategorien relevant sind, oder weil sich die vorhandenen Informationen nicht zu einer zusammenhängenden zyklisch-psychodynamischen Schilderung strukturieren lassen. Zunächst sollte man hier im allgemeinen von der Hypothese ausgehen, daß man nicht genügend Informationen besitzt, um einen Fokus zu formulieren. Hartnäckige Schwierigkeiten bei der Fokusformulierung können jedoch ein Hinweis auf andere hinderliche Faktoren sein, etwa daß Probleme beim Prozeß der Informationssammlung bestehen oder daß man von zu vielen Informationen überschwemmt wird. Genauer gesagt können zu diesen Schwierigkeiten die folgenden Probleme gehören:
1. Die Charakterstruktur des Patienten ist vielleicht zu starr gepanzert und verhindert, daß die Therapeutin (genauso wie der Patient) an notwendige Informationen gelangt. Solche Patienten haben oft ein sehr beschränktes und mangelhaft differenziertes Gefühlsleben. Möglicherweise sind die Informationen aber auch vorhanden, kommen jedoch in einer so verschleierten, veränderten, chaotischen oder ungewöhnlichen (psychoti-

schen) Form zum Ausdruck, daß sie nicht erkannt werden oder selbst von erfahrenen und feinfühligen Beobachtern nicht interpretiert werden können.

2. Fehlangepaßte Verhaltensweisen gegenüber anderen Menschen sind vielleicht so tief mit der Charakterstruktur des Patienten verwoben (ichsynton), daß zwischen problematischen und realitätsbezogenen interpersonellen Mustern praktisch keine Abgrenzung besteht. Patienten, deren charakterliche Schwierigkeiten derart fest verwurzelt sind, behaupten oft, daß jegliche Probleme in ihrem Leben an der Uneinsichtigkeit anderer Personen liegen, und unter Umständen ist es unmöglich, mit ihnen wirksam therapeutisch zusammenzuarbeiten.

3. Es kann sein, daß die Fähigkeit des Patienten, andere Menschen zu erleben und zu ihnen in Beziehung zu treten, stark eingeschränkt ist. Statt andere als ganze Objekte mit eigenen Gedanken, Wünschen und Ängsten und eigenem Gefühlsleben zu erleben, nehmen solche Patienten von anderen Menschen im wesentlichen bruchstückhafte Attribute wahr (was sie tragen, besitzen oder beruflich tun) – oder nur Funktionen, die ihre Grundbedürfnisse befriedigen. Solche Patienten sind nicht in der Lage, sich bei Transaktionen mit anderen Menschen ganz wahrzunehmen, und können daher nicht die Informationen liefern, die für einen vollständigen dynamischen Therapiefokus erforderlich sind.

4. Vielleicht hält der Patient das betreffende Problem nicht in einer zyklischen psychodynamischen Weise aufrecht. Zu den typischen Beispielen gehören verschiedene Anpassungsdefizite, die ihre Ursachen in Ich-Schwächen haben, die von Störungen im zentralen Nervensystem oder von Stoffwechselstörungen herrühren (Aufmerksamkeitsdefizite, Impulsivität, Probleme mit Affektveränderungen) oder von Streßreaktionen aufgrund eines extremen, aber verdeckten Traumas. Normalerweise erfüllen solche Patienten nicht die Grundkriterien, die eine Psychodynamische Kurztherapie angezeigt erscheinen lassen (siehe Kapitel 4). Da jedoch die Auswahlkriterien nicht perfekt sein können, kann es vorkommen, daß eine Therapeutin es bei dem einen oder anderen Patienten (irrtümlicherweise) mit einer Psychodynamischen Kurztherapie versucht, obwohl dessen Probleme im Grunde genommen nicht in einer transaktionalen Matrix auftreten (auch wenn sie vielleicht interpersonelle Folgen haben). Anhaltende Schwierigkeiten bei der Formulierung eines vollständigen Fokus weisen unter Umständen auf diese Möglichkeit hin.

5. Vielleicht wirken sich die Erfahrungen der Therapeutin störend auf ihre Wahrnehmung aus und führen dazu, daß sie ein in verwirrender Weise

bruchstückhaftes, übermäßig selektives Bild von ihrem Patienten hat oder sich vorschnell und unangebrachterweise von einer Sache überzeugt fühlt. Negative Inszenierungen von seiten der Therapeutin können die Offenheit des Patienten verändern sowie den Inhalt dessen, was er von sich preisgibt. Patienten, die die Therapeutin fortgesetzt über sich im dunkeln lassen, glauben oft so etwas wie:»Wenn ich mich Ihnen gegenüber wirklich zu erkennen gebe, werde ich von Ihnen gedemütigt.«Auch wenn dieses Verhalten und die dahintersteckenden Gründe durchaus Teil der auf eine Fokusentwicklung gerichteten Arbeit werden können, sollte man als Therapeutin oder Therapeut nicht vergessen, die Möglichkeit in Betracht zu ziehen, daß das eigene Verhalten zu dieser Inszenierung beiträgt.

6. Vielleicht versucht die Therapeutin, zuviele Informationen zu integrieren. Wie weiter oben unter der Überschrift»Transaktion suchen«bereits ausgeführt worden ist, können Menschen interpersonelle Transaktionsmuster in zahlreichen Formen und Kontexten inszenieren. Das Bild wird eventuell dadurch weiter kompliziert, daß ein manifestes oder momentan wirksames interpersonelles Muster auf verschiedene Weise als funktionale Komponente eines verdeckten oder abwehrbetonten Musters dienen kann (der Patient wendet zum Beispiel gegenüber anderen Menschen eine bestimmte fehlangepaßte Verhaltensweise an, um eine gefürchtetere Alternative zu vermeiden). Wenn die Therapeutin nicht erkennt, daß in einer Reihe von oberflächlich unterschiedlichen Verhaltensweisen und Erfahrungen ein allen gemeinsam zugrundeliegendes Transaktionsmuster zum Ausdruck kommt, dann kann es sehr schwerfallen, einen Fokus zu formulieren, weil die scheinbare Menge an relevanter Information für die Therapeutin zuviel wird. Bei dem Bemühen, einen Patienten zu verstehen, der überwältigend viele Transaktionsmuster zu haben scheint, hilft es in der Regel, jeweils solche Aktionen oder Transaktionen zusammenzufassen, die dem Patienten in bezug auf sich dasselbe Gefühl vermitteln (Transaktionen, deren gemeinsamer Nenner ein bestimmtes Introjekt ist). Dieses allen gemeinsame Introjekt – das gewöhnlich als redundantes affektives Thema erfahren wird – liefert vielleicht die deutlichsten Anhaltspunkte dafür, was der Patient gerade inszeniert.

In der Psychodynamischen Kurztherapie bedeuten Schwierigkeiten bei der Fokusformulierung nicht unbedingt schon ein therapeutisches Scheitern. Da die explizite Fokusstruktur sowohl die Beschreibung eines wiederkehrenden Problems als auch einen Untersuchungs- und Handlungsplan darstellt, läßt sich auf ihrer Grundlage feststellen, was zur Erstellung eines Fokus noch zu tun bleibt. Nehmen wir zum Beispiel an, ein Patient erzählt, daß sich zwischen ihm und seiner Frau problematische Transaktionen abspielen, spricht dabei aber nirgendwo ihre Erwartungen an und erwähnt auch nicht, wie er sich in ihrer Gegenwart fühlt. Um an die fehlenden Informationen zu gelangen, sollte die Therapeutin die Struktur des dynamischen Fokus als allgemeine Orientierungshilfe zur Formulierung von Fragen nutzen. Was könnte die Ehefrau nach Meinung des Patienten erwartet haben? Wie hätte er gehandelt, wenn er sich dieser Erwartung bewußt gewesen wäre? Inwiefern hat sein Selbstgefühl seine Handlungsentscheidung und seine Vorstellung von den Überzeugungen und Motiven oder dem Selbstgefühl seiner Frau beeinflußt?

Wenn eine Therapeutin den dynamischen Therapiefokus als Orientierungshilfe für ihre Beobachtungen nutzt, werden ihr ihre Patienten kaum jemals uninteressant vorkommen, und Fehlschläge bei der Erstellung eines Fokus sind für sie dann beinahe genauso aufschlußreich wie die erfolgreiche Entwicklung eines Fokus. In der Psychodynamischen Kurztherapie kann eine Therapeutin, der es nicht gelungen ist, eine Fokusrichtung für die Therapie festzulegen, immer auf die Struktur des Fokus zurückgreifen, um Anhaltspunkte für die nächsten Schritte zu erhalten. Jedesmal, wenn sie bei der Fokusformulierung auf Schwierigkeiten trifft, kann das Problem mit der grundsätzlichen Fokusdefinition und folgenden grundlegenden Aufgaben zusammenhängen: (1) interpersonelle Informationen zu sammeln, die für die vier Elemente der Fokuserzählung von Bedeutung sind, und (2) diese Informationen zu einer narrativ zusammenhängenden, zyklischen psychodynamischen Schilderung zu strukturieren. Mit Hilfe des vierteiligen dynamischen Fokusmodells als strukturellem Vergleichsmaßstab kann die Therapeutin beurteilen, wann und wie vollständig ein Fokus formuliert ist. Oder falls die Therapeutin noch keinen Fokus formuliert hat, kann sie am Modell ablesen, was fehlt, um dann daran zu gehen, sich die fehlenden Informationen zu beschaffen.

Beim Vergleich mit der Fokusstruktur erkennt die Therapeutin an Teildaten, welche Aspekte der therapeutischen Erkundung sie besonders betonen sollte, um einen vollständigen oder gut entwickelten Fokus erstellen zu können. Es kann zum Beispiel sein, daß der Patient keinerlei Informationen geliefert hat, die sich zwischenmenschlich oder transaktionsbezogen interpretieren lassen. Dazu kann es kommen, wenn Patienten eher über abstrakte Dinge als über menschliche Tätigkeiten reden. In diesem Fall weiß die Therapeutin, daß sie darauf hinarbeiten sollte, die handlungsbezogenen Implikationen der Patientenerzählung zu verstehen, denn zu einem Fokus ist ein handlungsbezogenes Verständnis erforderlich. In einem anderen Fall hat ein Patient vielleicht ausschließlich die Aktivitäten anderer Personen oder nur die eigenen angesprochen oder hat es vielleicht vermieden, seine Erwartungen zu erwähnen oder zu verdeutlichen, wie er mit sich selbst umgeht. Für die Fokuserstellung besteht nun die Aufgabe der Therapeutin darin, sich um Informationen zu bemühen, die für die nicht angesprochenen Kategorien relevant sind. Mit dem expliziten vierteiligen Fokusmodell als Leitfaden kann dieses Hinarbeiten auf einen Fokus genauso systematisch (und therapeutisch wichtig) sein wie die anschließende Arbeit mit dem Fokus. Ein kurzes klinisches Beispiel soll diesen Punkt veranschaulichen:

Der Patient war Mitte Dreißig, berufstätig und klagte über Depressionen und die Unfähigkeit, Ziele zu verwirklichen. Wie vorauszusehen, äußerte sich das zuletzt genannte Problem auch in der Therapie, die schon bald deutlich stagnierte und langweilig wurde. Als dann der Inhalt des Therapiegesprächs noch einmal im Hinblick auf die für eine Fokusformulierung erforderlichen zwischenmenschlichen Informationen überprüft wurde, wurde deutlich, daß weder der Patient noch die Therapeutin irgend etwas in der Kategorie »Erwartungen gegenüber anderen« Passendes angesprochen hatte. Und so hatte die Selbstschilderung des Patienten die Qualität eines Reiseberichts, bei dem er einfach immer wieder erzählte:»Ich bin dort hingegangen . . . ich habe das und das gemacht . . . dann hat sie jenes gemacht.«Andere Menschen, darunter auch ihm nahestehende Personen wie seine beiden ehemaligen Frauen, stellte er als unkomplizierte Charaktere ohne eigenes Gefühlsleben oder eigene Erwartungen dar. Seine Unaufmerksamkeit gegenüber den Erwartungen anderer beziehungsweise deren Verleugnung agierte er in der Therapie noch weiter aus, als er versäumte, seine Rechnung zu bezahlen, und auf diese Weise vermittelte, daß unter anderem auch die Erwartungen der Therapeutin ohne Belang seien. Als sich die Therapeutin dieses Musters bewußt wurde und ihre eigenen Erwartungen in die therapeutische Beziehung einbrachte, indem sie die unbezahlte Rechnung monierte, stellte dies einen Wendepunkt in dem bislang stagnierenden Therapieprozeß dar. Die anschließende Therapiearbeit erwies sich als fruchtbar, denn nun wurde das vernachlässigte Thema der Erwartungen und Gemützustände anderer Menschen nicht mehr aus den Augen verloren.

Die Arbeit mit einem vervollständigten Fokus

Der dynamische Fokus ist kein Ersatz für eine umfassende klinische Beurteilung und sollte in seinem allgemeinen klinischen Kontext gesehen werden. Genau wie die Behandlung eines blutenden Fingers eine sehr unterschiedliche medizinische Aufgabe sein kann, je nachdem, ob der betreffende Patient Bluter ist oder nicht, so muß sich auch bei einem bestimmten fehlangepaßten Transaktionsmuster die Vorgehensweise an den charakteristischen Stärken und Schwächen des Patienten orientieren, damit eine wirksame Beteiligung an der Therapiearbeit möglich ist. Das Mitwirken an der Erstellung eines Fokus bedeutet allerdings noch nicht, daß der Patient dann auch bei den weiteren psychotherapeutischen Aufgaben effektiv mitarbeiten kann. Für eine Psychodynamische Kurztherapie muß er noch andere Eignungskriterien erfüllen (Kapitel 4 geht hierauf ausführlich ein). *Idealerweise gibt es keinen einzelnen, isolierten Vorgang, bei dem dem Patienten ein Fokus »präsentiert« wird.* Statt davon zu sprechen, dem Patienten werde ein Fokus präsentiert, ist es besser, hier den Prozeß als ein von beiden Beteiligten getragenes Hinarbeiten auf eine gemeinsame Sicht dessen zu verstehen, woran in der Therapie gearbeitet werden soll. Zu dieser Arbeit gehört mehr, als einfach intellektuelle Verallgemeinerungen über verschiedene Erfahrungen zu entwickeln. Daher sollte die Fokusarbeit zwar so weit gefaßt sein, daß sie als Prototyp für die Beschäftigung mit anderen wichtigen Situationen im Leben des Patienten dienen kann, sie muß gleichzeitig aber auch ein genau detailliertes, intensives Durchleben relevanter emotionaler und transaktionaler Erlebnisse umfassen. Während dieses ganzen Prozesses sollte sich die Therapeutin um eine Atmosphäre gemeinsamen Suchens bemühen und keine autoritäre Atmosphäre (»ich kenne schon alle Antworten«) aufkommen lassen.

Ein Fokus sollte als spezifisches, problematisches, interpersonelles Szenario – das der Patient beständig als schicksalsgegeben antizipiert – zur Sprache gebracht werden. Dieses wahrgenommene zwischenmenschliche Schicksal vereint idealiter die technischen und erfahrungsmäßigen Komponenten des Therapieprozesses, indem darin ein interpersonelles Transaktionsmuster erfaßt wird, das sowohl außerhalb der Therapie als auch in der Beziehung des Patienten zur Therapeutin von Bedeutung ist. In einer idealen (und daher nicht möglichen) Therapie fördert jede Sitzung Material zutage, das in einem deutlichen Zusammenhang zum Fokus steht (einen Teil des fokalen Musters zum Ausdruck bringt beziehungsweise ein solches Zum-Ausdruck-Kommen verhindert). Dieses Material bringt dann in der Regel das im Fokus erfaßte Kernverständnis auf den neuesten Stand und erweitert es. Es sollte keiner »tiefschürfenden« Interpretationen bedürfen, um diese Zusammenhänge offenkundig werden zu lassen.

Fokusbezogene Bemerkungen sollten sich kaum je (wenn überhaupt) auf das gesamte zyklische psychodynamische Muster beziehen, denn der Patient würde das normalerweise nicht auf einmal verdauen können, so daß es dann wahrscheinlich zu einem übermäßig intellektualisierten Verständnis käme. Vielmehr sollte die Therapeutin darauf hinarbeiten, die einzelnen Manifestationen des Fokus zu klären, näher auszuführen und zu deuten, ehe sie versucht, ganze Muster oder Verbindungen zwischen den verschiedenen Elementen zu interpretieren. Sie sollte wie eine Geschichtenerzählerin ihre Bemerkungen und Fragen so strukturieren, daß die eigentlichen affektiven und assoziativen Zusammenhänge stimmen, damit die Fokuserzählung einen überzeugenden Sinn ergibt. Die Therapeutin kann diese Zusammenhänge allerdings nicht herbeizwingen; die Bestätigung dieses Prozesses muß vom Patienten kommen. Oft ist es notwendig, langsam zu arbeiten und Stück für Stück vorzugehen oder einfach darauf zu warten, daß der Patient erwartungsgemäß einen nächsten Schritt macht. Dies ist ein wesentliches Kennzeichen jenes Aspekts psychologischer Interventionen, der herkömmlicherweise als »timing« bezeichnet wird.

Fokusbezogene Bemerkungen sollten sich um handlungsbezogene Spezifität bemühen und allzu breite Verallgemeinerungen wie »zornbetonte Konflikte«, »Konkurrenzverhalten gegenüber älteren Männern« oder »anfallartige Minderwertigkeitsgefühle« vermeiden. Da es für den Patienten wichtig ist, sich sowohl affektiv als auch intellektuell verstanden zu fühlen, und da ein zu großer Wortschwall den Zugang zur geistigen Bilderwelt und zu affektiven Erfahrungen verbauen kann (Appelbaum, 1981; Spence, 1982), sollte die Therapeutin Wert auf Kürze legen und ihre Bemerkungen in eine konkrete und Emotionen weckende Sprache kleiden. Hochgradig abstrakte Worte und lange Schachtelsätze gehören wohl kaum in eine Psychotherapie. Tatsächlich zeichnen sich oft wichtige Beziehungsprobleme ab (beispielsweise fühlt sich die Therapeutin in Gegenwart des Patienten unsicher), wenn es der Therapeutin notwendig erscheint, sich durch viele Fachwörter oder -kenntnisse hervorzutun.

Ein Fokus kann für das Zuhören, Interpretieren und Strukturieren der fortlaufenden Beobachtungen und Eindrücke als struktureller Rahmen äußerst nützlich sein, doch sollte sich die Therapeutin davor hüten, eine Fokuserzählung allzu sehr zu strapazieren. Es ist gefährlich einfach, therapeutische Vorgänge so hinzubiegen, daß sie in eine Fokusformulierung passen, und anschließend »Beweise« zu finden, die das »stützen«. Wenn sich etwas in plausibler Weise zum Fokus in Beziehung setzen läßt, bedeutet das noch nicht, daß dieser Zusammenhang affektiv überzeugend ist oder – noch wichtiger – im Einklang mit dem momentanen Erleben des Patienten steht. Wenn eine Therapeutin für das Vorhandensein eines bestimmten Merkmals bei einem Patienten sensibilisiert ist und vor allem wenn dieses Merkmal erst einmal benannt und in eine strukturierte Formulierung integriert worden ist, besteht die Gefahr, daß die Therapeutin dasselbe Merkmal mit größerer Wahrscheinlichkeit erneut wahrnimmt und entgegengesetzte, widersprechende oder alternative Charakteristika eher übersieht.

Beispielsweise nimmt die Therapeutin eine Bemerkung des Patienten über ihre Kleidung oder ihr Erscheinungsbild anders auf, wenn sie im vorausgehenden interpersonellen Prozeß ein aggressives Konkurrenzverhalten wahrgenomen zu haben meint, als wenn sie in dem Prozeß Zuwendung oder Verführung spürte. Oder wenn ein Patient sich die Rolle des bösen Buben zuweist, achtet die Therapeutin vielleicht besonders auf Anhaltspunkte, die darauf schließen lassen, daß der Patient in der therapeutischen Beziehung nach Mißfallens- oder Versöhnungsanzeichen sucht. Entsprechend wird die Therapeutin für andere Möglichkeiten vielleicht weniger empfänglich, die nicht in die Formulierung vom »bösen Buben« passen. Als Therapeutin tut man jedenfalls gut daran, sich selbst gegenüber skeptisch zu sein und das eigene Bewußtsein für die Möglichkeit zu schärfen, daß selektive Wahrnehmung und sich selbst bestätigende Voraussagen eine beeinträchtigende Auswirkung auf die eigenen Beobachtungen haben.

Wenn eine Therapeutin einen plausiblen Fokus gebildet hat, spürt sie anschließend vielleicht einen gewissen narrativen Druck, diese mühsam gewonnene Erkenntnis anzuwenden. Dieser Druck wird durch das (von einem Fokus scheinbar befriedigte) Kompetenz-, Ordnungs- und Verständnisbedürfnis der Therapeutin und die Forderung des Patienten nach einer schnellen Lösung noch verstärkt. Wenn die Therapeutin diesem Erzähldruck unüberlegt nachgibt, kann dies dazu führen, daß sie stur oder übereifrig fokale Zusammenhänge verfolgt und zu deuten sucht. Sie kann dann ungerechtfertigterweise von der Korrektheit ihrer Formulierungen überzeugt sein (Verhärtung der Kategorien) und blind und taub für Hinweise von seiten des Patienten und der therapeutischen Beziehung werden. Von entscheidender Bedeutung ist es, die Stichhaltigkeit des Fokus immer wieder dadurch zu überprüfen, daß man für das, was der Patient zu einer Sitzung mitbringt, jeweils einen ausführlicheren Erfahrungs- und Assoziationszusammenhang herstellt. Der Patient muß bei diesem Prozeß ein Arbeitspartner sein, der das erlebt, was gerade zur Sprache kommt, und in der Lage ist, die Kommentare der Therapeutin zu bekräftigen, zu revidieren oder zu entkräften und der darüber hinaus etwas eigenes beitragen kann. *Ein Fokus erklärt nicht alles; er ist eine Landkarte und nicht das Gelände selbst.* Bei jeder narrativen Formulierung bleibt zwangsläufig ein wichtiger unklarer Rest. Als Therapeutin sollte man nicht vergessen, daß jeder Fokus eigentlich vorläufig und unvollständig ist.

Umgekehrt kann es auch vorkommen, daß Patienten voller Übereifer einen Fokus übernehmen, lernen, was ihre Therapeutin hören »möchte«, und ihre Bemerkungen und Reaktionen danach ausrichten. Bis zu einem gewissen Maße läßt sich das nicht vermeiden und kann sogar positiv sein: Ein Patient kann so unter Umständen eine bessere Fähigkeit zur Empathie entwickeln.

Allerdings ist es auch möglich, daß Patienten, die die Fokusformulierung zu bestätigen scheinen, indem sie ständig das sagen, was die Therapeutin hören möchte, während in Wirklichkeit die Fokusarbeit durch die zwischen Patient und Therapeutin ablaufende interpersonelle Inszenierung verzerrt wird.

In diesem Fall wird das Fokusproblem durch die Zusammenarbeit von Patient und Therapeutin von neuem in Szene gesetzt, wobei der Inhalt des Fokus unbewußt davon geprägt ist, daß es beide Beteiligte danach verlangt, bestimmte Dinge für wahr zu halten, um die gemeinsame Beziehung aufrechterhalten zu können. So kann es beispielsweise sein, daß ein Patient sich in dem Bedürfnis, es anderen recht zu machen, dazu gedrängt fühlt, der Therapeutin gegenüber die Dinge zusammenhängend erscheinen zu lassen, während die Therapeutin sich ihrerseits verpflichtet fühlt, aus den Problemen ihres Patienten einen Sinn herauszulesen. Ein solcher Patient ist möglicherweise bereit, einleuchtende Konstruktionen unkritisch zu akzeptieren, wobei dieser Vorgang in Wirklichkeit die Inszenierung eines interpersonellen Musters übertriebener Ehrerbietigkeit und Abhängigkeit darstellt. Unter solchen Umständen entwickelt sich eine therapeutische Fehlverbindung, die Gefahr läuft, nur eine fehlangepaßte Verständnisillusion zu erzeugen. Als Therapeutin sollte man sich davor hüten, sich von der scheinbaren Kohärenz der Erzählung eines Patienten (die Spence, 1982, als »Katzengold« bezeichnet) verführen zu lassen. Auch wenn das vom Patienten Gesagte noch so plausibel oder kohärent erscheinen mag, sollte es nur im Kontext dessen interpretiert werden, wann, wie und warum es gesagt wurde. Insbesondere sollten die Patientenreaktionen auf die Fokusarbeit immer mit Blick auf den Stellenwert in der therapeutischen Beziehung beurteilt werden.

Die Bemühungen der Therapeutin, einen Fokus in Worte zu fassen, sollten gleichzeitig im Patienten die Überzeugung fördern, daß sein Leiden und seine Schwierigkeiten verstanden werden und seine Situation nicht hoffnungslos ist. Allerdings ist es eine heikle Aufgabe, dem Patienten zu helfen, sich verstanden (oder auch nur verständlich) zu fühlen, und dies läßt sich nicht schon dadurch erreichen, daß man »Ich verstehe« sagt oder in regelmäßigen Abständen mitfühlend mit dem Kopf nickt. Vielmehr ist es dazu wichtig, die affektiven Nöte des Patienten zu respektieren und zu sehen, daß seine Symptome und fehlangepaßten Handlungen auch gesunde Motive und echte (wenn auch fehllaufende) Bemühungen zur Bewältigung seiner Probleme darstellen. Es läßt sich nicht ganz vermeiden, daß die Therapeutin zu unpassenden Einschätzungen und Deutungen gelangt. Tatsächlich gelingt es ihr manchmal erst aufgrund solcher Irrtümer, an den Reaktionen des Patienten Einzelheiten zu beobachten, die sie im Verständnis weiterbringen. Um effektiv an einer Psychodynamischen Kurztherapie teilnehmen zu können, müssen Patienten in der Lage sein, ein solches gelegentliches Versagen der Empathie zu tolerieren und sich dann wieder an die gemeinsame Arbeit zu begeben. Umgekehrt muß man sich als Therapeutin offen dafür zeigen, durch Rückmeldungen seitens des Patienten korrigiert zu werden.

Zu einem anderen Problem kommt es, wenn die stillschweigende Bitte des Patienten um Verständnis auch mit den zwischenmenschlichen Fehlanpassungsmustern verknüpft ist, die Gegenstand der Therapie sind. Patienten haben als Folge ihrer fokalen Muster oft Heilphantasien, die dahin gehen, daß sie nur eine bestimmte Art von Mensch, der mit ihnen in einer bestimmten Weise interagiert, um sich zu haben bräuchten, damit sie sich »besser« fühlen oder »besser« handeln könnten. Als Teil ihrer fehlangepaßten Transaktionsmuster müssen sie dann der Therapeutin eine bestimmte Rolle zuweisen, die ihnen das Gefühl gibt, daß die Therapeutin wirklich in der Lage ist, ihnen zuzuhören, sie zu verstehen und zu akzeptieren. Ein Patient, der sich anderen Menschen gegenüber eherbietig und abhängig verhält, fühlt sich möglicherweise bei einer Therapeutin am wohlsten, die eine komplementäre respekteinflößende, bestimmende Rolle ausfüllt. Wenn die Therapeutin eine solche Rolle akzeptiert, die für den Patienten eine stillschweigende Voraussetzung dafür ist, verstanden zu werden, nimmt sie ihm womöglich wichtige Gelegenheiten, anderen Menschen gegenüber ein selbständigeres Verhalten zu entwickeln. Natürlich kommt es vor, daß Patienten, auf dem Hintergrund ihrer Bedürfnisse eine Therapeutin als respekteinflößend und bestimmend empfinden, selbst wenn ein objektiver Beobachter zu einer anderen Einschätzung gelangen würde. Aufgabe der Therapeutin ist es, den Patienten in seinem Erleben zu verstehen, ohne ihn dabei notwendigerweise in irgendwelchen verzerrten Wahrnehmungen oder fehlangepaßten interpersonellen Vorbedingungen für ein Verstanden-Werden zu bestärken.

Patienten antworten auf die Entwicklung einer fokalen Erzählung oft mit einer Mischung aus positiven und negativen Reaktionen. Auf der positiven Seite erkennt ein Patient vielleicht bereitwillig an, daß er sich eines Unbehagens in dieser Hinsicht schon vorher bewußt war, dieser Bereich aber bisher noch niemals so klar benannt worden ist. Ein anderer Patient erkennt vielleicht zum erstenmal, daß verschiedene, als beunruhigend erlebte Elemente nicht ohne Zusammenhang sind und als Teil eines konfliktträchtigen zwischenmenschlichen Beziehungsmusters verstanden und entsprechend strukturiert werden können. Wenn dies erkannt ist, läßt sich besser nachforschen, inwieweit der betreffende Patient aktiv an der Schaffung und Aufrechterhaltung seiner Schwierigkeiten beteiligt ist. Da der fokale Untersuchungsgegenstand schmerzt, ist es andererseits aber auch möglich, daß der Patient Angst bekommt und vor der Therapeutin oder auch vor sich selbst zurückweicht, und er wird sich mit Hilfe gewohnheitsmäßiger Abwehrmechanismen dagegen wehren, daß ihm Erlebnisse, die sich mit dem Fokus in Verbindung bringen lassen, bewußt werden.

Alle – positiven und negativen – Reaktionen auf den Fokus können zusätzliches Material zur Weiterentwicklung des Fokus liefern. Im Therapiegespräch kann paradoxerweise sowohl das Vermeiden als auch das übereifrige Annehmen des fokalen Inhalts mit einer Inszenierung des fokalen Musters in der therapeutischen Beziehung einhergehen. Um diese Inszenierungen untersuchen zu können, ohne sie zu unterdrücken, muß die Therapeutin dem Patienten genügend Raum für Reaktionen lassen. Insbesondere sollte sie bei ihrem auf gemeinsamer Arbeit beruhenden Ansatz bleiben und sich normalerweise davor hüten, dem Gespräch eine bestimmte Richtung aufzunötigen.

In der Psychodynamischen Kurztherapie sieht die Therapeutin also davon ab, ihre Patienten offen zu manipulieren oder zu lenken; sie muß dabei allerdings auch effektiv mit ablenkenden Widerständen fertigwerden, wie ständiger Zerstreutheit oder häufigem, mit Vermeidungstendenzen verbundenem Themenwechsel. Das Schwergewicht sollte jedoch die ganze Zeit über eher darauf liegen zu verstehen, wann, wie und warum es zu Abwehrreaktionen kommt, als Patienten direkt mit ihren Abwehrhandlungen zu konfrontieren und sie zu einem Eingeständnis zu bewegen. Das Vermeiden einer dominierenden oder kommentierenden Haltung bedeutet andererseits nicht, daß man als Therapeutin keinen überzeugenden Einfluß ausübt. Der Therapeutin ist es nicht möglich, wirklich nichtdirektiv zu sein, und es ist für sie nicht wünschenswert, so zu tun, als wäre sie ganz neutral, oder diesen Mythos von der Neutralität auch nur für erstrebenswert zu halten. Äußerst wichtig ist, daß die Therapeutin ihren Einfluß in einer Weise ausübt, die die Selbständigkeit des Patienten fördert und ihm gestattet, die eigene Fähigkeit zur Veränderung zu entdecken und anzuerkennen. Zwar scheint es ein Widerspruch in sich zu sein, Einfluß ausüben zu sollen, um die Selbständigkeit eines Patienten zu stärken, aber wenn man es richtig

151

anfängt, ist diese Aufgabe nicht paradoxer als der Einfluß, den eine Mutter ausübt, um ein kleines Kind langsam zu selbständigen Betätigungsmöglichkeiten hinzuführen. *Bei einem Fokus bleiben.* Wenn das, was ein Patient mitteilt, immer wieder ohne Bedeutung für den Fokus zu sein scheint, sollte die Therapeutin versuchen, den Patienten zu relevantem Material zurückzuführen. Bei dieser Arbeit gilt es, zwei Regeln zu beherzigen: (1) das Prinzip des »selektiven Beachtens und selektiven Vernachlässigens« (Balint, Ornstein & Balint, 1973) und (2) das Prinzip der »geringstmöglichen Konfrontation«.

Selektives Beachten und selektives Vernachlässigen heißt nicht, willkürlich über alles hinwegzusehen, was mit dem Fokus nicht zusammenzuhängen scheint. Die Nichtbeachtung dessen, was ein Patient sagt oder tut, ist nicht nur eine unfreundliche Handlung, sondern ist bei einer Psychodynamischen Kurztherapie im allgemeinen auch kontraproduktiv, da alles, was ein Patient sagt oder tut, etwas mitteilt – und sei es auf noch so versteckte Weise – und insofern nicht bedenkenlos übergangen werden kann. Selektives Beachten und selektives Vernachlässigen hat genaugenommen mit einem subtilen Prozeß der Beeinflussung dessen zu tun, was im therapeutischen Diskurs »Figur« und »Grund« genannt wird. Die Therapeutin sollte durch die Reihenfolge ihrer Fragen, durch die Wahl des richtigen Zeitpunkts und die Gestaltung des Fragekontextes sowie durch die jeweilige Entscheidung darüber, was benannt werden und was unbenannt bleiben soll, insgesamt eine assoziative Atmosphäre schaffen, in der fokusrelevantes Material überwiegt, weil es von der Erzählung her als ganz natürlich erscheint.

Aufgrund des Prinzips der geringstmöglichen Konfrontation ist es für die Therapeutin geboten, die sanftesten zur Verfügung stehenden Mittel anzuwenden, um den Bewußtwerdungsprozeß zu fördern. In den seltensten Fällen ist es zweckmäßig, eine durch Zusammenarbeit gekennzeichnete therapeutische Beziehung zugunsten einer Konfrontation aufzugeben. So sagt Peterfreund (1983, S. 198) etwa, nicht der Patient sei der Gegner, sondern das Problem des Patienten. Zwar verzeiht es mancher Patient einer Therapeutin, wenn sie schroff und taktlos ist, doch kann diese verzeihende Haltung durchaus ein Teil seiner Schwierigkeiten sein; auf keinen Fall läßt sich Zwang in der therapeutischen Beziehung dadurch rechtfertigen, daß ein Patient verzeiht. Besonders bei Patienten mit zwanghaften Verhaltensweisen kann es manchmal notwendig sein, Angst zu provozieren (Sifneos, 1972; Davanloo, 1980), und das ist unter Umständen sogar wünschenswert, solange die betreffenden Patienten nicht soviel Angst bekommen, daß sie die Fähigkeit zur Selbstbeobachtung und effektiven Zusammenarbeit verlieren. Doch selbst eine Angst provozierende Konfrontation kann sanft sein, und idealerweise sollte die Therapeutin ihren Patienten lieber helfen zu lernen, sich mit sich selbst zu konfrontieren. Zwangsläufig sind Patienten nicht ganz in der Lage, sich frei und offen zu äußern, aber der Grund dafür sollte in ihnen selbst liegen und sollte nicht durch Reaktionen auf eine von der Therapeutin angebotene konfrontative Beziehung hervorgerufen sein. Mit dem Prinzip der geringstmöglichen Konfrontation wird anerkannt, daß ein dynamischer Therapiefokus ein Mittel und kein Ziel ist. Er sollte niemals als eine Art kritischer Interpretation mißverstanden werden, die aus sich heraus schon eine Veränderung bewirkt und deshalb dem Patienten unter allen Umständen vermittelt werden muß.

Obwohl diese Grundsätze des selektiven Beachtens/Vernachlässigens und der geringstmöglichen Konfrontation vielleicht einfach klingen, kann die Therapeutenaufgabe in dieser Hinsicht recht heikel und schwierig sein. Die Therapeutin muß ein wenig als Erzählkünstlerin fungieren und aus Assoziationen und interpretativen Elementen einen Zusammenhang schaffen, durch den sich fokusrelevante Themen leicht erkennen lassen. Wenn sie unbeholfen, mechanisch oder nicht einfühlsam vorgeht, lehnt der Patient die Bemühungen der Therapeutin unter Umständen als öde Krittelei ab, und die Therapie erreicht dann möglicherweise einen toten Punkt. Eine einfühlsame, durch Zusammenarbeit gekennzeichnete Beziehung ist eine wesentliche Voraussetzung für jedes selektive Beachten/Vernachlässigen und jede therapeutische Konfrontation, und die Erhaltung dieser Beziehung hat im allgemeinen Vorrang vor der anderen Therapiearbeit.

Wenn es einer Therapeutin durchweg nicht gelingt, den Patienten in ein fokusrelevantes Gespräch zu verwickeln, sollte sie (1) noch einmal den klinischen Gesamtzustand des Patienten überprüfen (siehe »Beurteilungsrichtlinien«, Kapitel 4), um sicherzustellen, daß der Patient die Grundvoraussetzungen für eine effektive Teilnahme an der Psychodynamischen Kurztherapie erfüllt, und/oder (2) die Möglichkeit in Erwägung ziehen, daß sich der Inhalt des gewählten Fokus derzeit nicht bearbeiten läßt. Ein Fokus ist schließlich nur eine Hypothese. Vielleicht ist er zwar einigermaßen, aber doch nicht ganz korrekt; möglicherweise ist er aber auch äußerst ungenau oder unvollständig. In manchen Fällen ruft die Untersuchung der fokalen Themen unkontrollierbare Ängste hervor. Dies ist besonders wahrscheinlich, wenn die Therapeutin keinen affirmativen Ansatz anwendet und zuviel Gewicht auf die gestörten, pathologischen und fehlangepaßten Aspekte im Leben des Patienten legt. In solchen Fällen kommt es vor, daß sich der Patient aus Selbstschutz von dem Fokusmaterial ablenkt und sich mit gegenwärtigen oder früheren Vorgängen beschäftigt, die damit in keinerlei Zusammenhang stehen. Unter Umständen lassen sich solche Vorgänge zwar auf den Fokus beziehen, doch sind die Verbindungslinien eventuell nicht klar genug, um plausibel interpretiert werden zu können. Im übrigen besteht in einem solchen Fall die Hauptaufgabe der Therapeutin darin, dem Patienten ein Gefühl von Sicherheit in der therapeutischen Beziehung zu vermitteln (beziehungsweise es wiederherzustellen).

Falls die Ängste und das Abwehrverhalten eines Patienten zu groß sind und nicht nachlassen, muß die Therapeutin unter Umständen einen Fokus aufgeben oder überarbeiten, um wieder zu einem effektiven, auf Zusammenarbeit gründenden Prozeß zu kommen. Im allgemeinen sollte ein Fokus jedoch nicht aufgegeben werden, solange es keine vernünftigen Anhaltspunkte gibt, die auf die potentiell größere Brauchbarkeit eines anderen fokalen Musters hindeuten. Es ist wichtig, nicht gleich aufzugeben, sondern die Unklarheit, Ungewißheit und Spannung zu ertragen, die zwangsläufig mit dem Bemühen verbunden sind, dem bis dahin Unverständlichen einen Sinn abzuringen. Eine solche Ausdauer wird, wenn man sie nicht fruchtlos übertreibt, häufig durch neue Erkenntnisse belohnt, die darauf basieren, daß sich auf einmal unerwartete Verbindungen zwischen scheinbar nicht miteinander in Zusammenhang stehenden Vorgängen herstellen lassen. Wenn Patienten sich aufgrund des Beispiels ihrer Therapeutin ebenfalls entschließen, durchzuhalten und nicht vor sich und anderen davonzulaufen, so kann dies im Endergebnis dazu führen, daß sie mehr Hoffnung entwickeln, stärker das Gefühl bekommen, ihr Leben meistern zu können, und sich stärker ihrer selbst als in ihrem Leben aktiv Handelnde bewußt werden.

6
Klinische Veranschaulichung
des Beurteilungsprozesses und der Fokusentwicklung

In den Kapiteln 4 und 5 haben wir dargestellt, mit welchem Ansatz die Psychodynamische Kurztherapie beim Diagnoseprozeß und bei der Fokusentwicklung vorgeht. Außerdem haben wir technische Vorgehensweisen umrissen, mit deren Hilfe sich das zweifache Ziel erreichen läßt, ein allgemeines Diagnosebild und einen Fokus für die anschließende therapeutische Arbeit zu erhalten. Im vorliegenden Kapitel versuchen wir, konkreter zu veranschaulichen, um welche Aufgaben es dabei geht, und verwenden dazu ein kommentiertes psychodiagnostisches Erstgespräch (Psy. = Psychologe, Pat. = Patientin).

Die Patientin ist Mitte Dreißig und seit mehreren Jahren verheiratet. Die Ehepartner haben sich darauf geeinigt, keine Kinder zu bekommen. Die Patientin arbeitet als Bibliothekarin und ist mit ihrer Position recht zufrieden. Um eine Psychotherapie hat sie sich deshalb bemüht, weil sie regelmäßig unter einer chronischen Depression litt und sich unfähig fühlte, befriedigende zwischenmenschliche Beziehungen aufzubauen. Das im folgenden wiedergegebene Gespräch ist die erste längere Begegnung mit dem Psychologen (der nicht mit dem Therapeuten identisch ist). Diesem Gespräch ging eine kurze Befragung voraus, die dazu diente, Anzeichen für eine Psychose und andere Faktoren auszuschließen, bei denen eine Psychodynamische Kurztherapie nicht angezeigt gewesen wäre.

Das Gespräch

Psy.: Fangen wir am besten damit an, daß Sie mir etwas über sich erzählen und mir sagen, weshalb Sie hergekommen sind.

Pat.: Nun, ich bin aus einem doppelten Grund hergekommen. Hmm... ich glaube, mehr als aus irgendeinem anderen Grund bin ich wegen der Sache mit den Depressionen hier; ich leide nämlich schon mein ganzes Leben lang immer wieder an Depressionen, und auch mein Vater hat schlimme depressive Phasen, und mit zunehmendem Alter werden sie immer schlimmer. Und es ist wirklich unangenehm, dann in seiner Nähe zu sein. Ich fühle mich bei ihm äußerst unwohl, und ich mag gar nicht daran denken, daß es sich bei mir verschlimmern könnte und ich irgendwann im Leben vielleicht auch einmal an diesen Punkt komme. Bei ihm ist es dann so, daß er wie gelähmt ist.

Psy.: Was meinen Sie mit »wie gelähmt«?
Pat.: Er schläft dann ganze Tage lang rund um die Uhr.
Psy.: Hmm. Ist er deshalb in Behandlung?
Pat.: Früher war er es mal, aber in Wirklichkeit hält er nichts von einer Therapie, und er ist damals dann auch nicht mehr hingegangen.
Psy.: Wovon hält er nichts?
Pat.: Er hat nichts von der Therapie gehalten und ist nicht mehr hingegangen.
Psy.: Er nimmt also keine Medikamente ein.
Pat.: Nein.
Psy.: Wie alt ist er?
Pat.: Hmm . . . sechzig.
Psy.: Arbeitet er nicht mehr?
Pat.: Nein, er hat sich frühzeitig pensionieren lassen.
Psy.: Jetzt erzählen Sie mir vielleicht am besten etwas über Ihre Depression. Wie läuft sie ab, und was empfinden Sie dabei?

Die Patientin klagt über chronisch wiederkehrende Depressionen und hat Angst, ihr Zustand könne sich genau wie bei ihrem Vater immer mehr verschlechtern. Der sie befragende Psychologe geht nicht davon aus, daß er zu diesem frühen Zeitpunkt unter der subjektiven Erfahrung, die die »Depression« der Patientin kennzeichnet, bereits dasselbe versteht wie sie. Deshalb fragt er die Patientin, ob sie ihre Erfahrung beschreiben könne. Auf diese Weise versucht er, Informationen über die zwischenmenschlichen Bezugspunkte ihrer Depression zu sammeln. Gleichzeitig beginnt er, sich ein Bild darüber zu machen, inwieweit die Patientin in der Lage ist, ihre emotionalen Erfahrungen zu erkennen und einem anderen Menschen mitzuteilen – eine grundlegende Aufgabe in jeder dynamischen Psychotherapie.

Pat.: Im allgemeinen kommt es ganz plötzlich. Manchmal kann ich einen Anlaß ausmachen, meistens aber nicht. Jedenfalls verspüre ich dann den dringenden Wunsch zu essen. Ich esse alles, was mir in die Finger kommt. Ich empfinde keinen Hunger, habe aber auch nicht das Gefühl, satt zu sein. Ich komme dann an einen Punkt, wo ich bei allem nur noch das unbedingt Erforderliche tue. Ich gehe zur Arbeit, und das ist es dann auch fast schon. Die Hausarbeit beschränke ich auf das Nötigste und . . .
Psy.: Aber Sie können dann noch arbeiten?
Pat.: Ich kann dann noch arbeiten, das ist richtig.
Psy.: Wenn Sie essen, essen Sie dann wirklich alles oder nur bestimmte Dinge, oder was essen Sie?
Pat.: Alles. Egal was.
Psy.: Nehmen Sie dann stark zu und wieder ab?
Pat.: Ich nehme zu. Seit einer Weile mache ich eine Diätkur, und die hilft auch. Aber jedesmal, wenn ich anfange, Essen in mich hineinzustopfen, nehme ich gleich wieder zu.
Psy.: Wieviel nehmen Sie ungefähr zu, wenn Sie das Essen so in sich hineinstopfen?
Pat.: So etwa vier bis neun Pfund.

Psy.: Und die bekommen Sie dann normalerweise wieder runter?
Pat.: So nach und nach.
Psy.: Wie lange dauert das?
Pat.: Das ist unterschiedlich – manchmal sechs Wochen, manchmal zwei Monate, und einmal habe ich ungefähr achtzehn Monate oder zwei Jahre gebraucht.
Psy.: Wann war das?
Pat.: Das war . . . nun, das war zweimal, daß ich solange gebraucht habe. Das eine waren die letzten zwei Jahre am College, und das andere Mal war vor ungefähr zwei Jahren.
Psy.: Wie alt sind Sie jetzt?
Pat.: Ich werde im Dezember zweiunddreißig.
Psy.: Können Sie sich vorstellen, wodurch diese langen Phasen oder eine der kürzeren ausgelöst worden sind? Sie haben erwähnt, daß Sie das manchmal an etwas festmachen könnten.
Pat.: Ich kann es eigentlich nicht genau festmachen.
Psy.: Sie haben jetzt beschrieben, was Sie tun – Sie werden lethargisch, und Sie essen. Können Sie etwas mehr darüber sagen, wie das dann für Sie ist? Wie Sie sich erleben – wie Sie andere Menschen erleben?

Durch seine Fragen hat der Psychologe erfahren, daß es der Patientin leichter fällt, ihre Depression auf der Symptomebene zu beschreiben, was darauf schließen läßt, daß es ihr möglicherweise schwerfällt, über affektive und zwischenmenschliche Probleme zu reden. Er nutzt jedoch die Gelegenheit, um Informationen über die Schwere der Depression zu sammeln. Handelt es sich dabei eher um eine neurotische Depression (eine dysthyme Störung – in Anlehnung an das *Diagnostic and Statistical Manual of Mental Disorders,* DSM III) oder gibt es Anzeichen für eine ernstere affektive Störung? Die Patientin erklärt, daß sie auch bei einer Depression noch arbeiten kann; sie nimmt nicht in außergewöhnlichem Maße zu oder ab, und zumindest bis zu diesem Zeitpunkt lassen sich bei ihr keine spontanen Hinweise auf ernste psychopathologische Probleme oder Selbsttötungsgedanken erkennen. Folglich ist der erste diagnostische Eindruck des Psychologen, daß die Patientin nicht an einer größeren affektiven Störung leidet, und so versucht er von neuem herauszufinden, inwieweit sie in der Lage ist, das, was sie affektiv erlebt, in interpersoneller Hinsicht zu beschreiben.

Pat.: Ich mag mich nicht.
Psy.: Wie meinen Sie das?
Pat.: Ich bin mit mir körperlich nicht zufrieden, hmm... im Grunde genommen einfach mit mir nicht zufrieden. Ich weiß . . . wahrscheinlich habe ich ein schlechtes Gewissen, weil ich nichts tue. Ich weiß, ich sollte so vieles tun, aber ich tue nichts. Ich sitze einfach nur da.
Psy.: Wie fühlt sich dieses schlechte Gewissen denn an? Wie erleben Sie das?
Pat.: Nun, ich habe das Gefühl, ich müßte eigentlich so viele Dinge erledigen – die Hausarbeit, den Einkauf, das Putzen und so weiter.

Psy.: Hmm, hmm.
Pat.: Und ich fühle mich schlecht, weil ich genau das nicht tue – aber nicht schlecht genug, um aufzustehen und die Arbeit anzupacken.
Psy.: Gibt es noch andere Gefühle, die mit der Depression verbunden sind?
Pat.: Ich fühle mich niedergedrückt, einfach körperlich niedergedrückt.
Psy.: Gibt es da irgendeinen Schmerz oder eine Leere? Was empfinden Sie in erster Linie?
Pat.: Ich fühle mich allein.
Psy.: Allein? Wie erleben Sie denn dann andere Menschen?
Pat.: Nun, ich komme mit anderen Menschen nicht besonders gut klar. Ich . . .
Psy.: Allgemein, oder nur wenn Sie sich depressiv fühlen?
Pat.: Das ist allgemein so, aber wenn ich depressiv bin, ist es noch schlimmer. Dann möchte ich niemand um mich haben.

Als sie weiter sanft ermuntert wird, ist die Patientin in der Lage, sich genauer über bestimmte Gefühle (Schuld- und Einsamkeitsgefühle) zu äußern, die mit ihrer Depression verbunden sind. Da ein wesentliches Diagnoseziel darin besteht, ein mit den schmerzhaften Affekten der Patientin verbundenes konfliktträchtiges Beziehungsmuster zu identifizieren, versucht der Psychologe herauszufinden, wie die Patientin Beziehungen zu anderen Menschen subjektiv erlebt. Sie sagt, sie habe das Gefühl, ihre Pflichten zu vernachlässigen, und neige bei Depressionen dazu, sich von anderen Menschen zurückzuziehen. Damit hat der Psychologe bereits begonnen, Teile eines potentiell bedeutsamen Beziehungsmusters zusammenzutragen und festzustellen, daß die Patientin in der Lage ist, über ihre Erfahrungen in Beziehungen zu reden.

Psy.: Was tun Sie dann? Wie äußert sich das?
Pat.: Ich habe dann zu anderen Leuten einfach ganz wenig Kontakt.
Psy.: Wie oft bekommen Sie Depressionen?
Pat.: Zwei- oder dreimal im Jahr, würde ich sagen.
Psy.: Zu bestimmten Jahreszeiten?
Pat.: Nein.
Psy.: Und, abgesehen von diesen zwei längeren Phasen, halten sie normalerweise sechs bis acht Wochen an?
Pat.: Ja.

In dieser Gesprächsphase, die einer ersten Einschätzung dient, versucht der Psychologe, gleichzeitig der Suche nach einem eingegrenzten fehlangepaßten Beziehungsmuster und der notwendigen Erarbeitung eines breiteren Diagnosebildes gerecht zu werden. An diesem Punkt hätte er sich dafür entscheiden können zu untersuchen, wie sich die Patientin bei Depressionen anderen Menschen gegenüber verhält. Wie wir sehen werden, geht er statt dessen einen Schritt zurück und erkundigt sich nach eventuellen anderen Problemen, die die Patientin veranlaßt haben könnten, Hilfe zu suchen. Mit dieser Art von klinischen Entscheidungen sind Therapeuten in der Psychodynamischen Kurztherapie ständig konfrontiert. Wichtig ist, daß sie, gleichgültig welches Thema sie jeweils verfolgen, immer auf Hinweise achten, die für ein potentielles Fokusthema relevant sein könnten. Im vorliegenden Fall läßt die Patientin erkennen, daß es ihr allgemein schwerfällt, zu anderen Menschen befriedigende Beziehungen anzuknüpfen, und gibt damit zu der Hypothese Anlaß, daß ihre manifesten depressiven Beschwerden mit einer grundlegenderen Störung in zwischenmenschlichen Beziehungen zu tun haben – vom ersten Anschein her ein Problem, daß sich für eine Psychodynamische Kurztherapie eignet.

Psy.: Sind Sie konkret noch wegen anderer Dinge hergekommen?
Pat.: Ja, wegen meiner Unfähigkeit, zu anderen Menschen eine Beziehung anzuknüpfen.
Psy.: Können Sie mehr dazu sagen?
Pat.: Nun, ich bin noch nie fähig gewesen, Freundschaften zu schließen.
Psy.: Sie haben keine engen Freunde?
Pat.: Nein.
Psy.: Haben Sie irgendwelche sozialen Kontakte oder gute Bekannte?
Pat.: Es gibt da ein Ehepaar, mit dem wir uns ziemlich oft treffen.
Psy.: Und keinem dieser beiden Menschen fühlen Sie sich wirklich nahe?
Pat.: Eigentlich nicht.
Psy.: Können Sie beschreiben, wie das für Sie ist, wenn Sie mit anderen Menschen zusammen sind – was macht es Ihnen schwer, sie kennenzulernen, Freundschaft zu schließen, eine enge Beziehung zu entwickeln? Was geschieht da?
Pat.: Ich ziehe mich einfach zurück; ich habe nichts mitzuteilen. Vielleicht beteilige ich mich an der Unterhaltung, vielleicht aber auch nicht. Im allgemeinen eher nicht.
Psy.: Was empfinden Sie in solchen Momenten?
Pat.: Ich spüre, daß ich nichts zu bieten habe.
Psy.: Daß Sie nichts zu bieten haben. Was glauben Sie, was die Leute dann von Ihnen denken? Was für eine Haltung haben die Leute Ihnen gegenüber, wenn Sie mit ihnen zusammen sind und das Gefühl haben, Sie hätten nichts mitzuteilen?
Pat.: Eigentlich, daß ich da bin, und das ist wohl auch schon alles.
Psy.: Daß Sie da sind. Die Leute fühlen sich nicht zu Ihnen hingezogen oder aufgrund negativer Empfindungen von Ihnen abgestoßen – ihre Gefühle gehen weder in die eine, noch in die andere Richtung?
Pat.: Genau.
Psy.: Als ob Sie unsichtbar wären.
Pat.: Einfach als ob ich nicht da wäre. Es spielt eigentlich keine Rolle, ob ich da bin oder nicht.

Hier beginnt die eigentliche Beurteilung, ob die Patientin fähig ist, über zwischenmenschliche »Transaktionen« zu reden. Wie in Kapitel 5 ausgeführt, gehören zu den entscheidenden Elementen, (1) wie sich die Patientin im Verhältnis zu anderen sieht, (2) welche (affektiv beeinflußten) Erwartungen sie in bezug auf die Haltung und Absichten der anderen Menschen ihr gegenüber hegt, (3) wie sie die Handlungen anderer Leute ihr gegenüber wahrnimmt und (4) wie sie mit sich selbst umgeht. Alle Interventionsformen (von offenen oder spezifischen Fragen bis zu Klarstellungen oder Deutungen), die zu einem tieferen Verständnis der Patientenerfahrungen zu führen versprechen, bringen diese Untersuchung voran. In diesem Sinne wird so früh wie möglich mit einer Probetherapie angefangen, mit deren Hilfe die Motivation und Fähigkeit der Patientin beurteilt werden soll, sich aktiv auf die von einer Psychodynamischen Kurztherapie geforderten Therapieaufgaben einzulassen. Schon die ersten manifesten depressiven Beschwerden lassen nun einen zwischenmenschlichen Zusammenhang erkennen. Genauer gesagt nimmt eine prototypische interpersonelle Transaktion langsam Gestalt an: Die Patientin meint, sie habe anderen Menschen nichts Besonderes zu bieten, fühlt sich umgekehrt von ihnen so behandelt, als wäre sie unbedeutend, und reagiert darauf, indem sie sich zurückzieht (sich möglicherweise einsam und depressiv fühlt).

Psy.: Haben Sie dieses Gefühl stärker bei Männern oder bei Frauen, – oder können Sie da keinen Unterschied feststellen?

Pat.: Bei Frauen fühle ich mich, glaube ich, unwohler als bei Männern.

Psy.: Bei Frauen fühlen Sie sich unwohler. Welchen Unterschied sehen Sie da?

Pat.: Ich weiß nicht. Bei Männern bin ich nicht so angespannt wie bei Frauen. Ich weiß eigentlich nicht, warum.

Psy.: Und doch haben Sie auch dann nicht das Gefühl, irgendeine Art von enger Beziehung aufbauen zu können. Sie haben immer noch dieses Gefühl, einfach nur da zu sein. Aber dabei fühlen Sie sich dann weniger angespannt?

Pat.: Ja.

Psy.: Was ist es, das bei Frauen, nicht aber bei Männern da ist und Sie angespannter sein läßt? Haben Sie irgendeine Idee, welcher Art Ihr Unbehagen ist?

Pat.: Hmm . . . ich weiß nicht, ich würde sagen, es ist allgemeiner Art. Ich habe mir nie Gedanken darüber gemacht. Vermutlich hat es einfach mit den unterschiedlichen Arten von Gesprächen und Situationen zwischen den zwei Gruppen zu tun. Wenn man mit einer Gruppe von Frauen zusammen ist, unterhält man sich über Familie, Haus, Kinder und ähnliche Dinge, die in meinem Leben nicht von wesentlichem Interesse sind.

Die vorstehende kurze Passage veranschaulicht von neuem, wie sich bei der dynamischen Therapiemethode der Beurteilungs- und der Therapieprozeß mischen. Indem das Unbehagen, das die Patientin in Beziehungen empfindet, durch Fragen und Klarstellungen sorgfältig untersucht wird, sieht sich die Patientin dazu ermuntert, ihrem subjektiven Erleben auf neue Art und Weise Beachtung zu schenken; so wird eine therapeutische Selbstbeobachtung gefördert. Die Patientin beginnt, sich über die Art ihres größeren Unbehagens bei Frauen Gedanken zu machen. Auf diese Weise erhält der Psychologe diagnostische Informationen, während die Patientin aus dem Therapiegespräch gleichzeitig unmittelbaren Nutzen zieht.

Psy.: Woran haben Sie denn Interesse?

Pat.: Vielleicht bin ich mehr an meiner Arbeit und anderen Dingen interessiert.

Psy.: Was denn für welchen?

Pat.: Nun, ich lese gerne, sticke hin und wieder und gehe ziemlich oft ins Kino.

Psy.: Das sind Dinge, für die sich Frauen Ihrer Meinung nach nicht interessieren?

Pat.: Die meisten Frauen, die ich kenne, lesen nicht und gehen nicht ins Kino. Sie interessieren sich nur für ihr Haus und ihre Kinder. Und die meisten von ihnen gehen nicht arbeiten.

Psy.: Was sind das für Frauen? Wo haben Sie sie kennengelernt?

Pat.: Also, wie ich schon gesagt habe, kennen wir da dieses Ehepaar, mit dem wir uns recht häufig treffen, und von den übrigen Leuten haben wir die meisten entweder . . . also, durch die Kirche kennengelernt. Dorthin haben wir die meisten sozialen Kontakte.

Psy.: Nun, dieses Ehepaar, mit dem Sie sich regelmäßig treffen – Sie fühlen sich bei ihnen nicht wohl, aber von wem gehen dann diese ganzen Begegnungen aus?

Pat.: Von meinem Mann. Er geht mit ihnen gerne zum Bowling.

Psy.: Ich verstehe, sie sind also gute Bekannte – aber mit der Frau sind Sie nicht wirklich befreundet.

Pat.: Ich gehe einfach mit.

Psy.: Empfinden Sie dabei irgendwelche Spannungen?

Pat.: Also, ich komme mit dem Mann nicht besonders gut aus, aber . . .

Psy.: Warum nicht?

Pat.: Also, alles muß nach seinem Willen gehen, und er ist sehr sprunghaft. Das läuft dann so, wie an dem einen Abend, wo wir zusammen essen gehen wollten und nacheinander in drei verschiedenen Restaurants waren, ehe wir schließlich eines fanden, daß ihm paßte.

Psy.: Hmm . . . was meint denn ihr Mann dazu?

Pat.: Nun, ihm gefällt das eigentlich nicht besonders, aber er mag diesen Mann und findet sich deshalb damit ab.

Psy.: Was empfinden Sie denn Ihrem Mann gegenüber, wenn er sich damit abfindet?

Pat.: Ich ärgere mich ein bißchen.

Psy.: Sie ärgern sich ein bißchen? Was machen Sie dann damit?

Pat.: Nichts.

Psy.: Sie reden mit ihm nicht darüber?

Pat.: Nein.

Psy.: Wieso nicht?

Pat.: Weil es eigentlich kaum etwas bringen würde.

Psy.: Wie meinen Sie das?

Pat.: Nun, wir werden uns auch weiterhin mit diesem Ehepaar treffen.

Psy.: Das klingt so, als hätten Sie nicht das Gefühl, daß in dieser Situation Ihre Meinung für Ihren Mann viel zählen würde. Empfinden Sie das allgemein so?

Pat.: Das hängt von der Situation ab. Manchmal beachtet er meine Meinung und dann wieder nicht.

Psy.: Ist das für Sie ein besonderes Problem . . . ein großes Problem in Ihrer Beziehung?

Pat.: Ich glaube, ich habe gelernt, damit zu leben.

161

Psy.: Das heißt nicht, daß es kein Problem ist.
Pat.: Das ist wahr, manchmal macht es mir auch etwas aus, aber, wie ich gesagt habe, macht es mir dann ein andermal wieder nichts aus.
Psy.: Weil Sie sich damit abgefunden haben.
Pat.: Genau.
Psy.: Wie hat sich das auf Ihre Beziehung ausgewirkt?
Pat.: Ich glaube, wir beide neigen ziemlich dazu, unsere eigenen Wege zu gehen.
Psy.: Wirklich? Dann haben Sie nicht das Gefühl, zu Ihrem Mann eine enge Beziehung zu haben?
Pat.: Nicht besonders.
Psy.: Erzählen Sie mir doch ein bißchen mehr darüber.

Der vorläufige Therapiefokus, der sich dank der Bemühungen des Psychologen, ein bedeutsames, konfliktträchtiges Beziehungsmuster zu finden, rasch herauskristallisiert hat, wird nun anhand einer der wichtigsten Beziehungen der Patientin untersucht – der zu ihrem Mann. Daß dieses Muster in der ehelichen Beziehung auftritt, ist ein zusätzlicher Beleg für dessen Bedeutung. Im Verlauf der weiteren diagnostischen Erkundung vertieft der befragende Psychologe die therapeutische Komponente, als er auf den ersten klaren Widerstand der Patientin trifft und nachforscht, welche Gefühle es bei ihr auslöst, von ihrem Mann übergangen zu werden: »Ich glaube, ich habe gelernt, damit zu leben.« Mit der Resignation, die in dieser Äußerung zutage tritt, läßt sich dem im Aufbau befindlichen vorläufigen Therapiefokus ein weiterer Mosaikstein hinzufügen (die Reaktion der Patientin auf die anderen Menschen gegenüber gehegte Erwartung); durch diesen Prozeß kommt die therapeutische Arbeit bei diesem ersten psychodiagnostischen Gespräch wieder einen Schritt weiter.

Pat.: Also, wir sind jetzt gut zehn Jahre verheiratet und haben uns bewußt gegen Kinder entschieden.
Psy.: Haben Sie sich beide so entschieden?
Pat.: Hmm.
Psy.: Beide, oder . . .
Pat.: Ja.
Psy.: Sie haben also nicht vor, Kinder zu bekommen?
Pat.: Nein. Er hat einen vierzehnjährigen Sohn.
Psy.: Wohnt der bei Ihnen?
Pat.: Nein. Er kommt an den Wochenenden zu uns. Aber . . . ich würde sagen, wir gehen so ziemlich unsere eigenen Wege. Mein Mann ist Vertreter und arbeitet jetzt am Ort. Als wir geheiratet haben, hat er mit der Fahrerei aufgehört, und nun arbeitet er in der Stadt. Er arbeitet zu den unterschiedlichsten Zeiten. Seine Arbeitszeit ändert sich drei- oder viermal im Jahr.
Psy.: Er arbeitet hier in der Stadt?
Pat.: Genau.

Psy.: Ah, ja.
Pat.: Und er muß mir immer noch erklären, wann er jeweils arbeitet. Er kommt einfach nach Hause und sagt mir, daß seine Arbeit morgen früh um sieben anfängt. Das geht vielleicht so sechs Wochen, und dann kommt er nach Hause und sagt mir, daß er nun erst nachmittags um eins zur Arbeit muß. Also nach einer Weile kommt man da an den Punkt, wo man einfach lernt, damit zu leben. Ich habe mich eine ganze Zeitlang um eine Verschiebung meiner Arbeitszeit bemüht, damit wir zur gleichen Zeit zu Hause wären. Und zwei Wochen bevor meine Arbeitszeit schließlich umgestellt werden sollte, wechselte er wieder zu seiner ursprünglichen Arbeitszeit zurück. So arbeiten wir jetzt zu genau entgegengesetzten Zeiten.
Psy.: Dann verbringen Sie also nicht viel Zeit miteinander.
Pat.: Stimmt.
Psy.: Was empfinden Sie, wenn Sie jetzt darüber reden?
Pat.: Es macht mir nichts aus.
Psy.: Davon wollen Sie uns beide überzeugen?
Pat.: Nein, es ist einfach . . .
Psy.: Warum nicht?
Pat.: Nun, ich meine, daß er ein Recht darauf hat, sich die Arbeitszeit nach seinen Wünschen auszusuchen. Es ist seine Arbeit, und er muß damit glücklich werden. Und ich versuche mich anzupassen, und ich hätte wieder die alte Arbeitszeit haben können, aber nun gefällt mir die neue. Ich glaube, ich bin letztlich zu der Überzeugung gekommen, daß er sich genausogut nach meiner Arbeitszeit richten kann, wie ich mich nach seiner richten muß.
Psy.: Hat Ihnen das früher etwas ausgemacht?
Pat.: Ja.
Psy.: Wie ist es denn dazu gekommen, daß es Ihnen nichts mehr ausmacht?
Pat.: Ich bin einfach zu der Überzeugung gekommen, daß ich es akzeptieren und damit leben muß, wenn ich weiter mit ihm zusammenleben will.
Psy.: Was empfinden Sie an Ihrer Beziehung momentan als gut?
Pat.: Unser Zusammenleben macht uns Spaß. Die Stunden, die wir zusammen verbringen, sind gut. In vieler Hinsicht sind wir uns, glaube ich, sehr ähnlich. Wir beide sind nicht gern . . . er mag Leute, und er ist hin und wieder gern unter Menschen, aber dann ist er auch gern wieder einmal für sich. Oder mit mir zusammen. Und wie ich schon gesagt habe, macht uns in den Stunden, in denen wir zusammen sind, das Zusammenleben Spaß.
Psy.: An Ihrer Beziehung ist also etwas Gutes, aber Sie haben das Gefühl, daß er eigentlich . . . daß er zumindest bei der Festlegung seiner Arbeitszeit und der Planung der gemeinsamen Zeit nicht . . . also, daß Ihre Meinung nicht zählt und daß Sie gelernt haben, damit zu leben.
Pat.: Das stimmt.
Psy.: Was tun Sie mit dem Ärger, den Sie empfinden?
Pat.: Ich werde alleine damit fertig.
Psy.: Wie machen Sie das?
Pat.: Ich führe oft Selbstgespräche. Und wenn ich mit mir darüber geredet habe, ist der Ärger verflogen.
Psy.: Was sagen Sie sich, damit er verfliegt?
Pat.: Nun, wenn ich mich über irgend etwas aufrege, versuche ich herauszufinden, warum ich mich darüber aufrege und was ich deshalb unternehmen will; bis ich dann eine Lösung gefunden habe, ist der Zorn oder Ärger schon verraucht.

163

Die Motivation der Patientin, unangenehme Themen wie ihre eheliche Beziehung zu bearbeiten (»Was empfinden Sie, während Sie nun darüber reden?«), wird vom Psychologen nun direkter geprüft, und dabei trifft er erneut auf ihre abwehrende Verneinung. Diesmal befaßt er sich explizit mit ihrem Widerstand, der in ihrem Widerwillen zum Ausdruck kommt, dem Therapeuten gegenüber negative Gefühle einzugestehen. Dadurch wird ein weiteres, für die Psychodynamische Kurztherapie wichtiges Beurteilungskriterium eingeführt, nämlich die Bereitschaft der Patientin, über ihre Reaktionen auf die therapeutische Interaktion zu reden. Die Patientin hat sich – wenn auch etwas verärgert – damit abgefunden, daß ihre Meinung unberücksichtigt bleibt; diesen Ärger deutet der Psychologe und vertieft so die therapeutische Arbeit. Die Patientin akzeptiert seine Probeinterpretation, und so erfährt der Psychologe, daß sie der Exploration von Gefühlen keine besonders starren Widerstände entgegenbringt. Dies ist ein positives Prognosezeichen für eine Psychodynamische Kurztherapie. Bei starreren Abwehrmechanismen wäre eine solche Kurztherapie zwar nicht ausgeschlossen, aber der Therapeut würde dadurch auf spezifische Schwierigkeiten aufmerksam, die im Laufe der Therapie angegangen werden müßten. Die bis hierher entwickelte dynamische Hypothese stellt einen Zusammenhang zwischen den Depressionen und dem Ärger und der Wut her, die die Patientin nicht äußert und in Form von »schlechtem Gewissen« und Minderwertigkeitsgefühlen des öfteren gegen sich kehrt.

Es ist für den Therapeuten von größerer Relevanz, daß in zunehmendem Maße zur Sprache kommt, wie die Patientin mit solchen konfliktgeladenen Gefühlen innerhalb einer bestimmten zwischenmenschlichen Transaktion umgeht: Sie ist insgeheim wütend und ärgert sich, weil sie sich übergangen und ignoriert fühlt; sie erwartet, daß jede Klage von ihrer Seite unbeachtet bleibt. So redet sie sich ihren Ärger aus und kehrt schließlich die negativen Gefühle gegen sich, indem sie sich selbst herabwürdigt. Zuletzt zieht sie sich in die Resignation zurück. Außerdem können andere Menschen sich durch ihre Passivität und Verschlossenheit durchaus dazu ermuntert fühlen, sie soweit zu ignorieren, daß sie ihre Erwartungen bestätigt findet. Daraus ergibt sich die folgende Hypothese: Die Depressionen der Patientin hängen damit zusammen, daß sie ihre Wut gegen sich kehrt und ihre Resignation von einer Verzweiflung darüber begleitet ist, daß sie als unbedeutend angesehen wird. Eine weitere Hypothese ist, daß dieses zwischenmenschliche Verhaltensmuster auch die auffälligen Übertragung-Gegenübertragung-Szenarios kennzeichnen wird, die in der Therapiebeziehung und vielleicht sogar in der Interaktion während dieses psychodiagnostischen Gesprächs zum Tragen kommen. Der vorläufige dynamische Fokus, der bis jetzt formuliert worden ist, bietet ausreichend detaillierte interpersonelle Bezugspunkte und liefert dadurch dem Therapeuten eine klare Gliederung, mit deren Hilfe er späteres Therapiematerial strukturieren und mögliche Äußerungen des Fokusthemas in Form von Übertragung-Gegenübertragung-Inszenierungen identifizieren kann.

Psy.: Werden Sie jemals anderen gegenüber wütend?
Pat.: Nur sehr selten.
Psy.: Was würde sie wütend machen?
Pat.: Ich weiß nicht, da muß schon eine Menge passieren, ehe ich wirklich wütend werde.
Psy.: Dazu fällt Ihnen kein konkretes Beispiel ein? Um noch einmal auf Ihre Beziehung zu Ihrem Mann zu sprechen zu kommen: Wie haben sich diese Dinge – wenn überhaupt – auf Ihr Sexualleben ausgewirkt?
Pat.: Nun, das ist dadurch eindeutig zurückgegangen. Wir sehen uns nur etwa vier Stunden pro Tag. Zwei am Nachmittag und zwei, wenn ich von der Arbeit nach Hause komme und er allerdings schon meistens schläft. Ansonsten hat sich, glaube ich, nichts verändert.
Psy.: Wenn Sie sagen, es ist zurückgegangen – wie oft kommen Sie denn zur Zeit sexuell zusammen?
Pat.: Ein- oder zweimal pro Woche.
Psy.: Und vorher?
Pat.: Nun, so drei- oder viermal pro Woche.
Psy.: Ist das erst seit kurzem so, oder ist das schon . . .
Pat.: Das ist schon länger so. Teilweise hat das auch mit einem körperlichen Problem bei ihm zu tun. Er hat einen sehr hohen Blutdruck, und wegen des Medikaments, das er nimmt . . .
Psy.: Kann er keine Erektion bekommen?
Pat.: Hmm.
Psy.: Ist das ein ernstes Problem?
Pat.: Nein, eigentlich nicht. Ich glaube, es stört ihn mehr als mich. Aber hat eindeutig . . . als er anfing, das Medikament zu nehmen, hat das eine Zeitlang eindeutig zu Spannungen geführt.
Psy.: Fällt es ihm dadurch schwerer, eine Erektion zu bekommen, oder geht das jetzt überhaupt nicht mehr?
Pat.: Es fällt ihm jetzt schwerer.
Psy.: Aber es ist noch möglich?
Pat.: Ja.
Psy.: Wenn Sie sexuell zusammenkommen, ist das dann für Sie befriedigend oder haben Sie das Gefühl, daß es an Nähe fehlt, daß einige der Spannungen in der Beziehung spürbar werden? Daß es, sexuell gesehen, zu einer geringeren Befriedigung führt?
Pat.: Eine Zeitlang war weniger Befriedigung da. Ich würde sagen, daß es seit einem Monat eindeutig befriedigender geworden ist.
Psy.: Können Sie das an irgendeiner Veränderung festmachen?
Pat.: Ich glaube, ich bin einfach nicht mehr so angespannt.
Psy.: Gibt es dafür irgendeinen Grund, der Ihnen dazu einfällt?
Pat.: Nein.

Psy.: Wie ist das für Sie, wenn Sie jetzt hier über dieses Thema reden? Ihr Sexualleben ist etwas recht Persönliches.
Pat.: Ich fühle mich ein bißchen unbehaglich. Es ist etwas, worüber ich normalerweise nicht rede.
Psy.: Aber Sie haben meine Fragen ziemlich bereitwillig beantwortet. Passen Sie sich wieder einmal schlicht an? Haben Sie sich einfach damit abgefunden, die Fragen zu beantworten?
Pat.: Ich glaube, darüber wollte ich schon lange einmal reden, hab' es nur noch nie getan.
Psy.: Wollten Sie zu diesem Thema noch mehr sagen?
Pat.: Ich glaube nicht.

Der Psychologe versucht hier probeweise eine Übertragungsinterpretation, um festzustellen, inwieweit die Patientin in der Lage ist, innerhalb der Therapiebeziehung das zu untersuchen, was nun Teil des vorläufigen Fokusthemas ist: ihr Ärger und ihre Resignation. Er fragt sie, ob sie sich bei diesem Gespräch über ein sehr persönliches Thema »wieder einmal« einfach anpasse. Die Patientin hat schon gezeigt, daß sie bereit ist, sich über affektive Reaktionen in bezug auf das Therapiegespräch und den Therapeuten zu äußern, auch wenn sie meint, diese seien kaum der Rede wert. Hier bestätigt sie, daß sie für die Therapiearbeit motiviert ist. Die Interpretation des Psychologen ist an diesem Punkt wahrscheinlich etwas danebengegangen, weil sie ohne ausreichende Erfahrungsgrundlage (vorschnell) zustandekam und keine tiefwurzelnden Widerstände auf Seiten der Patientin widerspiegelte. Er hat seine Deutung jedoch so vorsichtig vorgebracht, daß die Patientin sie ohne Schwierigkeiten annehmen oder ablehnen konnte, und sein Vorgehen zeigt zumindest, nach welchem Modell zur Untersuchung der Patient-Therapeut-Beziehung die anschließende Therapiearbeit in der Psychodynamischen Kurztherapie verlaufen wird.

Psy.: Vielleicht könnten Sie mir jetzt ganz allgemein etwas mehr über sich erzählen. Ich habe einige konkrete Fragen gestellt und möchte Ihnen auch noch einige andere stellen, aber vielleicht erzählen Sie mir erst einmal mehr über sich.
Pat.: Ich weiß nicht, was ich da erzählen soll. Es ist einfach nicht . . .
Psy.: Alles, was Sie für wichtig halten.
Pat.: Da gibt es einfach nicht besonders viel zu erzählen.
Psy.: Sie meinen, Sie sind einfach nur so hier?
Pat.: Hmm, ja.
Psy.: Also, erzählen Sie mir, was Sie so gemacht haben, und . . . also, eine Frage möchte ich Ihnen dazu stellen. Was meinen Sie damit, es gebe da nicht besonders viel zu erzählen? Sie sind zweiunddreißig, haben zweiunddreißig Jahre gelebt! Und da gibt es überhaupt nichts zu erzählen?
Pat.: Nichts, was ich für interessant halten würde oder . . .
Psy.: Nichts, was Sie für interessant halten würden?
Pat.: Auch jemand anders würde das meines Erachtens nicht für interessant halten.

Psy.: Warum nicht?
Pat.: Es ist einfach ein sehr durchschnittliches Leben.
Psy.: Wissen Sie, was hier gerade abläuft, hört sich ganz ähnlich an wie das, was Ihrer Schilderung nach geschieht, wenn Sie mit anderen Leuten zusammen sind. Daß Sie das Gefühl haben, Sie hätten nichts mitzuteilen. Da ist nichts, was Ihnen gerade einfällt, von dem, was Ihnen in Ihrem Leben so passiert ist, das für jemand anderes von irgendeinem Interesse wäre.
Pat.: Das stimmt.
Psy.: Ich wüßte gern, warum Sie so stark dieses Gefühl haben.
Pat.: Ich weiß nicht. Ich bin schon immer . . . ich habe mich noch nie für ein interessantes Gesprächsthema gehalten.
Psy.: Gibt Ihnen das zu denken? Warum haben Sie dieses Gefühl?
Pat.: Es hat mir früher zu denken gegeben.
Psy.: Zu welchem Schluß sind Sie gekommen?
Pat.: Ich weiß nicht. Ich sage, daß es mir hin und wieder zu denken gibt, aber ich bin da nicht zu irgendeinem Schluß gelangt.
Psy.: Ist Ihnen irgendeine Idee gekommen?
Pat.: Nein, eigentlich nicht.
Psy.: Meinen Sie, daß das realistisch ist?
Pat.: Nein. Aber angesichts meiner Erfahrung mit anderen Leuten scheint es doch so zu sein.
Psy.: Das ist also anscheinend etwas, was sich näher anzusehen lohnt. Sie haben sich jetzt hier mit mir unterhalten, und was ist da Ihre . . . wie reagiere ich Ihrer Meinung nach Ihnen gegenüber? Meine Haltung Ihnen gegenüber, gegenüber Dingen, die Sie über sich sagen?
Pat.: Ich kann mir eigentlich nicht vorstellen, daß Sie im mindesten interessiert sind.
Psy.: Ich langweile mich hier zu Tode?
Pat.: Im Grunde genommen ja.
Psy.: Was gibt Ihnen das für ein Gefühl – wenn Sie mich, meine Haltung Ihnen gegenüber, in dieser Weise sehen? (Pause)
Pat.: Einfach, daß ich hier bin und Fragen beantworte. Das ist auch schon alles.
Psy.: Das wissen wir. Macht Ihnen das überhaupt nichts aus?
Pat.: Nein.
Psy.: Was glauben Sie, warum das so ist?
Pat.: Ich glaube, daß es etwas ist, was im Laufe der Jahre in mir entstanden ist. Und mir ist egal, ob . . .
Psy.: Sie haben sich sozusagen dagegen gestählt?
Pat.: Genau.

Als der Psychologe sein Vorgehen ändert und die Patientin in allgemeinen Worten bittet, mehr von sich zu erzählen, erklärt sie im wesentlichen, daß es nichts Interessantes zu sagen gebe. Der Psychologe reagiert reflexartig mit einer konkreten Frage, hält dann aber inne, als er merkt, daß die von der Patientin implizit geäußerte Geringschätzung der eigenen Person eine Inszenierung eben dieses auffälligen zwischenmenschlichen Verhaltensmusters sein könnte, das sie beide gerade untersuchen. So ermuntert er nun die Patientin dazu, sich mit dieser geringschätzigen Haltung sich selbst gegenüber zu befassen. Tatsächlich gibt sie zu, daß sie die Erwartung hegt, er würde sich bei ihr langweilen. Anstatt die Tatsache, daß die Patientin von sich aus nur ungern über sich selbst redet, durch bestimmte Sachfragen zu umgehen oder die Patientin verbal seines Interesses zu versichern, befaßt sich der Psychologe direkt mit diesem Problem und stellt fest, daß das auffällige Beziehungsmuster in dem Moment in ihrer Beziehung »virulent« ist. Dieser Vorgang ist eine weitere Bestätigung für die Relevanz des vorläufigen Fokus, und dem Psychologen bietet sich so die Gelegenheit, erneut abzuwägen, inwieweit die Patientin bereit und in der Lage ist, sich mit dem – zwischen ihnen beiden gerade inszenierten – Fokusproblem zu befassen.

In diesem Moment hält die Patientin es immer noch für ihr Schicksal, für andere Menschen unwichtig zu sein. Doch zeigt sie, daß sie bereit ist, über diese Einstellung weiter nachzudenken, und der Psychologe nutzt die Gelegenheit, darauf hinzuweisen, daß dieses spezielle Thema eine nähere Beschäftigung wert sein könnte. Somit werden Elemente des vorläufigen Fokus während des psychodiagnostischen Gesprächs als Ergebnis der gemeinsamen Untersuchung der manifesten Patientenprobleme eingeführt. In einem weiteren Schritt entscheidet sich der Psychodiagnostiker nun, die direkte Untersuchung des Fokusthemas vorübergehend auszusetzen, um statt dessen an weitere, allgemeine diagnostische Informationen zu gelangen. Wenn er die Patientin nach ihrem familiären Hintergrund fragt, möchte er dabei allerdings auch konkret erfahren, wo der Ursprung des interpersonellen Fokusmusters liegt und wann es zum erstenmal aufgetreten ist.

Psy.: Können Sie, wenn Sie so zurückdenken . . . haben Sie irgendeine Ahnung, wann Sie zum erstenmal dieses Gefühl hatten, daß Sie für andere Menschen uninteressant sind?
Pat.: Soweit ich zurückdenken kann, war dieses Gefühl schon immer da.
Psy.: Können Sie mir vielleicht etwas über Ihren familiären Hintergrund erzählen – Ihre Kindheit, Ihre Eltern, Ihr Verhältnis zu ihnen und anderen Familienmitgliedern?
Pat.: Also, ich habe eine Mutter, einen Vater und zwei Schwestern. Die eine ist jünger, die andere älter als ich. Insgesamt gesehen sind die Umstände wohl ganz typisch für eine Mittelschichtsfamilie: dieses ständige Bemühen, mit dem einen Gehalt auszukommen. Ich glaube, insgesamt gesehen war es eine gute Kindheit. So richtig weiß ich das nicht. Ich glaube, ich habe das meiste aus dem Gedächtnis gestrichen. Ich erinnere mich nur noch an sehr wenige Dinge aus meiner Kindheit.
Psy.: Wenn es im Grunde genommen eine gute Kindheit war, warum haben Sie sie dann Ihrer Meinung nach so sehr aus dem Gedächtnis gestrichen?
Pat.: Ich weiß nicht, ich erinnere mich an solche Dinge aus der Vergangenheit nicht. Sie sind einfach weg. Sicher sind sie irgendwo noch vorhanden, aber sie fallen mir einfach nicht mehr ein.

Psy.: Erinnern Sie sich, ob Sie dieses Gefühl auch als Kind in Ihrer Familie gehabt haben? Das Gefühl, für niemanden interessant zu sein – für niemanden etwas zu zählen?

Pat.: Ja. Ich habe das Gefühl gehabt, einfach nur da zu sein. Und ich habe mich nach den Plänen der anderen gerichtet und mich ihnen angepaßt.

Psy.: In Ihrer Familie als Kind?

Pat.: Ja.

Psy.: Wodurch haben Sie dieses Gefühl bekommen? Fallen Ihnen dazu irgendwelche Erlebnisse ein?

Pat.: Es schien einfach so, als seien alle anderen wichtiger als ich.

Psy.: Wer sind »alle anderen«?

Pat.: Also, vor allem meine zwei Schwestern.

Psy.: Wie war der Altersunterschied zu ihnen?

Pat.: Meine ältere Schwester ist dreieinhalb Jahre älter und meine jüngere Schwester ein knappes Jahr jünger als ich.

Psy.: Ein knappes Jahr?

Pat.: Ja.

Psy.: Dann kam sie also schon recht bald nach Ihnen. Können Sie sich an ihre Geburt erinnern?

Pat.: Nein.

Psy.: Das glaube ich, denn Sie waren ja noch sehr klein . . .

Pat.: (lacht) . . . viel zu klein, um mich daran zu erinnern.

Psy.: Inwiefern schienen die beiden Ihren Eltern wichtiger zu sein?

Pat.: Nun, die zwei waren ständig unterwegs, hatten immer irgend etwas zu tun, waren immer mit irgendwelchen Interessen beschäftigt, und meine blieben wohl unbeachtet; wenn sie sich mit den Vorhaben der anderen irgendwie vereinbaren ließen und nicht weiter störten, gingen meine Pläne in Ordnung, aber wenn nicht, na, dann konnte man sie ja ändern.

Psy.: Mit anderen Worten, Sie haben erlebt, daß Ihre Eltern für Ihre Schwestern sozusagen immer da waren, sie überall hinfuhren, und Sie kamen immer erst an dritter Stelle. Sie hingen sozusagen irgendwie verloren dazwischen?

Pat.: Ja.

Psy.: Wenn Sie jetzt daran zurückdenken, was empfinden Sie dann?

Pat.: Ich habe mich damals darüber geärgert. Aber dann habe ich mich einfach damit abgefunden, daß das wohl auch in Zukunft so bleiben würde und ich schon lernen würde, damit zu leben.

Psy.: Sie haben sich im Laufe der Jahre mit arg vielen Dingen abgefunden. *[Dieser Satz drückt Empathie und Unterstützung aus. Außerdem wirft er die Frage auf, ob dieses Verhaltensmuster wirklich im Interesse der Patientin ist und deutet somit unterschwellig die Möglichkeit einer Veränderung an.]*

Pat.: Das ist wirklich wahr.

Psy.: Ich kann mir vorstellen, daß Sie darüber nicht gerade glücklich sind. *[dito]*

Pat.: Hin und wieder ärgert es mich. Aber das liegt ja alles in der Vergangenheit; es lohnt sich nicht, sich jetzt darüber Gedanken zu machen. *[Ein klarer Fall von Negation. Die Patientin scheint zu sagen: »Am besten rühren wir nicht daran!«]*

Psy.: Es scheint Sie immer noch ein bißchen zu ärgern.

Pat.: Früher ja.

Psy.: Ich frage mich, ob ein wichtiger Grund dafür, daß Sie nicht an diese Dinge denken wollen, sich nicht darüber aufregen wollen, nicht der ist, daß Sie das Gefühl haben, eigentlich nichts tun zu können. Es wird sich nichts ändern, warum sollte man sich also aufregen. *[Der Psychologe zeigt auf, daß die Patientin sich selbst die Rolle eines Opfers zugewiesen hat.]*

Pat.: Das stimmt. Es würde nichts bringen. *[Die Patientin behauptet sich. Sie wird sich nicht leicht von ihrer Einstellung abbringen lassen!]*

Psy.: Was sich in Ihrer Familie abgespielt hat, so wie Sie es erlebt haben, ist, wie Sie sagen, vergangen und vorbei; das läßt sich nicht mehr ändern. Aber dieses Gefühl in Ihnen, daß Sie nicht zählen, daß Sie nicht wichtig sind, daß an Ihnen nichts ist, was für einen anderen interessant sein könnte – glauben Sie, daß sich das ändern könnte? *[Der Psychologe bleibt am Fokus und drängt sanft in Richtung auf eine Selbsterforschung.]*

Pat.: Ich würde es gerne ändern. Aber ich weiß nicht wie. *[Ein hoffnungsvolles Zeichen dafür, daß die Patientin wirklich Hilfe will.]*

Psy.: Vielleicht können Sie das in einer Therapie herausfinden – weil das in Ihnen ist; da geht es nicht um jemand anders. *[Eine gute Art, ein Programm für die Therapiearbeit zu definieren und gleichzeitig zu unterstreichen, daß der Psychologe daran glaubt, daß (1) eine Änderung möglich ist und (2) die Patientin ihr Schicksal letzten Endes selbst in der Hand hat und nicht nur eine passive Zuschauerin ist.]*

Als die Patientin gebeten wird, ihren familiären Hintergrund zu beschreiben, wird sofort ein Widerstand sichtbar. Dieser Widerstand zeigt sich an einem Widerspruch: Die Patientin sagt, »Ich glaube, insgesamt gesehen war es eine gute Kindheit«, und erklärt gleichzeitig, sie habe »das meiste aus dem Gedächtnis gestrichen«. Der Therapeut konfrontiert sie mit der naheliegenden Frage, warum sie gute Erinnerungen aus ihrem Gedächtnis hätte streichen wollen. Als die Patientin Schwierigkeiten hat, einen Schritt weiterzugehen, bietet ihr der Psychologe mit Blick auf das Fokusthema versuchsweise eine rekonstruierende Deutung an, nämlich daß sie sich wohl schon als Kind von ihren Eltern vernachlässigt vorgekommen sei. Die Patientin bestätigt die Richtigkeit dieser Interpretation und deckt nähere Einzelheiten über den Ursprung des interpersonellen Fokusmusters auf: Als Kind habe sie sich darüber geärgert, hintangestellt zu werden, und sich dann »einfach damit abgefunden, daß das wohl auch in Zukunft so bleiben würde« und sie »schon lernen würde, damit zu leben«. Der Psychologe hat das Fokusmuster konkret ermittelt und benannt: »Sie haben sich im Laufe der Jahre mit arg vielen Dingen abgefunden.« Mit dieser – scheinbar einfachen – Feststellung und der freimütigen Erwiderung der Patientin – »Das ist wirklich wahr« – ist eine Beziehungsebene erreicht, die die Grundlage einer gemeinsamen Therapiearbeit bilden kann.

Als nächstes wird der Therapievertrag dadurch bekräftigt, daß sich Psychologe und Patientin explizit darüber verständigen, daß die eingefahrene, festverwurzelte Erwartung der Patientin, vernachlässigt und übergangen zu werden, und die damit verbundene Resignation einen lohnenswerten Fokus für die Therapie bilden. Der letzte Gesprächsabschnitt verdeutlicht von neuem, daß der Fokus in der Psychodynamischen Kurztherapie nicht als vom Therapeuten vorgegebene Formulierung präsentiert wird, sondern als gemeinsame Erkenntnis, die sich dadurch herauskristallisiert, daß der Therapeut nach einem bedeutsamen zwischenmenschlichen Verhaltensmuster sucht, das der Struktur des dynamischen Therapiefokus entspricht (siehe Kapitel 5).

Psy.: Glauben Sie, daß diese Erfahrung, die Sie Ihr ganzes Leben lang begleitet hat, irgend etwas mit Ihren Depressionen zu tun hat?

Pat.: Ich glaube schon. Ich glaube, wenn ich an den Punkt komme, wo es sich so weit steigert, daß ich wirklich das Gefühl habe, überhaupt nichts wert zu sein, wird ein Kreislauf einsetzen. Und dann werde ich mich schließlich durchkämpfen.

Psy.: Dann können Sie also einiges an Kräften mobilisieren, wenn Sie ganz unten sind, und sich selbst wieder aufrichten.

Pat.: Ja, immer dann, wenn es anders nicht mehr weitergeht.

Der Psychologe macht erneut den Versuch einer Interpretation, um festzustellen, ob die zwei aktuellen Probleme der Patientin – ihre Depressionen und ihre Unfähigkeit, zu anderen Menschen befriedigende Beziehungen aufzubauen – die gleiche Ursache haben: Er äußert die Vermutung, daß die Depressionen der Patientin auf unangenehme Affekte hindeuten, die mit dem resignativen Muster des Sich-vernachlässigt-Fühlens verbunden sind. Die Patientin bestätigt das, indem sie ihre Depressionen als ein Nebenprodukt beschreibt, das aus dem anhaltenden Gefühl, vernachlässigt zu werden und wertlos zu sein, hervorgegangen sei. Ihre Persönlichkeit ist stark genug zu verhindern, daß ihre depressive Reaktion die Oberhand gewinnt; dafür finden sich zumindest Anhaltspunkte. Diesem kurzen Gesprächsabschnitt entnimmt der Psychologe somit Daten, die sich auf nähere Einzelheiten des Fokusmusters und auf die weitergehende diagnostische Frage nach der Schwere der depressiven Störung der Patientin beziehen. Im Hinblick auf die letztgenannte Frage ergeben sich immer mehr Anhaltspunkte für die Differentialdiagnose einer die eigene Person einschränkenden Depression (dysthyme Störung) und nicht etwa einer größeren affektiven Störung. Darüber hinaus ist die Depression der Patientin die affektive Komponente einer chronischen Charakterstörung.

Der Psychologe ermuntert die Patientin dazu, sich mehr über ihre Lebensumstände zu äußern. Er ist vor allem daran interessiert, besser einschätzen zu können, wie die Patientin andere Menschen subjektiv erlebt (weil sich darin, so steht zu vermuten, die entwicklungsmäßige Reife des

Objektbeziehungsrepertoires der Patientin spiegelt) und inwieweit sie in der Lage ist, Transaktionen mit ihnen verbal zu vermitteln. Wie in Kapitel 4 ausgeführt, sind beide Fähigkeiten als Dimensionen der Ich-Funktion für die Therapieaufgaben relevant, die eine Psychodynamische Kurztherapie erfordert.

Psy.: Können Sie Ihre Eltern beschreiben? Leben beide noch?

Pat.: Ja.

Psy.: Können Sie etwas mehr über sie als Personen sagen – was sie für Menschen sind?

Pat.: Nun ja, meine Mutter mag ich. Wir beide sind uns sehr ähnlich. Und je älter ich werde, desto mehr mag ich sie. Sie ist ein sehr stiller Mensch. Sehr nüchtern. Wir sind uns nie besonders nah gewesen; das hat sich erst so vor vier, fünf Jahren geändert, würde ich sagen.

Psy.: Wodurch hat sich das geändert?

Pat.: Ich glaube, ich bin einfach erwachsener geworden und habe sie akzeptiert. Und habe erkannt, daß wir beide uns sehr ähnlich sind.

Psy.: Haben Sie, soweit Sie sich erinnern können, als Kind von ihr viel Zärtlichkeit erfahren?

Pat.: Nein, sie mag keinen Körperkontakt. Ich kann mich nicht entsinnen, daß sie jemals von sich aus zärtlich geworden wäre. Meiner Erinnerung nach hat sie eigentlich auch nie gesagt, daß sie mich liebt.

Psy.: Hmm.

Pat.: Aber ich glaube, zu den anderen zwei hat sie das auch nie gesagt. Ich würde sagen, sie zeigt kaum je Gefühle.

Psy.: Es klingt so, als hätten Sie höchstens in dem, was sie getan hat, Anzeichen dafür finden können, daß sie sich etwas aus Ihnen macht. Soweit Sie sich erinnern, hat sie aber für die anderen Kinder immer mehr getan. Und Sie standen dann mit dem Gefühl da, daß . . . ja, was eigentlich . . . daß sie die anderen beiden mehr liebte? (Pause) In der Rückschau, von heute her gesehen, haben Sie da immer noch dieses Gefühl?

Pat.: Von heute her gesehen eigentlich nicht.

Psy.: Ist da Ihrer Erinnerung nach irgend etwas gewesen, was die anderen beiden mehr gemacht haben, damit Ihre Mutter mehr für sie tat? Warum war das Ihrer Ansicht nach der Fall?

Pat.: Ich glaube, sie hat für die beiden mehr getan, weil sie mehr forderten. Sie haben das alles einfach erwartet. Und ich nicht.

Psy.: Sie haben also irgendwie das Gefühl, daß Sie schon sehr früh klein beigegeben haben?

Pat.: Ganz genau.

Psy.: Genauso wie jetzt?

Pat.: Stimmt.

Psy.: Und Ihr Vater? Was ist er für ein Mensch? Was für eine Beziehung haben Sie zu ihm?

Pat.: Also, er ist jetzt ganz anders als früher. Als ich noch jünger war, war er sehr anspruchsvoll. Alles war entweder schwarz oder weiß; grau gab es nicht. Er war eigentlich nicht hart, aber streng. Er schien immer ein sehr starker Mensch zu sein. Immer in der Lage, mit jeder Situation und allem anderen fertig zu werden.

Psy.: Was hat er beruflich gemacht?

Pat.: Er war leitender Angestellter in einer Fabrik. Er hat gern Körperkontakt, drückt und küßt gerne.

Psy.: Hat er das bei Ihnen oft getan?

Pat.: Ja.
Psy.: Haben Sie sich ihm näher gefühlt?
Pat.: Eigentlich nicht. Weil ich Körperkontakt nicht besonders gemocht habe.
Psy.: Nicht besonders gemocht?
Pat.: Nein.
Psy.: Was halten Sie davon?
Pat.: Ich glaube, das paßt dazu, daß ich ein sehr verschlossener, zurückhaltender Mensch bin.
Psy.: Fällt Ihnen aus Ihrer Kindheit irgend etwas ein, was besonders traumatisch oder außergewöhnlich gewesen ist? Irgend etwas, das sich in Ihrer Familie ereignet hat oder Ihnen passiert ist?
Pat.: Da war einmal ein . . . der einzige herausragende Vorfall ist ein Streit zwischen meinem Vater und den Eltern meiner Mutter gewesen. Ich weiß bis heute nicht, worum es dabei gegangen ist. Aber ich kann mich entsinnen, daß er eine ganze Zeitlang – vielleicht waren es so etwa zwei Jahre – keinen Fuß mehr über ihre Schwelle gesetzt hat und nichts mit ihnen zu tun haben wollte. Ich erinnere das als eine spannungsgeladene Zeit. Aber ich weiß nicht . . . das ist eigentlich schon alles, an das ich mich da erinnern kann.
Psy.: Was für eine Wirkung hat das auf Sie gehabt?
Pat.: Also, wir standen irgendwie dazwischen, denn meine Mutter war . . . wir haben auch weiterhin ihre Eltern besucht, aber das war irgendwie . . . er hat es gewußt, er hat uns nicht davon abgehalten. Aber er hatte etwas dagegen.
Psy.: Hmm. Wie war das, als Sie dann zur Schule gegangen sind – Grundschule, weiterführende Schule? Wie waren da Ihre Beziehungen zu anderen Menschen?
Pat.: Ich bin einfach jeden Tag in die Schule gegangen, habe gelernt und ziemlich gute Noten gehabt. Die Schule war wahrscheinlich das einzige, was mir Spaß gemacht hat.
Psy.: Sie sind also gern zur Schule gegangen. Haben Sie dort Freunde gehabt?
Pat.: Nein.
Psy.: Was haben Sie denn in Ihrer Freizeit gemacht?
Pat.: Ich habe viel gelesen. Um uns herum haben fast nur alte Leute gewohnt und vielleicht so fünf Kinder in den vier Straßen ringsrum, und von daher hat es da nicht viel Kontakte gegeben. Meine Schwester und das kleine Mädchen von gegenüber waren eng miteinander befreundet und . . .
Psy.: Wie war das denn, als Sie auf die weiterführende Schule gegangen sind, sind Sie da mit Jungen ausgegangen?
Pat.: Nein.
Psy.: Nie?
Pat.: Nein.
Psy.: Ist Ihr Mann Ihr erster Freund gewesen?
Pat.: Nein.
Psy.: Erzählen Sie mir etwas von Ihren . . . wie das so mit Freundschaften zu Jungen gewesen ist.
Pat.: Auf dem College habe ich den einen oder anderen Freund gehabt, aber das kam nicht oft vor. Und mit keinem davon war ich fest zusammen.
Psy.: Wie haben Sie Ihren Mann kennengelernt?
Pat.: Durch eine gemeinsame Freundin, mit der ich zusammen zur Schule gegangen bin.
Psy.: Das war also der erste, mit dem Sie richtig fest zusammen waren.
Pat.: Nein, eigentlich nicht. *[Wieder setzt sich das Muster durch, »Ich habe nichts Interessantes an mir«.]*

173

Psy.: Möchten Sie mir etwas darüber erzählen?

Pat.: (Pause) Also, ich, wissen Sie ... was gibt es da schon zu erzählen?

Psy.: Ich weiß, das wird nicht interessant sein (lächelt), oder gibt es einen anderen Grund, warum Sie nicht gern darüber reden möchten?

Pat.: Also, wir haben uns, wie gesagt, durch eine gemeinsame Freundin kennengelernt. Als ich ihn kennenlernte, habe ich in B. gewohnt, in J. gearbeitet und bin immer nach K. gefahren, um dies Mädchen zu besuchen, mit dem ich zusammen zur Schule gegangen bin, und er war zu der Zeit ihr Freund, und während eines langen Wochenendes, das ich bei ihr verbracht habe, hat sie uns immer wieder zusammengebracht. Und noch vor Ablauf des Wochenendes war sie plötzlich verschwunden. Das Wochenende war nicht einmal halb um, da ist sie fürchterlich wütend geworden und ist dann irgendwo anders hingefahren.

Psy.: Sie waren ungefähr vierundzwanzig, als Sie geheiratet haben?

Pat.: Dreiundzwanzig.

Psy.: Wodurch haben Sie sich zu Ihrem Mann hingezogen gefühlt?

Pat.: Das Zusammensein mit ihm hat Spaß gemacht. Er ist ein sehr netter Mensch. Er gehört zu denen, die von sich aus auf einen fremden Menschen zugehen.

Psy.: Er ist sehr kontaktfreudig?

Pat.: Ja. Am ersten Nachmittag, den wir zusammen verbracht haben, haben wir uns überhaupt nicht ausstehen können. Ich habe den ganzen Nachmittag kein Wort mit ihm geredet. Dann sind wir am selben Abend noch einmal ausgegangen und haben uns auch am nächsten Nachmittag getroffen. Und da hatte es schon angefangen, mir Spaß zu machen.

[Die Patientin läßt eine gewisse Flexibilität erkennen – ein gutes Prognosezeichen.]

Psy.: Wie bald haben Sie dann nach Ihrem ersten Rendezvous geheiratet?

Pat.: Wir haben uns im Januar kennengelernt und haben im Mai geheiratet.

Psy.: Das ging ja recht schnell. Mit wievielen anderen Männern waren Sie vor Ihrem Mann zusammen?

Pat.: Mit zweien.

Psy.: Was wurde aus diesen Beziehungen?

Pat.: Also, das eigentliche Problem war die Entfernung. Sie beide waren in R., und ich war zu der Zeit in C. Und dieses Hin- und Herfahren, um die Freundschaft aufrechtzuerhalten, hat sie einfach fertiggemacht. Es hat einfach nicht gut geklappt.

Psy.: War das nach Ihrer Collegezeit oder während?

Pat.: Mit diesen beiden bin ich schon in meiner Collegezeit gegangen und habe mich dann auch nachher weiter mit ihnen getroffen.

Psy.: Haben Sie zu beiden eine sexuelle Beziehung gehabt?

Pat.: Ja.

Psy.: Ist das in beiden Fällen befriedigend gewesen, oder hat es irgendwelche Probleme gegeben?

Pat.: Das einzige Problem war, daß einer von den beiden erst dann Befriedigung empfunden hat, wenn wir uns vorher gestritten haben. Das wurde auf die Dauer einfach ein bißchen langweilig und ging mir auf die Nerven.

Psy.: Was machen Sie beruflich?

Pat.: Ich bin Bibliothekarin.

Psy.: Gefällt Ihnen Ihre Arbeit? Würden Sie gerne etwas anderes machen?

Pat.: Ich würde lieber etwas anderes machen. Was genau, weiß ich nicht, aber einfach etwas anderes.

Psy.: Haben Sie am College einen Abschluß gemacht?
Pat.: Ja.
Psy.: An welchem College?
Pat.: In T. habe ich meinen »B.A.« gemacht und dann in G. meinen »M.A.«*.
Psy.: Wie gut kommen Sie Ihrer Ansicht nach mit Ihrer Arbeit klar?
Pat.: Was ich mache, mache ich gut.
Psy.: Sie sind also mit Ihrer Arbeit zufrieden. Das ist ein Bereich, in dem Sie zu sich selbst irgendwie ein gutes Gefühl haben. Wie kommen Sie mit Ihren Arbeitskollegen aus?
Pat.: Einige von ihnen sind in Ordnung, und mit anderen tausche ich einfach Höflichkeitsfloskeln aus.
Psy.: Keine besonders engen oder schlechten Beziehungen?
Pat.: Nein.
Psy.: Haben Sie bei der Arbeit das Gefühl, daß man Ihnen gegenüber die gleiche Einstellung hat, wie Sie sie anderswo empfinden, nämlich daß es egal ist, ob Sie da sind oder nicht? Was ist mit Ihren Fähigkeiten? Glauben Sie, daß man sie dort schätzt oder zu würdigen weiß?
Pat.: Nein, eigentlich nicht. Ich bin ersetzbar.
Psy.: Welches ist das früheste Ereignis, an das Sie sich erinnern können? Eine Szene, die Sie im Geiste vor sich sehen.
Pat.: Ich meine, mich erinnern zu können, daß ich zur Vordertür hinausschaute und sah, wie mein Großvater und meine Großmutter gerade die Stufen hinaufkamen. Ich muß damals vier oder fünf gewesen sein.
Psy.: Gibt es irgend etwas Auffälliges in dieser Szene?
Pat.: Ich erinnere mich, glaube ich, deshalb daran, weil sie das weder vorher noch nachher jemals wieder getan haben.
Psy.: Waren das die Eltern Ihrer Mutter oder die Ihres Vaters?
Pat.: Die Eltern meiner Mutter. Soweit ich mich erinnere, ist es, glaube ich, das einzige Mal, daß sie uns zu Hause besucht haben.
Psy.: Erinnern Sie sich, was für ein Gefühl Sie damals hatten?
Pat.: Ich glaube, ich war überrascht und habe mich gefragt, warum sie da sind.
Psy.: Warum sind sie nicht öfter zu Besuch gekommen?
Pat.: Nun, sie mochten meinen Vater nicht. Das war alles. Und beide hatten keinen Führerschein und wohnten am anderen Ende der Stadt und machten keine Besuche.
Psy.: Welches ist das nächste Ereignis, an das Sie sich erinnern? Wiederum als Szene, die sich vor Ihrem geistigen Auge abspielt.
Pat.: Ich erinnere mich, daß ich einmal sonntags in der Kirche gewesen bin und sehr aufgebracht war, weil irgend etwas abgesagt wurde. Wahrscheinlich ein Picknick oder sowas. Denn es regnete in Strömen. Ich weiß noch, daß mich das fürchterlich geärgert hat. Denn ich erinnere mich, daß ich geweint habe.
Psy.: Warum?
Pat.: Ich weiß nicht. Ich kann mir nicht vorstellen, warum ich deswegen so aufgebracht war.
Psy.: Was fällt Ihnen dazu noch ein?
Pat.: Ich erinnere mich, daß ich in diesem Gebäude war – dieses Gefühl, in einem großen Raum zu sein – und ich erinnere mich, daß ich weinte und mich jemand hochhob und in den Armen wiegte.

* Zwei akademische Abschlüsse: Der »Bachelor of Arts« entspricht von den Anforderungen her ungefähr einem Vordiplom, der »Master of Arts« einem Diplom oder Magister.

Psy.: Was für ein Gefühl haben Sie dabei gehabt, als Sie in den Armen gewiegt wurden?
Pat.: Vom Gefühl her war ich einfach wirklich sehr aufgebracht und sehr allein.
Psy.: Das klingt so, als wenn Sie fast nicht zu trösten wären.
Pat.: Ich weiß nicht. Sehen Sie, ich weiß nicht, warum mir das als so auffallend in Erinnerung geblieben ist. Ich weiß einfach . . . (lacht)
Psy.: Erinnern Sie sich, wie alt Sie damals gewesen sind?
Pat.: Ich kann damals nicht älter als fünf oder sechs gewesen sein.
Psy.: Fallen Ihnen irgendwelche wiederkehrenden Träume ein oder ein besonders lebhafter Traum, der Ihnen als auffallend in Erinnerung geblieben ist?
Pat.: Einen Traum habe ich immer wieder: Da bin ich auf dem College, und das Semesterende rückt näher, und plötzlich merke ich, daß ich während des ganzen Semesters in zwei von den Seminaren noch kein einziges Mal gewesen bin. Die letzten Hausarbeiten müssen noch abgegeben werden, und die Abschlußklausuren stehen bevor, und ich weiß nicht einmal, wo die Seminare stattfinden, und noch viel weniger, was das für Seminare sind oder worum es in ihnen geht.
Psy.: Wie fühlen Sie sich denn in dieser Situation?
Pat.: Verzweifelt.
Psy.: Sie haben diese Seminare verpaßt?
Pat.: Ganz und gar.
Psy.: Wie oft haben Sie den Traum?
Pat.: Ich habe ihn jetzt eine Weile nicht gehabt, aber es hat schon Zeiten gegeben, wo ich ihn so zwei, drei Wochen lang jede Nacht hatte.
Psy.: Hmm. Die Erinnerung, die Sie erwähnt haben, die zweite – daß Sie dieses Picknick verpassen werden . . . und von Ihrer Reaktion her scheint es, als seien Sie wirklich aufgebracht darüber, dieses Picknick zu verpassen, und dann dieser wiederkehrende Traum, daß Sie diese Seminare verpaßt haben. Wiederholt etwas verpassen, bei etwas zu kurz kommen – fällt Ihnen dazu etwas ein?
Pat.: Nein, eigentlich nicht.
Psy.: Sie haben aber das Gefühl, daß Sie im Laufe der Jahre viel verpaßt haben. Auf jeden Fall als Kind. *[Der Therapeut identifiziert hier etwas, was im Leben der Patientin vielleicht eine wichtige thematische Rolle spielt.]*
Pat.: Ich glaube schon. Ich glaube, ich habe das Gefühl, all die interessanten Dinge, die es so zu tun gibt, versäumt zu haben.
Psy.: Nehmen Sie irgendwelche Drogen, Medikamente oder . . .
Pat.: Nein.
Psy.: Wie steht es mit . . . wieviel trinken Sie?
Pat.: Sehr, sehr wenig.
Psy.: Kommen wir noch einmal zum Anfang zurück, als Sie über Ihre Depressionen geredet haben. Die Beziehungsunfähigkeit besteht schon lange. Wie ist das mit den Depressionen, wann haben die angefangen?
Pat.: Wahrscheinlich als ich auf der High-School war. Das ist in diesem Zusammenhang ungefähr das Früheste, woran ich mich erinnern kann.
Psy.: Auf der High-School. Wann hat Ihr Vater seine ersten Depressionen bekommen?
Pat.: Ungefähr . . . richtig schlimm ist es ungefähr vor sechs oder sieben Jahren losgegangen. Doch wenn ich jetzt zurückschaue, wissen Sie, dann fallen mir Zeiten ein, wo es ihn schon vorher schlimm gepackt hatte. Aber richtig schlimm . . .
Psy.: Mit Mitte Fünfzig? Ist er deswegen schon einmal ins Krankenhaus eingewiesen worden?

Pat.: Nein.

Psy.: Hat er deswegen Medikamente verschrieben bekommen?

Pat.: Er hat Medikamente verschrieben bekommen, aber er ist nicht ins Krankenhaus eingewiesen worden.

Psy.: Helfen ihm die Medikamente?

Pat.: Ja.

Psy.: Er will sie aber nicht einnehmen?

Pat.: Nein.

Psy.: Was hat Sie letztlich zu dem Entschluß bewogen, zu . . . haben Sie schon einmal eine Therapie gemacht? Was hat Sie jetzt zu dem Entschluß bewogen und wie haben Sie den Entschluß gefällt, hier herzukommen? *[Es ist immer wichtig, sich in einem psychodiagnostischen Eingangsgespräch danach zu erkundigen, warum die Patientin oder der Patient sich zu diesem konkreten Zeitpunkt entschlossen hat, professionelle Hilfe in Anspruch zu nehmen. Siehe auch Kapitel 5.]*

Pat.: Ich habe immer wieder einmal daran gedacht, aber nie etwas deswegen unternommen, und ich glaube, dieses Therapieprogramm ist mir einfach zu einem guten Zeitpunkt in die Hände gefallen . . . es hat meine Aufmerksamkeit erregt, weil ich gerade aus einer depressiven Phase kam. Und ich habe gedacht, der Zeitpunkt jetzt könnte nicht besser sein, um etwas dagegen zu unternehmen. *[Durch Prospekte und Anzeigen werden potentielle Patienten angesprochen, die vielleicht noch unschlüssig sind. So fällt es den Betreffenden leichter, ihre Entscheidung zu rationalisieren und zu sagen: »Ich bin durch Ihre Anzeige hier hergekommen.«]*

Psy.: Sie haben da gerade von einer depressiven Phase geredet. Fühlen Sie sich ängstlich und nervös – angespannt?

Pat.: Manchmal – etwa wenn ich in eine neue Situation komme.

Psy.: In Gesellschaft, bei der Arbeit oder . . .?

Pat.: Beides.

Psy.: Wie schlimm wird es denn?

Pat.: Ach, nicht so schrecklich schlimm. Ich bekomme dann nervöse Magenbeschwerden.

Psy.: Was unternehmen Sie dagegen, wenn Sie sich so fühlen?

Pat.: Ich mache einfach weiter und denke mir, ich werde die Situation schon durchstehen, und letzten Endes klappt das auch, und die Sache beruhigt sich wieder.

Psy.: Wir haben ein paar von den Dingen angesprochen, die Sie vielleicht in einer Therapie angehen könnten. Was halten Sie davon, eine Therapie anzufangen? Was meinen Sie, inwieweit Ihnen das helfen könnte?

Pat.: Ich glaube, daß eine Therapie mir wirklich helfen könnte. Ich glaube, sie wird mir helfen, mich mit Dingen zu befassen, die ich habe – von denen ich bisher nichts wissen will, mit denen ich mich bisher nicht befaßt habe. Und sie wird mir zu neuen Ideen verhelfen – Möglichkeiten, mit Situationen umzugehen, an die ich noch gar nicht gedacht habe.

Psy.: Was für Situationen?

Pat.: Nun, der Umgang mit anderen Leuten und mit meinen Depressionen. Ich möchte lernen zu verstehen, warum ich immer wieder diese Phasen durchmache. Und was ich tun kann, um mich da durchzuarbeiten. *[Die Patientin zeigt eine ausreichende Motivation sowie Anzeichen für gute Ich-Ressourcen. All das verheißt Gutes für eine Psychodynamische Kurztherapie.]*

Psy.: Okay. Möchten Sie noch irgend etwas hinzufügen?

Pat.: Nein.
Psy.: Wie haben Sie das Gespräch bis jetzt empfunden? Wie reagieren Sie bisher auf dieses Gespräch?
Pat.: Ich fange an, mich ein bißchen lockerer zu fühlen.
Psy.: Am Anfang waren Sie irgendwie angespannt?
Pat.: Ja.

Das erste psychodiagnostische Beurteilungsgespräch geht mit einem weiteren Überblick über die interpersonelle Geschichte der Patientin sowie anderen diagnostisch relevanten Themen, darunter lebhaften frühen Erinnerungen und Träumen, zu Ende. Das Vorhandensein eines konfliktgeladenen Musters läßt sich aus diesen Daten erschließen und dient dazu, einen Fokus für die Therapiearbeit zu ermitteln. Das Gespräch endet mit der ausdrücklichen Abmachung, daß die Patientin eine Psychotherapie anfangen wird, bei der bestimmte Themen zur Behandlung anstehen. Durch dieses Gespräch hat sich der Psychologe von der Patientin ein allgemeines diagnostisches Bild machen und einen Fokus entwickeln können, an dem sich die anschließende Therapiearbeit orientieren wird. Und was genauso wichtig ist: Die Patientin hat die Erfahrung gemacht, daß sie von einem anderen Menschen, der ihre Nöte zu verstehen scheint, mit Fragen und Beobachtungen konfrontiert worden ist, die sie zum Nachdenken anregen. Sie hat von dieser kurzen Begegnung zweifellos profitiert, und sie deutet an, daß sie sich beim Gedanken an eine Fortsetzung der Therapiearbeit nun wohler fühlt.

7
Die Therapietechnik

Prozeß: Technikmodell

Das Problem der Technik beinhaltet grundsätzlich die Frage, wie die Therapeutin dem Menschen, der professionelle Hilfe haben möchte, am besten dienen kann. Ein Mensch kann einem anderen auf vielerlei Art und Weise helfen, zum Beispiel dadurch, daß er ihn materiell unterstützt oder ihm eine Information, einen Rat und ähnliches mehr gibt. Das Hauptziel der psychodynamisch arbeitenden Therapeutin besteht unseres Erachtens darin, für eine konstruktive Lebenserfahrung zu sorgen. Damit meinen wir, daß die Patient-Therapeut-Beziehung, zumindest teilweise, zwangsläufig davon geprägt wird, wie schwer es dem Patienten zur Zeit fällt, ein Gefühl der Selbständigkeit zu erlangen und gleichzeitig befriedigende Beziehungen zu anderen Menschen anzuknüpfen. Und in dem Maße, in dem Schwierigkeiten in der Beziehung zum Therapeuten als ebenbürtigem, erwachsenem Mitmenschen identifiziert und korrigiert werden können, wird der Patient insgesamt – so etwa hat es Freud ausgedrückt – besser in der Lage sein, eine größere Produktivität und mehr Spaß am Leben zu erlangen. Dies mag vielleicht als weitgehende Spekulation erscheinen. Es ist jedoch allgemein bekannt, daß man in vielen Lebensbereichen dann am wirksamsten lernt (beziehungsweise umlernt), wenn die zu meisternde Aufgabe anschaulich ins Blickfeld gerückt wird. Daß sich beim unmittelbaren Durchleben einer Konfliktsituation therapeutisch wirksam lernen läßt, hat bereits Freud (1917, *GW 11*) erkannt, und das ist auch die Meinung heutiger Psychologen (Gill, 1979).

Die psychodynamisch orientierte Therapeutin setzt also dadurch, daß sie in der Beziehung zum Patienten eine bestimmte Haltung einnimmt, einen therapeutischen Prozeß in Gang. Wir meinen, daß sich dieses Ziel leichter und mit weniger Umwegen erreichen läßt, wenn die Therapeutin sich über den Prozeß, den sie in Gang zu setzen sucht, im klaren ist. Dies setzt voraus, daß sie die »Regeln« beherrscht, die das therapeutische Lernen bestimmen, und daß sie in der Lage ist, diese umzusetzen.

In der dynamischen Psychotherapie ist es schwer, wenn nicht unmöglich, konkrete technische Empfehlungen auszusprechen. Das ist zum Teil deshalb der Fall, weil die Bedeutung und Funktion jeder einzelnen techni-

179

schen Intervention vom Kontext der therapeutischen Interaktion bestimmt werden. Wenn die Therapeutin vom Therapieprozeß eine klare Vorstellung hat und die Transaktionen versteht, die sich in der Patient-Therapeut-Beziehung abspielen, kann sie sich allerdings wertvolle Richtlinien ableiten. Aus diesen Gründen werden wir zu Beginn unserer Erläuterung der Technik darlegen, wie wir uns den Therapieprozeß vorstellen.

Wir gehen bei unserer Arbeit grundsätzlich von der Annahme aus, daß die Patienten an den negativen Auswirkungen früherer zwischenmenschlicher Erfahrungen leiden, insbesondere solcher, die sie mit bedeutsamen Personen in der Kindheit gemacht haben. Aufgrund dieser früheren Erlebnisse sind sie unter anderem zu bestimmten Einstellungen, Erkenntnissen und Überzeugungen gelangt, die mit unangenehmen Gefühlen verbunden sind, welche ihnen in ihrem heutigen Leben keinen guten Dienst erweisen. Diese Fehlanpassungen schließen unübersehbar auch die Symptome mit ein, über die der Patient gegenwärtig klagt. Diese Symptome sind wiederum Teil anderer Probleme, die dem Patienten das Leben unnötig schwermachen.

Wenn *eine* zwischenmenschliche Beziehung den Patienten »krank« gemacht hat, so kann ihn eine andere, innerhalb gewisser Grenzen, wieder »gesund« machen, davon sind wir als Therapeuten überzeugt. Wie weit es jeweils möglich ist, die negativen Auswirkungen früherer Erlebnisse zu beheben, hängt von einer Reihe von Faktoren ab, und zwar unter anderem vom Grad der früheren Schädigung, von der Qualität der neuen Erfahrung, von der Fähigkeit und Bereitschaft des Patienten, am Problem zu arbeiten, sowie von äußeren Umständen. Um die gewünschten Ziele zu erreichen, geht die Therapeutin im wesentlichen zweigleisig vor, indem sie (1) für eine neue zwischenmenschliche Erfahrung sorgt und (2) im Rahmen dieser Erfahrung das einmal falsch Gelernte, das der Patient aus der Vergangenheit mitbringt, zu verändern sucht.

Früher Gelerntes läßt sich natürlich auf vielerlei Art und Weise modifizieren. Zum Beispiel kann man einen Menschen anweisen oder überreden, sich anders zu verhalten, oder man kann mit Gewalt verhindern, daß bestimmte Verhaltensweisen auftreten, und ähnliches mehr. Die psychodynamisch arbeitende Therapeutin legt größten Wert darauf, ihren Patienten zu helfen, die symbolischen Bedeutungen ihrer Verhaltensweisen zu verstehen. Ohne daß die Patienten es erkennen, üben diese Bedeutungen die ganze Zeit einen starken Einfluß auf ihr zwischenmenschliches Verhalten aus. In der Psychodynamischen Kurztherapie rechnet die Therapeutin damit, daß (1) gegenwärtig in der Beziehung zwischen Patient und Therapeutin störende zwischenmenschliche Verhaltensmuster aktiviert werden und (2) sich deren bis dahin unerkannte Bedeutung feststellen und neu besetzen (interpretieren) läßt, wenn ein geeigneter affektiver Kontext existiert. Das Therapeutische daran ist also, daß der Patient mit einem bedeutsamen Anderen eine neue zwischenmenschliche Erfahrung macht. Diese Erfahrung ist schon für sich genommen hilfreich; doch darüber hinaus dient sie dazu, die fehlangepaßten Ergebnisse früherer zwischenmenschlicher Erfahrungen systematischer zu korrigieren. Idealerweise sollte das Therapeutenverhalten in allen seinen Aspekten ein grundsätzliches Kriterium erfüllen: Es sollte dem Patienten eine konstruktive Lebenserfahrung verschaffen. Die Therapeutin gibt dem Patienten mit ihrer einfühlsamen Zuwendung, vernünftigen Verhaltensweise, Berechenbarkeit und Reife ein Beispiel – kurz gesagt verkörpert sie das beste Modell erwachsenen Verhaltens, dessen sie fähig ist. Und dies tut sie während der ganzen Therapie so konsequent wie möglich.

Gleichzeitig geht die psychodynamisch orientierte Therapeutin bei ihrer Arbeit von der Annahme aus, daß der Patient ihr gegenüber mit einer Mischung aus seit langem bestehenden negativen Erwartungen reagiert, die er auch schon vorher anderen Menschen entgegengebracht hat. Der Patient deutet das Verhalten und die Haltung der Therapeutin so, wie es ihm»einleuchtend« erscheint, und diese Deutung dient dann ihrerseits dazu, seine negativen Erwartungen zu bestätigen. Dennoch lernt der Patient für gewöhnlich die Versuche der Therapeutin schätzen, ihm einfühlsam, hilfreich und vernünftig zu begegnen (Hoffmann, 1983). In der Psychodynamischen Kurztherapie geht man allgemein davon aus, daß die eingeschliffenen Bewältigungs- und Verhaltensmuster, mit denen der Patient auf zwischenmenschliche Vorgänge reagiert, die Therapeutin unweigerlich beeinflussen, sobald sie für den Patienten zu einem Teil seiner affektiven Welt wird.

Was die zweite Aufgabe betrifft – die wahrscheinlich die schwierigere von beiden ist –, so hilft die Therapeutin dem Patienten, die Bedeutungen der im jetzigen Leben als störend empfundenen Überzeugungen, Gefühle und Verhaltensmuster zu entdecken, zu bestimmen und zu verstehen. Letztere rufen deshalb unpassende Wirkungen hervor, weil sie auf irrigen und überholten Annahmen aufbauen (zum Beispiel, daß der Patient ein kleines Kind und seine Frau seine Mutter sei). Ohne jemals näher untersucht worden zu sein, sind diese Annahmen vom Patienten automatisch aus früheren Lebensphasen übernommen worden. Die Annahmen und die damit verbundenen Haltungen und Verhaltensweisen haben Bestand, weil der betreffende Patient bedeutsame Beziehungen unbewußt und scheiternsfixiert so arrangiert, daß er bei anderen Menschen Reaktionen hervorruft, die seine Ängste und Erwartungen bestätigen. Zwischenmenschliche Beziehungen dienen also dazu, diesen Teufelskreis weiter aufrechtzuerhalten. Es muß betont werden, daß der Affekt, der mit den Verhaltensmustern des Patienten einhergeht, schmerzliche Wirklichkeit ist. Unter anderem aus diesem Grund läßt sich ein solches Muster meist nur dann beseitigen, wenn der Patient in der Lage ist, es im Rahmen der Patient-Therapeut-Beziehung hinreichend zu erkennen, und wenn die Therapeutin in der Lage ist, den anachronistischen Charakter des gegenwärtigen Erlebens in einer Weise zu identifizieren (zu deuten, neu zu besetzen), die dem Patienten eine Änderung des Musters erlaubt. Also sucht die Therapeutin den Patienten in die kognitive Arbeit einzubinden, die darauf zielt, zu identifizieren – und zu verstehen –, welche bereits vorher vorhandenen Muster den Patienten bei der Deutung zwischenmenschlicher Beziehungen beeinflussen und auf welche Weise und mit welchen Mitteln er unbewußt die Therapeutin dazu zu bewegen trachtet, sich in die von seinen Erwartungen diktierten zwischenmenschlichen Szenarios einzufügen. Wenn die Therapeutin eine solche Interpretationshaltung einnimmt, widerlegt sie die Erwartungen des Patienten und vermittelt ihm eine neue und konstruktivere Erfahrung. Lernt so der Patient in gemeinsamer Arbeit mit einem sich anders verhaltenden Menschen das Wesen dieser fehlangepaßten Verhaltensmuster verstehen, dann ist dies ein Prozeß, der aufgrund seiner affektiven Unmittelbarkeit verändernd wirkt (Gill, 1979; Hoffman, 1983; Schafer, 1983).

Welchen Platz nimmt die Therapietechnik im Rahmen dieser Konzeption ein? Im Prinzip ist die Antwort einfach: Die Handlungen der Therapeutin vermitteln dem Patienten in bezug auf Beziehungen zu Erwachsenen eine neue und unmittelbare Erfahrung, oder sie sind ein Schritt auf dem Weg, dem Patienten die symbolischen Bedeutungen verstehen zu helfen, von denen seine fehlangepaßten Verhaltensmuster vermutlich bestimmt sind. Streng genommen verschmelzen die beiden Funktionen. So können wir sagen, daß beide von ihnen Aspekte einer neuen – therapeutisch wirkenden – zwischenmenschlichen Erfahrung sind.

Ein Punkt muß noch hinzugefügt werden: Die Therapeutin mag zwar hin und wieder einen direkten Vorschlag machen, andeuten, daß eine bestimmte Vorgehensweise im Interesse des Patienten vielleicht das beste wäre, oder auch ein Gefühl oder eine Handlung zu verhindern suchen, doch fühlt sie sich am wohlsten, wenn sie als erwachsenes Vorbild fungiert oder verborgene Bedeutungen entschlüsselt. Diese Haltung ist darauf angelegt, optimale Bedingungen für den Reifeprozeß des Patienten zu schaffen, da sie am wenigsten dem Ziel, den Patienten zu eigenen Entdeckungen und Lösungen zu ermutigen, zuwiderläuft. Kurz gesagt, hält die Therapeutin dies für die konstruktivste Hilfe, die sie geben kann. Tatsächlich gibt es keine andere zwischenmenschliche Beziehung, die sich so rückhaltlos diesem Vorhaben verschrieben hat.

Was das Ziel betrifft, eine Psychotherapie solle eine neue und konstruktive zwischenmenschliche Erfahrung vermitteln, so ist klar, daß hier viel von der grundsätzlichen Einstellung der Therapeutin gegenüber dem Patienten und von der Qualität der sich entwickelnden Beziehung abhängt. Zuwendung, Empathie, Interesse und Achtung sind ganz offensichtlich wesentliche Merkmale, die die Therapeutin in die Beziehung einbringen muß; sie lassen sich nicht vorschreiben oder verordnen; entweder sind sie in hinreichendem Maße vorhanden oder nicht. Zweifellos werden Therapeuten auf Patienten treffen, mit denen sie nicht arbeiten möchten; umgekehrt gibt es auch gewisse Therapeuten, die bei vielen Patienten sehr negative Reaktionen hervorrufen. Wenn man sich diesen Problemen ehrlich stellt – und das empfehlen wir zu tun –, richtet man wahrscheinlich weniger Schaden an, als wenn man sich verstellt. Viele Patienten sind – schon beinahe definitionsgemäß – äußerst empfindlich, was Ablehnung oder ähnliche Erfahrungen betrifft, und ihnen wird – und das wäre aus therapeutischer Sicht höchst schädlich – unter Umständen nicht bewußt, daß sie dabei sind, sich auf neurotische Art und Weise den negativen Einstellungen der Therapeutin anzupassen. Anders gesagt, wiederholen sie mit der Therapeutin vielleicht die gleichen Szenarios, die sie mit einem ihnen feindselig oder ablehnend begegnenden Elternteil erlebt haben – mit vorauszusehenden katastrophalen Folgen (Strupp, Hadley & Gomes-Schwartz, 1977).

Gemeint ist folgendes: Ein Grundbestandteil der Psychotherapie sind die Heileigenschaften einer guten zwischenmenschlichen Beziehung (Frank, 1979; Strupp, 1973). Anders als Rogers (1957) sind wir zwar nicht der Meinung, daß diese Eigenschaften schon die notwendigen und hinreichenden Qualitäten einer Psychotherapie ausmachen, sind aber sicher, daß es ohne sie nicht geht. Damit meinen wir, daß sie sich nicht durch Klugheit, Scharfsinnigkeit oder technisches Geschick ersetzen oder ausgleichen lassen.

Gelegentlich vermittelt die Therapeutin ihre einfühlsame Zuwendung zwar mit Worten, aber es ist üblich und wirksam diese Grundhaltung *nonverbal* auszustrahlen. In zwischenmenschlichen Beziehungen sprechen Handlungen – und dieser Punkt bedarf wohl kaum weiterer Ausführungen – immer eine deutlichere Sprache als Worte; und damit eine Therapie wirklich effektiv sein kann, sollten die beiden möglichst wenig auseinanderklaffen. Die meisten Patienten sind von Eltern mit gespaltenem Kommunikationsverhalten auf die eine oder andere Weise ungerecht behandelt worden. Wir glauben, daß Therapeuten, die persönlich einigermaßen reif sind, auch mit sehr schwierigen Patienten die Art von therapeutischer Beziehung aufbauen können, in der sich der Patient akzeptiert fühlen und an der produktiven Therapiearbeit beteiligen kann.

Wenn wir sagen, daß die Reife der Therapeutin zum Fundament einer guten zwischenmenschlichen Beziehung beiträgt, gehen wir aber gleichzeitig selbstverständlich auch davon aus, daß die Qualität der Patient-Therapeut-Beziehung ständig dadurch in Frage gestellt und untergraben wird, daß der Patient konfliktgeladene Verhaltensmuster an den Tag legt und die Therapeutin zwangsläufig, im Idealfall jedoch nur begrenzt, in diese mit hineingezogen wird. Insgesamt zielt die Technik der Psychodynamischen Kurztherapie auf eine zunehmende Verbesserung der Qualität der therapeutischen Beziehung ab. Genauer gesagt, wird dies dadurch erreicht, daß man die fehlangepaßten Verhaltensmuster des Patienten und deren Auswirkungen auf die Interaktion der beiden Beteiligten systematisch und gründlich untersucht. In der gebräuchlichen psychoanalytischen Terminologie ausgedrückt, heißt dies, daß die psychodynamisch arbeitende Therapeutin bei der Art ihres technischen Vorgehens einen Schwerpunkt auf die Übertragungs- und Gegenübertragungsanalyse im Hier und Jetzt legt.

Wie Fromm-Reichmann (1950) festgestellt hat, bedarf der Patient einer Erfahrung und keiner Erklärung. Entscheidend ist daher, daß der Patient eine Erfahrung mit einem anderen Menschen macht, der dem Patienten bewußt helfen will, eine größere Reife zu erlangen. Was zählt, ist nicht das, was die Therapeutin sagt, sondern das, was der Patient aus der Interaktion mit der Therapeutin mitnimmt.

Gleichzeitig ist ein bedeutender Teil von dem, was der Patient verinnerlicht, eine Folge der verbalen Botschaften der Therapeutin, und zwar meist nicht in ihrer Einzel-, sondern in ihrer kumulativen Wirkung.* Aber wir müssen uns in bezug auf jede einzelne Intervention die Frage stellen: Ist sie hilfreich oder wahrscheinlich eher hinderlich? Es gibt Momente, in denen wir uns dessen nicht sicher sein können, und uns ist bewußt, daß in allen

* Selten steht oder fällt eine Therapie aufgrund einer einzigen Mitteilung der Therapeutin. Aus wissenschaftlicher Sicht wissen wir noch sehr wenig darüber, wie aus der Verbindung einzelner Botschaften ein therapeutischer Einfluß entsteht und wie wir deren Wirkung maximieren könnten. Unter Therapeuten scheint man sich deutlicher jener Mechanismen bewußt zu sein, die einen Therapiefortschritt erschweren oder verhindern. Solange wir keine genaueren Kenntnisse haben, müssen wir davon ausgehen, daß mehr oder weniger jede Mitteilung zählt, und sollten uns als Therapeuten entsprechend verhalten.

zwischenmenschlichen Interaktionen ein gewisses Quantum an Füllseln vorhanden ist, die einfach die Funktion haben, die Beteiligten erneut ihrer Verbindung zueinander zu versichern. Durch den Therapieprozeß werden der Spontaneität der Therapeutin notwendigerweise Grenzen gesetzt. Die Therapeutin bemüht sich, die Mitarbeit des Patienten zu gewinnen, ohne dabei die Tatsache aus den Augen zu verlieren, daß es sich hier um eine berufsmäßige Beziehung handelt – eine sehr persönliche Beziehung in einem sehr unpersönlichen Rahmen, wie jemand einmal bemerkt hat. Um in der Therapie Fortschritte erzielen zu können, ist ein Therapiebündnis erforderlich; dabei hofft man, daß dieses Bündnis im Laufe der Arbeit und mit wachsendem Selbstbewußtsein des Patienten gestärkt wird. Wie schon bemerkt, wird es dann gestärkt, wenn die beiden Beteiligten besser das gegenwärtige Bedürfnis des Patienten verstehen, mit der Therapeutin von neuem jene interpersonellen Muster zu inszenieren, die auf die eine oder andere Weise mit dem Kern der Störung zusammenhängen. Insofern besteht eine wesentliche Aufgabe darin, die Verwicklung der Therapeutin in diese Szenarios zu begrenzen – ein Ziel, dessen Verwirklichung durch eine gewisse Zurückhaltung und Neutralität erleichtert wird. Die selbstauferlegte Zurückhaltung der Therapeutin schafft den Raum, in dem sich die »Krankheit« des Patienten manifestieren kann. Dieser Raum ist der Kontext, in dem die technischen Vorgehensweisen, denen wir uns nun zuwenden, verstanden werden müssen.

Technische Ziele der Psychodynamischen Kurztherapie

Konzentration auf die therapeutische Beziehung

Die Vorstellung, die wir vom Therapieprozeß haben, stellt eine Denkrichtung dar, die im Widerspruch zu den traditionellen psychoanalytischen Schulen steht. Obwohl sich Begriffe wie *Übertragung* und *Gegenübertragung* eindeutig auf interpersonelle Transaktionen zwischen Patient und Therapeut beziehen, hielt Freud an einem Modell fest, das den Therapeuten als relativ statische Figur sieht. Auch spätere Autoren (Macalpine, 1950) beschrieben das Verhalten des Patienten in der Therapie als starr in eine Richtung verlaufend: vom Analysanden zum Analytiker. Wich eine Therapeutin in ihrem Verhalten von diesem Modell ab, dann hieß es, bei ihr manifestiere sich eine Gegenübertragung. Frühe Empfehlungen, sich als Therapeutin selbst einer Analyse zu unterziehen, zielten in der Tat darauf ab, die Therapeutin zu einem geeichten wissenschaftlichen Instrument zu machen, das die Phänomene, auf die es ausgerichtet ist, nur registriert und sich von ihnen nicht beeinflussen läßt. Ein derartiges Ideal ist aber, wie später erkannt wurde, selbst in einer exakten Wissenschaft wie der Physik (vergleiche Heisenbergs Unschärferelation) unerreichbar, um so unwahrscheinlicher muß folglich dessen Verwirklichung in einer Disziplin sein, bei der es um zwischenmenschliche Beziehungen geht. Was die Psychoanalyse und die Psychotherapie betrifft, so bildete sich ein wirkliches Interaktionsmodell nur langsam heraus – ein Interaktionsmodell, das auf der Erkenntnis beruht, daß Patient und Therapeutin ständig an dynamischen Transaktionen beteiligt sind, die sich deutlich auf die Durchführung der Therapie auswirken. Man kann sagen, daß jetzt eine Zeit anbricht, in der die Implikationen dieser neuen Konzeption umfassender erforscht werden.

Historisch gesehen scheinen Alexander und French (1946) ein Interesse an der therapeutischen Bedeutung der sich zwischen Patient und Therapeutin vollziehenden Transaktionen geweckt zu haben, als sie sich dafür einsetzten, daß Therapeuten eine »korrigierende emotionale Erfahrung« aktiv fördern, indem sie sich dem Patienten gegenüber bewußt in einer Weise verhalten, die seine Übertragungserwartungen drastisch widerlegt. Autoren der H. S. Sullivanschen Richtung betonen durchweg, wie wichtig es ist, als Therapeut ein Gespür dafür zu behalten, daß beziehungsweise inwieweit man an den fehlangepaßten Verhaltensweisen des Patienten beteiligt ist (Epstein & Feiner, 1979; Levenson, 1972; Marguilies & Havens, 1981). Therapeuten, die sich an Klein orientieren, wenden bei der Untersuchung der Gegenübertragungsreaktionen, die von den Übertragungsinszenierungen eines Patienten ausgelöst werden, die Objektbeziehungstherorie an (Kernberg, 1980; Racker, 1978). Neueren Veröffentlichungen zufolge sehen auch bekannte Freudianische Therapeuten den Schlüssel zu einer therapeutischen Veränderung ebenfalls in der im Hier und Jetzt erfolgenden Analyse der Transaktionen zwischen Patient und Therapeutin (Gill, 1979; Hoffman, 1983; Schafer, 1983).

Wie im ganzen bisherigen Text möchten wir auch an dieser Stelle noch einmal betonen: Die therapeutische Beziehung besteht darin, daß sich zwei Menschen an einer strukturierten Interaktion beteiligen. Jeder der Beteiligten erlebt die Beziehung aus mehreren von einander abhängigen Perspektiven. Diese Perspektiven spiegeln sich wiederum in Haltungen und Verhaltensweisen wider, von denen beide Beteiligten wechselseitig beeinflußt werden.

Man kann sagen, daß der *Patient* durch drei allgemeine Perspektiven beeinflußt wird:

1. Er ist in der Lage, die Therapeutin wahrzunehmen und auf sie in flexibler (das heißt erwachsener) Weise zu reagieren, und so ist es ihm möglich, eine anpassungsfähige, vernünftige Einstellung zur gemeinsamen Arbeit zu gewinnen. Diese Fähigkeit bezeichnet man als *beobachtendes Ich,* und ihr Einfluß auf die Patient-Therapeut-Beziehung gilt als eine entscheidende Komponente des Therapiebündnisses.

2. Gleichzeitig neigt der Patient dazu, die Haltungen und das Verhalten der Therapeutin starr auf der Grundlage bereits vorhandener Muster zu interpretieren, die seine Erwartungen gegenüber anderen Menschen verkörpern und als solche Unsicherheit, Angst und Mißtrauen fördern. Diese Perspektive bezeichnen wir als *anachronistische Beziehungsprädisposition* oder, traditioneller ausgedrückt, als Übertragung.

3. Der Patient verhält sich unbewußt so, daß er andere Menschen (einschließlich der Therapeutin) tendenziell reizt, entsprechend zu reagieren. Dies bestätigt wiederum die Erwartungen des Patienten, daß er als der Mensch, der er nun einmal ist, bei anderen bestimmte Reaktionen hervorruft. Mit anderen Worten wird das Verhalten des Patienten zu einer sich selbst bewahrheitenden Prophezeiung. Dieses unbewußte und scheiternsfixierte Verhalten ist die *Handlungs*komponente der Übertragung, auf die in den üblichen Abhandlungen zum Thema selten eingegangen wird.

Jede dieser Perspektiven hat einen tiefen Einfluß darauf, wie der Patient die therapeutische Beziehung erlebt und sich in ihr verhält. Sie bilden eine Mischung von Gefühlen, Phantasien, Haltungen und Verhaltensweisen, deren relative Einflüsse sich ständig verschieben.

Die *Therapeutin* wird andererseits von vier Perspektiven beeinflußt:

1. Die Therapeutin versucht, eine einfühlsame, vernünftige und objektive sowie berufsmäßige (aufs Interpretieren gerichtete) Haltung zu wahren.

2. Gleichzeitig wird die professionelle Umgangsweise der Therapeutin von ihrem persönlichen Stil beeinflußt, der eine (oft als »positiv« oder »negativ« erfahrene) komplexe Wirkung auf den Patienten hat.

3. Außerdem wird die Therapeutin ständig zu Reaktionen gereizt, die den Rollen entsprechen, die ihr durch die fehlangepaßten interpersonellen Szenarios des Patienten zugewiesenen werden (diese Reaktionen kann man als Gegenübertragung bezeichnen, die durch die Übertragungsmuster des Patienten ausgelöst wird).

4. Bisweilen wird die Art und Weise, in der die Therapeutin den Patienten erlebt und sich ihm gegenüber verhält, von ganz und gar persönlichen Bedeutungen bestimmt, die ihre Ursprünge in den eigenen ungelösten neurotischen Konflikten haben (die Gegenübertragung im traditionellen Sinne).

Jede dieser Perspektiven hat einen Einfluß darauf, wie die Therapeutin die therapeutische Beziehung erlebt, und dieser relative Einfluß wandelt sich ständig, wobei oftmals Reaktionen auf das Verhalten des Patienten eine Rolle spielen. Aufgrund ihrer berufsmäßigen Zurückhaltung und Kenntnis des Therapieprozesses hat die Therapeutin jedoch mehr Gespür für diese Einflüsse (als jemand ohne entsprechende Ausbildung) und kann aus deren Wirkung therapeutischen Nutzen ziehen. Dazu untersucht sie diese Einflüsse sowohl offen, das heißt gemeinsam mit dem Patienten, als auch verdeckt (im stillen) zur Vorbereitung auf interpretierende Interventionen.

Daraus folgt, daß die technische Strategie der Psychodynamischen Kurztherapie hauptsächlich in der sorgfältigen, systematischen Erarbeitung der interpersonellen Transaktionen zwischen Patient und Therapeutin besteht. Bei der Erforschung dieser Transaktionen geraten die konfliktträchtigen Verhaltensweisen des Patienten – deren empirische Manifestationen seine Transaktionen mit der Therapeutin sind – immer deutlicher ins Blickfeld. Ein Patient beginnt eine Therapie selten mit der Erwartung, die Beziehung zur Therapeutin zum Gegenstand der Untersuchung zu machen. Dies gilt unabhängig von der Natur und Intensität der Gefühle und Phantasien, die er anfangs in Gegenwart der Therapeutin erlebt. Doch wenn die Therapeutin ständig auf die Art der sich entwickelnden Beziehung achtet, lernt schließlich auch der Patient deren Bedeutung schätzen. Wenn seine Aufmerksamkeit erst einmal in diese Richtung gelenkt ist, erkennt der Patient, daß sich die Therapiearbeit nicht in einem zwischenmenschlichen Vakuum abspielt, sondern daß er und die Therapeutin aktiv an einem Prozeß beteiligt sind, der als Teil der therapeutischen Bemühungen verstanden werden muß. Schrittweise entdeckt er – und das ist ebenso wichtig –, daß in der therapeutischen Beziehung genau die Schwierigkeiten auftreten, die ihn ursprünglich dazu bewogen haben, sich um eine Therapie zu bemühen.

Orientierungshilfen
zum Verständnis der Konflikte des Patienten

1. Die Rolle der Übertragung

Wie wir festgestellt haben, stellt eine gute therapeutische Beziehung ein ideales Mittel dar, um die fehlangepaßten interpersonellen Prädispositionen eines Menschen zu erleben und gleichzeitig deren Korrektur zu erleichtern. Wenn man einen therapeutischen Prozeß fördern will, muß man bei der Arbeit allerdings eine Vorstellung davon haben, auf welche Weise die Konflikte des Patienten die Patient-Therapeut-Beziehung beeinflussen, und die technischen Interventionen entsprechend strukturieren. Die grundlegendste und verbreitetste Vorstellung ist in diesem Zusammenhang die der Übertragung; hier geht es darum, daß der Patient dazu neigt, durch die Beziehung zur Therapeutin emotionale Konflikte zu inszenieren. Dieser Gedanke wurde von Freud (1917, *GW 11*) eingeführt, als er die These aufstellte, daß es zu therapeutischem Fortschritt einzig und allein durch die Beziehung des Patienten zum Therapeuten komme.

Zwar gilt bei allen psychoanalytischen Verfahren die Übertragung als primäres Mittel zum Verständnis und zur positiven Beeinflussung emotionaler Konflikte, doch gibt es, was das Wesen der Übertragung und deren technische Bewältigung anbelangt, große Unterschiede. Der konservativste Standpunkt geht davon aus, daß sich ein Übertragungsverhalten nur langsam herausbildet und erst behandelt werden kann, wenn sich eine Übertragungsneurose entwickelt hat. Es ist jedoch die Frage aufgeworfen worden, ob das überhaupt stimmt und man nicht vielmehr von »einem umfassenden Prozeß« auszugehen hat, bei dem »Übertragungsbilder ineinander verschmelzen oder sich für einen Moment besonders klar gegeneinander abzeichnen, und das häufig in weniger beständiger Weise, als das bei den Symptomen und anderen Manifestationen der Neurose der Fall ist« (Greenacre, 1980, S. 420). Die Vorstellung von der Übertragung als einer Anzahl sich ständig verlagernder affektiver Themen verträgt sich eher mit der Ansicht, daß man das Übertragungsverhalten von Beginn der Therapie an fruchtbar behandeln kann.

Einige zeitgenössische Autorinnen und Autoren (zum Beispiel Blum, 1983; Coltrera, 1980; Rangell, 1980) behaupten, daß Übertragungsproblemen zuviel Aufmerksamkeit geschenkt werde; andere (Gill, 1979, 1980; Schafer, 1983) sind der Meinung, daß der Übertragungsanalyse zwar in theoretischen Abhandlungen besondere Bedeutung beigemessen werde, entsprechende Empfehlungen aber in der klinischen Praxis häufig nicht genügend umgesetzt würden. Bei unserer eigenen klinischen Arbeit haben wir uns den Standpunkt zu eigen gemacht, daß die (traditionellerweise als Übertragungs- und Gegenübertragungsanalyse bezeichnete) Analyse der aktuellen Transaktionen zwischen Patient und Therapeutin das wirksamste Mittel darstellt, um mit chronischen zwischenmenschlichen Konfliktmustern fertig zu werden. Wie im vorliegenden Band immer wieder betont wird, finden diese fehlangepaßten Verhaltensmuster in der therapeutischen Beziehung tiefgreifenden Ausdruck und können dort, falls die Umstände günstig sind, schließlich verändert werden. Durch die Supervision jüngerer Kollegen und die aufmerksame Beschäftigung mit ihrer psychodynamischen Therapiearbeit sind wir zu der Überzeugung gelangt, daß die Übertragungsanalyse häufig nicht richtig verstanden wird und in der allgemeinen Praxis eine viel zu geringe Anwendung findet.

Vertreter der bedeutenderen dynamischen Kurzzeittherapien teilen bis zu einem gewissen Grade diese Ansicht und empfehlen, wie weiter oben beschrieben, von Beginn der Therapie an Übertragungsdeutungen vorzunehmen. Doch gehen alle diese Verfahren auch von der Annahme aus, daß aktuelle Anzeichen für eine Übertragung der Therapeutin in erster Linie den Weg zu einer interpretierenden Rekonstruktion von Kindheitskonfliktmustern (Kernkonflikt) weisen. Diese Annahme beruht auf dem Gedanken, daß bei einer Übertragung Kindheitskonflikte *wiederholt* und dabei auf eine neutrale Therapeutin projiziert werden, wie ein innerer Filmprojektor, der ein Bild auf eine Leinwand projiziert – daher die Vorstellung von der Therapeutin als einer leeren Leinwand (siehe Kapitel 1). Deshalb sind wir der Meinung, daß bei den bedeutenderen Varianten der dynamischen Kurzzeittherapie die Tendenz besteht, viele Patienten von dieser Therapieform auszuschließen, weil man die Dynamik der Patient-Therapeut-Beziehung nicht genügend zu würdigen weiß beziehungsweise nicht bereit ist, sich mit ihr zu befassen.

Im Gegensatz dazu nutzt die Psychodynamische Kurztherapie die therapeutische Beziehung in stärkerem Maße zur Korrektur zwischenmenschlicher Konflikte. Die hier postulierte interaktive Konzeption der Übertragung erlaubt, die therapeutische Beziehung als dyadisches System zu sehen. Ein Konflikt besteht also ungeachtet seiner Kindheitsquellen in Form des Übertragungserlebens und -verhaltens fort, weil kreisförmige interpersonelle Muster (die Horneys »Teufelskreisen« ähneln) den Patienten in seinen mißtrauischen Erwartungen gegenüber anderen Menschen bestätigen. Dadurch bedingt dauern die Ängste und Abwehrmanöver des Patienten fort (siehe Kapitel 5).

In unserer Definition der Übertragung wissen wir uns mit Hoffman (1983, S. 394) einig:

> Die neurotische Übertragung ist dadurch gekennzeichnet, daß der Patient selektiv auf einen bestimmten Aspekt des Verhaltens und der Persönlichkeit der Therapeutin achtet; daß er gezwungen ist, eine bestimmte Interpretationseinstellung, statt möglicher anderer, zu wählen; daß sich sein Gefühlsleben und Anpassungsverhalten unbewußt nach dem von ihm eingenommenen speziellen Standpunkt richten, den sie ihrerseits wieder beeinflussen; und – was vielleicht am wichtigsten ist – daß der Patient sich bislang so verhält, daß er bei anderen Menschen tatsächlich offene und versteckte Reaktionen hervorruft, die sich mit seinem Standpunkt und seinen Erwartungen decken. Mit Hilfe der Übertragung werden zwischenmenschliche Beziehungen im allgemeinen und die Beziehung zur Analytikerin im besonderen nicht nur gedeutet, sondern auch aufgebaut oder geprägt.

Folglich sind das Übertragungserleben und -verhalten des Patienten nicht einfach Verkörperungen der Vergangenheit, die der Therapeutin als »verzerrte« Bilder übergestülpt werden. Vielmehr hat der Patient bestimmte, schon vorher vorhandene Tendenzen oder fixe Erwartungen, auf deren Grundlage er den jeweiligen Sinn zwischenmenschlicher Vorgänge deutet. Die Therapeutin geht bei ihrer Arbeit von der Annahme aus, daß diese – aus der Sicht des Patienten einleuchtenden – Deutungen immer als Reaktion auf einen tatsächlichen Vorgang zustande kommen (bewußte oder unbewußte Haltungen und Verhaltensweisen der Therapeutin; Aspekte der Therapieumgebung und -vereinbarungen wie die Praxiseinrichtung, die Bezahlung, Termine etc.). Mit anderen Worten verzerrt das Übertragungserleben des Patienten nicht irgendeine konsensuelle Wirklichkeit, sondern beruht auf der Tendenz des Patienten, Ereignisse stur auf eine bestimmte Art und Weise zu deuten und nicht soweit flexibel zu sein, Alternativen in Betracht zu ziehen. Letzteres würde sich nicht mit den affektiven Themen vertragen, von denen das Leben des Patienten unbewußt bestimmt wird (Gill, 1979; Hoffman, 1983). Aus dieser Sicht der Übertragung folgen wichtige Implikationen für die Technik, denen wir uns kurz zuwenden wollen.

Außerdem ist es wichtig, sich daran zu erinnern, daß die Therapeutin rasch zu einer höchst bedeutsamen Person im Leben des Patienten wird. Wie Freud (1917, *GW 11*) scharfsichtig erkannte, wird diese Verbindung zur Triebkraft für die therapeutische Veränderung. Wenn sich der Patient hilfesuchend an die Therapeutin gewandt und sich unbewußt darauf eingestellt hat, sie als Liebesobjekt zu behandeln, wird er äußerst sensibel für alles, was in der sich entwickelnden Beziehung geschieht. Daraus folgt, daß alle klinischen Daten – seien sie nun aus irgendwelchen Bemerkungen über Menschen und Ereignisse außerhalb der therapeutischen Beziehung, aus der Stimmung oder den Träumen des Patienten oder aus der emotionalen Atmosphäre der Therapiegespräche abgeleitet – als »versteckte Anspielungen« auf die Übertragung betrachtet werden müssen (Gill, 1979). Mit anderen Worten sollten solche Daten – unabhängig davon, was sie vielleicht sonst noch verkörpern – immer genau auf mögliche Hinweise darauf untersucht werden, wie der Patient die therapeutische Beziehung erlebt. Wenn er, und sei es noch so flüchtig, eine direkte Bemerkung in bezug auf die Therapeutin fallen läßt, wird darin natürlich immer eine wichtige Mitteilung zu sehen sein, die Auskunft darüber geben kann, wie der Patient auf die Therapeutin reagiert.

Ein letzter Punkt betrifft das Verhältnis von Übertragung und dynamischem Therapiefokus. In Kapitel 5 haben wir diesen Fokus unter Hinweis auf zwischenmenschliche Erlebnis- und Verhaltensmuster definiert, die sich für den Patienten nach wie vor als störend erweisen. Es ist zu erkennen, daß unsere Fokuskonzeption eine Entscheidung bedeutet, selektiv auf ein »Übertragungsbild« (Greenacre, 1980) zu achten, das zu Beginn der therapeutischen Beziehung als auffällig erscheint. Der dynamische Therapiefokus ist eine Methode, die jenen Aspekt der therapeutischen Beziehung begrifflich genauer zu bestimmen hilft, der als *Übertragung* bezeichnet wird und in dem sich die aktuelle Variante der chronischen fehlangepaßten zwischenmenschlichen Verhaltensmuster des Patienten widerspiegelt. Er wirft ein Schlaglicht auf die Übertragungsform, die den stärksten Einfluß auf die therapeutische Beziehung hat.

Die ursprüngliche Fokusformulierung behält zwar häufig die ganze Therapie hindurch den Hauptakzent, doch kommt es auch nicht selten vor, daß sich das Fokusthema ändert oder schließlich mehrere Themen umfaßt. Wenn man in einer zeitlich begrenzten Therapie einen Fokus beibehält, so sollte das nicht mit irgendwelchen Versuchen verbunden sein, den Patienten oder die Therapie in ein Prokrustesbett zu zwängen. Wie in Kapitel 5 gezeigt wurde, ist es die geordnete, interaktive Struktur des Fokus, die der Therapiearbeit Kontinuität verleiht, auch wenn sich der Inhalt wandelt. Gleichzeitig ist in einem emotionalen Konflikt eine Redundanz vorhanden, und durch den Akt des Fokussierens (und die Methode) wird die Therapeutin dazu angehalten, diszipliniert auf das Auftreten konfliktträchtiger Themen zu achten, ohne sich dabei von weniger wichtigen Problemen oder Abwehrreaktionen ablenken zu lassen.

2. Die Rolle der Gegenübertragung

Die traditionelle Psychoanalyse vertritt den Standpunkt, daß die Gegenübertragung die Übertragungsversion der Therapeutin sei; demnach verkörpert der Patient letztlich ein Objekt aus der Vergangenheit der Therapeutin, auf das Gefühle und Wünsche projiziert werden, die aus ungelösten Konflikten herrühren. Doch werden Fragen, die die Definition und technische Bedeutung der Gegenübertragung betreffen, nach wie vor heftig diskutiert (Arlow, 1980). Ein Hauptgrund für das Andauern der Kontroverse ist vielleicht darin zu sehen, daß das Thema einen unmittelbaren Bezug zu der Frage hat, in welcher Weise und in welchem Maße die Therapeutin in einer Psychotherapie oder Psychoanalyse persönlich beteiligt ist. Von besonderer Bedeutung sind hier die Ansichten, die in den letzten Jahren aus dem Bereich der Theorie der Objektbeziehungen hervorgegangen sind. Diese Position läßt sich folgendermaßen zusammenfassen: Durch bewußte und unbewußte Verhaltensweisen ruft der Patient bei der Therapeutin affektive innere Reaktionen hervor, die symbolisch Facetten der Innenwelt des Patienten darstellen. Die so ausgelösten Reaktionen der Therapeutin spiegeln unter Umständen die bewußten und unbewußten Wünsche des Patienten oder andere Aspekte seiner Selbsterfahrung unmittelbar wider, vielleicht aber auch verleugnete Aspekte der Vorstellungen, die er von sich selbst und von Objekten hat (Kernberg, 1980).

Ungeachtet ihrer jeweiligen Akzentuierung zeugen die verschiedenen zeitgenössischen Ansichten zur Gegenübertragung davon, daß der bedeutsame emotionale Einfluß, den Patient und Therapeutin aufeinander haben, in stärkerem Maße gewürdigt wird. Die ältere Sichtweise der Gegenübertragung ging davon aus, daß eine innere Triebkraft, ein Wiederholungszwang der Therapeutin die Gegenübertragungsreaktionen hervorruft, und man nahm an, das diese auf die gleiche Art und Weise wie die Übertragungen beim Patienten zustande kämen. Im Gegensatz dazu zeugen die von der Theorie der Objektbeziehungen abgeleiteten Gegenübertragungskonzeptionen von einer größeren Wertschätzung der interaktiven Natur der therapeutischen Beziehung. Dementsprechend gehen sie davon aus, daß eine Therapeutin viel über die Konflikte des Patienten erfahren kann, wenn sie auf Reaktionen achtet, die der Patient bei ihr hervorruft (Racker, 1978).

Dennoch beschreibt ein Großteil der zeitgenössischen psychoanalytischen Literatur und der darauf basierenden klinischen Lehre die Rolle der Therapeutin immer noch als die einer mehr oder weniger objektiven Beobachterin, die analysiert und im richtigen Moment und in der richtigen Form dem Patienten Interpretationen unterbreitet. Selbst wenn der Patient bei der Therapeutin eine emotionale Reaktion hervorruft, sollten sich derartige Reaktionen also auf innere Erlebnisse beschränken, die die Therapeutin völlig unter Kontrolle behält. Mit anderen Worten darf die Therapeutin zwar innere Reaktionen haben, wenn der Patient seine Übertragungsszenarios ausspielt, sollte »das Spiel« aber nicht »mitspielen« (Greenacre, 1980).

Die Literatur, die sich mit der Psychodynamischen Kurztherapie befaßt, behandelt die Gegenübertragung entweder gemäß der klassischen oder der – von uns so genannten – konservativen interaktiven Sicht. Manche Autoren halten eine Therapeutin, die dem Einfluß der neurotischen Szenarios des Patienten unterliegt oder (und sei es nur in begrenztem Maße) an ihnen teilhat, für in einer pathologischen Reaktion befangen, die beinahe per definitionem einem therapeutischen Fortschritt im Wege steht. Dementsprechend wird die Meinung vertreten, daß es nur hin und wieder zu Gegenübertragungen komme; kompetente Therapeuten sollten in dieser Hinsicht größtenteils immun sein, und eine Gegenübertragung stelle auf jeden Fall eine unerwünschte Störung dar. Wenn es dennoch einmal zu einer Gegenübertragung kommt, muß sie herkömmlichen Ansichten zufolge mit Hilfe einer Selbstanalyse oder fachlichen Beratung so schnell wie möglich kuriert werden (Mann, 1978; Sifneos, 1979).

Die Praktiker, die bei ihren zeitlich begrenzten Therapien häufig mit schwierigeren Patienten zu tun haben, geben zu, daß eine Gegenübertragung zuweilen eine Reaktion auf die konfliktgeladenen Kämpfe sein kann, die der Patient innerhalb der therapeutischen Beziehung inszeniert. Folglich bestätigen sie, daß Gegenübertragungsreaktionen nicht unbedingt pathologisch sind. Tatsächlich empfehlen sie der Therapeutin, auf Gegenübertragungsreaktionen zu achten und zu sehen, ob sie Aufschluß über das Wesen der Patientenkonflikte geben. Gleichzeitig vertreten diese Autoren, die in der Therapeutin eine relativ objektive Beobachterin reaktivierter frühkindlicher Konflikte sehen, die Ansicht, daß es sich nachteilig auf den Therapiefortschritt auswirkt, wenn sich die Therapeutin dazu verleiten läßt, sich – und sei es auch nur in begrenztem Umfang – an diesen Konflikten zu beteiligen (Davanloo, 1978, 1980; Malan, 1976a).

Wie wir schon gesehen haben, unterscheidet sich die Rolle und Funktion, die der Therapeutin in der Psychodynamischen Kurztherapie zukommt, radikal von derjenigen, die bei anderen Kurzzeitverfahren empfohlen wird. Bei dem Versuch, Patienten zu therapieren, die ihrerseits oft sehr hartnäckig versuchen, die Therapeutin in die eigenen starr fixierten Verhaltensweisen mit einzubeziehen, kann sie kaum anders, als das Spiel mitzuspielen. Wir meinen, daß sich eine Therapeutin, die sich dem Patienten gegenüber empathisch verhält, zwangsläufig an dessen unbewußten Szenarios beteiligt, welche (teilweise) darauf zielen, die vorgefaßten Erwartungen, die er bedeutsamen Anderen gegenüber unbewußt hat, bestätigt zu bekommen. Außerdem glauben wir, daß die zwangsläufige Einbeziehung oder Verwicklung der Therapeutin in die fehlangepaßten Verhaltensweisen des Patienten und ihre Reaktion darauf in der Literatur über Psychodynamische Kurztherapien bislang vernachlässigt worden sind. Da dieses Thema in der Psychodynamischen Kurztherapie von entscheidender Bedeutung ist, werden wir uns diesem Problem nun eingehender zuwenden.

Unserer Ansicht nach ist sowohl der Patient als auch die Therapeutin immer mitbeteiligt; beide werden wechselseitig von den affektiven Beschränkungen beeinflußt, denen ihre Beziehung aufgrund der konfliktgeladenen Verhaltensweisen des Patienten unterliegt (siehe auch Epstein & Feiner, 1979; Racker, 1978; Sandler, 1976). Wie bereits beschrieben, wird in der Übertragung eine Inszenierung bestimmter geordneter innerer Rollenbeziehungen gesehen, um die herum das Gefühlsleben des Patienten strukturiert ist und die wiederum einen Einfluß darauf haben, wie er sich selbst und die Welt erlebt:»Die Übertragung wäre demnach ein Versuch des Patienten, zwischen sich und [der Therapeutin] *eine Interaktion und wechselseitige Beziehung herzustellen*« (Feiner, 1979; Hervorhebung durch H. S. & J. B.). Nach dieser Sicht stellt die Gegenübertragung der Therapeutin eine empathische»Rollenreaktion« (Sandler, 1976) auf die spezielle Beziehung dar, die für den Patienten die derzeit einzige Möglichkeit ist, mit der Therapeutin in Beziehung zu treten. Von daher liegt die Betonung auf der Qualität und der Bedeutung der spezifischen Transaktionen, die das Selbst- und Objektbild (beziehungsweise -bilder) des Patienten sowie die damit verbundenen Gefühle und Phantasien aktivieren.

In diesem Sinne wird die Gegenübertragung immer noch als eine Form der Empathie verstanden, eine»Probe-Identifizierung« (Greenson, 1986) mit Teilen der Innenwelt des Patienten. Die übliche Sichtweise engt die Gegenübertragung jedoch auf (durch den Patienten ausgelöste) innere Reaktionen der Therapeutin ein. Im Gegensatz dazu vertreten wir die Ansicht, daß die Vorstellung von der Gegenübertragung eine Erweiterung erfahren sollte, um auch solche Therapeutenhandlungen und -reaktionen (einschließlich Haltungen, Verhaltensweisen sowie Gedanken, Gefühle

195

und Phantasien) zu erfassen, die durch die Übertragungsinszenierungen des Patienten hervorgerufen werden. Aus dieser Perspektive sind Übertragung und Gegenübertragung zwangsläufig miteinander verknüpft. Sie bilden eine interaktive – also sich wechselseitig beeinflussende – Einheit, die (teilweise) die Art und Weise kennzeichnet, in der beide Beteiligte an einer Transaktion oder einer Reihe von Transaktionen teilhaben.

Im Sinne der Psychodynamischen Kurztherapie kann man die Gegenübertragung als eine Form zwischenmenschlicher Empathie beschreiben, bei der die Therapeutin – eine Zeitlang und in begrenztem Maße – veranlaßt wird, Rollen zu spielen, die ihr durch die vorgefaßten neurotischen Szenarios des Patienten zugewiesen werden. Die Empathie der Therapeutin erfaßt allerdings mehr als die innere Welt des Patienten; sie kann die unmittelbare Erfahrung miteinschließen, an dieser inneren Welt teilzuhaben, soweit sie in zwischenmenschliches Verhalten übertragen wird. Insofern spielt die Therapeutin das Spiel in begrenztem Maße tatsächlich mit.

Der empathische Prozeß gerät dann in falsche Bahnen, wenn die Therapeutin nicht in der Lage ist, sich zurückzuziehen und über ihre Reaktionen auf den Patienten nachzudenken. In diesem Fall hört die Therapeutin auf, empathisch zu sein, und identifiziert sich statt dessen in einer Weise mit dem Patienten, die dessen neurotische Erwartungen gegenüber zwischenmenschlichen Beziehungen verstärkt. Wenn eine Gegenübertragung unentdeckt bleibt, kann sie sich hinderlich auf den Therapiefortschritt auswirken; und wenn sie im traditionellen Sinne verstanden wird, kann sie eventuell nicht mehr ihre Funktion als wesentliches Hilfsmittel erfüllen, das die Therapeutin bei ihrer Arbeit von einem Augenblick zum nächsten leitet. Daraus folgt, daß im Mittelpunkt des psychodynamischen Therapieprozesses die Fähigkeit der Therapeutin steht, sich auf die Verhaltensweisen des Patienten einzulassen und mit ihnen »fertig zu werden« (Gill & Muslin, 1976; Levenson, 1982). Wenn die Therapeutin diese Aufgabe meistert, ist sie in der Lage, ein lebendiges emotionales Erlebnis therapeutisch zu nutzen, indem sie den Patienten dabei unterstützt, das zu untersuchen, was sie beide gerade durchlebt haben.

Hin und wieder fällt es der Therapeutin außerordentlich schwer, sich nicht in die Szenarios des Patienten verstricken zu lassen. Wie wir schon betont haben, sind die Patienten oft genötigt, die Therapeutin an ihren Kämpfen zu beteiligen, um so das Eintreten von sich selbst bewahrheitenden Prophezeiungen herbeizuzwingen. Dieser Drang kann sehr subtil sein, kann sich aber auch so äußern, daß die Therapeutin in eine Klemme manövriert wird. Die Patienten stellen die Therapeutin immer wieder auf die Probe (Weiss, Sampson & die *Mount Zion Psychotherapy Group,* 1986), und das mit oft geradezu unheimlichem Geschick. Diese Manöver und die dahintersteckende Absicht sind dem Patienten nicht bewußt, und das macht es der Therapeutin auch nicht gerade leichter, mit ihnen fertig zu werden. Es hilft jedoch, wenn sie daran denkt, daß die Inszenierungen beim Patienten von einem tiefsitzenden Gefühl der Schwäche, Bedürftigkeit und Verletzlichkeit ausgehen und er im Grunde immer leidet. Bei diesen Szenarios wird der Patient – wiederum unbewußt – von dem Drang getrieben, die Schwächen der Therapeutin herauszufinden und auszunutzen. Vielleicht spürt er, daß die Therapeutin Schmeichelei und Lob von ihren Patienten braucht, daß sie (wie bis zu einem gewissen Grade jeder Mensch) dazu neigt, Schuldgefühle zu vermitteln, daß sie den Patienten aus einer Reihe anderer Gründe (Einkommen, Ansehen) »braucht«, daß sie bei jedem Patienten erfolgreich sein muß, weil ein Mißerfolg für sie unerträglich wäre, und ähnliches mehr. Ein solchermaßen verführerisches Patientenverhalten kommt zwar häufig vor, wir meinen aber, daß ihm bisher vielleicht mehr Beachtung geschenkt worden ist, als es verdient. Ein schwierigeres Problem ist für viele Therapeuten der Umgang mit Wut. Das folgende – aus der *Vanderbilt I*-Studie (Strupp, 1980 b) entnommene – Beispiel veranschaulicht, wie ein Therapeut auf das provozierende Verhalten eines feindselig und negativ eingestellten Patienten reagiert:

Der Patient, ein neunzehnjähriger Student, steckte in einer tiefen Depression. So wie er da verschlossen und bedrückt auf seinem Stuhl hing und jeglichen Augenkontakt mit dem Therapeuten vermied, entsprach er dem klassischen Bild eines schwer depressiven Patienten. Er wollte eine Therapie anfangen und stand dabei innerlich offenbar unter großem Druck. Obwohl eine gewisse Verzweiflung zu spüren war, lag bei ihm nicht jene Art von Motivation vor, die für eine Psychodynamische Kurztherapie im allgemeinen Gutes hoffen läßt. Mit Hilfe des folgenden Dialogs möchten wir das provozierende Verhalten des Patienten (P) gegenüber dem Therapeuten (T) veranschaulichen und zeigen, mit welcher Feindseligkeit und Wut er ihm begegnet, und vor allen Dingen, wie er unbewußt bestrebt ist, umgekehrt im Therapeuten negative Gefühle zu wecken und ihm so eine Niederlage zu bereiten. Leider wurde der Therapeut in das Spiel des Patienten verstrickt, ohne damit fertig werden zu können. Die Therapie erwies sich schließlich im wesentlichen als Fehlschlag.
Der Boden für den Fehlschlag wurde teilweise durch den rationalen und

kognitiven Ansatz des Therapeuten bereitet. Er versuchte von Anfang an, den Patienten zur Mitarbeit zu bewegen und mit ihm zusammen die irrationalen Überzeugungen zu untersuchen, von denen sein Verhalten geleitet zu sein schien. Doch sprach bereits aus dem, was der Therapeut am Ende der ersten Stunde anmerkte, eine gewisse Verärgerung:»Sie haben von sich eine sehr beschränkte Sicht. Sie sagen, daß viele Leute Sie verachten und daß Sie sich selbst verachten. Sie selbst bringen den Leuten bei, Sie verächtlich zu behandeln, und dadurch kommt es dann, daß andere Sie so sehen, wie Sie sich selbst sehen. Eine große Hilfe, die die Therapie Ihnen geben kann, ist, daß Sie sich selbst, Ihre Überzeugungen und die Botschaften betrachten, die Sie an andere aussenden.«

Im weiteren Verlauf der Therapie kamen beim Patienten andere Aspekte seines Minderwertigkeits- und Unzulänglichkeitsgefühls und seines Selbsthasses zum Vorschein. Er beschäftigte sich ständig mit seinem Äußeren und meinte, er sehe komisch, häßlich, seltsam, dünn, tolpatschig, untergewichtig und um die Schultern herum schlaff aus – also, kurz gesagt, wie ein »Blödmann« (in Wirklichkeit war sein Äußeres durchschnittlich und nicht weiter bemerkenswert). Sein lebhaftes negatives Selbstbild zeigte sich des weiteren auch daran, daß er davon erzählte, wie er einmal von einem Mädchen, das er einladen wollte, ausgelacht worden war. Der Therapeut entschied sich dafür, das Problem aktiv anzugehen, und meinte zum Patienten:»Was tun Sie, um die Aufmerksamkeit anderer Leute auf sich zu ziehen? Irgend etwas tun Sie sicher . . . meistens merken es die Leute nur nicht. Und Sie sitzen da und machen ein saures Gesicht.« Der Patient antwortete herausfordernd:»Es gibt nichts, worüber ich in Heiterkeit ausbrechen könnte.« Daraufhin hakte Dr. Y nach:»Die Leute mögen Sie nicht. Und ich habe bisher nichts gehört, was sie zu einem anderen Verhalten bewegen könnte.«

P (trotzig): Daran kann ich nichts ändern.
T (läßt sich offenbar auf eine verbale Auseinandersetzung ein): Natürlich können Sie das . . . es liegt an Ihnen, daß man nicht gern mit Ihnen zusammen ist . . . Lassen Sie uns herausfinden, warum das so ist und was Sie tun können, um sich zu ändern . . . Schauen Sie zunächst einmal, was Sie tun können, um sich zu ändern . . . Schauen Sie, wodurch Sie die Leute dazu bringen, Sie zu übergehen.
P: Ich habe eine verbitterte Einstellung zum Leben.
T: Das läßt sich ändern.
P: Wie kann ich eine andere Einstellung bekommen?
T: Ändern Sie Ihr Verhalten – dadurch könnte sich dann Ihre Einstellung ändern.
P: Was soll ich denn dann tun – eine Schau abziehen?

T: Sehen Sie sich im Moment doch einfach einmal selbst an . . .
P (beharrend): Das hier ist mein normales Ich.
T: Ich weiß nicht, was Ihr »wirkliches Ich« ist.

Im anschließenden Gespräch erkundigte sich der Therapeut beim Patienten danach, wie er sich anderen gegenüber darstellt, und konzentrierte sich dabei wiederum auf die Frage, ob nicht eventuell »Botschaften« von ihm ausgingen. Gleichaltrigen gegenüber schien eine dieser Botschaften zu sein: »Na los, Freunde, macht mich nieder!« Der Patient gab zu, daß dies wohl ein Fehler sei. Dr. Y fuhr fort: »Sie sind einigermaßen intelligent und sehen nicht schlecht aus, aber da ist etwas . . . Sie erklären der Welt ganz allgemein: ›Ich tauge nichts und bin nicht sehr fröhlich; macht mich nieder!‹ . . . Versuchen Sie, sich etwas aus der Distanz zu sehen... schauen Sie, welches Verhalten sich selbst gegenüber Sie bei anderen auslösen.«

An anderer Stelle versuchte Dr. Y, die Neugier des Patienten an der eigenen Person zu wecken und seine Mitarbeit für die Bewältigung der Therapieaufgabe zu gewinnen. Er deutete an, daß es Dinge gebe, die der Patient schaffen könne, wenn er nur ernsthaft wolle, und versuchte ihm so ein Gefühl der Hoffnung zu vermitteln. Als »Hausaufgabe« bat er ihn, auf konkrete Fälle zu achten, bei denen er sich selbst »niedermacht«, die Aufmerksamkeit anderer auf sich zu lenken versucht und andere dazu bringt, ihn zu bemitleiden. Dabei gab der Therapeut zu, daß dies noch »nicht das grundlegende Problem löst«, aber es sei immerhin ein Anfang.

Die bisherigen Interaktionsmuster gingen relativ wenig verändert weiter. Es stellte sich heraus, daß eine wichtige Ursache für den gegenwärtigen Konflikt des Patienten die Beziehung zu seiner Mutter war. Er drückte es folgendermaßen aus: »Sie versucht, mich zu verschiedenen Dingen anzustacheln. Ich bin ihr noch nie über längere Zeit böse gewesen, weil das, was sie sagte, langfristig gesehen meistens sinnvoll war.« Bezeichnenderweise kritisierte sie den Patienten sehr oft, lobte ihn aber kaum, wenn ihm einmal irgend etwas gelang. Wenn der Patient jedoch offen klagte und sagte, daß es ihm nicht gutgehe, kümmerte sich seine Mutter immer liebevoll um ihn. Von ihr hieß es außerdem, sie habe ihn »oft in peinliche Situationen gebracht«. Auch von seiner derzeitigen Freundin meinte der Patient, daß er sie als sehr besitzergreifend und fordernd erlebe.

Der Therapeut neigte dazu, dem Patienten Lebensgrundsätze mit auf den Weg zu geben wie:
»Wenn es Ihnen gutgeht, dann liegt das an Ihnen; und wenn es Ihnen schlechtgeht, liegt das auch an Ihnen.«
»Sie lassen sich in Ihren Handlungen und Ihrem Verhalten ganz und gar

von Ihren Gefühlen leiten. Das muß nicht unbedingt sein. Sie sind Ihren Gefühlen nicht ausgeliefert. Sie können einer solchen Spirale ein Ende setzen.«

»Ungewöhnlich an Ihnen ist nicht Ihr Aussehen, sondern die Sorge, die Sie sich um Ihr Aussehen machen. Offen gesagt, verstehe ich nicht, woher das kommt. Ich weiß, daß Sie einen Bruder haben, der Ihren Worten zufolge sehr gut aussieht.«

»Sicher stimmt es, daß Sie es oft nicht merken, wenn Sie sich in einem negativen Licht sehen. Aber in vielen Fällen wäre es Ihnen auch möglich zu sagen: ›Heh, darüber will ich nachdenken!‹ Vielleicht schreiben Sie sich die Punkte auf und schauen, ob Ihr erster Eindruck nicht schief ist.«

»Ein Großteil Ihrer Depressionen und Ihrer Unzufriedenheit kommt mir fast wie selbstverursacht vor . . . Ich glaube, daß Sie fähig sind, neue Dinge über sich zu lernen und in mehrerer Hinsicht auch einen neuen Umgang mit der Welt und den Menschen.«

»Wenn jemand sagt, Sie sähen komisch aus, dann redet er nicht von Ihrem körperlichen Äußeren, sondern von der Art Ihres Verhaltens, das Ihrem freien Willen unterliegt. Das ist etwa so, als ob Sie im Studium durch fleißige Arbeit zu Erfolgen kommen, anstatt Ihre Dozenten dazu zu bringen, Sie zu bemitleiden.«

»Sie müssen noch lange nicht mies aussehen, weil Sie sich mies fühlen . . . Sie haben viele Ausreden, um nichts Neues ausprobieren zu müssen . . . Es wird Zeit, daß Sie aufhören, über Ihr Aussehen zu lamentieren.«

Beim nochmaligen Durchgehen der Mitschnitte und Notizen aus den einzelnen Therapiestunden wurde deutlich, daß eine ganze Reihe von Spannungen vorhanden war. Auf der einen Seite klagte der Patient über seine Eltern, seine frühe Kindheit, seine Kameraden und sich selbst; auf der anderen Seite ermahnte Dr. Y ihn, sein Verhalten durch willentliche Bemühungen zu ändern. Der folgende Dialog ist in dieser Hinsicht typisch:

T: Wir können sicherlich annehmen, daß Ihnen zu Hause beigebracht wurde, sich mit Ihrem äußeren Erscheinungsbild zu beschäftigen, aber nützt es Ihnen in irgendeiner Weise, dabei zu verharren?

P: Ich kann darin keinen Schaden oder Nachteil erkennen. Es ist in meinem Leben nun einmal so.

T: Nein, überhaupt nicht! Tatsache ist, daß Sie von Ihrer Größe und Ihrem Erscheinungsbild her guter Durchschnitt sind. Aber Sie gehen die ganze Zeit her und klagen über Ihr Äußeres und sorgen sich um Ihr Aussehen. Was bringt Ihnen das denn? Inwiefern nützt es Ihnen?

200

P: Mich würde es nicht stören, aber die Leute kommen zu mir und sagen mir so bestimmte Dinge.

T: Was haben Sie davon?

(Pause)

P: Ich glaube, man könnte sagen, daß es eine Ausrede, eine Entschuldigung für Mißerfolge ist.

T: Ganz genau! Es ist und bleibt eine Ausrede . . . die nicht funktioniert. Das Aussehen kann einem nur in einer einzigen Situation als Entschuldigung dienen, und das ist bei einem Schönheitswettbewerb.

P: Arbeitsplätze und vieles andere sind mir dadurch verschlossen geblieben.

T: Nein, das akzeptiere ich nicht. Das ist nur eine Ausrede . . . Ihre Art kann Sie um einen Arbeitsplatz bringen, aber nicht Ihr Aussehen. Ihr Verhalten kann Sie eine Stelle kosten, aber nicht Ihr Äußeres.

Der Patient blieb bei seiner Sicht der Dinge.

P: Ich habe inzwischen einen mürrischen Gesichtsausdruck.

T: Mürrisch, das ist das richtige Wort, genau das richtige Wort! Aber mürrisch hat nichts mit dem körperlichen Erscheinungsbild zu tun. Es ist Ihre Entscheidung, so auszusehen. Mit Ihrem Gewicht, Ihrem Körperbau, Ihrem Haar oder sonst irgendwas hat das nichts zu tun.

(Lange Pause)

P: Wie ändere ich mein mürrisches Wesen? Ich weiß auch nicht, ob ich das wirklich will.

Ein anderes Thema betraf die Beziehung des Patienten zu seiner Freundin. Sie rief ihn oft an, und nach diesen langen Telefongesprächen fühlte er sich jedesmal deprimiert. Genau wie seine Mutter schien auch sie besitzergreifend zu sein, und er hatte das Gefühl, daß sie um ihn ein »großes Netz« aufzog. Das Dilemma schien darin zu bestehen, daß er auf der einen Seite erpicht darauf war, ihre Zuneigung zu gewinnen, und auf der anderen Seite große Angst vor ihrem vereinnahmenden Wesen hatte. Besonders der Gedanke an eine Heirat machte ihm Angst. Bei der Behandlung dieses Problems wurde in der Therapie jedoch kaum ein Fortschritt erzielt.

Dr. Y legte das Schwergewicht die ganze Zeit über eher auf das Verhalten des Patienten als auf seine Ängste. Hauptziel der Therapie sei es, so erklärte er, zu Selbsterkenntnis und Einsicht zu gelangen. Der Patient wünschte sich hingegen offenbar Zuwendung und Trost. In einer der letzten Sitzungen (insgesamt wurden es elf Therapiestunden) warf er dem Therapeuten vor: »Sie hören sich wie meine Mutter an. Sie verstehen mich nicht.«

201

Wir empfinden es vielleicht als selbstverständlich, daß kein Therapeut sämtliche Patientenwünsche nach Liebe, Unterstützung, Anerkennung, Befriedigung von Abhängigkeitsbedürfnissen etc. erfüllen kann. Deshalb läßt es sich nicht vermeiden, daß ein Patient sich früher oder später enttäuscht fühlt. Enttäuschungen hängen eng mit Ängsten zusammen, die wiederum leicht in Wut umschlagen. Diese Wut richtet sich schließlich gegen die Therapeutin. Rufen wir uns in Erinnerung, daß praktisch niemand eine Therapie macht, wenn er oder sie nicht mit einer Menge unbefriedigter Bedürfnisse zu kämpfen hat. Diese werden aktiviert, wenn die Therapeutin im Laufe der Therapie die Funktion einer bedeutsamen Anderen bekommt und die selbstbestimmte Rolle einer wohlwollenden, aber relativ neutralen und unbeteiligten Zuhörerin spielt. Die Enttäuschungen des Patienten sind Teil seiner »Krankheit«, und sie kommen ins Spiel, wenn er sich in der Beziehung zur Therapeutin schließlich hinreichend sicher fühlt. Wir glauben, daß die Wut, die mit dem Bewußtwerden unbefriedigter Bedürfnisse verbunden ist, für viele Therapeuten eines der schwierigsten Probleme darstellt. Gelingt es dem Patienten, bei der Therapeutin Wut hervorzurufen, hat er unter Umständen das Gefühl, ihr nun »näher« zu sein, wodurch sich wiederum seine Ängste verringern.

Eine Patientin regte sich wiederholt über ihren Therapeuten auf, weil er angeblich nicht darauf reagierte, wenn sie ihn bat, ihr eine »Richtung« zu geben (sie zu lenken). Diese Patientin, die sich (wegen eines Todesfalls in ihrer Familie) mitten in einer Trauerreaktion befand, wollte, daß der Therapeut ihr sagte, wie sie mit verschiedenen Verhaltensproblemen am besten fertig werden könnte (dabei ging es um ihre Kinder, um die sie sich nun große Sorgen machte). Als der Therapeut wieder einmal mit ihrer beharrlichen Bitte konfrontiert war, empfahl er ihr, eine Kinderpsychologin aufzusuchen, was die Patientin dann auch tat. Wie abzusehen, erwies sich dieses Nachgeben, das auf die (teilweise) berechtigte Bitte der Patientin hin erfolgte, als nicht genug; schon bald war die Patientin enttäuscht und ärgerte sich wieder über den Therapeuten. Sie warf ihm vor, nicht verständnisvoll und einfühlsam genug zu sein und nicht auf ihre Bedürfnisse einzugehen; sie machte ihm deutlich, daß sie ihn insgesamt für unzulänglich hielt. Wie schon zuvor drohte sie auch diesmal damit, die Therapie abzubrechen, erklärte aber beinahe im gleichen Atemzug, daß ihr der Therapeut geholfen habe. Diese Patientin hatte das große Bedürfnis, bedeutsame Andere – und dazu gehörte auch der Therapeut – zu dominieren.

In derartigen Situationen steht die Therapeutin (beziehungsweise der Therapeut) vor einem Dilemma: Wenn sie sich bemüht, die Wünsche des

Patienten zu befriedigen, gibt sie die Therapeutenrolle auf und ist dann dem neurotischen Machtkampf des Patienten wie eine Schachfigur ausgesetzt; lehnt sie es ab mitzuspielen, dann zieht sie die ungestillten Abhängigkeitsbedürfnisse des Patienten auf sich. Therapeutisch läßt sich das allein so lösen, daß man das beobachtende Ich des Patienten für die gemeinsame Arbeit gewinnt, sich also an das Therapiebündnis hält. Wenn letzteres wirklich Bestand hat, dann ist der Patient in der Lage, etwas Abstand zu gewinnen und sich gemeinsam mit der Therapeutin anzusehen, was sich gerade abspielt – was er im Moment in der Beziehung zu erreichen versucht –, und dann ist er auch fähig, den neurotischen Charakter der ins Bewußtsein aufsteigenden Wünsche zu begreifen. Es kann in solchen Fällen sein, daß der Patient sich als recht unzuverlässiger Bündnispartner erweist. Mit anderen Worten kommt es vor, daß der innere Drang danach, in der therapeutischen Beziehung machtvolle Bedürfnisse befriedigt zu bekommen, so stark ist, daß der Patient den mit einer Nichtbefriedigung verbundenen Schmerz nicht erträgt; doch das ist der Preis, den er zahlen muß, wenn er Einblick in eine neurotische Konstellation gewinnen will.

Wenn das Arbeitsbündnis – wie in den meisten Fällen – ambivalent ist, kann es sein, daß der Patient mit der Therapie aufhört und diese Entscheidung vor sich damit rechtfertigt (und rationalisiert), daß die Therapeutin seiner Meinung nach inkompetent, kalt, verständnislos oder ähnliches ist. Wenn die Therapeutin in einem solchen Moment an den Verstand des Patienten appelliert, erweist sich das unter Umständen als fruchtlos, wie Freud (1917, *GW 11*) klar erkannt hat. Der Patient erringt dann einen Pyrrhussieg über die Therapeutin; das heißt, er opfert die therapeutische Beziehung, während seine neurotischen Strukturen intakt bleiben. Bei einigermaßen geschicktem Umgang mit der therapeutischen Beziehung braucht die Therapeutin es aber gar nicht erst soweit kommen zu lassen; dennoch kann es sein, daß sich das Bedürfnis des Patienten, der Therapeutin – und letztlich sich selbst – eine Niederlage zu bereiten, als stärker erweist. Wenn die Therapeutin sich dazu bringen läßt, Wut oder Ablehnung zu äußern, wird dem Patienten dies »Beweis« dafür sein, daß seine Handlungsweise unter den gegebenen Umständen die einzig richtige gewesen ist. Trotz stärkster Bemühungen der Therapeutin läßt sich ein solches bedauerliches Endergebnis manchmal nicht vermeiden. Daran wird deutlich, auf welche enormen Hindernisse die Therapeutin bei »schwierigen« Patienten oft stößt und welche Beschränkungen ihr durch die Pathologie des Patienten auferlegt werden.

3. Das zwischenmenschliche Thema der Sitzung

In einer typischen Therapiestunde stehen ein oder zwei Themen im Mittelpunkt, die auf die eine oder andere Weise mit dem zuvor identifizierten dynamischen Therapiefokus zusammenhängen (siehe Kapitel 5). Auffällige emotionale Konflikte und zwischenmenschliche Verhaltensmuster, in denen sich diese Themen manifestieren, sind beziehungsübergreifend redundant und kommen kontinuierlich vor. Mit anderen Worten, der Patient bringt der Therapeutin seine Version der eigenen Lebensgeschichte beziehungsweise des narrativen Themas (Schafer, 1983), das die Hauptquelle seiner derzeitigen Unzufriedenheit bildet, in vielerlei Form immer wieder zu Gehör und inszeniert sie in der therapeutischen Beziehung ständig von neuem. Um ihre Aufmerksamkeit auf das Fokusthema (oder die Fokusthemen) zu konzentrieren, muß die Therapeutin in jeder Sitzung eine direkte Verbindung zu (beziehungsweise Folge aus) der vorhergehenden sehen, so als wäre zwischen den Sitzungen keine Zeit vergangen. Bei jedem Therapiegespräch entwickelt die Therapeutin in Gedanken Hypothesen über Konflikte und deren interpersonelle Manifestationen. Genauso bleiben der Therapeutin am Ende jedes Therapiegesprächs Fragen in bezug auf die emotionalen Bedeutungen der Themen, über die der Patient geredet hat, sowie in bezug auf sein Verhalten während der betreffenden Sitzung.

Diese Hypothesen und Fragen sollte die Therapeutin beim darauffolgenden Therapiegespräch im Auge behalten und als Orientierungshilfe nutzen, um sich auf das, was der Patient ihr gerade erzählt, einen Reim machen zu können. Sie sollte immer daran denken, daß spezifische Hypothesen und Fragen über viele Sitzungen hinweg als Orientierungshilfen dienen können. So kann es zum Beispiel sein, daß die in einer bestimmten Sitzung zwischen Patient und Therapeutin erfolgte Transaktion für den Patienten eine wichtige Bedeutung hat, die die Therapeutin zu dem Zeitpunkt nicht versteht. Wenn sie eine solche Frage im Auge behält, versteht die Therapeutin die Bedeutung aber vielleicht zu einem späteren Zeitpunkt (siehe dazu die Beispiele in Kapitel 8). Auch wenn sie eventuell das Gefühl hat, eine bestimmte Transaktion nicht genügend zu verstehen, erkennt sie vielleicht doch, daß diese »geladen« ist. Das ist meist schon Grund genug, um von Interpretationen oder anderen Interventionen (etwa einem direkten Ratschlag) Abstand zu nehmen. Wenn die Therapeutin die Sache offen läßt und wenn das Thema im Leben des Patienten einen wichtigen Stellenwert hat, dann bestehen gute Aussichten, daß sich das Thema in der Therapie später noch einmal wiederholt und sich dann dessen unbewußte Bedeutungen vielleicht deutlicher abzeichnen. Voreilige Interventionen können jedoch dazu führen, daß eine weitere Erarbeitung des Themas verhindert wird und sich die Therapeutin – was noch mehr ins Gewicht fällt – ungewollt an einem neurotischen Muster beteiligt. Im übrigen sollte die Therapeutin bei ihrem Versuch, die Mitteilungen und Handlungen des Patienten zu entschlüsseln, nicht vergessen, daß es dabei um eine Übertragung auf das – sich über mehrere Sitzungen hinweg entwickelnde – Thema des dynamischen Therapiefokus geht. So gewinnt die Therapie schließlich eine bis zum Schluß anhaltende Kontinuität und Kohärenz.

Man sollte auch daran denken, daß die Beziehung, die der Patient zur Therapeutin entwickelt, wie ein Magnet wirkt: Es werden sowohl positive als auch negative Haltungen und Gefühle angezogen, die sich auf frühere Liebesobjekte im Leben des Patienten beziehen. In der Psychodynamischen Kurztherapie ist bei jedem Therapiegespräch der wichtigste Aspekt eines Themas dessen zwischenmenschliche Manifestation in der therapeutischen Beziehung. Damit die Therapeutin die Beziehungsprädisposition des Patienten in ihrer allgemeinen Form (also die zwischenmenschliche Äußerung des gerade inszenierten Fokusthemas) identifizieren kann, muß sie den Zustand der therapeutischen Beziehung ständig aufmerksam und wißbegierig verfolgen. Und während sie die sich gerade abspielenden interpersonellen Transaktionen zu verstehen sucht, achtet sie gleichzeitig darauf, worüber der Patient sonst noch redet. Jeder der von ihm angesprochenen Bereiche seines Lebens sollte (solange die Therapeutin darin keine Ablenkungstaktik entdeckt) gemeinsam untersucht werden, doch können die Probleme dabei so komplex und mit Abwehrmechanismen verknüpft sein, daß sie sich vorübergehend einfach nicht aufklären lassen.

Am Beginn einer Sitzung steht immer der Einstieg in die affektive Welt des Patienten, soweit er der Therapeutin einen Einstieg erlaubt. Es braucht wohl nicht besonders hervorgehoben zu werden, daß man viel durch die Klärung und Deutung von Konflikten gewinnen kann, die sich in Beziehungen außerhalb der Therapie manifestieren. Dabei ist die geistige Haltung der Therapeutin jedoch immer darauf gerichtet, das zu nutzen, was über Konflikte in anderen Beziehungen deutlich wird, um den unmittelbaren Zustand der Patient-Therapeut-Beziehung zu verstehen.

Eine Übertragung auf die therapeutische Beziehung wird dann versucht, wenn die Therapeutin zwischen konfliktgeladenen Erlebnis- und Verhaltensmustern, die in anderen Zusammenhängen auftreten, und dem, was sich in der therapeutischen Beziehung abspielt, eine Ähnlichkeit feststellt. Wie sehr die Therapeutin von der Deutung dieser Zusammenhänge überzeugt ist, hängt jeweils davon ab, wie deutlich die Anhaltspunkte sind und mit welcher »Offenheit« (das heißt fehlenden Abwehrhaltung) der Patient eine solche Deutung akzeptiert. Ein andermal sieht die Therapeutin vielleicht nicht gleich einen Zusammenhang zwischen den Transaktionen in anderen Beziehungen und denen, die sich in der Beziehung zwischen ihr und dem Patienten abspielen. Das heißt aber nicht, daß es keinen Zusammenhang gibt, denn »versteckte Anspielungen auf die Übertragung« (Gill, 1979) sind oft äußerst subtil. Wir betrachten es als selbstverständlich, daß solche Zusammenhänge immer vorhanden sind, auch wenn sie sich nicht leicht erkennen lassen. Und wenn die Therapeutin eine emotionsgeladene Situation oder ein emotionsgeladenes Verhaltensmuster in einem anderen Zusammenhang feststellt und klärt, kann sie den Patienten fragen, ob er das Gefühl hat, mit ihr das gleiche zu erleben. Selbst wenn der Patient einen derartigen Zusammenhang verneint, macht ihn die Frage doch darauf aufmerksam, daß eine solche Möglichkeit besteht. Und gleichzeitig kann ihm so vermittelt werden, daß die Therapeutin es toleriert, wenn er anderer Meinung ist.*

Ein andermal lenkt die Therapeutin die Aufmerksamkeit des Patienten vielleicht direkt auf eine Untersuchung des Zustands der therapeutischen Beziehung. Dies ist besonders dann angebracht, wenn sie Spannungen oder andere Störungen des Beziehungsklimas (fehlender Affekt, Langeweile) spürt. Die Aktivierung alter Szenarios in der therapeutischen Beziehung kann sich sowohl in den verbalen Mitteilungen des Patienten als auch in seinem Verhalten gegenüber der Therapeutin manifestieren. Die Anhaltspunkte dafür sind manchmal in scheinbar banalen Einzelheiten verborgen: in »beiläufigen« Bemerkungen, Gesten, Träumen, Phantasien und ähnlichem. Daher muß sich die Therapeutin eine disziplinierte, naive Offenheit erhalten, wenn sie versucht, die Bedeutung dessen zu verstehen, was der Patient tut oder wie er zwischenmenschliche Vorgänge und innere

* Merton Gill (persönliche Mitteilung) meint, »eine der häufigsten Pervertierungen der Technik« bestehe in deren »mechanischer Anwendung« durch Menschen, die sie »gerade erst kennengelernt haben und von ihr begeistert sind«. Als Beispiel führt er an: »Der Patient sagt, er ärgere sich über seine Frau, und die Therapeutin meint darauf mechanisch: ›Aha, Sie ärgern sich bestimmt über mich.‹ (Nebenbei bemerkt ist es unter anderem mindestens genauso wahrscheinlich, daß er das Gefühl hat, die Therapeutin ärgere sich über ihn – eine sogenannte ›Identifikation bei der Übertragung‹.) Um eine Parallele ziehen zu können, braucht die Therapeutin also eine plausible Grundlage.« Wir möchten hinzufügen, daß die Therapeutin bei sich auf Handlungen achten sollte, die der Patient als Trick oder Pflichtübung ablehnen könnte. Früher oder später sucht jeder Patient nach einer Zielscheibe, an der er seine Wut und Entäuschung ablassen kann.

Zustände beschreibt. Dabei sollte die Therapeutin nicht zögern, das Erleben des Patienten im einzelnen zu untersuchen, bis es einen Sinn ergibt. Das gilt besonders für Mitteilungen, die die Therapeutin als affektgeladen erlebt (und die ihr manchmal als unpassend erscheinen).

Bei Affekten haben wir es meist mit einer komplexen Mischung aus Erlebnissen, Gefühlen, Phantasien, Erinnerungen und ähnlichem zu tun; sie beziehen sich selten auf spezielle Erlebnisse und haben auch keine gleichbleibende Bedeutung. Die Therapeutin muß daher sorgfältig den Kontext untersuchen, in dem sie vorkommen. Beispielsweise kann man eine Depressionsschilderung nicht unbedingt für bare Münze nehmen; unter Umständen enthält sie Merkmale, die allein für die Beziehung zwischen Patient und Therapeutin in einem bestimmten Moment Gültigkeit haben, unterscheidet sich dabei aber deutlich von Depressionen, die der Patient in einem anderen zwischenmenschlichen Zusammenhang erlebt hat. Affekte spielen sich bezeichnenderweise auf unterschiedlichen Bewußtseinsebenen ab und können sich auf höchst individuelle Erfahrungen beziehen, die mit dem Identitätskern des Patienten zusammenhängen.

In jeder Sitzung sucht die Therapeutin das Wesen des aktuellen Konflikts zu identifizieren, indem sie sich auf die Elemente der Äußerungen des Patienten konzentriert, die am stärksten affektgeladen sind, und dabei nicht vergißt, daß sich aus ihren eigenen affektiven Reaktionen auf das, was der Patient äußert (Verärgerung, Langeweile), vielleicht wertvolle Hinweise ergeben. Manche Ereignisschilderungen erscheinen der Therapeutin vielleicht seltsam affektlos; dann kann das, was fehlt, unter Umständen bedeutsamer sein als das, was verbal zum Ausdruck gebracht wird.

Wenn die Therapeutin aufmerksam auf alle Aspekte der Äußerungen des Patienten und auf ihre eigenen Assoziationen und Phantasien achtet, kann sie sich häufig ein ziemlich klares Bild von dem Problem machen, das dem Patienten derzeit zu schaffen macht. Da die Therapeutin an dem zwischenmenschlichen Drama des Patienten beteiligt ist, rühren ihre ersten flüchtigen Erkenntnisse eventuell von dem »Tauziehen« her, das zu der komplementären Rolle gehört, die ihr der Patient unbewußt zuweist. Ein Ignorieren dieses »Tauziehens« und der davon ausgelösten emotionalen Reaktionen würde bedeuten, daß man äußerst relevantes Material unbeachtet läßt. Reagiert die Therapeutin auf eine Provokation allerdings mit Gegenwut, dann gibt sie die Rolle der therapeutischen Zuhörerin eindeutig auf. (Wie wir bei unseren Forschungen beobachten konnten, sind solche Reaktionen keineswegs so selten, wie man häufig glaubt.)

Es kommt allerdings des öfteren vor, daß man als Therapeutin während einer Sitzung vor einem Rätsel steht. Auch wenn man eine ziemlich klare Vorstellung vom dynamischen Therapiefokus hat, bietet das Material der laufenden Sitzung vielleicht keine weitere Erklärung. Wie schon bemerkt, kann es in solchen Momenten besonders angebracht sein, sich die Transaktionen zwischen Patient und Therapeutin genau auf Hinweise auf das vorübergehend schwer faßbare Thema hin anzusehen. Wenn das zu keinem Erfolg führt, kann man offen zugeben, daß man vor einem Rätsel steht, und direkt versuchen, die Hilfe des Patienten zu gewinnen.

Eine solche Vorgehensweise kann mehrere günstige Auswirkungen haben: Sie unterstreicht die Tatsache, daß die Therapie eine gemeinsame Unternehmung ist; daß die Therapeutin weder allwissend noch unfehlbar ist (und etwa nach einem langen Tag in der Tat müde oder aus anderen Gründen nicht »voll da« ist); daß sich nicht jeder zwischenmenschliche Vorgang leicht verstehen läßt; und daß die derzeitigen Schwierigkeiten eine Folge der unbewußt determinierten Abwehrmechanismen des Patienten sein können. Dies können wichtige Lernschritte in bezug auf Toleranz, Geduld und Nachsicht sein, die sich auch auf andere Lebensbereiche des Patienten übertragen lassen. Man sollte nie vergessen, daß eine der wichtigsten Funktionen der Therapeutin darin besteht, dem Patienten ein Rollenmodell zu bieten, mit dem er sich identifizieren und dem er nacheifern kann. Im Gegensatz zu manchen immer noch vorhandenen falschen Vorstellungen ist die Therapeutin keine Maschine, die nur dazu da ist, zu interpretieren oder zu verstärken!

Sobald die Therapeutin die Erfahrungen und Verhaltensweisen des Patienten kennengelernt hat, interveniert sie, um deren Sinn zu klären und zu deuten. Wir haben den Prozeß der Erkenntnisgewinnung und der Erkenntnisvermittlung getrennt behandelt, um jede dieser Aufgaben deutlicher erklären zu können. In der Praxis sind die zwei Prozesse natürlich eng miteinander verflochten und verstärken sich gegenseitig.

Orientierungshilfen zur therapeutischen Intervention

1. Untersuchung der therapeutischen Beziehung

Es ist offensichtlich, daß die sich entwickelnde therapeutischen Beziehung der Therapeutin (genauso wie dem Patienten) das lebendigste und affektiv brauchbarste Material liefert, das für die Behandlung potentiell verfügbar ist. Wenn der Therapieprozeß fortschreiten soll, muß der Patient einen Affekt erleben und sich selbst in Aktion sehen, bevor es zu einer (über eine einfache Hilfestellung hinausgehenden) sinnvollen Intervention kommen kann. Genauso wie eine Tennislehrerin erst dann in der Lage ist, die Fehler eines Schülers zu korrigieren, wenn beide die Fehler im Verlauf eines Spieles beobachten können, müssen auch Patient und Therapeutin interagieren, bevor es zu einer wirklichen Veränderung kommen kann. Als erstes muß der Patient handeln; dann muß er mit Hilfe der Therapeutin etwas Abstand gewinnen und sich die Handlung ansehen; und schließlich müssen Sinn und Zweck der Handlung erforscht werden.

Eine Therapeutin, die ein Gespür für die Inszenierungen des Patienten besitzt, wird deren jeweiliges Auftreten erkennen und das Geschehen dann im geeigneten Moment unterbrechen, um mit dem Patienten nüchtern und rational darüber zu sprechen, was gerade vor sich gegangen ist. Bei diesem Prozeß muß das emotionale Erleben des Patienten mit Hilfe der Einsicht, die die Therapeutin bis dahin gewonnen hat, in seiner Bedeutung neu besetzt (interpretiert) werden. Die Interpretation stellt den Versuch dar, das neu zu strukturieren, was teilweise implizit und teilweise explizit in der therapeutischen Interaktion vorhanden ist.

Das Beispiel, das dem Patienten durch die eben beschriebene Tätigkeit der Therapeutin gegeben wird, kann auch insofern von langfristigem Nutzen sein, als es dem Patienten mit der Zeit als Modell für den Umgang mit emotionalen Reaktionen und Konflikten dient. Dadurch kann sich für den Patienten die Möglichkeit eröffnen, von automatischen Reaktionen mit der Zeit etwas Abstand zu gewinnen und deren Bedeutung aus einer rationaleren Perspektive zu untersuchen. Somit steht dem Patienten dann dank der Therapie eine größere Bandbreite innerer Möglichkeiten zur Verfügung, um mit Konflikten fertig zu werden. Von entscheidender Bedeutung ist auch das folgende: Der Patient identifiziert sich schließlich mit der Haltung der Therapeutin, die Toleranz und Gelassenheit ausstrahlt und vermittelt, daß sie das innere Durcheinander des Patienten akzeptiert.

2. Vier strukturierende Fragen

Wir haben bereits beschrieben (siehe insbesondere Kapitel 2 und 5), mit Hilfe welcher strukturellen Gliederung sich interpersonelle Transaktionen begrifflich erfassen lassen. Zur Klärung der Komponenten, die die Erfahrungen des Patienten in der therapeutischen Beziehung bestimmen, können vier Grundfragen als Orientierungshilfe für Interventionen dienen:

1. Wie erlebt mich der Patient, und welcher Art sind seine Gefühle mir gegenüber?
2. Wie erlebt der Patient vermutlich meine Intentionen, Haltungen und Gefühle ihm gegenüber?
3. Welche emotionalen Reaktionen könnte der Patient aufgrund von Phantasien zu meiner Person haben?
4. Wie deutet der Patient die Beziehung zu mir, und inwiefern könnten seine gegenwärtigen Reaktionen eine Folge unserer vorangegangenen Interaktionen sein?

So bemüht sich die Therapeutin, alle sich bietenden Gelegenheiten optimal zu nutzen, um das, was der Patient in der therapeutischen Beziehung erlebt, zu erforschen und zu erklären. Dieses Ziel wird während der ganzen Therapie systematisch verfolgt. Die Entscheidung, in welchem Moment man nach dem Stand der therapeutischen Beziehung fragt, bleibt dem eigenen klinischen Urteil überlassen, das von Intuition, Empathie und persönlichem Stil abhängt. Außerdem gehört dazu eine konkrete Vorstellung vom Therapieprozeß etwa in der Art, wie sie hier vorgestellt wird.

3. Die Verwendung von Material von außerhalb der therapeutischen Beziehung

Im allgemeinen ist eine direkte Untersuchung der Interaktionen, die sich zwischen Patient und Therapeutin abspielen, jeweils dann ratsam, wenn die Therapeutin Spannungen spürt oder andere Formen emotionalen Drucks vorhanden zu sein scheinen. Es kann zum Beispiel sein, daß der Patient lethargisch oder scheinbar affektlos ist und daß die Therapeutin Müdigkeit oder Langeweile empfindet. Ein andermal richtet sich die Aufmerksamkeit auf den Stand der therapeutischen Beziehung in dem Moment, in dem die Therapeutin eine Übereinstimmung zwischen dem Ist-Zustand dieser Beziehung und den zwischenmenschlichen Konfliktmustern feststellt, die laut Patientenerzählung in außertherapeutischen Beziehungen auftreten.

Die modernen Formen dynamischer Kurzzeittherapien gehen in ihren Ursprüngen auf Versuche zurück, psychisch erkrankte Soldaten im Zweiten Weltkrieg zu behandeln. Klinische Berichte aus dieser Zeit sind durch Interpretationen gekennzeichnet, die sich schwerpunktmäßig gerade nicht mit Übertragungen befassen; das heißt, bei den betreffenden Behandlungen sollte eine Symptomreduzierung dadurch erreicht werden, daß man sich mit akuten Streßsituationen im Leben des Patienten befaßte, ohne dabei die therapeutische Beziehung zu analysieren (Small, 1979). Bei anschließenden Versuchen, mit eher chronischen neurotischen Symptomen und Charaktermißbildungen fertig zu werden, wurde die traditionellere psychoanalytische Behandlungsstrategie entwicklungsgeschichtlicher Übertragungsinterpretation angewendet. Wie wir bereits erklärt haben (siehe Kapitel 2), zeigt sich diese Gewichtung auch in den Veröffentlichungen von Malan (1976a), Davanloo (1978, 1980) und Sifneos (1979).

In vorangegangenen Abschnitten dieses Kapitels haben wir gezeigt, daß bei der Psychodynamischen Kurztherapie die unmittelbaren Übertragungsäußerungen gründlicher untersucht werden. Alles, was der Patient über die verschiedenen Bereiche seines jetzigen und früheren Lebens mitteilt, wird auf mögliche Aussagen über den derzeitigen Stand der zwischen Patient und Therapeutin bestehenden Beziehung untersucht. Zwar haben viele Aspekte des Patientenverhaltens derartige Implikationen, doch fallen sie zugegebenermaßen häufig nicht gleich ins Auge. Insofern kann keine Therapeutin die Beziehungsschwierigkeiten des Patienten im außertherapeutischen Bereich außer acht lassen; vielmehr werden sich in der Regel wesentliche Teile der Therapiesitzungen gerade damit befassen. Doch wenn man dabei auf mögliche Parallelen achtet, erhält man Informationen, die den gemeinsamen Erkenntnisprozeß der beiden beteiligten Menschen voranbringen können. Es ist auch klar, daß eine Untersuchung der Außenprobleme vom Patienten oftmals als nicht so bedrohlich empfunden wird. Man gelangt an Informationen, die für die therapeutischen Beziehung von Bedeutung sind, oft leichter, wenn sich die Aufmerksamkeit auf Themen konzentriert, die außerhalb zu liegen scheinen.

In der Praxis ist es daher gut, sämtliche Lebensbereiche, die der Patient von sich aus anspricht, zu untersuchen und aufzuklären, welcher Art die tatsächlichen oder phantasierten Transaktionen des Patienten gegenüber anderen Personen sind. Diese Bemühungen verfolgen das zweifache Ziel, (1) dem Patienten zu helfen, das Wesen zwischenmenschlicher Schwierigkeiten in »wirklichen« Beziehungen zu verstehen, und (2) mit Hilfe von Analogien weitergehend zu klären, was der Patient gegenwärtig in der therapeutischen Beziehung erlebt.

Der narrative Inhalt von Träumen (und Assoziationen, die von Träumen ausgelöst werden) kann ebenfalls wertvolle Daten darüber liefern, wie der Patient die therapeutische Beziehung auffaßt. Außerdem können Traumhandlungen und belebte und unbelebte Traumobjekte Aspekte der zwischenmenschlichen Erfahrungen des Patienten symbolisieren, die sonst unzugänglich sind. Oftmals lohnt es sich, den manifesten Inhalt von Träumen und damit zusammenhängende Assoziationen daraufhin zu untersuchen, wie der Patient sich und andere sieht, welcher Art die Interaktionen sind, die sich zwischen verschiedenen Figuren abspielen, und vor allem welche Gefühle mit diesen Interaktionen verbunden sind. Auch sollte man sich ins Bewußtsein rufen, daß ein erinnerter Traum häufig eine affektive Mitteilung ist, die prägnante Kommentare über den Ist-Zustand der Interaktion von Patient und Therapeutin enthält. Die beiden Beteiligten können dann versuchen, kurz zurückliegende Interaktionen zu verstehen, die den Traum vielleicht ausgelöst haben.

Auch auf die Gefahr hin, uns weitschweifig zu wiederholen, möchten wir mit Nachdruck festhalten, daß jeder scheinbar noch so banale Aspekt von dem, was der Patient über Außenerfahrungen erzählt, ein symbolischer Kommentar über die Beziehung zur Therapeutin sein kann. Bei der Supervision von jungen Kollegen und bei unserer eigenen klinischen Arbeit haben wir wiederholt bestätigt gefunden, daß »versteckte Anspielungen auf die Übertragung« (Gill, 1979, 1980) leicht übersehen werden, wenn man als Therapeutin nicht eine durchgängige Haltung disziplinierter Aufmerksamkeit an den Tag legt. Um diesen Punkt zu veranschaulichen: Wenn ein die therapeutische Beziehung betreffendes Thema erst einmal erkannt ist, lassen sich meist auch weitere symbolische Hinweise in den Mitteilungen des Patienten finden, die er schon vorher in der Sitzung im Hinblick auf scheinbar nicht damit in Zusammenhang stehendes Material gemacht hat. Bei genügend disziplinierter Aufmerksamkeit kann die Therapeutin lernen, solche Themen gleich zu erkennen, wenn sie das erste Mal in versteckter Form auftreten. So läßt sich die Effizienz der eigenen Arbeit steigern – ein bei zeitlich begrenzten Therapien wichtiger Gesichtspunkt. Es stimmt aber auch, daß wichtige Übertragungsprobleme oftmals übergangen werden, wenn man als Therapeutin nicht in der Lage ist, sie dann zu identifizieren, wenn sie in versteckter Form auftreten.

Wenn Parallelen festzustellen sind, kann ein Zwischenschritt darin bestehen, sie zueinander in Zusammenhang zu setzen und so die Selbstwahrnehmung des Patienten zu erweitern. Doch wendet sich auch dabei die Fragestellung letztlich immer wieder der Untersuchung der therapeutischen Beziehung zu. Beim systematischen Versuch, die Dynamik der therapeutischen Beziehung zu erkunden, besteht eindeutig die Gefahr, daß es zu einer rein mechanischen Anwendung dieser Technik kommt (Blum, 1983; Gill, persönliche Mitteilung). Wie bei jeder dynamischen Therapietechnik gilt auch hier, daß die Wahl des richtigen Zeitpunkts einer Übertragungsinterpretation im Hier und Jetzt letztlich eine Frage des klinischen Urteilsvermögens ist, das sich mit Hilfe von Erfahrungen verbessern läßt, die man in Supervisionsstunden gewinnt. Allerdings gibt es gewisse hilfreiche Richtlinien: Wenn der Patient eine – noch so flüchtige – direkte Bemerkung über die Therapeutin oder die Therapie fallen läßt, empfiehlt es sich, deren Implikationen nachzugehen. Wenn Mitteilungen des Patienten im Hinblick auf vorausgegangene Ereignisse oder Transaktionen innerhalb der therapeutischen Beziehung von Bedeutung zu sein scheinen, lohnt es sich nachzuforschen, ob es sich dabei nicht vielleicht um eine versteckte Reaktion handelt. Wenn bei einem Patienten abrupte oder unpassend erscheinende Stimmungswechsel oder Änderungen im Verhalten gegenüber der Therapeutin auftreten, ist es gleichfalls ratsam, weiter nachzuhaken. Und wenn – dies als letzter Punkt – der Patient gerade eine affektgeladene Situation schildert, kann es ganz hilfreich sein, einfach zu fragen, ob er in bezug auf die Therapeutin jemals Ähnliches empfunden hat oder gerade empfindet. Denken Sie daran, daß Gefühle, Haltungen und Verhaltensweisen meist von einer bedeutsamen Person auf die andere übertragen werden!

4. Die Herstellung
interpretativer Bezüge zu außertherapeutischen Beziehungen

In der Psychoanalyse und der psychoanalytischen Therapie geht man üblicherweise davon aus, daß eine therapeutische Veränderung die Folge einer Erkenntnis ist, die ihrerseits darauf hindeutet, daß hier ein konfliktträchtiges Übertragungsverhalten affektiv erlebt wurde und dabei Zusammenhänge zwischen gegenwärtigen Konflikten und ihren vermutlichen Kindheitswurzeln kognitiv verstanden worden sind. Entsprechend besteht von der Technik her gesehen die Hauptstrategie darin, psychogenetischen Übertragungsinterpretationen den Weg zu ebnen; die so zwischen Übertragungen und Kindheitserlebnissen hergestellten Zusammenhänge *(T/P Links)* sollen dann, wie es heißt, einer therapeutischen Veränderung in einzigartiger Weise förderlich sein. Wie wir schon erklärt haben, wenden wir uns gegen die Vorstellung, daß es nur eine einzige Kategorie therapeutisch verändernd wirkender Techniken gibt, und treten ebenso bestimmten Annahmen entgegen, die den therapeutischen Nutzen lebensgeschichtlicher Rekonstruktionen betreffen (siehe Kapitel 5).
Unseres Erachtens hat Erkenntnis damit zu tun, den Wert interpretativen Denkens zu erfahren, also die Fähigkeit schätzen zu lernen, wider-

213

sprüchliche Erfahrungen (die Therapeutin als hilfreiche Expertin und als strafende Autorität) zu differenzieren und zu integrieren. Dazu gehört die wachsende Fähigkeit, Zusammenhänge unterschiedlicher Art herzustellen und verschiedene Aspekte emotionalen und zwischenmenschlichen Erlebens zu integrieren (Neubauer, 1980). Dabei ist es sehr wichtig, dem Patienten begreiflich zu machen, daß er zu seiner Unzufriedenheit und zu zwischenmenschlichen Konflikten selbst beiträgt, indem er in bestimmter Weise handelt, Erlebnisse starr im Rahmen einer begrenzten Anzahl interpersoneller Themen deutet und gegenüber anderen Menschen entsprechend geprägte Erwartungen hegt. Das Herstellen von Zusammenhängen zwischen Übertragungen und Kindheitserlebnissen gilt daher nur als eine von mehreren Interventionsformen, die den breiteren Therapiebestrebungen bisweilen förderlich sein kann.

Wie bei allen technischen Interventionen gilt auch hier, daß ein gutes klinisches Urteilsvermögen erforderlich ist, wenn innerhalb der therapeutischen Beziehung Erlebtes zu außertherapeutisch gemachten Erfahrungen in Beziehung gesetzt werden soll. Manche Therapeuten empfehlen, bei dieser Art von Intervention bestimmte Regeln zu beachten, z. B. das Abpassen des richtigen Zeitpunkts (»timing«). In den meisten Büchern über dynamische Kurztherapien wird empfohlen, soft wie möglich Zusammenhänge zwischen Übertragungen und Kindheitserlebnissen herzustellen (Davanloo, 1978, 1980; Malan, 1976a; Sifneos, 1979). Gill (1979, 1980) hält es hingegen für besser, entwicklungsgeschichtliche Übertragungsinterpretationen nur dann zu benutzen, wenn der Patient zunächst von sich aus relevantes lebensgeschichtliches Material eingebracht hat; kurz gesagt, es gibt keine pauschalen Regeln.

Die Interpretationsmethode der Psychodynamischen Kurztherapie ähnelt sehr der von Gill (1982) vorgeschlagenen Vorgehensweise. Wir legen großen Wert auf ein therapeutisches Lernen, das auf einer systematischen Untersuchung der Transaktionen zwischen Patient und Therapeutin basiert, und sind folglich relativ zurückhaltend, was das interpretative Aufzeigen von Verbindungen zu außertherapeutischen Beziehungen betrifft. Solche Verbindungen und Zusammenhänge herzustellen, dient hauptsächlich zwei Funktionen: (1) Es wird dadurch die Fähigkeit des Patienten gestärkt, emotionalen Abstand von stereotypen Prädispositionen zu erlangen, und (2) es wird dem Patienten die tiefgreifende Auswirkung dieser Prädisposition auf die gegenwärtige Beziehung zur Therapeutin stärker bewußt gemacht. Als allgemeine Richtschnur läßt sich also sagen, daß das interpretative Aufzeigen von Verbindungen zu Außenbeziehungen dabei helfen kann, eine bestimmte Übertragungsinszenierung in einen größeren Zusammenhang zu stellen, *nachdem* die Inszenierung im Hier und Jetzt sorgfältig untersucht worden ist und der Patient erkannt hat, wie sie sich auf sein Erleben und Verhalten auswirkt.

Es gibt Momente, in denen ernste Hindernisse, die einem Therapiefortschritt im Wege stehen, nicht ohne Interpretationen überwunden werden können, die Zusammenhänge aufzeigen. Ein kritischer Punkt kann zum Beispiel dann erreicht sein, wenn die Realität einer Übertragungsinszenierung für den Patienten affektiv so zwingend wird, daß sie die Stabilität des Arbeitsbündnisses bedroht. Wenn das geschieht, kann die Therapeutin den Patienten dazu ermuntern, zu untersuchen, ob das, was er gerade erlebt, für den Zustand der therapeutischen Beziehung insgesamt typisch ist. Und als Teil dieser Evaluierung lenkt die Therapeutin die Aufmerksamkeit des Patienten auf Ähnlichkeiten zwischen dem Therapieerlebnis und anderen aktuellen oder früheren Beziehungen. Indem die Therapeutin solche Ähnlichkeiten erhellt, fördert sie die Einsicht des Patienten in die Geschichte von Enttäuschungen, Frustrationen und Traumata, deren Einflüsse sich ständig bemerkbar machen.

Es sollte klar sein, daß das soeben besprochene interpretative Herstellen von Zusammenhängen nicht unbedingt eine ausführliche Befragung zur Lebensgeschichte voraussetzt. Wenn durch die sorgfältige Untersuchung der Transaktionen, die sich zwischen Patient und Therapeutin abspielen, ein bestimmtes fehlangepaßtes Verhaltensmuster zur Sprache gebracht worden ist, darf man mit einiger Sicherheit davon ausgehen, daß dieses Muster auch anderweitig auftritt. Und vielleicht ist es dann *der Patient,* der eine gewisse Übereinstimmung feststellt und zu einer eigenen Deutung gelangt. Solche eigenen Entdeckungen scheinen besonders wirksam zu sein, weil sie für den Patienten aktives Lernen bedeuten.

5. Die Deutung in der Psychodynamischen Kurztherapie

In der psychodynamischen Therapie werden die verschiedenen Typen therapeutischer Intervention meist als Kategorien innerhalb eines Kontinuums betrachtet, die sich nach ihrem potentiellen therapeutischen Nutzen staffeln. Die Hauptmarkierungspunkte innerhalb dieses Kontinuums bilden Fragen, Konfrontierungen, Klärungen und Deutungen. Da die Deutung als das wichtigste Instrument innerhalb der psychodynamischen Therapie gilt, soll im folgenden ihre Funktion näher beleuchtet werden.

Unter der Kunst der Deutung oder Interpretation verstand die Psychoanalyse ursprünglich das Verstehen der unbewußten Bedeutung der Konflikte des Patienten. In jüngerer Zeit wurde dieser Begriff neu definiert als die technische Fertigkeit, zum rechten Zeitpunkt verbale Interventionen vorzunehmen, die für den Patienten emotional bedeutsam sind (Sandler, Dare & Holder, 1970). In dieser Definition liegt die Betonung gleichermaßen darauf, was der Therapeut zum Gegenstand einer Deutung macht, wann diese Deutung erfolgt und in welcher Form sie vorgenommen wird. So verstanden, gilt die Deutung bei den verschiedenen analytischen Therapieformen nach wie vor als oberstes methodisches Ziel und als wichtigstes Mittel, um dem Patienten im günstigsten Moment »richtige« Einsichten zu eröffnen.

In der Psychodynamischen Kurztherapie begreifen wir die Deutung als Ergebnis eines gemeinsamen Erkundungsprozesses, bei dem Patient und Therapeutin mehr über die Konflikte des Patienten erfahren. Damit ist das Deuten nicht per se Dreh- und Angelpunkt der Behandlung. Es ist vielmehr eine wichtige Tätigkeit innerhalb des Prozesses des gemeinsamen Verstehens der Transaktionen, die sich zwischen Patient und Therapeutin abspielen, und der Art und Weise, in der sich in ihrer Beziehung Episoden in einem fixen Szenario widerspiegeln.

Deshalb definiert sich die Deutung in der Psychoanalytischen Kurztherapie als eine verbale Intervention; sie ermöglicht es dem Patienten, sich seines aktuellen psychischen Zustands insofern in größerem Umfang bewußt zu werden, als sie ihm hilft, das aktuell erlebte interpersonelle Geschehen und die Faktoren, die es komplizieren, besser zu verstehen. Durch die Deutung wird die Einsicht in der oben beschriebenen Weise gefördert. Außerdem dient die Interpretation dem Zweck, die Bedeutungsinhalte des aktuellen Erlebens so umzustrukturieren beziehungsweise neu zusammenzufügen, daß sie der heutigen Realität besser entsprechen. Wenn dieser Prozeß auch ein erneutes Durchleben schmerzlicher Erfahrungen beinhaltet, so führt das wachsende Verständnis für den Patienten doch zu einer Linderung seines Leidens und stellt somit eine der Heilfunktionen der Psychotherapie dar. In diesem Prozeß spielt die gemeinsame Untersuchung der Transaktionen zwischen Patient und Therapeutin eine zentrale Rolle.

Vor diesem Hintergrund erscheinen uns die Unterschiede der einzelnen klassischen Interventionstypen weniger wichtig als ihr gemeinsames Ziel. Fragen, Klärungen, Vorschläge, Deutungen – kurz: sämtliche verbalen oder nonverbalen Äußerungen der Therapeutin – können den Therapieprozeß voranbringen, sofern sie empathischer Art sind und einen wichtigen Aspekt der aktuellen Problematik des Patienten erfassen.

Wenn die Therapeutin eine Deutung anbietet, verbindet sie mit der so gesendeten Botschaft eine bestimmte Absicht. Da beim Patienten die Wahrnehmung der Handlungen und Intentionen anderer jedoch in mehr oder minder hohem Maß von wichtigen interpersonellen Themen bestimmt wird, kann es sein, daß bei ihm die deutende Äußerung der Therapeutin nicht ihrer Absicht gemäß, sondern durch ein bestehendes Wahrnehmungsmuster geprägt ankommt. Zum Beispiel sagt die Therapeutin vielleicht etwas über das zaghafte Verhalten, mit dem der Patient seiner Frau begegnet. Obwohl die Therapeutin damit auf ein Muster von Aggressionshemmung hinweisen möchte, sieht der Patient darin womöglich die gleiche Art Tadel, als die er auch die harsche Kritik seiner Frau erlebt. Und so wird er der Therapeutin vielleicht beipflichten und sich genauso fügsam verhalten, wie er es gegenüber seiner Frau gewohnt ist. Oder nehmen wir ein anderes Beispiel: Eine Patientin, die umfangreiche ehrenamtliche Tätigkeiten ausübt, gibt indirekt ihren Unmut darüber zu erkennen, daß sie ohne Bezahlung arbeitet. Gleichzeitig scheint sie wütend auf ihren Mann zu sein, der nicht will, daß seine Frau für Geld arbeitet. Als der Therapeut ausspricht, daß die Patientin gern für die Leistungen, die sie erbringt, bezahlt werden möchte, fühlt sie sich von ihm kritisiert, obgleich er nichts anderes getan hat, als ihre Gefühle (die sie selbst jedoch leugnen muß) in Worte zu fassen.

Grundsätzlich muß eine Therapeutin, die eine Deutung erwägt, zunächst die Reaktion des Patienten möglichst genau abzuschätzen versuchen. Wenn sie meint, daß der Patient nicht in der Lage ist, die Interpretation zu erfassen (etwa weil das beiden Beteiligten präsente Belegmaterial zu spärlich ist oder auf einer Vielzahl spekulativer Annahmen beruht), dann wäre eine solche Intervention natürlich unklug. Und genausowenig sinnvoll ist es, eine Konfrontation zu riskieren, wenn die Therapeutin absieht, daß der Patient einer Deutung mit Widerstand begegnen oder sie ablehnen wird. Problematisch wird es dann, wenn die Therapeutin die Reaktion des Patienten nicht abzuschätzen vermag. Wie bereits an Beispielen verdeutlicht, ist es praktisch unmöglich, Mißverständnisse und Fehlinterpretationen des Patienten gänzlich auszuschalten. Man kann nur hoffen, daß es der Therapeutin in einem solchen Fall anschließend durch weitere Ausführungen gelingt, den Unterschied zwischen dem, was sie meinte, und dem, was der Patient verstanden hat, klarer herauszuarbeiten. Ein wichtiger Aspekt der Therapie ist ja gerade die Tatsache, daß sie Gelegenheit zu solchen Korrekturen bietet.

Natürlich hofft man darauf, daß Deutungen dem Patienten einen Zuwachs an Selbst-Verständnis bringen. Aber es gibt offenbar keine absolut sichere Methode, festzustellen, ob eine Deutung zutreffend war oder völlig danebengegangen ist. Die prompte Zustimmung des Patienten bedeutet nicht unbedingt, daß es der Therapeutin gelungen ist, eine therapeutisch wertvolle kognitive Neuorientierung zu bewirken. Ebensowenig darf man es als Beweis für das Gegenteil werten, wenn der Patient nicht zustimmt oder widerspricht. Wie inzwischen zunehmend anerkannt wird (Peterfreund, 1983; Spence, 1982), gibt es in der Psychoanalyse beziehungsweise der analytischen Therapie keine historischen Wahrheiten aufzudecken; es kann lediglich darum gehen, neue – und, wie zu hoffen ist, konstruktivere – Bedeutungen zu entwickeln, die der Patient sich zueigen machen kann. Zur Förderung dieses Prozesses, ist es von entscheidender Wichtigkeit, daß die Therapeutin sorgsam darauf achtet, das Selbstwertgefühl des Patienten weder durch die Art der Deutung noch durch die Form, in der sie sie einbringt, zu verletzen. Wenn alle Therapeuten diese Warnung beherzigen würden, wären in der Psychotherapie sicherlich weniger negative Auswirkungen zu verzeichnen, als das zur Zeit noch der Fall zu sein scheint (Strupp, Hadley & Gomes-Schwartz, 1977).

Diese Maxime ergibt sich jedoch zugleich noch aus einem weiteren wichtigen Unterschied zwischen der Psychodynamischen Kurztherapie und der klassischen Analyse. Aus der psychoanalytischen Literatur gewinnt man oft den Eindruck, daß Probleme um ihrer selbst willen analysiert werden, als ginge es darum, die »Wahrheit« über die unbewußten Motive eines Menschen herauszufinden. Dabei ist der therapeutische Nutzen der Aufdeckung symbolischer Bedeutungen manchmal sehr gering, falls überhaupt vorhanden. Dieses Phänomen resultiert offenbar aus der alten Dichotomie zwischen der Psychoanalyse als Forschungs- und Therapiemethode (siehe Kapitel 1). Die Haltung der psychodynamisch orientierten Therapeutin ist dagegen immer eine therapeutische, weil sie nie die zwischenmenschlichen Probleme aus dem Auge verliert, die dem Patienten zur Zeit zu schaffen machen. Bei allem Interesse für die Frage, wie der Patient so geworden ist, wie er ist, beschäftigt die psychodynamisch orientierte Therapeutin doch weit mehr die Frage, warum ein altes Trauma, eine frühe Verlust- oder Entbehrungserfahrung noch immer einen so starken Einfluß auf das Leben des Patienten ausübt. Schließlich ist der Patient nicht in der Therapie, um sich analysieren zu lassen, sondern damit ihm geholfen wird! Wenn eine psychodynamisch arbeitende Therapeutin einem bestimmten roten Faden folgt oder eine Deutung in Erwägung zieht, orientiert sie sich stets an der Frage: Ist es wahrscheinlich, daß diese Intervention dem

Patienten hilft, seine Vergangenheit zu bewältigen und ein konstruktiveres, befriedigenderes Leben zu führen? Da sich die gegenwärtigen Schwierigkeiten des Patienten oft durch einen Rückgriff auf die Vergangenheit in produktiver Weise erklären lassen, ist die Therapeutin bemüht, Kontinuitäten herauszufinden: Überzeugungen und Annahmen, die bereits frühere zwischenmenschliche Beziehungen geprägt haben und auch die gegenwärtigen Beziehungen bestimmen, insbesondere die therapeutische Beziehung selbst. Dieser Ansatz führt zugleich zu einer ökonomischeren Gestaltung des Therapieprozesses: Die Therapeutin wird weder Nebenthemen nachgehen, noch »interessante« Abstecher in das Seelenleben des Patienten unternehmen, sondern sich stets auf solche Themen konzentrieren, die dazu angetan sind, eine Veränderung zu bewirken.

Zu jeder Therapiesitzung gehört, daß die Therapeutin zahlreiche Hypothesen aufstellt, die sich ihr beim Zuhören aufdrängen, und viele davon auch wieder verwirft. Natürlich hat jede Therapeutin und jeder Therapeut Lieblingsideen, und es ist immer leichter, etwas zu finden, was diese Ideen untermauert, als alternative Hypothesen zu erwägen. Sullivan hat sich einmal dazu geäußert, wie schwer letzteres offenbar vielen Therapeuten fällt. Und Peterfreund (1983) kritisiert die unter Therapeuten weit verbreitete Neigung, Analysen oder Therapien nach einem stereotypen Muster durchzuführen. Wir möchten allen Therapeuten raten, das Material, das jeweils in einer Sitzung zusammenkommt, sorgsam zu evaluieren. Die einzelnen Anhaltspunkte erhalten größere Glaubwürdigkeit, wenn die Therapeutin sie mit dem vergleicht, was sie aus der früheren Interaktion über den Patienten weiß. Wir empfehlen ferner, sich bei Deutungen möglichst an das *Parsimonieprinzip* zu halten und sich so wenig wie möglich auf Vermutungen zu stützen. Analytischer Jargon und abstrakte Verallgemeinerungen (Penisneid, masochistische Grundhaltung) sind grundsätzlich nutzlos. Darüber hinaus muß sich jedoch jede Deutung auf Beobachtungen und Daten stützen, die Patient und Therapeutin gemeinsam herausgearbeitet haben. Wenn zum Beispiel ein Therapeut eine Patientin auf ihre Neigung hinweist, sich bei ihm und anderen Männern einzuschmeicheln, dann muß er sich dabei auf Daten stützen können, die die Patientin geliefert hat und die für sie selbst fast genauso eindeutig und offenkundig sind wie für ihn. Außerdem muß in der konkreten Situation ein ausreichendes Maß an Affekt vorhanden sein, und die Patientin muß für diese Deutung bereit sein. Eine Deutung vermittelt dem Patienten meistens etwas Neues, da sie ihm ein Problem in einem neuen Kontext zeigt. Allerdings ist es unserer Erfahrung nach angeraten, sich auf solche Deutungen zu beschränken, die der Patient ohne weiteres verstehen kann und die in Einklang mit den analytischen Prinzipien und dem wachsenden Selbst-Verständnis des Patienten stehen.

6. Die Anwendung der freien Assoziation

Wer eine Form der psychoanalytischen Therapie ausüben will, lernt, die Patienten zum freien Assoziieren zu ermutigen. Auch wenn die meisten psychodynamisch orientierten Therapeuten wohl nur eine sehr allgemeine Vorstellung davon haben, welche Art Verhalten damit gemeint ist, wird dieses Gebot in der Praxis doch meist dahingehend ausgelegt, daß es nur die Themen aufzugreifen gilt, die der Patient von sich aus einbringt. Diese psychoanalytische Verhaltensmaxime stützt sich auf eine doppelte Begründung: (1) durch jede Unterbrechung des freien Gedankenflusses des Patienten wird die Entfaltung unbewußter, konfliktgeladener Themen gestört; (2) die Einführung von Themen durch die Therapeutin stellt eine Form von »Suggestion« dar, die das eigentliche Bild der Konflikte des Patienten ebenfalls trübt und verzerrt.

Wie bereits dargelegt, sind wir der Meinung, daß die Hauptaufgabe der Therapeutin im empathischen Zuhören besteht, sind allerdings überzeugt, daß ein solches einfühlendes Zuhören auch während eines aktiven Dialogs zwischen Therapeutin und Patient möglich ist. Bei jedem Gespräch zwischen zwei Menschen drückt sich die Qualität der Aufmerksamkeit jedes der Beteiligten vor allem darin aus, wie gut er dem anderen zuhört, und nicht so sehr darin, wie viel oder wenig er sagt. Außerdem gilt es, sich vor Augen zu halten, daß die affektiv bedeutsamen Themen, von denen das Leben des Patienten beeinflußt wird, sehr widerstandsfähig sind; wie könnten sie sonst einen so anhaltenden starken Einfluß haben? Daraus folgt, daß sie auf vielfältige Art und Weise immer wieder neu inszeniert werden und in der Kommunikation des Patienten in redundanter Form vorkommen. Mit anderen Worten: Sie lassen sich durch therapeutische Interventionen nicht so leicht beiseite drängen. Auf jeden Fall kann das Verständnis der Konflikte des Patienten durch Klischees verzerrt werden, die durch klinische Theorien der Therapeutin zustande kommen, auch wenn sie dem freien Assoziationsfluß des Patienten noch so großen Raum läßt (Peterfreund, 1983).

Der psychoanalytische Grundsatz, zur freien Assoziation zu ermuntern, basiert auf der klassischen Sichtweise, daß der Patient seine unbewußten Konflikte auf die Person der Therapeutin projiziert, die für ihn gleichsam zur Personifizierung seiner Vergangenheit wird. Ein zweites, damit verbundenes Prinzip besagt, daß dieser Prozeß nur dann abläuft, wenn die Therapeutin als »weiße Leinwand« fungiert, das heißt, passiv und still bleibt und nur dann interveniert, wenn eine Hemmung oder Blockierung des Assoziationsflusses eintritt. Wir haben bereits dargelegt, daß wir mit diesem Konzept des Therapieprozesses nicht ganz einverstanden sind (siehe Kapitel 1 und auch vorangehende Passagen dieses Kapitels). Einfach gesagt: Wenn der Therapieprozeß als dyadisches System begriffen wird, das auf der aktiven Zusammenarbeit beider Beteiligten beruht, dann wird dieser Prozeß durch eine Therapeutin, die passiv bleibt, nicht gefördert.

Eine Therapeutin, die sich starr an das Prinzip hält, *nur* auf solche Inhalte einzugehen, die der Patient in der aktuellen Situation einbringt, ist nicht in der Lage, das Therapiematerial systematisch zu einem Fokus zu strukturieren. Zwar mag die Strukturierung und Gewichtung des Materials schließlich gelingen, aber die Behandlung zieht sich auf diese Weise meist in die Länge. Das gilt schon für die Psychoanalyse mit vier bis fünf Sitzungen pro Woche und stärker noch für die psychodynamische Therapie, die nur ein bis zweimal wöchentlich stattfindet, wird aber ganz besonders dann zu einem akuten Problem, wenn es sich darüber hinaus um eine zeitlich begrenzte Therapie handelt.

Ein Beispiel: Angenommen, der Patient spricht ein Thema an, das für den Therapiefokus von großer Bedeutung ist. Es entspinnt sich ein fruchtbares Gespräch, aber der Gegenstand ist noch keineswegs erschöpfend behandelt. In der nächsten Sitzung eine Woche später achtet die Therapeutin aufmerksam darauf, ob weiteres Material zu diesem Thema auftaucht. Der Patient spricht jedoch über Dinge, die nichts damit zu tun haben (vielleicht weil er vor dem emotional aufgeladenen Thema der letzten Woche zurückscheut). Die Therapeutin sieht keine Möglichkeit, dieses neue Material mit dem Therapiefokus in Verbindung zu bringen. Wenn sie sich an das Prinzip hält, keine Themen anzuschneiden, die der Patient nicht von sich aus aktuell einbringt, kann es passieren, daß wichtiges Material aus der letzten Sitzung für unbestimmte Zeit wieder untergeht. Wenn die Therapeutin hingegen – ganz im Sinne der Psychodynamischen Kurztherapie – den Patienten darauf aufmerksam macht, daß er das Gespräch vom letztenmal »vergessen« zu haben scheint, wird dadurch der Therapiefokus wiederhergestellt.

Ein solches Verhalten der Therapeutin bedeutet keine Gängelung des Patienten, weil sie ihm ja nicht ihre eigene Meinung aufzudrängen versucht, was konfliktgeladene Themen sind und was nicht. Es ist vielmehr die Umsetzung eines der zentralen methodischen Prinzipien der Psychodynamischen Kurztherapie: daß man sich ständig bemühen muß, den Therapie-fokus im Auge zu behalten. Natürlich muß die Therapeutin alles daransetzen, daß zwischen einfühlendem Zuhören und therapeutischer Intervention ein ausgewogenes Verhältnis besteht. Dies ist mit der Gratwanderung zwischen der Beteiligung an Übertragung-Gegenübertragung-Szenarios und der nüchternen Beobachtung dieser Beteiligung vergleichbar (und oft geht das eine ins andere über). Man erreicht dieses ausgewogene Verhältnis durch Übung, Erfahrung und disziplinierte Selbstbeobachtung, worauf wir in diesem Buch immer wieder hinweisen.

7. Die Wichtigkeit therapeutischer Flexibilität in der Psychodynamischen Kurztherapie

Die Patienten, für die sich die Psychodynamische Kurztherapie besonders eignet, haben erhebliche Probleme mit Nähe und Intimität. Die bewußten und unbewußten Manöver, mit deren Hilfe sie solche zwischenmenschlichen Erfahrungen abwehren, machen es der Therapeutin oft schwer, ihren emotionalen Zustand zu verstehen und wirksam zu intervenieren. Ein solcher Patient ruft bei der Therapeutin schnell negative Reaktionen hervor, weil sie sich von seinem emotionalen Erleben »ausgeschlossen« oder aber in einer Weise in dieses Erleben hineingezogen fühlt, die ihre Integrität bedroht.

Um mit solchen Problemen umgehen zu können, muß die Therapeutin flexibel sein und sich insbesondere auf die angebotenen Kommunikations- und Beziehungsformen einstellen können. Flexibilität äußert sich auf vielfältige Art und Weise, auch über die Therapietechnik oder den Therapiestil hinaus. Die Therapeutin muß nicht irgend etwas tun, um die Inszenierungen des Patienten zu fördern oder etwas unter Beweis zu stellen. Sie muß vielmehr in hohem Maß fähig sein, den Dingen ihren Lauf zu lassen. Das heißt nicht, die Aufgabenorientiertheit aufzugeben. Es bedeutet jedoch, in der Lage zu sein, am Erleben des Patienten teilzunehmen, seinen Assoziationen und Phantasien zu folgen, sich in ihn hineinzuversetzen (siehe Polanyi, 1966). Ein gewisses Maß an Warmherzigkeit, Humor und Lebensart kann dabei sehr hilfreich sein. Von guten Therapeuten werden diese interpersonellen Fähigkeiten erwartet.

Man kann Flexibilität als eine innere *Haltung* begreifen, die sich in der ganzen persönlichen Art eines Therapeuten ausdrückt und in seiner Technik niederschlägt. Unter anderem beinhaltet sie die Achtung der Einschränkungen, denen das zwischenmenschliche Verhalten des Patienten unterliegt. Die Therapeutin sollte nie vom Patienten erwarten, jemand zu sein, der er nicht sein kann, oder in einer Weise zu handeln, die von seiner Persönlichkeit her unnatürlich wäre. Dennoch geht die Therapeutin nicht davon aus, daß das gegenwärtige Beziehungsverhalten des Patienten für ihn die einzige Möglichkeit ist.

Die Therapeutin akzeptiert den Patienten so, wie er ist, interessiert sich aber gleichzeitig intensiv für seine zwischenmenschlichen Beziehungen und sein Erleben in diesen Beziehungen. Sie bewahrt dem Patienten gegenüber eine Grundhaltung der Neugier. Sie interessiert sich dafür, wie er so geworden ist, wie er ist, warum er sich nicht verändern kann und welchen Preis er in Gestalt scheiternsfixierter Verhaltensmuster, innerer Konflikte und Leiden dafür bezahlt. Ohne den Patienten zu etwas zu »drängen« (etwa von ihm zu fordern, daß er Seiten seiner Person enthüllt, die bloßzulegen im Augenblick zu schmerzlich für ihn ist), versucht die Therapeutin, ihm begreiflich zu machen, warum scheinbar simple Probleme in zwischenmenschlichen Beziehungen für ihn so enorme Schwierigkeiten darstellen.

Aus der therapeutischen Praxis (1). Anhand der folgenden Darstellung einer einzelnen Therapiestunde wollen wir eine Reihe wichtiger Prinzipien und methodischer Vorgehensweisen aufzeigen, an denen sich die Psychodynamische Kurztherapie orientiert. Insbesondere soll die folgende Szene am praktischen Beispiel das Wesen des Therapiebündnisses, die Entwicklung des Fokusthemas und die therapeutischen Interventionen veranschaulichen.

Die Patientin, eine berufstätige Frau von Mitte Zwanzig, erzählt zu Beginn der Sitzung, daß ihr Mann ihr vorhält, sie sei launisch. Dann wendet sie sich beruflichen »Sorgen« zu. Sie berichtet, daß sie in letzter Zeit immer wieder früh aufwacht, über ihr Verhältnis zu Vorgesetzten und Kollegen nachgrübelt und von ihrem Mann Rat und Unterstützung erwartet. Dabei drückt sich in ihrer Interaktion mit dem Therapeuten eine Mischung aus Frustration und Ärger aus. Sie ist sichtlich unglücklich, und in dem, was sie sagt, schwingt offenbar auch so etwas wie der Vorwurf an den Therapeuten mit: »Keiner hilft mir, und Sie sind mir auch keine Hilfe. Ich bin wütend auf Sie und auf alle anderen. Sehen Sie nicht, daß ich hilflos bin?« Es ist zu vermuten, daß diese Frau ein bestimmtes Szenario mit den bedeutsamen Personen in ihrem Leben inszeniert, auch und insbesondere mit dem Therapeuten, zu dem sie eine gute Arbeitsbeziehung hat und den sie zu idealisieren neigt. (Das Gegenstück zu ihrem Hang, Männer auf ein Podest zu heben, ist ihr Ärger, wenn diese dafür nicht die gewünschte Ge-

genleistung erbringen, entweder weil sie nicht können oder nicht wollen. Sie reagiert darauf, indem sie sie abwertet und sich in anderen Zusammenhängen hämisch über sie lustig macht, weil sie nicht omnipotent sind; dies ist ein Muster, das sich mit dem gebräuchlichen Kürzel *kastrierend* erfassen läßt.) Wir dürfen erwarten, daß dieses aktuelle Verhaltensmuster seine Wurzeln in ihrer Kindheit hat. Wie wir sehen werden, ist das auch tatsächlich der Fall, und es ist davon auszugehen, daß eine Thematisierung dieser Hintergründe das Muster deutlicher hervortreten lassen wird, auch wenn sie wahrscheinlich nicht unbedingt notwendig ist, um eine therapeutische Veränderung zu bewirken.

Um die aktuelle Frustration der Patientin zu verstehen, müssen wir uns ihre Arbeitssituation genauer ansehen. Im Vorjahr, als die Patientin neu mit ihrer Arbeit begonnen hatte (bei der sie im übrigen ein beträchtliches Maß an Geschick, Findigkeit und Führungsqualitäten bewies), war sie von einem männlichen Vorgesetzten unterstützt worden, mit dem sie die meiste Zeit gut auskam. Wir wollen dieses Mann Joe nennen. Ihrer Art entsprechend, hatte sie ihn idealisiert. In letzter Zeit hatte sich Joe jedoch zunehmend aus seiner Mentorenrolle zurückgezogen und die Patientin stärker sich selbst überlassen. Sie nahm ihm das übel (man beachte die Parallele zu ihrem Verhalten dem Therapeuten gegenüber!), obgleich sich sein Verhalten ja auch, wie der Therapeut ihr später aufzeigte, als Ausdruck von Vertrauen werten ließ, da er sie inzwischen offensichtlich für fähig hielt, ihre Arbeit eigenständig zu machen. (Es sei an dieser Stelle betont, daß der Therapeut die Abhängigkeitsbedürfnisse der Patientin zu erkennen und im Auge zu behalten, nicht aber zu befriedigen hat.)

Deutungen wie die eben genannte, die der Wut und dem Hilflosigkeitsgefühl der Patientin eine Bestätigung ihrer eigenen Stärke entgegensetzen, erweisen sich oft als nützliches Therapiemittel. Man kann sie als Beispiel für eine kognitive Neustrukturierung ansehen, wie sie ja auch von kognitiv orientierten Therapeuten propagiert wird.* Es erübrigt sich wohl, darauf

* Es ist wohl an dieser Stelle angebracht, darauf hinzuweisen, daß der psychoanalytische Ansatz und die in jüngster Zeit so populäre kognitiv orientierte Therapie (die oft mit der Verhaltenstherapie verknüpft ist) viele wichtige Gemeinsamkeiten haben. Das gleiche läßt sich feststellen, wenn man die Techniken bei anderen Psychotherapieformen näher betrachtet. Diese Tatsache unterstreicht, daß es praktisch unmöglich ist, die Wirksamkeit einzelner Techniken zu beweisen, wenn man sie aus dem Zusammenhang des jeweiligen psychotherapeutischen Ansatzes reißt. Es gilt vielmehr anzuerkennen, daß sich alle Therapieansätze durch eine methodische Breite auszeichnen und sich daher einzelne Techniken nur schwer voneinander trennen lassen.

hinzuweisen, daß es häufig vorkommt, daß der Patient solche Interventionen abwehrt oder beiseite schiebt und seinen Ärger gegen den Therapeuten kehrt. Wenn allerdings eine gute therapeutische Beziehung besteht und es dem Patienten schwerfällt, die Deutung einfach beiseite zu schieben oder abzuwehren, ist eher damit zu rechnen, daß sie eine konstruktive, veränderungsfördernde Wirkung haben wird.

Die Situation wurde in diesem Fall noch dadurch kompliziert, daß die Patientin sehr ärgerlich auf eine Arbeitskollegin war, die ihr innerhalb der Firma in etwa gleichgestellt war und mit der sie sich schon verschiedentlich über die Nutzung der Räumlichkeiten gestritten hatte. Eine Taktik der Kollegin hatte darin bestanden, sich abfällig über die berufliche Kompetenz der Patientin zu äußern, was diese ihr zutiefst verübelte. Die Patientin fühlte sich jedoch nicht in der Lage, sich dagegen zu schützen oder zu wehren. Statt dessen suchte sie Hilfe bei männlichen Autoritätsfiguren (Joe, ihrem Mann, dem Therapeuten). (Diese Patientin hatte übrigens auch in der Therapie von Anfang an versucht, den Therapeuten dazu zu bewegen, ihr Ratschläge zu erteilen. Er hatte sich standhaft geweigert, dieser Bitte nachzukommen, weil er sie als »geladen« identifiziert hatte, das heißt als ein Übertragungsmanöver, das mit beträchtlicher, wenn auch vorerst noch unklarer emotionaler Bedeutung besetzt war.)* Ihr vorheriger Therapeut hatte diesen Bitten nachgegeben. In der Anfangsphase ihrer Therapie bei ihrem jetzigen Therapeuten hatte die Patientin diesem hin und wieder vorgehalten, daß sein Vorgänger bereitwilliger auf ihre Wünsche eingegangen war. Der jetzige Therapeut hatte die Situation als Zwickmühle identifiziert, in der man nicht gewinnen kann, ob man nun ja sagt (und die Abhängigkeitswünsche der Patientin perpetuiert) oder nein (und diese Wünsche enttäuscht).

Nach und nach gelang es dem Therapeuten, die Patientin zu der Er-

---

* Es geschieht relativ häufig, daß man sich als Therapeutin bedrängt, manipuliert oder auf andere Weise zu einem bestimmten Verhalten genötigt fühlt, ohne daß man selbst oder der Patient in dem Moment die Gründe dafür ganz durchschaut. Obgleich es zu diesem Thema verschiedene Ansichten gibt, kann sich die Therapeutin doch durchaus dafür entscheiden, kleineren Manipulationen wie etwa Fragen nach ihrer Gesundheit, ihrem Reiseziel oder ähnlichem nachzugeben (und sie sich im stillen zu merken), anstatt sie zu problematisieren. Wenn es jedoch um eine zentrale Dynamik geht, wird man in der Regel eine Grenze ziehen, es ablehnen, sich auf das Szenario einzulassen, und die gemeinsame Beleuchtung des Problems anregen, wobei es durchaus einige Zeit dauern kann, bis die Sache geklärt ist. Wenn das Problem wichtig und von Therapeutenseite nicht in die Inszenierung eingegriffen worden ist, können wir aufgrund des Reinszenierungsparadigmas jedoch davon ausgehen, daß es zu einem späteren Zeitpunkt in der Therapie wieder auftauchen wird.

kenntnis zu führen, daß sie (1) sehr wohl in der Lage war, ihre Entscheidungen selbst zu treffen, es (2) eindeutig in ihrem eigenen Interesse lag, ihr Leben selbst in die Hand zu nehmen und so zu handeln, wie es am ehesten *ihren* Wünschen entsprach, die sie besser beurteilen konnte als irgend jemand anders, sie es (3) anderen zutiefst verübelte, wenn sie ihr Ratschläge erteilten, selbst wenn sie sie ausdrücklich darum gebeten hatte, und es (4) für sie beide wichtiger war, zu verstehen, woher ihr Drang rührte, andere dazu zu bewegen, ihr Leben für sie zu managen. (Wobei letzteres zugegebenermaßen oft kein sehr wirksamer Ansatz ist, weil es leicht als intellektuelle Argumentation aufgenommen wird und dann etwa so ankommt wie Vernunftargumente bei einem Kind, das unbedingt eine Süßigkeit haben will. Aber wenn die therapeutische Beziehung von einem gewissen Maß an Vertrauen getragen ist, wird der Patient – als Erwachsener – doch wohl mehr Frustrationstoleranz aufbringen als ein Dreijähriger.)

Die Patientin war als ältestes Kind in einer großen Familie aufgewachsen. Ihre Mutter, zu der sie nach wie vor eine deutlich ambivalente Beziehung hatte, war eine ziemlich beherrschende Frau. Insbesondere erstickte sie die Selbstständigkeitsbestrebungen ihrer Tochter auf vielerlei Weise. Auf der anderen Seite zeigte sie wenig echte Zärtlichkeit und Zuneigung; sie schien (wie auch die Patientin) zutiefst mit der weiblichen Rolle zu hadern. Wie zu erwarten, erlebte die Patientin den Vater als vergleichweise schwachen und ohnmächtigen Mann, der nur selten für Disziplin sorgte und auch in anderer Hinsicht eher abseits stand. Dennoch hegte die Patientin tiefe und zärtliche Gefühle für ihren Vater (und andere Männer). Sie wollte ihm alles recht machen und dafür von ihm bewundert und geliebt werden. Es überrascht auch kaum, daß sie die Mutter als gefährliche Rivalin um die Zuneigung des Vaters erlebte. Da sie die Aggressivität der Mutter (die sie auch an sich selbst feststellte) negativ besetzte und ablehnte, fiel es ihr schwer, sich durchzusetzen, im Beruf ebenso wie in der Beziehung zu ihrem Mann (und in der zum Therapeuten). Sie geriet immer wieder in die gleiche Zwickmühle: Wenn sie sich behauptete, »wurde« sie ihre Mutter – eine Vorstellung, die sie entsetzte; ordnete sie sich dagegen unter, dann konnte sie sich vielleicht die Anerkennung und Liebe des Vaters bewahren, aber dafür ihre (recht beträchtlichen) Talente nicht mehr realisieren. Beide Möglichkeiten erschienen ihr gleichermaßen unbefriedigend und ärgerlich.

Die Parallele zwischen der Vater-Tochter-Konstellation und dem Konflikt am Arbeitsplatz ist augenfällig. Auch in der Therapie bemühte sich die Patientin eifrig um die Anerkennung und Liebe des Therapeuten, wobei sie ihn abwechselnd idealisierte und in eine Machtstellung erhob. Wenn der Therapeut ihre Erwartungen dann nicht erfüllte (es ablehnte, ihr Ratschläge zu erteilen), drohte ihre Liebe immer wieder in Zorn und Wut umzuschlagen. Diese Affekte konnte sie jedoch wegen ihrer starken Angst vor Liebesentzug nicht zulassen.

Der Therapeut verhielt sich während der gesamten Therapie klar und eindeutig: Er zeigte durchgängig eine achtungsvolle, akzeptierende und mitfühlende Haltung. (Was ihm nicht schwerfiel, da die Patientin viele attraktive Eigenschaften hatte, darunter beträchtliche weibliche Reize, und der Therapeut sie mit der Zeit aufrichtig gern mochte.) Außerdem kam diese Patientin als hochintelligente Frau mit einem beträchtlichen Maß an Ich-Stärke der »Ideal-Patientin« recht nahe. So entstand eine gute und produktive Arbeitsbeziehung, die auch periodische Störungen durch den Zorn, die Ungeduld, die Anspruchshaltung und die Frustration der Patientin unbeschadet überstand. Die therapeutische Aufgabe bestand vor allem darin, der Patientin zu helfen, die Schwankungen und Turbulenzen in den für sie bedeutsamen Beziehungen (zur Mutter, zum Ehemann, zum Chef, zu Arbeitskollegen und zum Therapeuten) zu verstehen. Dies geschah, indem der Therapeut aufmerksam die Szenarios verfolgte, die die Patientin in der Therapie inszenierte, und sich auf diese auch partiell einließ. Im geeigneten Augenblick faßte er kurz zusammen, wie der aktuelle Konflikt auf ihn wirkte. Seine Position war also durchgängig die eines Verbündeten, der der Patientin, ohne sich einzumischen, dabei half, ihr eigenes Potential zu verwirklichen. Konkret hieß dies, daß er ihr immer wieder die Grundnatur ihres Konflikts vor Augen führte, wenn sich dieser in scheinbar unterschiedlichster Form in ihrem jetzigen Leben manifestierte. Das bedeutete für den Therapeuten unter anderem, ihr aufzuzeigen, wie sie sich selbst im Wege stand (indem sie beispielsweise Ziele verfolgte, die einander ausschlossen, wie den Wunsch, sich als eigenständiger Mensch zu behaupten, und das gleichzeitige Bestreben, »Papas kleiner Liebling« zu sein; oder auch durch ihre heftige Abneigung gegen das Frausein, das für sie gleichbedeutend damit war, so zu werden wie ihre Mutter).

Bei dieser Fallgeschichte kann man den dynamischen Fokus auf mehrere Aspekte konzentrieren, die mit der weiblichen Identität zu tun haben. Wichtiger als so ein weitgefaßtes Oberthema waren für die Therapie, zumindest von den unmittelbaren Auswirkungen her, jedoch die konkreten *Handlungsmuster,* die wir zum Teil schon erörtert haben. Es sei in diesem Zusammenhang betont, wie wichtig es ist, solche Muster über einen längeren Zeitraum zu identifizieren und sich eingehend mit ihnen zu befassen.

Eine einzelne Deutung wird dabei nicht ausreichen. Tatsächlich wird man weit öfter feststellen, daß viele Wiederholungen nötig sind. Unserer Erfahrung nach ist das der sehr viel typischere Weg, dauerhafte Veränderungen zu erzielen, als die einmalige, zielsichere Intervention. Wir sind der Überzeugung, daß eingeschliffene kognitive, affektive und verhaltensbezogene Muster in den meisten Fällen sehr viel schwerer zu verändern sind, als es kognitiv orientierte Therapeuten in ihren Veröffentlichungen wahrhaben wollen.

Während die Patientin ihre Klagen vorbrachte, wurde sie sehr zornig und begann zu weinen. Ihre Gefühle galten dabei zumindest teilweise dem Therapeuten. Hier in paraphrasierter Form die Kommentare des Therapeuten:

»Wir wollen uns die Situation jetzt einmal gemeinsam ansehen. Sie ärgern sich doch ziemlich stark über Joe, weil er Ihnen Ihres Erachtens seine Unterstützung entzogen hat. Sie empfinden das als Im-Stich-gelassen-Werden, während man doch auch sagen könnte, daß er Sie durchaus für fähig hält, die Schwierigkeiten selbst zu bewältigen. Mit anderen Worten scheint er recht viel Vertrauen in Ihre Fähigkeiten zu setzen.

Wir sollten uns aber auch noch einmal etwas anderes ansehen. Diese Auseinandersetzung mit Ihrer Kollegin und Ihre ganze Arbeitssituation erinnern mich doch recht stark an das, was sie als Kind zu Hause erlebt haben. Dort schien zumindest insofern ein ziemliches Chaos zu herrschen, als ihr Vater weder für Disziplin sorgte, noch bestimmte, was zu passieren hatte. Er ließ alles laufen. Sie hofften, er würde sich irgendwann einmal durchsetzen, Ihrer Mutter gegenüber Ihre Partei ergreifen (ähnlich wie Sie es sich jetzt bei dem Konflikt mit Ihrer Kollegin wünschen) und Sie generell unterstützen. Er tat es nicht, und Sie haben sich deshalb sehr über ihn geärgert (so wie Sie sich jetzt über Joe ärgern). Sie empfinden sich selbst auch jetzt (genau wie damals) als schwach und hilflos. Deshalb meinen Sie, daß Sie einen Mann brauchen, der die Dinge für Sie regelt, der für Sie eintritt und die Probleme beseitigt. Was dabei untergeht, ist die Tatsache, daß Sie sehr wohl in der Lage sind, für sich selbst einzustehen und die nötigen Kämpfe auszufechten. Wir haben ja beide an etlichen Beispielen gesehen, daß Sie das können. Mit anderen Worten: Sie sind gar nicht hilflos.

Und noch etwas: Wenn Sie sich behaupten und, wie Sie es nennen, ›biestig‹ werden, dann fürchten Sie, wie Ihre Mutter zu werden, was Sie unter allen Umständen vermeiden möchten. Um es hier einmal deutlich zu sagen: Was Sie auch tun, Sie sind nicht Ihre Mutter. (Es schien hier wichtig zu betonen, daß Ähnlichkeit nicht Identität ist!) Sie versuchen, diesen Konflikt zu lösen, indem Sie sich passiv und fügsam verhalten. Damit verleugnen Sie Ihre aggressiven Impulse und sichern sich gleichzeitig die Liebe und Zuneigung Ihres Vaters. Zumindest wenden Sie sich in dem Moment an einen starken Mann und erwarten, daß er Ihnen zur Hilfe kommt und Sie aus ihrer Lage befreit. Wenn das nicht geschieht (so wie Sie es bei Joe oder mir erleben), dann werden Sie ärgerlich und setzen den betreffenden Mann herab [wie sich anhand des Geschehens in der Stunde selbst konkret belegen ließ]. So sind Sie am Ende frustriert und verärgert. Wenn Sie sich selbst behaupten, bekommen Sie vielleicht nicht immer genau das, was Sie sich wünschen, aber es besteht doch immerhin die Chance dazu.«

Diese Themen wurden im folgenden noch weiter ausgeführt, und der Therapeut (und wohl auch die Patientin) erlebte diese Stunde als überaus produktiv. Anscheinend war ein geeigneter Kontext vorhanden, um diese speziellen Kommentare und Deutungen einzubringen, und auch der Zeitpunkt erwies sich als richtig. Aber woran lag das? Unter allen wichtigen Faktoren sind wohl die folgenden am entscheidendsten: Es bestand eine stabile und allgemein gute Arbeitsbeziehung; es lag genügend Material vor, mit dem sich die Kommentare des Therapeuten untermauern ließen, und die Grundlagen waren bereits in den vorangegangenen Stunden gelegt worden (der Therapeut sagte sogar wörtlich:»Hier haben wir wieder ein Beispiel für das, worüber wir in der letzten Zeit gesprochen haben«); es war soviel Affekt mobilisiert, daß die Deutungen nicht als bloße intellektuelle Übung erscheinen konnten, die meist auf taube Ohren stößt; eine ganze Reihe verschiedener Facetten der Gegenwart und Vergangenheit der Patientin schienen sich sinnvoll zusammenzufügen und für den Therapeuten – seiner Beurteilung nach aber auch für die Patientin – einen Sinn zu ergeben; die Patientin war bereit, dem Therapeuten zuzuhören (oder anders gesagt: der Widerstand war nicht sehr stark), und, wie erwartet, stärkten die aus einer solidarischen Haltung heraus vorgebrachten Kommentare des Therapeuten tatsächlich das Therapiebündnis.

Die»Richtigkeit« solcher klärenden Kommentare, Konstruktionen und Deutungen läßt sich immer in Zweifel ziehen. Wir stimmen völlig mit anderen Autoren (Spence, 1982) überein, daß eine Feststellung der Wahrheit nicht möglich ist. Wichtig ist, daß die Geschichte, die Therapeutin und Patient gemeinsam entwickeln, eine konstruktive Neufassung der Lebensgeschichte des Patienten darstellt, die es diesem ermöglicht, sich in einem neuen und zuträglicheren Licht zu sehen. Sie muß zur Entwicklung eines konstruktiveren und stimmigeren Selbstbildes führen und zu adäquateren Verhaltensmustern gegenüber wichtigen Personen im gegenwärtigen Leben des Patienten. Psychotherapie, wie wir sie hier beschreiben, beinhaltet die Untersuchung bestimmter Erlebnisse und Ereignisse im derzeitigen Leben des Patienten, aus denen sich durchgängige Themen, Szenarios, Skripte und ähnliches mehr entnehmen lassen, die das gegenwärtige Beziehungsleben des Patienten unnötig komplizieren.

Aus der therapeutischen Praxis (2). Hier noch ein zweites kurz skizziertes Beispiel aus der therapeutischen Arbeit nach den Prinzipien der Psychodynamischen Kurztherapie. In diesem Fall stellte der Patient den Therapeuten in mehrerer Hinsicht vor schwierigere Aufgaben als die Patientin im vorigen Beispiel.

Bei dem Patienten handelte es sich um einen Akademiker von Ende Zwanzig. Obwohl er hochintelligent und ziemlich erfolgreich war, hatte er beruflich eine recht unstete Entwicklung durchlaufen und erst vor kurzem den Wunsch gezeigt, sich eine Karriere aufzubauen und sich zu etablieren; dazu gehörte für ihn auch zu heiraten. Ein zentrales Problem, das sich durch sein bisheriges Leben zog, war die Mischung aus Perfektionismus, rebellischer Auflehnung und Zorn, die an ihm auffiel. Sein Zorn richtete sich gegen bedeutsame Personen in seinem Leben und insbesondere gegen männliche Autoritätsfiguren, unter die natürlich auch der Therapeut fiel. Der Verlauf der Therapie spiegelte sehr plastisch die zwischenmenschlichen Probleme des Patienten wider. So forderte er zum Beispiel häufig die Verlegung vereinbarter Termine, oder er kam zu spät, um sich dann einen entfernteren Stuhl auszusuchen als den, den ihm der Therapeut zugedacht hatte. Er wahrte zwar den gebührenden Respekt, legte jedoch eine herrische und arrogante Haltung an den Tag und forderte den Therapeuten heraus, ihm schnelle und einfache Lösungen zu liefern. Gleichzeitig wirkte diese Haltung jedoch wie eine dünne Fassade, hinter der sich der glühende Wunsch nach einer mächtigen (männlichen) Helferfigur verbarg, an die er sich anlehnen konnte und die seine unerbittlich-selbstkritische Haltung mildern würde.

Diese übersteigerte Selbstkritik läßt sich als Ausdruck eines übermäßig strengen und strafenden Über-Ich begreifen. In der Tat kann man das Problem dieses Patienten und somit den dynamischen Fokus damit definieren, daß er an einem hypertrophen Über-Ich litt. Im üblichen diagnostischen Sprachgebrauch würde man wohl von einer relativ schweren zwanghaft-besessenen Persönlichkeitsstörung sprechen. Im täglichen Leben äußerte sich das Problem jedoch als hochgradige Intoleranz gegenüber jeder Form von Unzulänglichkeit bei sich selbst oder bei anderen und in anhaltendem Zorn, wenn jemand irgendeinen Fehler beging oder sich in anderer Weise als unvollkommen erwies und ihn so darauf stieß, daß er selbst es nicht schaffte, sein Leben absolut unter Kontrolle zu halten beziehungsweise seine Aufgaben und Pflichten mit hundertprozentiger Gewissenhaftigkeit zu erfüllen. Während er einerseits nach totaler Kontrolle über sich selbst und andere strebte – womit er zwangsläufig scheitern mußte – geriet er andererseits in Zorn, der sich in verbalem Streit mit seiner Verlobten und anderen bedeutsamen Menschen in seinem Leben niederschlug. Gezwungen, das Scheitern seines missionarischen Eifers zur Kenntis zu nehmen, reagierte er zunächst verärgert und war dann schließlich deprimiert. (Es ist auch anzumerken, daß dieses Muster für eine größere zwischenmenschliche Distanz sorgte.) Ein wichtiger Punkt, über den er sich beklagte, war das Nachlassen seines sexuellen Interesses an seiner Verlobten und das wiederholte Auftreten sexueller Phantasien im Zusammenhang mit irgendwelchen Frauen, die er auf der Straße sah. Kurzum, sein Leben war, obgleich an der Oberfläche scheinbar ganz intakt, eine »Hölle«, der er zu entkommen suchte.

Nach Ansicht des Therapeuten bestand die Hauptaufgabe der Therapie darin, das allzu strenge Über-Ich des Patienten zu lockern (wie jeder erfahrene Therapeut sofort erkennen wird, kein geringes Unterfangen). Betrachten wir die hier wirksam werdenden Kräfte: Es ist positiv zu vermerken, daß wir es mit einem hochintelligenten Patienten zu tun haben, der außerdem relativ gut motiviert in die Therapie hineingeht. Zwar ist er in der Therapiearbeit eher unzuverlässig, aber er steht doch so weit unter Leidensdruck, daß er sich von selbst um therapeutische Hilfe bemüht hat. Man darf also davon ausgehen, daß er zumindest bis zu einem gewissen Punkt mit dem Therapeuten kooperieren wird. Obgleich sein Verhältnis zum Therapeuten deutlich ambivalent ist, respektiert er ihn doch als Menschen und als Fachmann. Er besitzt eine gewisse Fähigkeit zur Introspektion, neigt nicht zu krassen Formen antisozialen Ausagierens, hat Humor und wirkt auf den Therapeuten im ganzen recht liebenswert. Auf der negativen Seite stehen sein ausgeprägter Zorn und seine Feindseligkeit, seine rebellische Haltung gegenüber männlichen Autoritätsfiguren, sein Drang, diese herauszufordern und zu besiegen, sein Perfektionismus, seine Rigidität und seine zerstörerische Selbstabwertung.

Ziel des Therapeuten war es, ein tragfähiges Therapiebündnis herzustellen und sich als akzeptierendere, wohlwollende, nichtstrafende Autoritätsfigur einzuführen, mit der sich der Patient identifizieren konnte und die ihm auf diese Weise dabei helfen konnte, sein allzu straff organisiertes Über-Ich zu lockern. Während der Arbeit an dieser Hauptfront galt es jedoch gleichzeitig, den Patienten dazu zu ermuntern, sich genau anzusehen, inwiefern sein engmaschiges System von Prinzipien mit seinen inadäquaten oder scheiternsfixierten Verhaltensmustern verknüpft war oder sie sogar produzierte. Diese Verhaltensmuster waren das Problem, über das der Patient klagte, weil er, wie er meinte, keine Kontrolle über sie hatte und sie ihn ernstlich in seiner Realitätsanpassung behinderten. Genau wie andere Menschen mit anderen Symptomen auch, mußte dieser Patient dahin kommen, zu erkennen, daß er nicht das Opfer mächtiger Kräfte war, sondern entscheidend zu diesen Abläufen beitrug. (Das ist die operationalisierte Form des Freudschen Epigramms: wo Es war, soll Ich sein.)

Das ist ein ehrgeiziges Ziel, das sich nach Ansicht von Experten (Salzman, 1968) kurzfristig kaum realisieren läßt – schon gar nicht in einer Therapie, die auf 25 Stunden begrenzt ist (realistischer wäre es, dafür mehrere hundert Stunden anzusetzen). Dennoch kann ein solcher 25-Stunden-Block zunächst einmal dazu dienen, den Patienten in die Patientenrolle einzuführen, ihm zu zeigen, daß eine Therapie etwas bewirken kann, und vielleicht auch seine Motivation zu stärken, sich auf eine langfristigere und intensivere Therapiearbeit einzulassen.

Bei der Arbeit mit dem Patienten kristallisierten sich für den Therapeuten folgende Risikofaktoren heraus: Der Patient suchte zwar einerseits von sich aus therapeutische Hilfe, aber auf der anderen Seite schien er, wenn auch unbewußt, fest entschlossen, die therapeutischen Bemühungen zu sabotieren. Wie bereits ausgeführt, äußerte sich dieses Bestreben darin, daß er ständig an dem äußeren Arrangement zu rütteln versuchte. Da es ihm nicht gelang, den Therapeuten zu provozieren, bot sich als nächste Alternative die Möglichkeit, ihn herabzusetzen. So drohte die Aufrechterhaltung eines System, bei dem der Patient sich aggressiv gegen einen anderen wendet, daraufhin seinerseits aggressiv angegangen wird, sich dagegen auflehnt, dann aber doch unterwirft und letztlich eine Niederlage einsteckt.

In der Stunde, die wir hier wiedergeben wollen (der zwölften), versuchte der Therapeut, die oben beschriebene Aufgabe weiter zu verfolgen. Als wohlwollende, aber konsequente und unbestechliche Autoritätsfigur war er darum bemüht, dem Patienten zu der Erkenntnis zu verhelfen, daß und auf welche Weise seine starren Verhaltensmuster, die scheinbar automatisch abliefen, in Wirklichkeit Manöver waren, die von ihm selbst ausgingen und bei deren Inszenierung er eine überaus aktive Rolle spielte. Diese Stunde war ein typisches Beispiel für eine Sitzung, in der der Therapeut genau merkt, welche reziproke Rolle der Patient ihm zugedacht hat, ohne daß jedoch explizit über die therapeutische Beziehung gesprochen wird. Unserer Erfahrung nach sind solche Stunden relativ häufig, und wir sehen darin keinen Widerspruch zu den Grundprinzipien der Psychodynamischen Kurztherapie. Wir sind vielmehr der Ansicht, daß die Therapie flexibel gestaltet werden muß, damit die wichtigsten Therapieziele verfolgt werden können, ohne daß man sich sklavisch an ein bestimmtes Rezept klammert. Anders gesagt: wir würden zwar jederzeit darauf bestehen, daß der Therapeut sich der ihm zugedachten reziproken Rolle ebenso bewußt sein sollte wie der faktischen Transaktionen zwischen ihm und dem Patienten, aber wir verwahren uns strikt gegen eine feste Regel, die besagt, daß dieses Thema in jeder Stunde explizit angesprochen werden muß. Wenn nämlich nach einer solchen festen Formel verfahren wird, wird sich der Patient häufig dagegen wehren, indem er erklärt:»Ich wußte doch, daß Sie mich wieder fragen würden, was ich Ihnen gegenüber fühle. Das, worüber ich gerade gesprochen habe, hat überhaupt nichts mit Ihnen zu tun, und also sind da auch keine Gefühle Ihnen gegenüber.«

In diesem Fall erläuterte der Therapeut dem Patienten das Konzept des Über-Ich und schildert ihm dessen Kontroll-, Disziplinierungs- und Bestrafungsfunktion ebenso wie seine Unerbittlichkeit und gebieterischen Forderungen. Dazu kam es, nachdem der Patient zahlreiche Beispiele für seinen Hang zum Perfektionismus und seine Unduldsamkeit gegenüber menschlichen Schwächen bei sich und anderen angeführt und allgemeines Unbehagen angesichts solcher Vorkommnisse geäußert hatte. Außerdem war der Patient emotional erregt, das heißt, außer sich über das, was da mit ihm zu passieren schien. Der Therapeut umriß einige zentrale Folgen des Patientenkonflikts:»Sie kritisieren und bestrafen sich für jede Unvollkommenheit, die Sie bei sich oder anderen entdecken. Ihr Über-Ich besteht auf Vollkommenheit. Wenn das Verhalten irgendeines Menschen auch nur das Geringste zu wünschen übrig läßt, bedeutet das für Sie sofort Kritik und Strafe. Wenn Sie sich gegen Ihr Über-ich auflehnen oder ihm zu entwischen versuchen, erwecken Sie sein Mißfallen, wodurch Sie sich wiederum Strafe auf sich ziehen. Wenn Sie seinem Diktat gehorchen, fühlen Sie sich kontrolliert oder unterjocht und verspüren den Drang, dagegen aufzubegehren. Wenn Sie aufbegehren, haben Sie Schuldgefühle, weil sie ungehorsam sind, wofür sie wiederum Strafe einstecken müssen. Es gibt keinen Ausweg . . . Die einzige Lösung, die ich sehe [dies sagte er *sehr* ruhig und gelassen] liegt darin, eine Art Kompromiß zu erarbeiten, der es den widerstreitenden Parteien ermöglicht, sich mit mehr Toleranz zu begegnen.« (Der Therapeut hätte das Gespräch an dieser Stelle auf die Kindheitsbeziehung des Patienten zu seinem Vater ausdehnen können, aber das erschien ihm offenbar verfrüht oder unangebracht.) Diese Deutung, wenn man sie denn so bezeichnen will,* appellierte an die Vernunft und den rationalen Teil des

---

* Wir neigen immer mehr zu der Ansicht, daß der Begriff »Deutung« oder »Interpretation« unzureichend und potentiell irreführend ist. Vorzuziehen wäre wohl Neustrukturierung, da dieses Wort den Vorgang genauer beschreibt, der ja darin besteht, das Selbst- und Welterleben des Patienten mit neuer Bedeutung zu belegen. Deutung erinnert dagegen eher an Wahrsagerei oder Traumdeutung und suggeriert, daß es eine bestimmte tiefere Bedeutung gibt, die der Therapeut zu entdecken und dem Patienten zu vermitteln hat. Unserer Überzeugung nach geht es aber um die Identifizierung von Annahmen, Phantasien und so weiter, die kaum je so eindeutig sind oder sich in der Weise übersetzen lassen, wie es das Wort Deutung nahe-

Patienten-Ichs. Durch sie wurde ein möglicher Angriff gegen den Therapeuten vermieden und statt dessen seine Position als Bundesgenosse gestärkt. Die Deutung bewirkte, daß dieser Gesprächsfaden nicht abgeschnitten wurde, sondern sich im Gegenteil neue Ansätze eröffneten. Sie vermied stringent jeden Beigeschmack von Kritik oder Mißbilligung (was in diesem Fall mit Abstand die antitherapeutischste aller möglichen Reaktionen gewesen wäre!) und begann statt dessen, einen ersten Keil zwischen die Verhaltensautomatismen des Patienten und die von ihm potentiell erreichbare größere Autonomie zu treiben.

Therapiehindernisse

Beim Versuch, den methodischen Ansatz der Psychodynamischen Kurztherapie praktisch umzusetzen, wird sich die Therapeutin oft mit schwerwiegenden Hindernisssen konfrontiert sehen, die aus den typischen emotionalen Konflikten der für diese Therapieform geeigneten Patienten resultieren. Die chronischen, schwerwiegenden Probleme, die diese Patienten in zwischenmenschlichen Beziehungen haben, werden sich in der Therapie unweigerlich als Widerstände gegen die Therapiearbeit manifestieren, und diese Hindernisse spielen in der Psychodynamischen Kurztherapie eine sehr wichtige Rolle.

1. Das Konzept des Widerstands in der psychoanalytischen Therapie

Aus der Sicht der traditionellen Psychoanalyse erfüllen psychische Widerstände drei wichtige psychodynamische Funktionen: (1) behindern sie die Aufdeckung eines unbewußten Konflikts; wenn im Zuge der Behandlung ein Konflikt reaktiviert worden ist, sorgen sie (2) dafür, daß die mit diesem Konflikt zusammenhängenden unbewußten Wünsche und Phantasien nicht aufgegeben werden, und (3) spiegelt sich in ihnen der allgemeine Unwille des Patienten, mit neuen und besser angepaßten Verhaltensformen zu experimentieren (Dewald, 1982). Freud (1909, *GW 7*) sah im Widerstand

legt. Im typischeren Fall geht es um den Versuch, die mentalen Prozesse des Patienten anders und adäquater zu strukturieren. Dabei handelt es sich um näherungsweise Wahrheiten, die plausibel und in sich konsistent, aber doch zumindest teilweise spezifische Produkte der jeweiligen Therapiebeziehung sind. Es gibt in diesem Bereich keine absoluten Wahrheiten!

ursprünglich ein Hindernis bei der Aufdeckung und Lösung der verdrängten Konflikte des Patienten. Folglich sollte es Ziel der Therapie sein, dessen Widerstände zu überwinden. Im Zuge der Weiterentwicklung seiner Theorie (Freud, 1923, *GW 13*; 1926, *GW 14*) wurde dem Widerstand dann eine weiter gefaßte Rolle innerhalb der Abwehrmechanismen des Ichs zugeschrieben, von denen nach neuerer Erkenntnis die Charakterstruktur und die interpersonellen Funktionsmodi des Patienten durchdrungen waren (Reich, 1970). A. Freud (1946) entwickelte das Konzept des Widerstands auf der Grundlage dieser neuen Einsichten weiter und faßte ihn als Widerspiegelung der Organisation der Ich-Abwehr. Damit wurde in der Analyse des Widerstands ein entscheidendes Mittel gesehen, um die fehlangepaßten Verhaltensmuster des Patienten zu verstehen und zu verändern. Folglich kam der Sensibilität auch für subtilste Anzeichen von Widerstand eine immer wichtigere Rolle unter den therapeutischen Fähigkeiten zu.

Dieses ich-psychologische Konzept des Widerstands ist auch heute noch vorherrschend. Der Widerstand, der in der Therapie aktiviert wird, hat demnach die Funktion, die Therapeutin – und natürlich auch den Patienten selbst – daran zu hindern, das Wesen des neurotischen Konflikts aufzudecken. Allerdings wird der Widerstand nicht mehr als ein Hindernis begriffen, das aus dem Weg geräumt werden muß, damit Veränderung möglich wird. Vielmehr sind auftretende Widerstände als psychische Abläufe zu sehen, die sich im Therapieprozeß störend bemerkbar machen, aber selbst ein integraler Bestandteil dieses Prozesses sind. Als solche gilt es, sie zu untersuchen und zu verstehen.

Auch in diesem Konzept gelten Widerstände noch immer als Kräfte in der Psyche des Patienten, die sich dem Therapiefortschritt entgegenstemmen. Aufgrund neuerer Entwicklungen in der Ich-Psychologie ist deutlich geworden, wie massiv diese Barrieren sein können. Deshalb hat sich in der psychodynamischen Langzeittherapie inzwischen der Schwerpunkt von der Aufdeckung der unbewußten Konflikte auf das schwierigere und zeitaufwendigere Unterfangen der Bearbeitung der Charakterwiderstände verlagert. Außerdem wird davon ausgegangen, daß der Widerstand als psychischer Mechanismus unpersönlich operiert, das heißt, wie ein automatisches Programm abläuft, das dazu da ist, Aufdeckungs- oder Deutungsbemühungen zu vereiteln. Insbesondere behindert der Widerstand die volle Ausbildung der Übertragung und die Artikulation entwicklungsgeschichtlicher Zusammenhänge.

Die wichtigsten psychodynamischen Kurztherapieformen sind in unterschiedlichem Maße von diesen Annahmen über die Identifizierung von und den Umgang mit Widerständen geprägt. Weil in der Kurztherapie nicht unbegrenzt Zeit zur Verfügung steht und man sich daher den Luxus einer behutsamen Widerstandsanalyse nicht leisten kann, meinen manche Therapeuten, es gelte Widerstände schonungslos anzugehen, um den Weg für entwicklungsgeschichtliche Deutungen der Übertragung zu ebnen (Davanloo, 1978, 1980). Der kontroverse Tenor dieses Ansatzes läßt jedoch viele Therapeuten vielleicht eher vor einer systematischen Widerstandsanalyse zurückschrecken. Das Ergebnis ist, daß die Widerstandsanalyse ähnlich gehandhabt wird, wie es bereits traditionell für die Übertragungsanalyse gilt: sie findet in der Theorie mehr Beachtung als in der Praxis (Schafer, 1983). Eine weitere mißliche Folge dieses Konfrontationsansatzes ist, daß der Patient häufig affektiv in Deckung gehen und zu subtileren Formen des Widerstands Zuflucht nehmen wird. Anders gesagt: Wenn die Therapeutin den Widerstand als oppositionelles Verhalten begreift, läuft sie Gefahr, den Zugang zu der besonderen, durch die konflikträchtigen zwischenmenschlichen Themen bestimmten Art und Weise zu verlieren, in der der Patient ihre Deutungsversuche umzuinterpretieren neigt. So kann es etwa sein, daß der Patient es als Tadel auffaßt, wenn die Therapeutin ihn mit seinen Intellektualisierungstendenzen konfrontiert, und darauf mit masochistischer Unterwürfigkeit, scheinbarer Anpassung an die Autoritätsfigur oder stillem Trotz reagiert. Andere subtile Widerstandsformen wären etwa Abschweifungen zu Themen außerhalb der Therapie oder verstärkte Beschäftigung mit der Kindheitsgeschichte – alles mit Ziel, vor dem zu flüchten, was der Patient als potentiell gefährlichen Antagonismus zwischen sich und der Therapeutin erlebt.

Obwohl diese Implikationen problematisch sind, spielt das Konzept des Widerstands in allen Formen der psychodynamisch orientierten Therapie eine zentrale Rolle. Es beinhaltet eine Reihe wichtiger theoretischer Grundannahmen im Hinblick auf die Bedeutung neurotischer Konflikte und ihrer Manifestation im Verhalten. In der Praxis hängt das Verständnis für das Wesen und die Funktion des Widerstands letzlich von den jeweiligen theoretischen Konzeptionen der Therapeutin im Hinblick auf den Therapieprozeß und seine Ziele ab. Wie Schlesinger (1982) gezeigt hat, ist *Widerstand* kein Begriff, der Verhalten beschreibt, sondern einer, der es zu erklären versucht. Widerstand kann viele verschiedene Formen annehmen, aber aus der Sicht der psychodynamisch orientierten Therapie dient er grundsätzlich dazu, den Patienten vor schmerzlichen Affekten im Zusammenhang mit seinen Konflikten zu bewahren. Wie alle Verhaltensformen hat auch der Widerstand keine unveränderlich feststehende Bedeutung, und sein klinischer Stellenwert hängt vom therapeutischen Kontext ab.

2. Die Definition des Widerstands in der Psychodynamischen Kurztherapie

In Übereinstimmung mit der interpersonellen Perspektive, die wir in diesem Buch darlegen, betrachten wir Widerstand als Prozeßphänomen – als integralen Bestandteil der Transaktionen zwischen Patient und Therapeutin. Konkret auftretende Widerstände reflektieren die Natur der Beziehung zwischen diesen beiden Beteiligten. Wir fassen solche Widerstände nicht einfach nur als Ausdruck psychischer Oppositionsmechanismen auf, sondern, vom Standpunkt des Patienten aus gesehen, als unbewußte persönliche Handlungen, die darauf abzielen, ein Gefühl der Sicherheit zu erhalten und irgendeiner Art von Gefahr zu entgehen, und die von unbewußten Überzeugungen im Hinblick auf die eigene Person und auf andere gesteuert werden. Wir begreifen Widerstand als einen Komplex von Mustern zur Deutung von Erfahrungen und von Verhaltensformen, die auf die genannte subjektive Sicht der Dinge gründen (Schafer, 1983; Schlesinger, 1982).

In diesem Kontext bedeuten Widerstände Hindernisse, die einer gemeinsamen Erfahrung im Wege stehen. Die Gefühle und Phantasien, die den Abwehroperationen des Patienten zugrundeliegen, mögen undurchsichtig sein; aber sie schlagen sich in jedem Fall mehr oder minder subtil in den Nuancen der therapeutischen Beziehung nieder, sei es in den metaphorischen Inhalten der Assoziationen des Patienten, in den Aktionen und Reaktionen beider Beteiligten, im inneren Erleben der Therapeutin oder in sonstigen Beziehungsaspekten. Folglich bewirkt die Therapeutin, indem sie sich mit den Widerständen des Patienten auseinandersetzt, Veränderungen innerhalb der therapeutischen Beziehung und damit in der Persönlichkeitsstrukur des Patienten. Es ist wichtig, noch einmal daran zu erinnern, daß wir Widerstände als persönliche Handlungen begreifen, unabhängig davon, wie die Therapeutin die Auswirkungen erlebt. Was wir damit meinen, wollen wir durch das folgende Beispiel veranschaulichen:

In diesem Fall war die Patientin Anfang Zwanzig und hatte es bislang nicht geschafft, ein Ausbildungs- oder Berufsziel ausdauernd zu verfolgen. Es war ihr auch nicht gelungen, eine längerwährende befriedigende Liebesbeziehung einzugehen, und sie hatte mit ihren Eltern oft Streit wegen ihrer

Zukunft. Sie litt unter periodisch wiederkehrenden Depressionsanfällen, die mit ihrer Unfähigkeit zu tun hatten, ihrem Leben eine Richtung zu geben. In der Therapie kristallisierte sich ein Übertragungsmuster heraus, das in vielfacher Hinsicht die konfliktgeladene Beziehung zu den Eltern widerspiegelte. Sie benahm sich wie ein schwaches, hilfloses Kind, das auf die Führung durch andere angewiesen war. Durch verschiedene scheiternsfixierte Verhaltensmuster provozierte sie andere Personen (etwa ihre Eltern und ihre Therapeutin), eine autoritäre Rolle einzunehmen. Wenn die anderen sich dann bemühten, ihr Ratschläge zu geben, erlebte sie sie als tadelnd und herablassend; darauf reagierte sie mit Verärgerung und sturer Entschlossenheit. In einer Sitzung erzählte die Patientin, daß sie mehrere Tage lang nicht zur Arbeit gegangen war und dadurch ihren neuen Job aufs Spiel gesetzt hatte. Ihre Eltern hatten ihr deswegen Vorhaltungen gemacht und ihr Verantwortungslosigkeit vorgeworfen. Ihre Therapeutin hatte versucht, die Patientin dazu zu bewegen, sich die Konsequenzen ihres Handelns zu vergegenwärtigen, dabei aber gemerkt, daß sie sich über sie ärgerte. Umgekehrt hatte sie auch bei der Patientin Ärger gespürt. Als sie jedoch versuchte, die Gefühle der Patientin näher zu beleuchten, hatte diese sofort erklärt, sie wisse nicht, was sie fühle.

In der Supervision hatte die Therapeutin berichtet, daß es ihr so ginge, als würde sie immer wieder gegen eine glatte Wand anrennen, und daß die Patientin enorme Widerstände zeige. Als der Supervisionsleiter zusammen mit der Therapeutin diese Metapher näher untersuchte, wurde allerdings klar, daß sich darin ihre Ratlosigkeit und ihre Frustriertheit über die Patientin spiegelten. Gemeinsam konnten sie herausarbeiten, daß sich in dieser Assoziation von der glatten Wand ihre Reaktion auf ein bestimmtes persönliches Handlungsmuster der Patientin niederschlug, nämlich ihre sture Weigerung, mit einem erwachsenen Menschen zusammenzuarbeiten, den sie als verurteilend und herablassend erlebte. Anders gesagt: Von ihrer Wahrnehmung der therapeutischen Beziehung her gesehen, handelte die Patientin unbewußt ganz vernünftig. Sie versuchte, sich vor dem Spott und der Kritik zu schützen, die sie von der verärgerten Therapeutin befürchtete. Sobald die Therapeutin das Verhalten der Patientin in diesem Licht zu sehen vermochte, konnte sie auch auf konstruktivere Art und Weise intervenieren. Als die Patientin das nächste Mal erklärte, daß sie nicht wisse, was sie fühle, hinterfragte die Therapeutin die Schnelligkeit, mit der die Patientin geantwortet hatte, ohne sich Zeit zu lassen, über die Frage nachzudenken. Daraufhin entspann sich ein Gespräch darüber, warum die Patientin diese Haltung einnahm, was wiederum zu einer produktiven Untersuchung des Übertragungsmusters führte, in das sie beide verstrickt gewesen waren.

3. Das Erkennen des Widerstands

Die wichtigsten Hinweise auf akute Widerstände ergeben sich aus der therapeutischen Beziehung selbst, insbesondere aus der Art und Weise, wie der Patient sich ab dem ersten diagnostischen Gespräch gegenüber der Therapeutin verhält. Das folgende Beispiel aus der dritten Sitzung einer Therapie veranschaulicht, wie solche Widerstandstendenzen vonstatten gehen. Indem der Therapeut diesen Widerstand thematisierte, wurde der Therapiefokus für beide Beteiligten besser verständlich.

Bei der Patientin handelte es sich um eine berufstätige Frau von Ende Dreißig, die seit kurzem geschieden war. Nach fünfzehn Ehejahren hatte sie im Vorjahr die Scheidung erreicht, weil sie sich bei ihrem Mann, den sie als sehr kritisch und emotional unsensibel beschrieb, ständig unglücklich gefühlt hatte. Obgleich sie vom Verstand her davon überzeugt war, daß die Beziehung nicht mehr zu retten gewesen sei, sehnte sie sich vom Gefühl her doch immer noch nach einer Aussöhnung. Sie litt unter Depressions- und Angstsymptomen und brachte es nicht fertig, mit anderen Männern auszugehen. Außerdem schlug sie sich mit der Phantasie herum, daß ihr Mann bei seiner neuen Freundin nun ein ganz anderer Mensch geworden sei: rücksichtsvoll, einfühlsam, liebevoll – kurzum, daß er jetzt all die Eigenschaften entfaltete, die sie bei ihm während ihrer Ehe vermißt hatte. Teil dieser Phantasie war die quälende Vorstellung, daß die neue Freundin bei ihm nun alle diese Eigenschaften zutage zu fördern vermochte, während ihr selbst das nicht gelungen war.

Der anfängliche Fokus richtete sich zunächst darauf, herauszufinden, warum die Patientin emotional nicht von dem Wunsch loskam, wieder mit ihrem Ex-Mann zusammenzufinden. Zu Beginn der dritten Sitzung bat die Patientin den Therapeuten, die Wahl der Gesprächsthemen zu steuern, weil sie sich unsicher sei, ob sie ihren Part bei dem gemeinsamen Vorhaben angemessen auszufüllen vermochte. Statt zu schweigen oder die Patientin neuerlich zum freien Assoziieren zu ermutigen, thematisierte der Therapeut an diesem Punkt das mangelnde Zutrauen der Patientin, in der Sitzung ihren Teil beitragen zu können. Gemeinsam gelang es ihnen herauszuarbeiten, daß die Patientin Angst davor hatte, von Autoritätspersonen – ihrem Chef, ihrem Ex-Mann und anderen – kritisiert zu werden, weil sie sie enttäuschte. Der Therapeut konnte ihr aufzeigen, daß sie bereits in der allerersten Sitzung befürchtet hatte, er würde ablehnend darauf reagieren, daß sie vor etlichen Jahren ein Verhältnis gehabt hatte. Außerdem gelang es ihnen, die besonders quälende Sorge der Patientin zur Sprache zu bringen, daß sie bei ihrem Ex-Mann versagt und deshalb eine ganz besondere und unersetzliche Beziehung verloren habe. Die Patientin war selbst verblüfft darüber, weil ihr klar war, daß ihre Ehe nie diese Qualität gehabt hatte. Als Folge dieser gemeinsam herausgearbeiteten Erkenntnis investierte die Patientin sichtlich mehr Engagement in die therapeutische Beziehung.

Es zeigt sich, daß Widerstände ein fester Bestandteil des charakteristischen

239

Beziehungsverhaltens von Patienten sind und sich daher in *jedweder* Verhaltensäußerung manifestieren können, und sei sie scheinbar noch so banal, harmlos oder typisch. Da Therapeuten leicht Gefahr laufen, solche charakteristischen Verhaltensformen zu übersehen, hierzu noch eine weitere Illustration:

Ein verheirateter Mann von Anfang Dreißig begann eine Therapie, weil er ständig beruflich zu versagen glaubte, in seiner Ehe, in der sich sexuell so gut wie nichts mehr abspielte, nicht zufrieden war und sich als zutiefst wertlos empfand. Er war der ältere von zwei Geschwistern. Die Eltern hatten sich scheiden lassen, als er vier Jahre alt gewesen war. Die Mutter war eine kalte, strenge Frau, die sich mehr für ihre Arbeit zu interessieren schien als für ihre Kinder. Der Patient hatte von klein auf das Gefühl gehabt, daß seine Mutter und seine Schwester verbündete waren und Männer – damit auch ihn – nur verachteten. In der Therapie bei einem männlichen Therapeuten stellte sich der Patient als eine Art kosmisches Ausschußprodukt dar, das kein Recht hatte, die Zeit des »gottähnlichen« Therapeuten zu beanspruchen. Diese Selbstabwertung und die damit einhergehende schwere Dysphorie dauerten an, bis dem Therapeuten schließlich eine deutliche Ungereimtheit im Verhalten des Patienten auffiel. Schon seit längerem beeindruckte ihn die Eloquenz dieses Patienten: er verfügte über ein beeindruckendes Vokabular, benutzte erstaunlich kreative Metaphern, und seine Grammatik war untadelig. Schließlich fiel dem Therapeuten der Widerspruch zwischen der erbarmungslosen Selbstherabsetzung des Patienten und der beeindruckend eloquenten Form auf, in der er dies vorbrachte. Als er den Patienten darauf hinwies, daß er eine sehr einnehmende Form wählte, um sich als wertlos darzustellen, entspann sich daraus eine wichtige Beschäftigung mit der Konkurrenzhaltung des Patienten gegenüber anderen Männern, seinen heimlichen Überlegenheitsgefühlen, die er dabei in gewissen Situationen empfand, und seiner übergroßen Grandiosität. Der Beginn der Arbeit an diesen Themen bedeutete einen entscheidenden Wendepunkt innerhalb der Therapie.

Aus diesem Beispiel läßt sich ersehen, daß man als Therapeut Widerstände dann am ehesten erkennen kann, wenn man das unmittelbar beobachtbare Verhalten sorgsam verfolgt. Dabei kommt einem der Umstand zu Hilfe, daß der Patient ein aktuelles Thema gewöhnlich in vielen Variationen immer wieder inszeniert, so daß sich dessen Sinn dem aufmerksamen Zuhörer früher oder später erschließt.

Klinische Erörterungen über psychische Widerstände sind vielfach inkonsistent. In dynamischer Hinsicht wird der Widerstand, wie wir gesehen haben, oft als eine oppositionelle Kraft beschrieben; in anderen Zusammenhängen wird er eher statisch dargestellt – als Mauer, die es abzutragen gilt. Man darf wohl davon ausgehen, daß diese unterschiedlichen Metaphern die jeweiligen subjektiven Therapeutenreaktionen auf die spezielle Qualität des Widerstands ihrer Patienten widerspiegeln. Indem die Therapeutin durchgängig sorgsam auf ihre eigenen Reaktionen gegenüber dem Patienten achtet und auch die Metaphern im Auge behält, die ihr dabei in den Sinn kommen, wird sie oft mehr Einblick in die akuten Widerstände gewinnen. Zur Verdeutlichung ein weiteres Beispiel aus der klinischen Praxis:

Bei der Patientin handelte es sich um eine chronisch depressive alleinstehende junge Frau. Sie zeigte in ihren heterosexuellen Beziehungen ein bestimmtes Verhaltensmuster, das darin bestand, daß sie aggressive Macho-Männer verführte, indem sie sich hilflos und kindlich gab. Wenn sich dann eine sexuelle Beziehung entsponnen hatte, verlockte sie diese Männer, sich emotional zu öffnen, um sie anschließend fallenzulassen. Neben diesen kurzen Beziehungen unterhielt die Patientin eine schon lange bestehende Beziehung zu einem emotional sehr zurückgenommenen, passiven Mann, den sie für einen Schwächling hielt. Obgleich sie diese Beziehung sexuell unbefriedigend und den Mann intellektuell uninteressant fand, spielte sie mit dem Gedanken, ihn zu heiraten. Die Patientin war beruflich zwar recht erfolgreich, fühlte sich aber dennoch orientierungslos. Sie kam aus chaotischen Familienverhältnissen. Ihr Bruder war Alkoholiker, und zu ihren beiden Schwestern stand sie in einem heftigen Konkurrenzverhältnis. Die vor etlichen Jahren verstorbene Mutter hatte die Angewohnheit gehabt, spärlich bekleidet im Haus herumzuspazieren und sich zur Schau zu stellen. Der Vater, der einige Jahre nach der Mutter gestorben war, war ein besessener Spieler gewesen und hatte über Jahre hinweg neben der Ehe diverse Verhältnisse gehabt.

In der Anfangsphase der Therapie hatte die Patientin offen versucht, den Therapeuten zu verführen. Als ihr das nicht gelungen war, hatte sie begonnen, sich mit ihrer tiefsitzenden Ambivalenz gegenüber Männern zu beschäftigen. Nach einigen Monaten hatte sie sich dann jedoch zunehmend frustriert darüber gezeigt, daß der Therapeut sich ihr nicht öffnen und ihr nicht mehr von sich zeigen wollte. Sie meinte, daß sie feststecke und in der Therapie nicht mehr weiterkomme, und zeigte immer weniger Interesse an der Therapiearbeit. In der Supervision beschrieb der Therapeut, daß er das Gefühl habe, gegen etwas anzurennen, und daß sich die Therapie in einer Sackgasse befinde. In dem sich anschließenden Gespräch über die von ihm gewählten Metaphern für den gegenwärtigen Stand der therapeutischen Beziehung wurde dem Therapeuten deutlich, daß die Patientin nunmehr gezwungen war, sich mit ihrem ängstlichen Mißtrauen gegenüber Männern auseinanderzusetzen, nachdem es nicht geschafft hatte, den Therapeuten (nach dem für sie typischen Muster) zu verführen. Da sie außerdem nicht in der Lage war, dem Therapeuten gegenüber ihre Gefühle offen zuzulassen, glaubte sie festzustecken. Der Therapeut erlebte seinerseits das tiefe Mißtrauen der Patientin und ihre daraus resultierende affektive Gehemmtheit als störende Barriere. Im Laufe dieses Gesprächs ging ihm aber auf, daß die Patientin sich sexuell nicht öffnen konnte, solange sie nicht das Gefühl hatte, das sexuelle Geschehen völlig unter ihrer Kontrolle zu haben. Ihm wurde klar, daß die Patientin schreckliche Angst davor hatte, die Kontrolle über ihre Gefühle zu verlieren; sie fürchtete, von sexueller Leidenschaft davongeschwemmt und von einer mörderischen Wut auf Männer gepackt zu werden. Nun konnte der Therapeut die Therapiearbeit weniger verwirrt und frustriert wieder aufnehmen.

Während die Therapeutin in der Psychodynamischen Kurztherapie den aktuellen Stand der therapeutischen Beziehung ständig auf Anzeichen für Widerstand überprüft, neigen die Patienten dazu, nicht wahrhaben zu wollen, daß sie die therapeutische Beziehung anders erleben und anders als rein sachlich auf sie reagieren. Daß in dieser Beziehung – wie bei jeder Begegnung zwischen Menschen – Hoffnungen, Ängste und die ganze Bandbreite sonstiger Emotionen mitspielen, wird meist übersehen. Außerdem wird die spezifische Konstellation von Affekten, Einstellungen und Verhaltensweisen, die die jeweilige Übertragungsinszenierung kennzeichnen, gewöhnlich als einzige und selbstverständliche Realität des Augenblicks erlebt und daher nicht hinterfragt. Dieses »Nicht-wahrhaben-Wollen der Übertragung« ist die verbreitetste Form des Widerstands in der Therapie, dennoch versäumen es Therapeuten oft genug, sich systematisch damit zu befassen (Gill, 1979; Gill & Hoffman, 1982). Indem die Psychodynamische Kurztherapie bemüht ist, diese Form des Widerstands zum Hauptgegenstand der Therapiearbeit zu machen, versucht sie, ein zentrales methodisches Manko in der üblichen psychodynamisch orientierten Therapiepraxis zu beheben, sei sie nun zeitlich begrenzt oder nicht.

4. Der Umgang mit Widerständen

Wenn die Therapeutin den Patienten auffordert, sich sein Widerstandsverhalten näher anzusehen, stellt sie implizit ein rigides Beziehungsmuster in Frage. Da Patienten es (unbewußt) nicht wagen, gewohnte Muster aufzugeben, die ihnen ein Gefühl zwischenmenschlicher Sicherheit vermitteln, steht meist zu erwarten, daß sie ihre Abwehrbemühungen intensivieren (sich verschanzen) oder sie durch andere Verhaltensweisen ersetzen, die dem gleichen Zweck dienen. Patienten stehen unter dem starken Drang, sich hartnäckig an ihr Weltbild zu klammern und die aktuelle Erfahrung mit bedeutsamen Anderen (und insbesondere mit der Therapeutin) diesen Erwartungen entsprechend zu strukturieren.

Deshalb kann es sein, daß sich in den unmittelbaren Reaktionen des Patienten auf therapeutische Interventionen das immer heftigere Bemühen spiegelt, sich vor einer detaillierteren Aufdeckung seiner Probleme in zwischenmenschlichen Beziehungen zu schützen. In diesem Fall ist es für die Therapeutin nicht unbedingt immer das Klügste, sich zurückzuziehen, bis sich zwischen beiden Beteiligten ein besseres Verhältnis entwickelt hat oder der Patient weniger ängstlich geworden ist. Auch ist der Umstand, daß die Interventionen den Patienten offensichtlich immer stärker beunruhigen, nicht unbedingt ein Zeichen dafür, daß die Therapeutin ihn überfordert. Es gilt, sich vor Augen zu halten, daß Widerstand, Übertragung und das charakteristische Beziehungsverhalten des Patienten in der therapeutischen Beziehung sämtlich Facetten derselben Grundeinstellungen und Grundverhaltensmuster sind. Wenn die Therapeutin also nicht unmittelbar und systematisch auf Widerstände achtet, läuft sie folglich Gefahr, die Charaktereigenheiten des Patienten aus dem Blick zu verlieren und einfach als gegeben hinzunehmen. Dies kann zur Folge haben, daß die Therapeutin charakterbedingte Widerstandsäußerungen erst sehr viel später als wünschenswert zu hinterfragen beginnt, wodurch die Therapie zumindest unnötig in die Länge gezogen wird.

Allgemein ist zu erwarten, daß der Patient unruhig wird, sobald die Therapeutin affektiv besetzte Themen anrührt, und sich mit gewohnten Mitteln (Verärgerung, Rückzug) zu schützen sucht. Die Reaktion der Therapeutin kann darin bestehen, daß sie dem Patienten darlegt, auf welche spezifische Art und Weise er versucht, sich (und die Therapeutin) in bezug auf sein affektives Erleben im dunkeln zu lassen. Zur Illustration dieses Vorgangs die folgende Fallgeschichte:

Eine geschiedene Frau von Ende Dreißig bemühte sich wegen ihrer Depressionen und Einsamkeitsgefühle um therapeutische Hilfe. Sie hatte ein paar oberflächliche Beziehungen zu Frauen und derzeit keinen Kontakt zu Männern, obwohl sie sehr attraktiv war. Die Wurzeln ihrer Probleme sah sie darin, daß ihr Vater sich ihr in ihrer Kindheit mehrfach sexuell genähert hatte. Die Patientin meinte, daß diese Erlebnisse Narben hinterlassen hätten, und wollte, daß ihr Therapeut die Folgen dieser Kindheitserlebnisse mit ihr erörterte. Die Frau wirkte zumindest durchschnittlich intelligent, gab sich aber fahrig und flatterhaft. Außerdem bezeichnete sie sich selbst wiederholt als Dummchen, vor allem im Vergleich zum Therapeuten, der doch viel gebildeter und intelligenter sei.

Aus den ersten beiden Sitzungen ergab sich für den Therapeuten als Fokus die Frage, warum die Patientin unablässig versuchte, sich als gedankenlos und dumm darzustellen. Wenn er nachfragte, warum sie sich offenbar so hartnäckig an dieses Selbstbild klammerte, drehte sie häufig den Spieß um und fragte ihn, was er denke, oder sie bat ihn um konstruktive Anleitung. In solchen Situationen versuchte der Therapeut, ihr jedesmal aufzuzeigen, daß sie wieder einmal so tat, als hätte sie in den gemeinsamen Arbeitsprozeß nichts Positives einzubringen. Nachdem dieses Thema in mehreren Sitzungen wiederholt angesprochen worden war, war die Patientin schließlich in der Lage, über die Enttäuschung und Verbitterung zu sprechen, die sie Männern gegenüber empfand; diese bitteren Empfindungen gingen auf die Erfahrung mit ihrem Vater zurück und waren durch mehrere unglückliche Liebesbeziehungen verfestigt worden. Außerdem kam durch die gemeinsame Arbeit zur Sprache, daß die Patientin ihre bitteren Gefühle nicht nach außen dringen lassen wollte, weil sie befürchtete, völlig von ihnen überschwemmt und dann von anderen Menschen als abstoßend empfunden zu werden. Der Patientin wurde deutlich, daß sie sich dumm stellte, um der Gefahr zu entgehen, eine häßliche, verbitterte Einsiedlerin zu werden; lieber wollte sie als gutmütiges Dummchen gelten.

Bewußte Affekte können den fokalen Konflikt des Patienten verschleiern, aber auch enthüllen. Manche Patienten lassen heftige, wiederkehrende Affekte erkennen, andere dagegen zeigen keinerlei relevante Affekte beziehungsweise nehmen diese nicht bei sich wahr und scheinen ihre Probleme zu intellektualisieren. Wenn die Therapeutin in einem solchen Kontext Deutungsversuche unternimmt, läuft sie Gefahr, ebenfalls zu intellektualisieren. Wie wohl fast jede Therapeutin weiß, haben Deutungen in Situationen, in denen der Affekt fehlt, meist nur eine sehr begrenzte Wirkung, wenn sie auch manchmal durchaus einen ersten Schritt zur Erhellung eines Problems darstellen können. Dennoch ist zu bedenken, daß beide Formen des Umgangs mit Affekten Ausdruck von Widerstand sein und dem Patienten den Blick für andere Verhaltensmöglichkeiten in der therapeutischen Beziehung verstellen können. Die Therapeutin muß in jedem Fall herauszufinden versuchen, welche Aspekte der therapeutischen Beziehung das beobachtete Patientenverhalten hervorrufen.

Wenn sich der Patient in ein von ihm gerade inszeniertes Szenario so gründlich verstrickt, daß das Arbeitsbündnis darunter leidet, kann es hilfreich sein, wenn die Therapeutin die Frage in den Raum stellt, ob seine Sicht der therapeutischen Beziehung die einzig plausible oder mögliche ist. Wenn der Patient in der Lage ist, diese Frage als unterstützend (und nicht als feindselig, kritisch oder abwertend) wahrzunehmen, ist damit der Weg für die Wiederaufnahme der gemeinsamen Untersuchungsarbeit geebnet.

5. Widerstände auf Therapeutenseite

Da in der therapeutischen Beziehung Widerstand entsteht, kann er sich bei beiden Beteiligten manifestieren. Der Patient bezieht sich auf die Therapeutin in der für ihn einzig möglichen Weise. Wenn es der Therapeutin nicht gelingt, sich in den in seinem Widerstand befangenen Patienten einzufühlen, oder wenn sie eine reziproke Rolle übernimmt (zum Beispiel ungeduldig wird, den Patienten attackiert und ähnliches mehr), wird sie in dem Kampf, den der Patient aus Selbstschutzgründen anzettelt, zum Gegner. In diesem Fall wird die therapeutische Beziehung zu einem Abbild vergangener Abläufe, ohne daß ein neuer Ausgang möglich wäre. Auf der anderen Seite kann die Therapeutin jedoch durch ein begrenztes Mitspielen in diesem Kampf eine therapeutische Veränderung fördern. Widerstand ist, wie wir gesehen haben, untrennbar mit Übertragung und Gegenübertragung verwoben. Tatsächlich sind alle diese Vorgänge verschiedene Facetten ein und desselben Prozesses.

Wir haben oben den Fall der jungen Frau geschildert, die das Gefühl hatte, in ihrer Therapie »steckengeblieben« zu sein. Ihr Therapeut war zu dem Befund gekommen, daß sie Männern zutiefst mißtraute und sich davor fürchtete, die Kontrolle über ihre sexuellen und aggressiven Gefühle zu verlieren. Wir erinnern uns, daß ihre Mutter spärlich bekleidet im Haus herumzulaufen pflegte, ehe sie dann relativ früh starb, und daß der Vater Alkoholiker war und jahrelang außereheliche Beziehungen unterhalten hatte. In betrunkenem Zustand hatte der Vater die Patientin häufig als Schlampe beschimpft. Als die Patientin im Laufe der Therapie dem Therapeuten gegenüber emotional offener wurde, kristallisierte sich in ihren Äußerungen ein neues Thema heraus: die Erwartung, daß Menschen, die ihr wichtig waren, kein Verständnis für ihre emotionale Verwirrtheit haben und ihr nicht dabei helfen würden, ihr Verhalten zu kontrollieren, ja sie letztlich verlassen würden. Genau zu dieser Zeit unternahm der Therapeut eine kurze Urlaubsreise und »vergaß«, der Patientin beizeiten Bescheid zu sagen; er tat es erst in der letzten Sitzung vor seiner Abreise. Als er wiederkam, wirkte die Patientin noch deprimierter. Sie sprach davon, in eine andere Stadt ziehen zu wollen, wo sie vielleicht glücklicher sein würde. Sie las dem Therapeuten Briefe vor, die sie ihrem Vater kurz vor seinem Tod geschrieben hatte und aus denen hervorging, wie sehr sie sich nach einer engen, zärtlichen und Geborgenheit schenkenden Beziehung zu einem Mann sehnte. Im Gespräch über diese Briefe verlor sich die Patientin in einem langen Monolog über ihr Interesse am Schreiben, und der Therapeut merkte, daß er sich gelangweilt fühlte.

Dieser Therapeut war sonst recht einfühlsam und gewissenhaft und mochte die Patientin ausgesprochen gern. Er fragte sich, warum er es versäumt hatte, sie früher auf seine kurze Abwesenheit vorzubereiten, und warum er sich in letzter Zeit von ihr so gelangweilt fühlte. Als er mit seinem Supervisionsleiter darüber sprach, wurde ihm klar, daß die Patientin gespürt hatte, wie die Beziehung zu ihm immer wichtiger für sie wurde, und daß sie deshalb nach ihrem scheiternsfixierten Muster (unbewußt) alles daran gesetzt hatte, ihn zu langweilen; sie wollte sich so ihre Erwartung bestätigen, daß Menschen, die ihr etwas bedeuteten, unsensibel gegenüber ihren Gefühlen und Bedürfnissen seien. So hatte sie zwar mit dem Therapeuten über ihre Sehnsucht nach einer engeren Beziehung gesprochen, gleichzeitig aber durch ihren intellektualisierenden Monolog über ihr Schreibinteresse seine Sensibilität für ihre Wünsche abzutöten versucht.

Widerstände auf Therapeutenseite können auch durch die Art und Weise entstehen, in der die Therapie durchgeführt wird. Die Therapeutin darf die Kräfte nicht unterschätzen, die ihrem Bestreben entgegenwirken, kontinuierlich auf die aktuellen Transaktionen in der Therapie zu achten. Wenn sie den Patienten dazu anhält, sich seine Gefühle im Zusammenhang mit der therapeutischen Beziehung genau anzusehen, setzt sie sich selbst der unangenehmen Situation aus, schmerzhafte Emotionen zu wecken, und bietet sich außerdem als Zielscheibe für Gefühle, Phantasien und Wahrnehmungsraster an, die an ihrem eigenen Selbstbild und Selbstwertgefühl rütteln. Die hieraus resultierenden Gegenwiderstände der Therapeutin können zu einer ganzen Reihe von rationalisierenden Reaktionen führen, die etwa folgende Formen annehmen können: (1) Der Patient braucht noch mehr Zeit, um Vertrauen zur Therapeutin zu entwickeln, ehe schmerzhafte Themen angegangen werden können; (2) wenn der Patient auf eine Widerstandsdeutung hin seinen Widerstand nicht aufgibt, ist es am besten, auf einen günstigeren Moment zu warten; (3) wenn der Patient auf eine Widerstandsdeutung nicht positiv reagiert, darf die Therapeutin daraus schließen, daß sie mit ihrer Deutung falsch lag. Diese Überlegungen mögen plausibel klingen, weil sie ja auch ein Körnchen Wahrheit enthalten, aber alles in allem ist es oft doch ratsam, Widerstandsverhalten direkt anzugehen, vor allem dann, wenn er das therapeutische Arbeitsbündnis gefährdet.

6. Die Folgen einer unzureichenden Untersuchung der therapeutischen Beziehung

Nur durch ständige Selbstdisziplin wird es der Theapeutin in der Psychodynamischen Kurztherapie gelingen, der Spannung standzuhalten, die die genaue Betrachtung der therapeutischen Beziehung mit sich bringt. Wenn sie diese Selbstdisziplin nicht aufbringt, läuft sie Gefahr, der emotional strapaziösen Arbeit aus dem Weg zu gehen, die nun einmal mit der Untersuchung der Rolle verbunden ist, die sie selbst innerhalb des fehlangepaßten Beziehungsverhaltens des Patienten spielt. Zwar kann sich auch unter diesen Umständen ein therapeutischer Fortschritt einstellen, aber er wird sich doch in den meisten Fällen als illusorisch erweisen, weil er auf der unbewußt akzeptierten Verschleierung der selbstschützenden, aber inadäquaten Verhaltensmuster des Patienten beruht.

So kann man zum Beispiel fast grundsätzlich davon ausgehen, daß der Patient eine bedeutsame, wenn auch manchmal verdeckte Gefühlsbindung zur Therapeutin eingeht, wenn diese von Anfang an eine lockere, freundliche und unterstützende Haltung einnimmt. Der Patient wird sich dann oft sicherer und wohler fühlen als in jeder anderen Beziehung. Entwickelt sich diese positive Beziehung aber zu einer Therapeutin, die in erster Linie auf die Schwierigkeiten des Patienten außerhalb der Therapie eingeht, so ergeben sich daraus zwangsläufig bestimmte Folgen: Der Patient mag sich zwar in der Auseinandersetzung mit seinen Alltagsproblemen gestützt fühlen, wird aber zugleich das Gefühl haben, daß tieferliegende zentrale Themen ausgeklammert bleiben. Wahrscheinlich werden ihn ab und zu flüchtige Gedanken über die therapeutische Beziehung beschäftigen. Wenn die Therapeutin auf diese Gedanken jedoch nur oberflächlich eingeht oder sie ganz ignoriert, wird der Patient sie meist rasch als unwichtig beiseiteschieben und dadurch wiederum seine Tendenz verstärken, beunruhigenden Gefühlen gegenüber der therapeutischen Beziehung aus dem Wege zu gehen.

Obgleich eine positive Beziehung zur Therapeutin durchaus Besserungen bewirken kann, führen Versäumnisse bei der Identifizierung und Auflösung konfliktträchtiger Verhaltensprädispositionen doch dazu, daß diese Muster weiterwirken, und zwar sowohl außerhalb als auch innerhalb der Therapie. Langs (1976) spricht in diesem Zusammenhang von einem »Fehlbündnis« und Malan (1976a) von »Scheinlösungen«. In der zeitlich begrenzten psychodynamischen Therapie kann eine solche Entwicklung die Behandlung leicht in unerwünschter Weise in die Länge ziehen, da der Patient nach der vorgesehenen Stundenzahl häufig das Gefühl haben wird, daß die Arbeit gerade erst begonnen hat. Wenn die Therapeutin dann am geplanten Endtermin festhält, kann es passieren, daß der Patient sich im Stich gelassen fühlt.

An dieser Stelle ist eine *Anmerkung zum Trägheitsprinzip* erforderlich: Eine häufige Schwäche junger Therapeuten ist ihr Mangel an Geduld. Sobald sie einen neurotischen Konflikt erkannt und eine Deutung vorgenommen haben, erwarten sie wie bei einem Wunder eine sofortige Veränderung im Fühlen und Verhalten des Patienten. Umgekehrt reagieren sie entmutigt, wenn sie feststellen müssen, daß sich Veränderungen oft nur äußerst langsam einstellen und der Patient ungeachtet aller negativen und schmerzlichen Folgen an seinen gewohnten Verhaltensmustern festhält. Freud prägte für dieses Phänomen das Kürzel »Wiederholungszwang«, und die Verhaltenstherapie hat sich ausgiebig mit der »Verstärkungsgeschichte« von Patienten befaßt. Auch der Begriff *funktionale Autonomie* (Allport, 1959) beschreibt diese Beharrlichkeit menschlicher Verhaltensmuster. Doch welchen Begriff man dafür auch verwendet – jeder Therapeut hat wohl schon die Erfahrung machen müssen, daß Verhaltensänderungen nur zögerlich und manchmal quälend langsam vonstatten gehen. Dem menschlichen Verhalten ist eine starke konservative Tendenz eigen, weil ein

Gefühl der Sicherheit entsteht, wenn man das tut, was man schon immer getan hat; dadurch wird das eigene Verhalten und das anderer vorhersagbarer. Viele Verhaltensmuster werden automatisch erworben und daher niemals vernünftig durchleuchtet. Oft erlernt sie der Mensch in der Kindheit, also zu einer Zeit, in der er schwach und hilflos und noch nicht in der Lage ist, die langfristigen Auswirkungen bestimmter Handlungs- oder Reaktionsweisen abzuschätzen. Beispiele gibt es in Fülle: Man fühlt sich vernachlässig und ist gekränkt. Man erleidet einen Rückschlag und macht sich selbst mit seinen eigenen Unzulänglichkeiten dafür verantwortlich. Man setzt sich in der Beziehung zum Ehepartner oder zu einem Untergebenen durch und erlebt es als Katastrophe, wenn man feststellen muß, daß die betreffende Person einem ihre bedingungslose Liebe entzogen hat. Man hat den Eindruck, daß das eigene Kind unglücklich ist, und ist davon überzeugt, daß das »natürlich« an den Eltern liegt.

Systemtheoretisch ausgedrückt, programmiert man ständig bedeutsame Andere, sich in einer bestimmten Weise zu verhalten, und wird umgekehrt genauso von bedeutsamen Anderen programmiert. Wir suchen uns Partner, die aus in ihnen selbst liegenden Gründen Verhaltensmuster zeigen, die zu unseren eigenen in einem reziproken Verhältnis stehen. Jemand mag vielleicht das Bedürfnis haben, einen anderen Menschen für seine eigene Entmutigung oder Deprimiertheit verantwortlich zu machen. Er wird sich dafür allerdings jemanden aussuchen, der von sich aus bereitwillig dazu neigt, Schuld auf sich zu nehmen. Wir attackieren den anderen, und der attackiert uns. Wir strafen den anderen, und er straft uns. Er kollaboriert mit unserem eigenen scheiternsfixierten Verhalten, und wir halten es umgekehrt oft ebenso. Eine Beziehung, die keine komplementären Bedürfnisse befriedigt, ist nicht von langer Dauer. Wenn nun ein Partner, womöglich aufgrund therapeutischer Interventionen, sein Verhalten ändert, wird das Gleichgewicht des Systems gestört, und es kann sein, daß der andere Partner, wenn das erwartete Verhaltensmuster ausbleibt, verstört reagiert und alles daransetzt, die alten Mechanismen wiederherzustellen. Auf diese Weise kann eine Therapie bei dem einen oder anderen Patienten manchmal zur Scheidung führen. Es kommt auch vor, daß aus einer solchen Verunsicherung heraus die Therapeutin angegriffen wird. Da sie bestrebt ist, Veränderungen hervorzurufen, wird sie zum Unruhestifter, erzeugt Angst und wird deshalb als Gegnerin behandelt. Wie immer in der Therapie besteht der Trick auch in diesem Punkt darin, einen Kurs zu steuern, der einerseits soviel Spannung aufrechterhält, daß der Patient motiviert bleibt, und andererseits das Aufkommen von zu großer Angst verhindert.

Es kann sein, daß Therapeuten Veränderungen zu forcieren suchen, weil sie Angst vor Niederlagen haben. Aber den entscheidenden Punkten aus dem Weg zu gehen, kann erst recht zur Niederlage führen. Schon Freud erkannte, daß ein Patient, der eine Phobie hat, sich letztlich der Angst erzeugenden Situation aussetzen und den unangenehmen Affekt auszuhalten lernen muß. Anders gesagt: Wenn man einen Konflikt lösen will, genügt es nicht unbedingt, dessen Determinanten zu analysieren. In jüngerer Zeit hat die Verhaltenstherapie ebenfalls die heilsame Wirkung der *In vivo*-Konfrontation mit angsterzeugenden Situationen konstatiert. Selbst wenn wir es nicht mit einer ausgewachsenen Phobie zu tun haben, kann der Unwille, eingespielte Verhaltenmuster abzulegen, doch beträchtlich sein. Die Verhaltensweisen (Denk-, Gefühls- und Handlungsmuster), die wir in der Psychotherapie zu verändern suchen, sind oft sehr stark eingeschliffen: Sie sind über viele Jahre hinweg eingeübt worden, und der Patient hat sich seine Welt um sie herum aufgebaut. Deshalb gibt es keine wundersamen Schnellösungen, und das beste, was eine Therapeutin tun kann, wenn ein Konflikt aufgedeckt und bis zu einem gewissen Grade bearbeitet ist, besteht darin, dem Patienten gegenüber das Problem klar zu umreißen und ihm den weiteren Umgang damit selbst zu überlassen.

7. Therapeutenfehler in der Psychodynamischen Kurztherapie

Die in der psychoanalytischen Therapie vorkommenden Fehler werden meist als eine Mischung aus den folgenden beiden Kategorien gesehen: (1) technische Fehler (falsches Anwenden technischer Mittel, zum Beispiel verfrühte Deutungen) und (2) mangelnde Empathie (ungenügendes Einfühlen in das subjektive Erleben des Patienten, Mißverständnisse über das Wesen des aktuellen Konflikts). Von der Therapeutin wird allgemein erwartet, daß sie Fehler bemerkt und dann in der Lage ist, geeignete Schritte zu ihrer Korrektur zu ergreifen. Die traditionellen Mittel zur Vervollkommnung und Schärfung therapietechnischer Fähigkeiten sind aufmerksame Selbstbeobachtung, Beratung mit Kollegen, Supervision und das Absolvieren einer eigenen Therapie.

Die psychodynamische Therapie birgt aufgrund ihrer Eigenheiten spezifische Risiken: (1) Es besteht die Gefahr, daß der Patient die Therapeutin auf subtile Weise dazu drängt, ihre neutrale Haltung aufzugeben; (2) ihre Rolle als teilnehmende Beobachterin kann die Therapeutin anfällig dafür machen, den Wünschen und Forderungen des Patienten nachzugeben; (3) die

Aktivität, die der Therapeutin abverlangt wird, bietet als solche schon in erhöhtem Maß Gelegenheit, Fehler zu machen; (4) der Umstand, daß sich die Therapeutin ständig der zeitlichen Begrenzung der Therapie bewußt ist, kann bei ihr Unzulänglichkeitsgefühle provozieren, weil sie sich unsicher ist, ob sie genug tut, und kann dazu führen, daß sie auf verschiedene Art und Weise versucht, den Therapieprozeß zu beschleunigen.

Es ist fast grundsätzlich so, daß die Therapeutin ihre Aufgabe in der Psychodynamischen Kurztherapie nicht wirksam erfüllen kann, ohne dabei zu riskieren, in das Szenario des Patienten verstrickt zu werden. Sie hat es mit einer Vielzahl von Fallstricken zu tun und kann leicht einer scheinbar harmlosen Frage, einer listigen Provokation oder einer versteckten Anspielung auf den Leim gehen. Patienten sind oft sehr geschickt darin, bei ihrer Therapeutin die Schwachpunkte und verletzlichen Stellen herauszufinden. Von daher wird es kaum zu vermeiden sein, daß die Therapeutin (ungewollt) Fehler begeht. Solche Fehler sind zwar oft lästig und manchmal sogar höchst ärgerlich, aber gleichzeitig ein integraler Bestandteil des komplexen therapeutischen Geschehens. Wenn solche Therapeutenfehler klug gehandhabt und als das verstanden werden, was sie sind – nämlich unvermeidliche Reaktionen auf die Selbstschutz-Manöver des Patienten angesichts subjektiv und irrtümlich wahrgenommener zwischenmenschlicher Gefahren – können sie den Therapieprozeß eher fördern, als behindern. Außerdem sind sie auch ein wirksames Mittel gegen Omnipotenzgefühle der Therapeutin – die wohl größte Gefahr bei jeder Form von Psychotherapie.

8
Eine Fallgeschichte zur Veranschaulichung der Psychodynamischen Kurztherapie

Einleitung

Um die in den vorangegangenen Kapiteln besprochene Konzeption zu veranschaulichen, kommentieren wir im folgenden den Verlauf einer konkreten Therapie. Beim Durchsehen des Materials zu diesem Fall haben wir festgestellt, daß es viele Stellen gibt, an denen wir – aus heutiger Sicht – anders hätten vorgehen können. Natürlich zeigt diese Reaktion, daß man nachher immer klüger ist, aber es ist der Sache durchaus förderlich, wenn man über die eigene klinische Arbeit und die der Kollegen nachdenkt. Darüber hinaus spiegeln sich in dieser Reaktion allerdings die ständigen Veränderungen und – so hoffen wir – Verbesserungen in unserem konzeptionellen Verständnis des Therapieprozesses und den sich daraus ergebenden Modifikationen der Therapietechnik. In den begleitenden Kommentar zu diesem Fall sind manche unserer neuesten Gedanken eingeflossen. Doch kann eine Falldarstellung eine Therapiemethode immer nur so veranschaulichen, wie sie zu einem bestimmten Zeitpunkt verstanden und praktiziert wird. In das Arbeitsmodell werden ständig neue Ideen integriert, und diese fortwährende Entwicklung der Methode läßt sich mit der einzelnen Falldarstellung nicht erfassen.

Während wir uns mit diesem Kommunikationsproblem befaßten, fiel uns auf, daß viele der mit zeitlicher Begrenzung arbeitenden Therapiemodelle so präsentiert werden, als wenn sie etwas Endgültiges wären. Natürlich ist man noch in keinem Bereich menschlicher Unternehmungen – ob nun auf wissenschaftlichem oder künstlerischem Gebiet (und die Psychotherapie hat sicherlich von beiden etwas) – zu einem vollständigen Verständnis oder zu endgültigen Wahrheiten gelangt. Auf dem Gebiet der Psychotherapie – wo es soviele konkurrierende Theorien gibt, wo die Therapietechniken so eng mit dem Stil der jeweiligen Therapeutin verknüpft sind und wo die Forschungstechniken noch so neu sind – ist es zweifellos von grundsätzlicher Bedeutung, daß es in Theorie und Technik ständig Verbesserungen geben muß.

Die Psychodynamische Kurztherapie stellt insofern den Versuch dar, Erfahrungen zu integrieren, die aus unserer klinischen Praxis, ausgewählten zeitgenössischen Theorieentwicklungen und den jüngsten Produkten unserer Forschungsbemühungen stammen. Jede dieser Komponenten ist ständigen Veränderungen unterworfen, die aus neuen klinischen Beobachtungen, der Umarbeitung von Konzepten, neuen Forschungsbefunden und natürlich dem Zusammenspiel aller drei resultieren. Wir stellen die Fallgeschichte hier in diesem »Geist der Vorläufigkeit« dar, der unseres Erachtens alle psychotherapeutischen Veröffentlichungen kennzeichnen sollte.

Hintergrund

Die Patientin ist Ende Dreißig, berufstätig, seit zehn Jahren verheiratet und hat zwei Kinder. Sie bemüht sich um eine Psychotherapie, weil sie seit mehreren Jahren Angstgefühle und Depressionen hat. Sie erklärt, sie habe wenig Freude am Leben, fühle sich von der Arbeit überfordert (obwohl sie sie gut ausführt), und sie empfinde für ihren Mann keinerlei sexuelles Interesse. Die Patientin sagt, es ärgere sie, daß ihr Mann bei der Kindererziehung nicht genug mithelfe, aber sie sei nicht imstande, ihn diesbezüglich zur Rede zu stellen. Außerdem habe sie Schuldgefühle und frage sich, ob sie ihre berufliche Karriere nicht auf Kosten ihrer Kinder verfolge. Schon vor der Geburt der Kinder hatte die Patientin gefühlt, wie eine emotionale Distanz zu ihrem Mann entstand. Als dann die Kinder auf der Welt waren, erkrankte die Patientin schwer und hatte in dieser Zeit das Gefühl, von ihrem Mann nicht richtig unterstützt zu werden. Darüber ist sie immer noch sehr verbittert, hat es aber nicht geschafft, mit ihrem Mann darüber zu reden. Zur Zeit gibt es zwischen ihnen keine Nähe, und sexuell kommen sie nur sporadisch zusammen.

Die Patientin ist als jüngstes von drei Kindern in einer religiös-konservativen Familie aufgewachsen. Weder zu ihrer Schwester noch zu ihrem Bruder hat sie gefühlsmäßig eine enge Beziehung. Ihren Vater beschreibt sie als emotional distanzierten Mann, der mit der Kindererziehung nichts zu tun hatte. Sie habe jedoch seine Beständigkeit und Zuverlässigkeit geschätzt. Ihr Vater starb, als sie im College war, und offensichtlich trauert sie um ihn. Sie kann sich nicht daran erinnern, jemals wütend auf ihren Vater gewesen zu sein, hat aber lebhafte Erinnerungen an Vorfälle, bei denen sie sich statt dessen durch Kritik und Tadel ihres Vaters, zu dem sie sich ein engeres Verhältnis wünschte, verletzt fühlte. Ihre Mutter beschreibt die Patientin als recht dominant. Während sie mit ihrem Vater niemals stritt, habe sie als Teenager mit ihrer Mutter häufig Auseinandersetzungen gehabt.

Nachdem die Patientin in der Oberschule mit dem einen oder anderen Jungen »gegangen« war, verlobte sie sich während ihrer College-Zeit, löste die Verlobung aber schon binnen kurzem wieder. Mit Mitte Zwanzig hatte sie eine Beziehung zu einem zwanzig Jahre älteren Mann, den sie aber aufgrund ihres Altersunterschieds und ihrer unterschiedlichen Lebensweise nicht heiraten wollte. Als diese Beziehung beendet war, begann die Patientin eine Psychotherapie; sie nahm bei einem (männlichen) Therapeuten an Einzel- und Gruppensitzungen teil. Mit der Zeit wuchs bei ihr die Unzufriedenheit darüber, daß sie bei dem Therapeuten nicht *mehr* Einzelstunden hatte, sie brachte es aber nicht über sich, ihm das zu sagen, und brach die Therapie schließlich nach mehreren Monaten ab. Seither hatte sie keine weiteren Therapiekontakte.

Die im folgenden geschilderte Therapie ist Teil des Vanderbilt-Forschungsprojekts zur Psychodynamischen Kurztherapie. Zunächst wurde mit der Patientin ein etwa eineinhalbstündiges Gespräch geführt, bei dem anhand standardisierter Fragen ihre potentielle Eignung für das Therapieprogramm abgeklärt werden sollte. Zu den dabei behandelten Inhalten gehörten unter anderem Informationen über ihre derzeitigen Lebensumstände (und wie sie mit ihnen zurechtkommt), ihre Herkunft und familiären Beziehungen und schließlich die Probleme, die dazu geführt hatten, daß sie eine Psychotherapie anstrebte. Das Gespräch wurde mit einer Videokamera aufgezeichnet, und die Patientin füllte vorher und nachher zahlreiche Fragebögen aus. Nachdem sie als für eine Psychodynamische Kurztherapie geeignet eingestuft worden war, wurde sie von einem der innerhalb des Projekts in Ausbildung befindlichen Therapeuten behandelt, der zufällig auch das Eingangsgespräch mit ihr geführt hatte. Es folgt nun eine Beschreibung der Therapie ab der ersten Sitzung im Anschluß an das standardisierte Eingangsgespräch und nachdem der Patientin mitgeteilt worden ist, wer ihr Therapeut sein wird. Die Therapie umfaßte 27 Sitzungen, die zweimal pro Woche stattfanden und jeweils 50 Minuten dauerten (P: Patientin, T: Therapeut).

1. Sitzung

P: Ich weiß nicht genau, wo ich anfangen soll. Irgendwie ist mir wegen dieser Sache nicht ganz wohl zumute, und nach unserem letzten Gespräch sind mir einige Fragen gekommen, die, glaube ich, noch nicht beantwortet sind, oder falls sie beantwortet wurden, erinnere ich mich jedenfalls nicht an die Antworten. Aber wenn Sie vielleicht . . . würden Sie es noch einmal wiederholen, damit ich besser verstehe, worum es bei diesem Projekt geht und inwiefern es sich von der therapeutischen Hilfe unterscheidet, die ich bei meinen Ängsten und Depressionen von einem anderen – privat praktizierenden – Therapeuten bekommen würde? Worin liegt der Unterschied, außer daß die Therapie hier kürzer ist? Ist das der einzige Unterschied, daß sie sich auf einen kürzeren Zeitraum konzentriert oder gibt es noch einen anderen Unterschied?

T: Ich werde das, so gut ich kann, bald beantworten, aber vielleicht ist es besser, wenn ich erst einmal ein kleines bißchen verstehe, worin Ihre Bedenken bestehen beziehungsweise was Sie zu Ihren Fragen motiviert.

Patientenfragen haben häufig mehrere Bedeutungen, von denen manche dem Therapeuten vielleicht klar sind, während andere verdeckte Konnotationen beinhalten; das heißt, sie haben Übertragungsimplikationen, die untersucht werden müssen. Bei diesem Therapiegespräch ist die Bitte der Patientin um Informationen durchaus berechtigt – sie möchte etwas über das doch ziemlich ungewöhnliche Therapiearrangement erfahren und wissen, inwiefern es sich von normalen unterscheidet. Aber implizit fragt sie auch:»Was für ein Therapeut sind Sie? Kann ich Ihnen vertrauen? Werden Sie mich für etwas benutzen, so wie ich meines Erachtens schon in der Vergangenheit für Dinge benutzt worden bin (siehe weiter unten)? Werde ich von Ihnen zu irgend etwas gezwungen?« In allen derartigen Fällen hat es sich in der Praxis bewährt, zuerst einmal die den Fragen zugrundeliegenden Gefühle und Phantasien zu untersuchen, statt die Nachfrage durch Fakteninformationen abzuschneiden und so die wirklichen Bedenken der Patientin außer Acht zu lassen, die sie selbst vielleicht nicht artikulieren kann. Gleichzeitig wird die Angst der Patientin verstärkt, daß sie dem Therapeuten nicht vertrauen könne, wenn er mit Antworten auf berechtigte Fragen hinter dem Berg hält. Fragen lassen sich immer noch beantworten, nachdem ihre Bedeutung für die therapeutische Beziehung geklärt worden ist und sie weniger aufgeladen sind. Gegen Ende dieser Sitzung versucht der Therapeut dann auch, einige der Patientenfragen zu beantworten. Wie aus dem folgenden Abschnitt zu ersehen ist, wurde das Therapiebündnis dadurch gestärkt.

P: Nun, ich weiß nicht, warum ich dabei so ein ungutes Gefühl habe – eine Sache ist vielleicht das Geld. Ich habe mit meinem Mann noch nicht einmal darüber gesprochen. Aus irgendeinem Grund fällt es mir richtig schwer, ihm zu sagen, daß ich mir das hier angesehen habe und nun diese Therapie machen werde. Ich weiß nicht. Ich habe deswegen gerade ein paar schlaflose Nächte hinter mir. Ich weiß eigentlich nicht, woran das liegt.

T: Können Sie mehr dazu sagen, worin dieses ungute Gefühl besteht – was Ihnen dabei durch den Kopf geht und wie Sie das erleben?

P: Das ist schwer zu beschreiben. Irgend etwas zieht sich dann in mir zusammen. Ein ungutes Gefühl im Bauch, das mich nicht schlafen läßt. Nachts werde ich um 2 Uhr wach, und dann geht mir das durch den Kopf. Ich glaube, ich frage mich, ob ich es wirklich machen will und bin mir unschlüssig.

T: Worin besteht Ihre Unschlüssigkeit? Was geht ihnen durch den Kopf, wenn Sie mitten in der Nacht wach werden?

P: (schweigt) Ich glaube, teilweise ist es, weil ich merke . . . vielleicht weil ich das Gefühl habe, daß es bei dem, was ich tue, ein Risiko gibt, und ich mich frage, ob ich bereit bin, das Risiko in Kauf zu nehmen und mich vielleicht in einigen Bereichen zu öffnen, die ich seit langem unterdrücke.

T: Was für ein Risiko?

P: Daß ich vielleicht dazu gebracht werde, einer Sache ins Auge zu sehen, der ich nicht ins Auge sehen will. Ich weiß nicht, ob es das Unbekannte ist, und ich weiß nicht genau, was es ist, außer daß es wahrscheinlich viel mit dem zu tun hat, was zwischen mir und meinem Mann abläuft. *[Dadurch eröffnet sich die Möglichkeit, die zwischenmenschliche Bedeutung der Patientenprobleme zu untersuchen.]*

T: Wovor müßten Sie Angst haben – was geht Ihnen da durch den Kopf?

P: Ich glaube, vielleicht die Frage, ob die Therapie helfen wird, unsere Beziehung zu stärken – und ich hoffe, daß sie das tut, daß sie mir nämlich einen besseren Einblick in mich gibt und ich dann vielleicht eher fähig bin, zurechtzukommen oder so. Oder werde ich durch die Therapie vielleicht dazu gebracht . . . wird sich unsere Situation vielleicht nicht bessern und wird es gar zu einer Trennung oder Scheidung kommen? Das wäre etwas, womit ich mich im Moment nicht befassen möchte.

T: Sie meinen, daß das ein Faktor ist, der maßgeblich zu Ihrem unguten, unsicheren Gefühl im Bauch beiträgt? Die Angst, daß Sie auf einmal vielleicht so unzufrieden mit Ihrer Ehe sind, daß eventuell irgend etwas passiert, was sie zerstören könnte?

P: Ja, sicher, tief drinnen ist da wahrscheinlich was dran.

Von Beginn des ersten psychotherapeutischen Gesprächs an ist der Therapeut bemüht, das aktuelle Problem der Patientin einzukreisen, das sich insbesondere in ihren Befürchtungen und Erwartungen gegenüber dem Therapeuten manifestiert. Dabei ist es besonders hilfreich, die Bedeutung affektiv aufgeladener Worte und Sätze zu klären. Außerdem hilft der Therapeut der Patientin, im Rahmen einer zwischenmenschlichen Beziehung ihre körperlichen Symptome in die Sprache der Phantasie und des Gefühls zu übersetzen: Das »ungute Gefühl im Bauch« wird mit der Angst in Verbindung gebracht, die Therapie könne sich negativ auf die Ehe der Patientin auswirken.

Der Therapeut versucht, näher zu ergründen, worin die Angst der Patientin, die Therapie könnte ihrer Ehe schaden, genau besteht. Die Patientin antwortet mit der intellektuellen Begründung, die Therapie könnte ein »wachsender Prozeß« sein, aber ihr Therapeut weist sie darauf hin, daß ihre Ängste emotionaler Natur sind. Sie erkunden weiter, warum es ihr so schwerfällt, ihrem Mann zu sagen, daß sie eine Therapie begonnen hat. Die Patientin erinnert sich an eine Situation vor ihrer Heirat, als sie Vorbereitungen traf, um zu einem mehrwöchigen Fortbildungsseminar zu fahren, aber zögerte, ihrem Mann davon zu erzählen, weil sie Angst hatte, es wäre ihm vielleicht nicht recht und ihre Beziehung würde darunter leiden. Der Therapeut äußert die Vermutung, die Patientin habe befürchtet, daß ihr zukünftiger Mann sie verlassen würde. Sie bestätigt diese Vermutung und fügt hinzu, daß er auch hätte verärgert sein können; das wäre für sie dann unerträglich gewesen. Doch ihr zukünftiger Mann nahm die Nachricht damals gut auf, und der Therapeut stellt der Patientin die Frage, warum sie so überzeugt gewesen sei, daß ihr Verlobter verärgert oder ablehnend reagieren würde.

T: Es hat Ihnen also schon etwas bedeutet, diese Fortbildung mitzumachen. Es hatte eine Bedeutung für Sie, eine emotionale Bedeutung für Ihr [Leben], und Sie meinten, das würde . . . Ihr Mann würde das sehr schlecht aufnehmen.

P: Ja, genau das habe ich damals gedacht.

T: Und es klingt, als käme da jetzt etwas Ähnliches auf Sie zu. Obwohl Sie vom Kopf her meinen, es werde Ihre Ehe stärken – Sie und Ihren Mann einander näherbringen –, ist da emotional irgend etwas, das Sie fürchten läßt, daß es . . . ja, was eigentlich? Daß es ein Angriff auf ihn ist? Was für Gedanken gehen Ihnen dazu durch den Kopf?

Frühzeitige Klärung und Deutung fördern die gemeinsame Untersuchung und haben die Funktion, versuchsweise einzuschätzen, wie gut und in welcher Weise die Patientin auf die Interpretationsarbeit reagiert. In diesem Therapiestadium ist der Therapeut bemüht, ein Fokusthema herauszufinden, und Anhaltspunkte dafür sucht er in erster Linie in der beginnenden therapeutischen Beziehung. Die Patientin spricht hier erstmals ein Thema an, auf das sie später wieder zurückkommen wird:»Ich muß nett sein, darf gegenüber für mich bedeutsamen Männern (Ehemann, Vater, Therapeut) keine Wut empfinden und muß tun, was sie wollen. Wenn ich das nicht mache, verlassen sie mich vielleicht, entziehen mir ihre Liebe, lassen mich im Stich. Eine Trennung – und das damit verbundene beunruhigende Verlustgefühl – kann ich dadurch verhindern, daß ich mich richtig verhalte. Außerdem ist implizit alles, was in einer Beziehung falsch läuft, mein Fehler, und es liegt an mir zu verhindern, daß es dazu kommt.« In Übereinstimmung mit dem psychodynamischen Therapiemodell bringt der Therapeut diese Gefühle mit der Patient-Therapeut-Beziehung in Verbindung.

P: Ich glaube, ich möchte eigentlich nicht, daß . . . daß er denkt, daß das . . . ich glaube, ich habe Angst, daß er darin den Anfang eines Trennungsprozesses sehen könnte oder so ähnlich. Und ich möchte eigentlich nicht, daß er das so empfindet. Aber aus irgendeinem Grund . . .

T: Es ist, als ob Sie sich von ihm abwenden würden.

P: Genau.

Die Patientin erinnert sich, daß ihr Mann sich bei früheren Gesprächen zustimmend zu ihren Plänen geäußert hat, eine Therapie zu machen. Der Therapeut hebt hervor, daß die Patientin während der Genesung von ihrer Krankheit das Gefühl hatte, ihr Mann habe sich von ihr abgewendet, um sich seiner beruflichen Fortbildung zu widmen. Nun empfindet sie ihre Therapiebemühungen offenbar als Ablehnung ihm gegenüber, auf die er genauso verletzt und verärgert reagieren könnte wie damals sie. Tatsächlich hat die Patientin während ihrer ganzen Beziehung das Gefühl gehabt, daß alles, was sie für sich tut, von ihrem Mann schlecht aufgenommen würde. Die Patientin gibt zu, daß es ihr schwerfällt, offen und direkt mit ihrem Mann zu reden; sie hat Angst, seine Gefühle zu verletzen, oder fürchtet, er könne verärgert reagieren. Und doch merkt sie, daß sie ihn indirekt durch böse Blicke oder eine kühl-distanzierte Haltung verletzt. Der Therapeut fragt nach, ob sie in der Therapie einen zornigen Vergeltungsakt gegen ihren Mann sehe. Das bestreitet die Patientin sofort, gesteht aber zu, daß es keinen Sinn ergibt, daß sie mit ihm nicht darüber reden kann. Dann fragt sie sich, ob die Therapie nicht tatsächlich eine verärgerte Geste gegenüber ihrem Mann symbolisiere und bemerkt, es habe sich »soviel« Wut und Groll in ihr angestaut.

Der Therapeut bleibt eng an den Affekten, die die Patientin gerade durchlebt und versucht, ein bestimmtes Szenario zu klären, das sie mit ihrem Mann durchspielt. Durch Interventionen, die einfach, kurz, sanft, aber forschend sind, hilft der Therapeut der Patientin, sich dieses Musters bewußt zu werden. Zusätzlich stellt er Fragen, die auf Mißverhältnisse und Überreaktionen hinweisen; diese verbergen sich hinter scheinbar selbstverständlichen Gefühlen und Verhaltensweisen: »Und da stellt sich die Frage: Warum meinen Sie, daß er das so empfinden würde?« Diese Fragen lassen sich nicht so rasch beantworten, aber sie regen die Neugier der Patientin an, fördern ein gemeinsames Bemühen und geben eine thematische Richtung an – und das alles, weil sie implizit zum Ausdruck bringen: »Sie können sehen, daß hier mehr dahintersteckt, als sich auf den ersten Blick erkennen läßt; da ist ein Problem, das wir zusammen ergründen können.« Die Patientin redet von ihrem Mann, aber der Therapeut kann mit Sicherheit davon ausgehen, daß sie ihm gegenüber ähnlich empfindet und daß dieses Problem früher oder später in der Therapie auftauchen wird. Wichtige Gefühle sind immer an »Objekte« (bedeutsame Personen) gebunden, und sie lassen sich von einem Objekt auf ein anderes übertragen: In einem bestimmten Moment bringt die Patientin zwar vielleicht Gefühle zum Ausdruck, die sie gegenüber ihrem Mann empfindet, diese lassen sich aber leicht umwandeln und auf den Therapeuten beziehen.

Die Patientin meint, ihre Kinder würden oft unschuldig Zielscheiben ihres Zorns; sie sei mit ihnen zu ungeduldig und kritisch. Sie beschreibt ihr Verhalten gegenüber den Kindern näher, und der Therapeut hakt nach, als sie dieses Verhalten als instinktiv bezeichnet.

T: Was meinen Sie, ohne groß nachzudenken, warum Sie automatisch so und nicht anders reagieren?

P: Ich glaube, weil ich selbst genauso behandelt worden bin.

T: Von Ihrer Mutter?

P: Hauptsächlich von meiner Mutter.

T: Ihre Mutter hat Sie angeschrieen und Sie kritisiert?

P: Sie ist ein Mensch, der oft kritisiert – sie ist sehr kritisch, das weiß ich, und ich merke, wie kritisch ich selbst häufig in der Beziehung zu meinem Mann und meinen Kindern und gegenüber anderen Menschen bin; das stört mich selbst, und ich habe versucht, daran zu arbeiten. Mit der Zeit habe ich ein paar Fortschritte gemacht, und ich möchte nicht, daß meine Kinder damit aufwachsen, ständig kritisiert zu werden. Ich muß mich sehr anstrengen, sie für Dinge zu loben, die sie machen und die ein Lob verdienen.

T: Sie haben das Gefühl, daß sie von Ihrer Mutter nicht viel gelobt worden sind?

P: Ja.

T: Inwiefern war Ihr Vater anders?

P: Er war kein sehr kritischer Mensch, und er hatte kaum etwas mit dem alltäglichen Geschäft zu tun, uns zu erziehen. Hin und wieder hat er eingegriffen. Ich kann mich daran erinnern, daß ich einmal von ihm verhauen worden bin, und zwar weil ich ihn angelogen hatte. Er hat mich gefragt, ob ich meine Hände gewaschen habe, und ich habe ja gesagt, obwohl ich sie nicht gewaschen hatte. Und er hat auch immer wieder Sachen gesagt wie: »Gib deiner Mutter keine Widerworte!«, wenn ich in schnippischem Ton etwas Falsches gesagt hatte. In dieser Hinsicht hat er sie immer unterstützt und nicht zugelassen, daß wir uns ihr gegenüber aufsässig verhielten. Aber Mutter war es, die dann eine Gerte vom Busch abgebrochen und uns damit verdroschen hat, wenn wir etwas getan hatten, worüber sie sich ärgerte. Ich erinnere mich nicht, daß ich oft verhauen worden bin. Das spielte sich viel öfter verbal ab: »Warum hast du das getan? Das hättest du nicht tun sollen!«

T: Sie haben sich also ständig Mutters Kritik ausgesetzt gefühlt und haben nicht viel Unterstützung und Lob bekommen, und es klingt, als ob Sie Ihren Vater gern auf Ihrer Seite gehabt hätten, damit er das ausgleicht, aber das hat er nicht getan. Er ist im Hintergrund geblieben oder hat sich auf Mutters Seite gestellt.

Der Therapeut faßt mit ein paar klärenden Worten kurz zusammen, was die Patientin gesagt hat; das dient gleichzeitig dem wichtigen Zweck, sie seines mitfühlenden Verständnisses zu versichern. Der Fokus beruht auf Ihrer Sicht der Dinge und dem von ihr gerade erlebten Affekt.

P: Er hat sie unterstützt, ja.

T: Sie hatten das Gefühl, daß die beiden sich gegen Sie verbündet hatten.

P: Soweit ich mich erinnere, hat er den Maßstab dafür gesetzt, was – ich glaube jedenfalls, daß das stimmt, so habe ich es empfunden, aber vielleicht irre ich mich auch – also, wie alles ablief. Aber meine Mutter war diejenige, die das dann durchgesetzt hat.

T: Aber was passierte, wenn Sie versucht haben, sich gegen Ihre Mutter zur Wehr zu setzen
   – ihr zu widersprechen?

P: Nun, dann hieß es, so könnte ich mit meiner Mutter nicht reden, sie würde sonst den
   Hörer auflegen, würde mir nicht erlauben weiterzureden, würde das Gespräch abbrechen
   beziehungsweise würde aus dem Zimmer gehen.

T: Und wie war das mit Ihrem Vater?

P: Meiner Erinnerung nach habe ich mit Vati nie Auseinandersetzungen gehabt.

T: Warum nicht?

P: Ich weiß nicht, warum nicht. Es scheint, als wäre das immer von Mutter ausgegangen. Sie
   hat die Entscheidungen gefällt – teilweise wahrscheinlich, weil er manchmal gar nicht da
   war, und im übrigen schien er an den Auseinandersetzungen – an dem, was sich gerade abspielte – nie groß beteiligt zu sein, und ich weiß nicht, warum.

T: Ihre Erfahrung war also: Sobald Sie sich für sich eingesetzt und widersprochen haben,
   wenn Sie kritisiert worden sind beziehungsweise wenn es eine Auseinandersetzung gegeben hat, dann . . . dann hat Ihre Mutter sich von Ihnen abgewendet und Sie einfach stehen lassen.

P: Oder sie hat gesagt: »Ich will davon nichts mehr hören. Schluß damit! Ich will nicht mehr
   darüber reden. Ich habe nein gesagt.« Und das war es dann.

Auf der Suche nach einem Grund für ihre häufige Ungeduld gegenüber
ihren Kindern fällt der Patientin ein, wie sie früher von ihrer eigenen Mutter
behandelt worden ist. Dem Therapeuten bietet sich so eine erste Möglichkeit, sich ein Bild von den primären Kindheitsbeziehungen zu machen. In
der Psychodynamischen Kurztherapie dient diese lebensgeschichtliche
Hintergrundinformation dazu, die Ursprünge von Prädispositionen – die
in diesem Fall in der aktuellen Beziehung zum Ehemann und zum Therapeuten deutlich werden – zu beschreiben und zu erklären. Indem der Therapeut die Erlebnisse, die der Patientin in bezug auf ihre Eltern einfallen,
klärt und kurz zusammenfaßt, schafft er die Grundlage dafür, wieder zum
primären Untersuchungsgebiet der Psychodynamischen Kurztherapie zurückzukehren: der therapeutischen Beziehung. Als Zwischenschritt spricht
der Therapeut eine mögliche Verbindung zwischen dem an, was die Patientin mit ihren Eltern erlebt hat, und der Art und Weise, in der sie die Beziehung zu ihrem Mann deutet.

T: Glauben Sie, daß davon Ihre Angst beeinflußt wird, offen mit Ihrem Mann zu reden? Die
   Angst, daß er das gleiche tun könnte, nur vielleicht noch schlimmer?

P: Nun, ich glaube, daß das wahrscheinlich mein vorkonditioniertes Reaktionsmuster ist,
   und es gibt Zeiten, wo wir uns streiten und er mich regelrecht an die Wand redet und ich
   klein beigebe. Diese Art von Wucht und Stärke bringt mich immer ganz aus der Fassung.

Das Gespräch wendet sich den Erlebnissen der Patientin bei den sporadi-
schen Auseinandersetzungen mit ihrem Mann zu. In den seltenen Fällen,
in denen sie ihren Zorn offen zum Ausdruck gebracht hat, hat sie sich als

»unausstehlich« empfunden. Auf den Zorn ihres Ehemannes reagiert sie meist damit, daß sie weint und sich ihre Gedanken verheddern, und dann »ziehe ich mich einfach zurück und sage kein Wort mehr«. In letzter Zeit jedoch erlebt sie sich in solchen Situationen als zunehmend gefühlskalt, was der Therapeut dahingehend klärt, daß sie sich emotional und sexuell von ihrem Mann abwendet. Diese neue Verhaltensweise macht ihr Angst und hat mit dazu beigetragen, daß sie sich um eine Therapie bemüht hat. Der Therapeut lenkt die Aufmerksamkeit noch einmal auf ihr anfängliches »ungutes Gefühl« wegen der Therapie, und die Patientin reagiert mit neuerlichen Fragen zur Situation. Wiederum schiebt der Therapeut die Beantwortung ihrer Fragen auf und äußert aufgrund der gerade gewonnenen Informationen die Vermutung, daß die Patientin Angst habe, von ihm auf irgendeine Weise verletzt zu werden. Die Patientin bestätigt seine Vermutung und bringt die Sorge zum Ausdruck, er könnte ihr böse sein. Daraufhin bittet der Therapeut sie um Assoziationen zu diesem Problem, und die Patientin äußert die Befürchtung, der Therapeut werde sie zu einer Scheidung drängen und – falls sie sich seinem Drängen widersetze – zornig werden.

Sobald die Aufmerksamkeit der Patientin erneut auf die therapeutische Beziehung gelenkt wird, werden neuerliche Befürchtungen und Fragen geweckt. Inzwischen ist der Therapeut allerdings in der Lage, einen Teil der Motivation, die hinter den Fragen der Patientin steckt, genauer zu deuten. Er setzt seine Bemühungen fort, das Fokusthema zur Sprache zu bringen, sobald es in der therapeutischen Beziehung auftaucht. Diese Strategie unterscheidet sich von anderen dynamischen Kurztherapiemethoden, für die das unmittelbar in der therapeutischen Beziehung zum Vorschein kommende Fokusthema im Vergleich zu seiner »Rekonstruktion« in primären Kindheitsbeziehungen zweitrangig ist.

T: Ich würde also sagen, »Sie sollten diese Beziehung beenden«, und dann sagen Sie, »Da bin ich mir nicht so sicher«, und ich werde zornig – und was, stellen Sie sich vor, würde dann passieren? Und inwiefern würde es Sie verletzen?

P: Ich weiß nicht, inwiefern mich das verletzen würde – abgesehen von dem Zorn. Ich glaube, Zorn ist einfach ein Problem für mich. Schauen Sie sich unsere letzte Sitzung an: Ich fragte, »Wann wollten Sie denn anfangen?«, und als Sie sagten, »Sofort«, habe ich mich richtig gedrängt gefühlt. Ich wollte sagen, »Nein, ich muß damit noch ein paar Wochen warten«, doch ich habe es nicht getan. Aber Sie sagten: »Ich würde gerne sofort anfangen.« Und das hat mich aus irgendeinem Grund nervös gemacht. Ich weiß nicht, warum. Vielleicht weil ich mir in dieser Sache noch nicht ganz sicher war. Zum Teil hängt es auch damit zusammen, daß ich in dieser und der nächsten Woche schon viel zu viele Termine habe. Aber als Sie sagten, »Ich möchte gleich anfangen«, habe ich, habe ich mich unter Druck gesetzt gefühlt. Und ich glaube, ich habe wahrscheinlich gedacht: »Na schön, welche anderen Arten von Druck werden Sie wohl noch auf mich ausüben, wo ich dann wieder nicht in der Lage bin, ›Halt!‹ zu sagen, ›Augenblick mal! Damit kann ich nicht umgehen‹ oder ›Das ist nichts für mich‹.«

Der Therapeut wollte helfen, als er der Patientin anbot, sie ohne Verzögerung zur Therapie anzunehmen. Die Patientin fühlte sich dagegen unter Druck gesetzt. Dieser Widerspruch veranschaulicht, mit welchen Mißverständnissen und Verzerrungen man in der Psychotherapie regelmäßig rechnen muß. Manchmal hat man als Therapeutin oder Therapeut nicht die leiseste Ahnung, wie der Patient eine scheinbar harmlose oder neutrale Bemerkung aufnimmt. Diese allgegenwärtige Tendenz zur Verzerrung unterstreicht, wie wichtig es ist, daß man als Therapeut ständig darauf achtet, wie die eigenen Bemerkungen und Aktionen vom Patienten erlebt werden. Dieser neigt dazu, interpersonelle Transaktionen entsprechend seiner eigenen zentralen Beziehungsprädisposition zu deuten.

T: Nun, wenn wir uns das, was Sie heute gesagt haben, noch einmal ansehen und grob zusammenfassen, dann klingt es, als hätten Sie durch meinen früher geäußerten Satz, daß ich gleich anfangen wollte, das Gefühl bekommen, wieder einmal kurz vor einer Situation zu stehen, die Ihnen sehr vertraut ist: sich wie jemand zu fühlen, der zu etwas gedrängt wird, was er nicht tun will, aber aus Angst vor Schlimmerem tun muß, oder wie ein Kind – »So machen wir's, und du bist jetzt still!« – so wie Sie es früher als Kind erlebt haben. So ein Gefühl, als würde das jetzt hier bei mir wieder mal so ablaufen. Und als könnten Sie damit nur . . . könnten zu diesem Zeitpunkt damit am bequemsten so umgehen, daß Sie sich zurückziehen – nicht darüber reden, aber sich schützen und sich zurückziehen.
P: Genau das ist mein Verhaltensmuster.

Der Therapeut führt den ersten Entwurf eines Fokusthemas ein, das hier als eine besondere Beziehungsprädisposition mit entsprechenden Selbst- und Objektbildern, Gefühlen, Phantasien und erwarteten Folgen definiert wird. Indem er den Probefokus in dieser Weise artikuliert, gelingt es dem Therapeuten festzustellen, daß die Patientin dazu neigt, sich wie ein Kind zu fühlen, das mit einem mächtigen und wenig fürsorglichen Elternteil konfrontiert ist (von dem es zu etwas »gedrängt« wird). Der Therapeut skizziert das Verhaltensmuster der Patientin; er meint, sie ziehe sich aus Selbstschutz zurück. Die Patientin erkennt sich in dieser Beschreibung wieder und reagiert darauf mit dem einfachen Satz: »Genau das ist mein Verhaltensmuster.«

T: Vielleicht steckt das hinter Ihrer Sorge, ob Sie sich die Therapie leisten können und ob Sie in Ihrem Terminkalender dafür noch Platz finden können. All das ist sehr verständlich – und dahinter steht eigentlich die Frage: »Werden Sie mir wehtun; werden Sie zornig auf mich sein, wenn ich nicht das tun will, was Sie von mir erwarten?«
P: Nun, ich glaube, ich habe Angst, eingeengt zu werden.

T: Das scheint tatsächlich ein wichtiger Bereich zu sein: zu ergründen, warum . . . Ich glaube, wir haben uns heute einige der Dinge angesehen, die Ihnen das Gefühl geben, eingeengt zu sein, unter Druck gesetzt zu werden. Oder Ihnen das Gefühl vermitteln, daß jemand, der Ihnen wichtig ist – ob das nun heute Ihr Mann ist oder ob es in der Kindheit Ihre Eltern waren –, Ihnen sagt:»So und so wird es gemacht!«, und Sie sich unter Druck gesetzt fühlen. Aber das erklärt noch nicht, warum Sie das Gefühl haben, nicht dagegen anzukönnen. Nichts dagegen tun zu können, sich nicht dagegen zur Wehr setzen zu können, daß Sie eingeengt sind. Es könnte wichtig sein, diesen Bereich zu untersuchen. Wir haben vorher darüber gesprochen, daß diese Art der Therapie unter anderem dadurch gekennzeichnet ist, daß versucht wird, einen eingegrenzten Bereich zu finden und sich näher anzusehen, der emotional von ganz besonderer Bedeutung ist, und das hier scheint zweifellos ein solcher Bereich zu sein. Das ist es, was Sie hier hergeführt hat – oder doch zumindest ein wichtiger Teil davon. Und wir haben gesehen, wie das auch gleich in unserer Beziehung aufgetaucht ist.

Der Therapeut fährt fort, ein Fokusthema zu bestimmen, und orientiert sich dabei eng an dem unmittelbaren Gefühlszustand der Patientin. An diesem Punkt kommen zusätzliche Nuancen hinzu, nämlich der Ärger und die Wut der Patientin darüber, sich eingeengt zu fühlen, ihre Hilflosigkeit beim Umgang mit dem Gefühl, von mächtigen Erwachsenen – denen sie sich unterwerfen muß, wenn sie nicht verlassen werden will – zu etwas gezwungen zu werden. Gleichzeitig umreißt der Therapeut ein vorläufiges Ziel (das genannte Muster zu untersuchen) und lädt die Patientin zur Mitarbeit an der gemeinsamen Therapieaufgabe ein.

P: Ja, ich habe daran gedacht . . . nun, ich habe nicht richtig reden können, als Sie mich abends zu Hause anriefen, weil da gerade ein großes Durcheinander war, aber ich habe daran gedacht, Sie zu Hause anzurufen, und dann habe ich gedacht: Nein, das mache ich besser nicht, denn vielleicht hat er das nicht gerne. (lacht)

T: Und könnte Sie vielleicht anschreien?

P: Nun, ich weiß nicht, was ich gedacht habe. Ich glaube nicht, daß ich gedacht habe, daß Sie mich anschreien würden. Ich habe noch keinen solchen Eindruck von Ihnen (lacht). Ich habe einfach . . . und dann bin ich nachts aufgewacht und habe herumgegrübelt.

T: Was haben Sie mir denn am Telefon sagen wollen?

P: Ich wollte Ihnen sagen, daß ich bei dieser ganzen Sache wirklich ein ungutes Gefühl habe. Daß ich einige Fragen habe, die meines Erachtens noch nicht zufriedenstellend beantwortet sind. Und ob wir nicht noch ein bißchen warten könnten – die Sache noch ein paar Wochen aufschieben könnten. (lacht)

T: Was für ein Gefühl haben Sie jetzt?

P: Nun, ich habe ein etwas besseres Gefühl, aber einige meiner Fragen sind immer noch nicht beantwortet.

Es folgt ein Gespräch über die spezifischen Fragen, die die Patientin gestellt hat, und dann werden die Zahlungsmodalitäten und die nächsten Termine vereinbart.

Die zentrale Prädisposition ist in erster Linie dadurch herausgearbeitet worden, daß darauf geachtet wurde, welche Art von Beziehung sich spontan zwischen Patientin und Therapeut entwickelt. Aktuelle Beziehungen außerhalb der Therapie sowie Kindheitserinnerungen liefern zusätzliche Information und Bestätigung, doch die wesentliche Informationsquelle ist die Interaktion von Patientin und Therapeut. Aufgrund ihrer Befürchtungen in bezug auf die Therapie war die Patientin vorsichtig und zurückhaltend. Der Therapeut reagierte auf dieses Problem etwas frustriert und spürte das Verlangen, sie aktiv zu hinterfragen. Durch ihren wachsam-fixierenden Blick fühlte er sich auf dem Prüfstand, spürte die Frage, wie gut er die Patientin wohl therapieren würde. Gleichzeitig reagierte sie kooperativ – mit Selbstbeobachtung und Gefühlen – auf seine Bemühungen, ihr affektives Erleben in der therapeutischen Beziehung zu untersuchen. Wir glauben, daß es ein Fehler gewesen wäre, sofort auf ihre vielen Fragen zur Therapie und zum Therapeuten zu antworten. Hätte der Therapeut diese Fragen andererseits nur als zu interpretierende Mitteilungen behandelt, dann hätte er ihrem Szenario zugearbeitet und so ihre Überzeugung bestätigt, daß mächtige Erwachsene ihre Gefühle nicht respektieren. Dadurch daß der Therapeut versucht hat, am Ende der Sitzung die Fragen der Patientin zu beantworten, hat er ihr eine korrigierende Erfahrung ermöglicht.

2. SITZUNG

Zu Beginn der Sitzung erläutert der Therapeut der Patientin, daß ihre Aufgabe darin besteht zu versuchen, alle Gedanken zu verbalisieren, die ihr durch den Kopf gehen.

P: Ich habe das Gefühl, daß bisher ein Mischmasch herausgekommen ist.

T: Haben Sie dieses Gefühl am Ende der letzten Sitzung gehabt?

P: Eigentlich nicht. Gegen Ende habe ich mich viel besser gefühlt als am Anfang. Ich habe ein gutes Gefühl gehabt. Diesmal habe ich mich beim Herkommen nicht ganz so schlecht, nicht ganz so nervös gefühlt wie beim ersten Mal.

T: Wenn Sie an das zurückdenken, worüber wir gesprochen haben, was, meinen Sie, war es denn, wodurch Sie sich besser gefühlt haben?

P: Ich glaube, es hat doch geholfen, daß wir darüber geredet haben, daß ich es bisher nicht geschafft habe, meinem Mann zu erzählen, was ich mache. Und ich glaube, Ihre Reaktion darauf . . . ich weiß nicht, was ich erwartet habe, aber sie . . . ich hatte das Gefühl, daß sie in Ordnung war. Ich muß wohl erwartet oder befürchtet haben, daß Sie denken würden:»So etwas Verrücktes – Sie haben Ihrem Mann nicht einmal erzählt, was Sie hier machen?!« (lacht) Das ist wirklich dumm und kindisch. Ich habe geglaubt, daß Sie so reagieren würden, obwohl ich es besser weiß, aber das ist nun einmal das Gefühl, das ich wohl gehabt habe.

263

Beim ersten Therapiegespräch ist ein zentrales Fokusthema (eine zentrale Beziehungsprädisposition) aufgetaucht. Dieses läßt sich als die Erwartung beschreiben, der Therapeut werde mit Kritik darauf reagieren, daß die Patientin zögert, ihrem Mann von ihrem Wunsch nach einer Therapie zu erzählen. Dadurch daß die Patientin dieses Problem mit ihrem Therapeuten bespricht, erhält sie schnell die Gelegenheit, den Unterschied zwischen ihrer Übertragungserwartung und dem tatsächlichen Geschehen zu sehen. Diese Art von »In vivo«- oder Erfahrungslernen ist für die Psychodynamische Kurztherapie ganz wesentlich.

T: »Dumm und kindisch«. Warum, glauben Sie, haben Sie eine solche Reaktion erwartet?

P: Weil ich angeblich erwachsen bin und reif sein sollte und es doch wohl nichts so Dramatisches ist, dem eigenen Mann davon zu erzählen, was man macht.

T: Erinnert Sie diese Bezeichnung »dumm und kindisch« an irgend etwas? *[Hier versucht der Therapeut, Belege dafür zu finden, daß sich in gegenwärtigen und vergangenen Beziehungen außerhalb der Therapie die gleiche Reaktion finden läßt. Es wäre eine bessere Technik, in einer Psychodynamischen Kurztherapie zu erkunden, woran in der therapeutischen Beziehung es liegen könnte, daß die Patientin annimmt, lächerlich gemacht zu werden. Höchstwahrscheinlich hätte sie wenig Grund zu dieser Annahme und würde dadurch mit der Irrationalität ihrer Reaktion konfrontiert werden.]*

P: Eigentlich nicht. Außer vielleicht daran, daß ich mich manchmal unsicher fühle, weil ich nicht imstande bin, ihm etwas offen zu sagen. Nicht mehr diese Hemmung zu haben, mit ihm darüber zu reden. Ich habe deswegen ein schlechtes Gewissen und ich glaube zum Teil auch wegen meinem Verhalten ihm gegenüber. Ich weiß, wann ich Dinge tue, die meines Erachtens nicht sehr nett oder für einen reifen Menschen nicht gerade passend sind. Ich habe dann deswegen ein schlechtes Gewissen.

T: Wenn Sie sagen, daß Sie ein schlechtes Gewissen haben, wie äußert sich das? Wie erleben Sie das?

Der Therapeut sucht die Gefühle, die die Patientin ihm gegenüber hat, weiter zu ergründen. Er konzentriert sich auf eine anscheinend aufgeladene Bemerkung – »dumm und kindisch« - hinter der sich ein weites Spektrum von Erlebnissen, Phantasien, Gefühlen und wichtigen Aspekten des Selbst- und Fremdbildes der Patientin verbergen kann. Wenn man bei solchen aufgeladenen Begriffen nachhakt, können sich weitergehende Perspektiven eröffnen. Ebenso ist es empfehlenswert, die Bedeutung von scheinbar so selbstverständlichen Begriffen wie »schlechtes Gewissen« zu klären. Begriffe dieser Art haben häufig spezifische, ganz persönliche Bedeutungen, die es zu untersuchen gilt.

Die Patientin versucht, die Gefühle, die sie als »schlechtes Gewissen« bezeichnet, genauer zu benennen, und sagt, daß sie sich nicht reif fühle und manchmal Menschen schlecht behandle. Doch kommt sie an dieser Stelle nicht weiter und·bemerkt, ihr falle es schwer, Gefühle mit Worten auszudrücken. Anschließend bringt sie ihre Erleichterung darüber zum Ausdruck, daß der Therapeut in der vorangegangenen Sitzung zum Schluß ihre Fragen zur Therapie beantwortet hat. Dann beginnt sie, die negativen Erwartungen zu schildern, die sie anfangs dem Therapeuten gegenüber hatte, kritisiert sich aber unvermittelt dafür, zu viel darüber nachzudenken, was während einer Sitzung geschieht. Im wesentlichen berichtet sie, wie ängstlich und festgenagelt sie sich während des ersten Gesprächs gefühlt hat. Schließlich gibt sie ihrer Angst Ausdruck, der Erzählstoff könnte ihr ausgehen und der Therapeut würde ihr dann vielleicht nicht aus der Klemme helfen.

T: Und Sie haben das Gefühl gehabt, ich würde Sie da stumm und mit all den Gedanken, die Ihnen durch den Kopf schwirren, sitzen lassen? (Schweigen) Wie es scheint, haben Sie von mir ein ziemlich schlimmes Bild gehabt, als Sie hergekommen sind: daß ich stur, schulmeisterlich, leicht zu verärgern und wenig hilfsbereit sein würde – das klingt nicht gerade angenehm. Kaum etwas, worauf man sich freuen könnte.

P: Es ist interessant, daß Sie das sagen, denn als mein Mann und ich uns letzten Sommer über irgend etwas unterhalten haben, hat er mich auf einmal gefragt:»Bin ich wirklich so schlimm?« Ich habe irgend etwas gesagt . . . ich habe versucht, ihm zu erzählen, daß es mir schwerfällt, mit ihm zu reden, und an einem Punkt entgegnete er:»Bin ich wirklich so schlimm?« Da habe ich also etwas Ähnliches getan.

Der Therapeut untersucht weiter, wie die Patientin bedingt durch Prädispositionen anfangs die therapeutische Beziehung gesehen hat und lenkt dadurch die Aufmerksamkeit auf ein wichtiges Bild, das die Patientin sich von ihm gemacht hat. Dieses Bild ist Teil des Fokusthemas, an dessen Formulierung der Therapeut arbeitet. Indem die Patientin diese aktuelle Erfahrung spontan mit ähnlichen Erlebnissen in Verbindung bringt, die sie mit ihrem Mann gehabt hat, liefert sie für den entstehenden Fokus unterstützende Belege.

T: Welche Gedanken kommen Ihnen dazu?
P: (schweigt) Der einzige Gedanke, der mir dazu kommt, ist, daß ich mich frage, ob es etwas mit Männern zu tun hat.
T: Sie erinnern sich, dieses Gefühl – diese Art von Erlebnis und Befürchtung auch schon bei anderen Männern, außer mir und Ihrem Mann, gehabt zu haben?
P: Mir fällt jetzt keine bestimmte Person ein.
T: Wie ist es mit Frauen? Können Sie da an ähnliche Gefühle erinnern?
P: (schweigt) Niemand bestimmtes. Es gibt da ein paar Frauen, mit denen ich bei der Arbeit zu tun habe und die mich leicht niedermachen können, und das ist genau die gleiche Sache. Ich gebe klein bei, wenn ich anfange, mich unwohl zu fühlen, weil sie anderer Ansicht sind und ich das Gefühl habe, daß meine Meinung einfach weggewischt wird – wenn eine Frau sich so verhält, fühle ich mich eingeschüchtert.
T: Erleben Sie das so, daß die Frauen Sie regelrecht niedermachen? Oder auch wenn sie anderer Meinung sind, haben Sie das Gefühl, daß Ihre Ansichten nicht viel zählen?

P: Ich bin mir nicht sicher, daß das nur mir so geht, ich glaube – ich denke da an eine ganz bestimmte Frau –, ich glaube, sie geht mit vielen Leuten genauso um. Aber mir fällt es schwer, etwas dagegenzusetzen, wenn sie erst einmal ihre Meinung gesagt hat; ich habe dann das Gefühl, daß für eine weitere Diskussion kein Platz ist.

T: Und dann geben Sie klein bei, fühlen sich eingeschüchtert und sagen nichts. Aber wenn jemand seine Meinung mit Nachdruck vertritt, dann muß das noch nicht unbedingt heißen, daß er Sie niedermacht.

P: Nicht unbedingt; das kann auch mehr so allgemein sein.

T: Und Sie fühlen sich einfach eingeschüchtert, oder ist da noch irgendein anderes Gefühl?

P: (schweigt) Manchmal denke ich: Na schön, ich glaube wirklich, daß ich weiß, wovon ich rede – lassen wir das also. So ähnlich reagiere ich dann. Manchmal habe ich schon vorher beschlossen – oder beschließe es dann in der Situation als Reaktion darauf –, daß ich einfach tue, was ich will.

T: Da ist also ein stiller, heimlicher Widerstand, eine Trotzreaktion – Sie versuchen auch so, das zu tun, was Sie tun wollen. Nur eben im stillen.

Der Therapeut hält immer sowohl nach den bewußten, als auch den unbewußten Bestandteilen einer Beziehungsprädisposition Ausschau und denkt daran, daß der Hauptzweck solcher Themen darin besteht, Angst abzuwehren. Im vorliegenden Fall werden deutliche Anhaltspunkte für eine Prädisposition zutage gebracht, in der etwas Feindseliges steckt – ein »stiller, heimlicher Widerstand« – etwas, das sich hinter dem Gefühl des Eingeschüchtert-Seins verbirgt. Der Therapeut versucht, sich eng an dem Affekt der Patientin zu orientieren.

Die Patientin möchte das Thema Feindseligkeit gerne vermeiden und beginnt deshalb eine intellektuelle Strategiediskussion darüber, wie sich ihre Ideen bei der Arbeit durchsetzen lassen. Sie bestreitet, irgend jemand etwas heimzahlen zu wollen. Der Therapeut hinterfragt ihren Versuch, ihre indirekt zum Ausdruck kommende Feindseligkeit zu rationalisieren.

T: Also, am Arbeitsplatz arbeiten Sie manchmal im stillen, wie Sie geschildert haben, und können damit Erfolg haben und etwas sehr Nützliches erreichen. Das funktioniert prima. Sie haben aber auch geschildert, daß Sie sich bei Ihrem Mann ähnlich verhalten und es dort nicht so gut klappt.

P: Ich glaube, ich habe da eher das Gefühl, daß ich es tue, um ihm etwas heimzuzahlen – ihm weh zu tun.

T: Die bösen Blicke, die Kühle, das mangelnde sexuelle Interesse.

P: Und die spitzen Bemerkungen.

T: Das schmerzt Sie vielleicht genauso, wenn nicht noch mehr.

Die Patientin erzählt, daß sie wegen solcher »kindischer« Reaktionen Schuldgefühle hat, und schildert dann einen Vorfall, bei dem sie vor kurzem das Gefühl hatte, daß ihr Mann die Bitte der gemeinsamen Tochter, ihr seine Aufmerksamkeit zu schenken, einfach überging. Die Patientin hatte darauf mit Zorn und Angst reagiert.

P: Verärgert war ich, und mein Herz hat wie wild gepocht, und ich bin ihretwegen einfach traurig gewesen, glaube ich – ich bin emotional geworden.

T: Klingt, als hätten Sie ziemlich intensiv das Gefühl gehabt, verärgert zu sein – es klingt, als wenn Sie wütend gewesen wären und nicht nur verärgert.

P: Ja, wahrscheinlich.

T: Und das hat Ihnen gleichzeitig große Angst gemacht. Ihr Herz hat gepocht, und dann waren Sie traurig. Was meinen Sie, warum Sie so stark reagiert haben? Ich kann Ihre Interpretation nachvollziehen *[er versetzt sich in ihre Lage]* – aber warum diese starke Reaktion?

Bei der Psychodynamischen Kurztherapie richtet sich das Augenmerk ständig auf die gemeinsame Erforschung der Gefühle und Reaktionen des Patienten. Dementsprechend werden ziemlich häufig Fragen gestellt, die die Neugier des Patienten im Hinblick auf Gefühle und Reaktionen wecken. Im vorliegenden Fall geht es bei der Patientin um die Intensität ihrer Reaktionen auf das Verhalten ihres Mannes gegenüber ihrem Kind.

Die Patientin sagt, daß sie mit der angeblichen Unaufmerksamkeit ihres Mannes gegenüber den Gefühlen ihrer Kinder unzufrieden ist. Der Therapeut äußert der Patientin gegenüber folgende Vermutung: Die Stärke ihrer Reaktion deute eventuell darauf hin, daß sie das Verhalten ihres Mannes »persönlich« nimmt – also meint, ihre Kinder würden von ihrem Mann genauso vernachlässigt wie sie selbst. Die Patientin erinnert sich an einen Vorfall, der einige Jahre zurückliegt; damals hatte sie sich von der Unsensibilität ihres Mannes verletzt und abgelehnt gefühlt. Beim Erzählen kommen ihr die Tränen.

T: Wie fühlen Sie sich jetzt, während Sie das erzählen?

P: Ich glaube, ich weine gleich.

T: Was für ein Gefühl ist damit verbunden?

P: (weinend) Als wäre ich ihm nicht wichtig genug, so daß es ihm gleichgültig ist. Ich bedeute ihm nicht soviel, daß er hören will, was mich bewegt. Solange alles wirklich glattgeht und seine Ruhe durch nichts gestört wird, ist es ihm recht, aber wenn ich das Bedürfnis habe, über das zu reden, was mir zu schaffen macht, ist er nicht daran interessiert zuzuhören. Das gleiche Gefühl habe ich, wenn ich mit ihm über Sachen reden möchte, die mir wichtig sind, zum Beispiel Probleme, die uns als Eltern betreffen, oder Fragen wie: Auf welche Weise finden wir heraus, was uns im Leben wichtig ist und welche Ziele wir haben, und wie erreichen wir diese Dinge? Immer wenn diese Fragen angeschnitten werden, antwortet er mir – so empfinde ich es jedenfalls – kurz angebunden, »Laß uns nicht mehr darüber reden«, und damit hat sich's.

T: Und was machen Sie dann?

P: Ich sage kein Wort mehr und ziehe mich zurück, und ich bekomme Kopf- und Magenschmerzen und stürze mich dann vor allem auf meine Arbeit.

267

T: In solchen Momenten, wo Sie von Ihrem Mann eine kurz angebundene Antwort bekommen, erleben Sie ihn dann als, und sich als . . . daß Sie nicht viel zählen und er sich mit diesen Dingen nicht abgeben will, weil Sie ihm nicht wichtig genug sind?

P: Ich glaube, daß es entweder das ist oder daß er sich irgendwie bedroht fühlt, wenn ich Themen anschneide, die so etwas wie eine Diskussion oder einen Dialog notwendig machen.

T: Das ist jetzt eine intellektuelle Analyse. Es ist aber nicht das, was Sie dazu bringt, kein Wort mehr zu sagen, oder?

P: Nein. Ich glaube, es ist das Gefühl, daß es sich nicht lohnt, mir zuzuhören.

T: Und es klingt, als wenn Sie versuchen würden, mit diesen Gefühlen dadurch fertig zu werden, daß Sie Ihr Wissen und Ihren Intellekt einsetzen und zu verstehen versuchen, warum er das immer wieder macht. Aber eigentlich hilft das nicht viel.

P: Ja, das tue ich oft.

T: Noch direkter stellt sich die Frage, warum Sie das in solchen Momenten so intensiv fühlen. Sich nicht nur verärgert oder verletzt fühlen, sondern sehr stark das Gefühl haben, daß Sie nichts zählen. Daß Sie nicht wichtig sind. Woher kommt das?

Der Therapeut versucht ständig, die in der Patientenerzählung auftauchenden Informationen zu strukturieren. Er versucht auch, die Reaktion der Patientin auf das immer wieder probeweise formulierte Fokusthema zu bewerten. An dieser Stelle kommt ein neues, emotionsgeladenes Element hinzu: Die Patientin hat das Gefühl, daß sie für ihren Mann nicht viel zählt, daß sie »für ihn nicht wichtig genug« ist. Außerdem erfahren wir mehr über die charakteristische Abwehrreaktion der Patientin auf diese Gefühle: Sie sagt kein Wort mehr. Daß sie sich in solchen Momenten immer wieder zurückzieht, hängt anscheinend damit zusammen, daß sie nicht fähig ist, Zorn zu äußern und ihren Mann zu bitten, sich liebevoller und aufmerksamer um sie zu kümmern.

Ein Fokusthema wird für gewöhnlich viele Male inszeniert, und dabei werden zahlreiche Aspekte beleuchtet. Auch wenn es dem Therapeuten nicht sofort gelingt, ein Thema zu erkennen, wird er dazu schließlich doch in der Lage sein, da in der menschlichen Kommunikation ein gut Teil Redundanz enthalten ist. Dabei kann der Therapeut darauf vertrauen, daß die Patientin ihm den Weg weist, wenn er nichts tut, was den Prozeß stört.

Die Patientin sagt, daß sie sich als unsicher empfinde, und führt diesen Umstand auf Probleme in der Beziehung zu ihren Eltern zurück. Dieses Gefühl ist noch deutlicher geworden, als sie sich von ihrem Mann in ihrer Elternrolle nicht unterstützt gefühlt hat. Während sich die Patientin als »unentschlossen« empfindet und über mögliche Fehler nachgrübelt, scheint ihr Mann Entscheidungen schnell und leicht zu treffen. Er ist von seiner Vaterrolle überzeugt, während sie sich als Mutter unzulänglich fühlt. Gleichzeitig empfindet sie es auch als ein »Abgeschnitten-Werden«, wenn sie (vergeblich) versucht, mit ihrem Mann Probleme zu besprechen – als wären ihm ihre Gefühle gleichgültig. Sie fängt an zu weinen. Als der Therapeut sie fragt, was sie gerade empfindet, sagt sie, sie fühle sich »weggestoßen«. Die Patientin bringt auch im folgenden zum Ausdruck, wie frustriert sie darüber ist, daß sie bei ihrem Mann kein Interesse für ein Gespräch über die Elternrolle und ihre Ansichten dazu wecken kann.

T: Selbst jetzt, wo Sie sich wieder daran erinnern, ist dieses Gefühl sehr lebendig – vielleicht, weil es immer noch ein sehr lebendiges Problem für Sie ist.
P: Ja.
T: Das Sie außerdem sehr stark berührt.
P: Ich glaube, was mir zu schaffen macht, ist, daß er mich in dieser Weise emotional abschneidet, aber dann... aber mich körperlich haben möchte, und das paßt einfach nicht zusammen ... ich kann nicht körperlich auf ihn eingehen, wenn er mich emotional abschneidet.
T: Was fühlen Sie, wenn er sexuelle Annäherungsversuche macht?
P: Manchmal könnte ich schreien.
T: Schreien?
P: Einfach SCHREIEN!
T: Was?
P: »Laß mich in Ruhe!«
T: Weil Sie verletzt und verärgert sind?
P: Vor ein paar Tagen fing er abends plötzlich an, mir dabei zu helfen, die Kinder fürs Bett fertig zu machen, und das tut er sonst nie – also, sehr selten, es sei denn, ich bitte ihn darum. Und ich habe gedacht: Das ist ungewöhnlich! Und als wir dann ins Bett gingen, wurde mir klar, daß er sie eher im Bett haben wollte, um mit mir schlafen zu können, und das hat mich einfach wütend gemacht. Ich habe nämlich gedacht: Warum hilfst du mir sonst nicht?!
T: Wie haben Sie sich dabei gefühlt?
P: (unter Tränen) Wütend.
T: Aber Sie haben dann doch mitgemacht und mit ihm geschlafen? Wie ist das in so einem Fall für Sie?
P: (seufzt) Meistens ist es einfach eine Tortur.
T: Sie geben aber dennoch nach, nicht wahr?
P: Weil ich, zumindest vom letzten Sommer her, weiß ... ich möchte so etwas wirklich nicht noch einmal durchmachen, aber ...
T: Sie haben Angst, daß er dann damit droht, Sie zu verlassen?
P: Ich glaube, das würde er. Ich glaube, er ... ich kann einfach dieses Schreien, dieses Angeschrien-Werden nicht ertragen; davor habe ich mehr Angst, als vor dem Verlassen-Werden.
T: Klingt, als würden Sie sich fast wie ein Kind fühlen, das eine lästige Pflicht erfüllen muß, denn wenn Sie Ihren eigenen Gefühlen folgen und es nicht tun, werden Sie angeschrien, und das ist dann einfach zuviel.

Die Patientin bejaht, daß sie sich eingeschüchtert fühlt. Der Therapeut äußert die Vermutung, daß sie sich verletzt fühle, wenn ihr Mann es ablehnt, mit ihr über ihre Elternrolle zu reden. Sie erlebe ihn dann als unaufmerksam und lieblos. Die Patientin stimmt dieser Deutung ohne Zögern zu und erinnert sich an den Moment, als sie ihren Mann zum erstenmal in ihrer Ehe als kalt erlebt hat und danach am Boden zerstört war. Ihr fallen auch noch andere Vorfälle ein, bei denen sie das Gefühl hatte, für ihn »unwichtig« zu sein, aber sie fragt sich, ob sie sein Verhalten nicht vielleicht zu schnell als Ablehnung interpretiert hat. Der Therapeut stellt ihr die Frage, warum sie sich wohl so leicht abgelehnt fühlt. Er erinnert sich auch, daß die Patientin in der ersten Sitzung nur ungern der Frage nachgehen wollte, welche Gefühle sie mit ihrer Ehe verbindet, aber jetzt bei diesem zweiten Gespräch genau das die ganze Zeit getan hat. Folglich lenkt er ihre Aufmerksamkeit auf diese Tatsache und bringt sie dazu, sich ihre Gefühle näher anzusehen.

T: Wenn wir uns noch einmal alles vergegenwärtigen, worüber wir heute gesprochen haben, dann sticht eine Sache besonders hervor, etwas, das Sie besonders intensiv empfunden haben, und zwar daß Ihr Mann sie wegstößt und so handelt, als würden Sie nicht viel für ihn zählen. Wie verletzt, verärgert und wütend Sie sein können. Und was für eine Distanz Sie zu ihm spüren. Beim letztenmal hatten Sie eigentlich große Angst davor, daß unser Gespräch . . . daß ich Sie drängen würde, sich im Hinblick auf Ihre Ehe mit Dingen zu konfrontieren, die der Ehe wirklich schaden könnten, und das hat Ihnen große Angst gemacht. Wie fühlen Sie sich, angesichts dieser Furcht vom letztenmal, jetzt, wenn Sie daran denken, worüber wir heute gesprochen haben?

P: Ich möchte einfach weinen (weint). Was mir am meisten Angst macht, ist, daß mir die Kälte, mit der ich ihm begegne, Angst macht, weil das nicht immer so gewesen ist und ich auch nicht so sein möchte. Aber irgendwie scheine ich das, was da abläuft, nicht in den Griff zu kriegen, und ich denke mit Schrecken daran, daß meine Gefühle vielleicht nie mehr so werden wie früher.

T: Das Gefühl der Kälte ist vermutlich sehr stark mit Ihrem Gefühl des Eingeschüchtert-Seins verbunden, das Sie haben, wenn Sie sich weggestoßen und unwichtig fühlen. Sie fühlen sich verletzt, verärgert, wütend. Gleichzeitig reagieren Sie sehr eingeschüchtert und haben das Gefühl, daß Ihnen das zuviel wird und Sie nichts mehr tun können, und deshalb sagen Sie kein Wort mehr und ziehen sich zurück. Sie lassen es dann aber doch auf alle mögliche Art und Weise raus. Durch Kälte vielleicht. Um nun zu einer sehr wichtigen Frage zurückzukehren: Warum fühlen Sie sich als Reaktion auf diese Gefühle so eingeschüchtert? Genau in den Momenten, in denen Sie sich weggestoßen fühlen, in denen Sie das Gefühl haben, nicht viel zu zählen . . . wenn Sie über das, was gerade abläuft, reden möchten, genau dann sind Sie dazu am wenigsten in der Lage. Es scheint wirklich wichtig zu sein, dieser Frage nachzugehen.

Der Therapiefokus wird von neuem und diesmal in einer konkreteren und detaillierteren Form präsentiert. Der Therapeut bleibt immer auf der Ebene der emotionalen Erfahrung der Patientin und vermeidet komplexe

Konstruktionen oder Interpretationen. Er benutzt eine einfache Sprache und behält die klinischen Daten im Auge.

Die Patientin schildert, wie schwer es ihr fällt, mit ihrem Mann über Dinge zu reden, die ihr zu schaffen machen. Sie möchte ihm gegenüber energischer sein, schafft es aber nicht und »kocht« schließlich innerlich. Gegen Ende des Therapiegesprächs erklärt ihr der Therapeut, daß ihre nächste Sitzung für das Forschungsprotokoll mit einer Videokamera aufgezeichnet werden soll. Die Patientin erkundigt sich besorgt nach der Vertraulichkeit der so gewonnenen Informationen und nach eventuell negativen Auswirkungen, fügt sich dann aber und meint, sie könne nichts anderes tun, als ihrem Therapeuten zu »vertrauen«. Der Therapeut, der wiederum darauf achtet, ob Themen in irgendeinem Aspekt der therapeutischen Beziehung zum Ausdruck kommen, weist die Patientin auf folgendes hin: Sie fühle sich schnell eingeschüchtert und zu etwas gezwungen und dies führe dazu, daß sie dazu neigt, sich in Dinge zu fügen. Er möchte wissen, ob das auch jetzt bei seiner Bitte, Videoaufnahmen machen zu dürfen, der Fall ist. Die Patientin sagt, genau dieses Gefühl habe sie. Der Therapeut erklärt, er würde gerne Videoaufnahmen machen, von diesem Vorhaben aber Abstand nehmen, wenn sie das Gefühl habe, daß dadurch ihre Arbeit gestört würde. Sie unterhalten sich darüber, wie die Videoaufzeichnung ablaufen soll, wofür die Videobänder später verwendet werden und wie die Vertraulichkeit sichergestellt werden kann. Die Patientin erklärt sich damit einverstanden, daß die nächste Therapiesitzung mit einer Videokamera aufgezeichnet wird, aber der Therapeut wiederholt noch einmal seinen Standpunkt, daß er ihre Wünsche respektieren werde, falls sie das Gefühl habe, daß ihre gemeinsamen Arbeit dadurch gestört wird.

Der Therapeut erkennt die Kontinuität ihres Verhaltens, vor allem die Tatsache, daß alle Aspekte der therapeutischen Beziehung von einem dominierenden Fokusthema beeinflußt sein können. Dadurch bringt er die Gefühle, die die Patientin im Hinblick auf die Videoaufnahmen empfindet, mit dem schon früher besprochenen Hauptthema in Verbindung. Und die Patientin erwidert darauf:»Ja, stimmt genau; ich bin wieder geradewegs in diese Haltung verfallen. Wahrscheinlich weil ich das Gefühl habe, daß Sie die Sitzung leiten . . .« Der Therapeut beweist durch sein Verhalten auch, daß Taten mehr sagen als Worte: Er unterstützt die Patientin nicht einerseits in ihrer Selbständigkeit, um sie dann andererseits zu mißachten, wenn es ihm in sein Konzept paßt, so wie es andere ihrer Meinung nach getan haben.

In den nächsten drei Sitzungen taucht das Fokusthema in verschiedenen Variationen innerhalb der therapeutischen Beziehung auf, wird in diesem

Rahmen untersucht und wiederholt mit ähnlichen Erlebnissen in Verbindung gebracht, die die Patientin mit ihrem Mann und früher mit ihrer Mutter und ihrem Vater gehabt hat. Beim dritten Therapiegespräch kommen der Patientin Zweifel im Hinblick auf die Videoaufnahmen, die Teil des Forschungsprotokolls sind; da sie jedoch Angst hat, der Therapeut könnte darauf schroff und ablehnend reagieren, hält sie es für das beste, kein Wort mehr zu sagen. Als der Therapeut ihr Gefühl dahingehend interpretiert, daß sie sich wertlos fühlt und daher danach streben muß, anderen zu gefallen, um akzeptiert zu werden, wird es der Patientin zuviel. Der Therapeut äußert die Vermutung, daß sie seine Bemerkungen als Kritik erlebt. Zu Beginn der vierten Sitzung fühlt sich die Patientin besser, fragt sich aber, ob der Therapeut sie in der vorangegangenen Sitzung nicht gedemütigt habe. Das Erlebnis, gedemütigt zu werden, taucht während der Sitzung mehrmals auf, und jedesmal wird es untersucht und ein Zusammenhang zu ähnlichen Erlebnissen hergestellt, die die Patientin mit ihrem Mann und ihren Eltern gehabt hat. Zusätzlich beschäftigt sich der Therapeut damit, daß die Patientin es nicht ertragen kann, wenn Feindseligkeiten zum Ausdruck kommen: Sie kann sich entmutigt, verletzt und sprachlos fühlen, aber nicht empört oder beleidigt. Der Patientin wird langsam deutlich, wie oft sie bestimmte Gefühle maskiert. Ziemlich am Anfang der fünften Sitzung klären Therapeut und Patientin gemeinsam, was es mit dem Unbehagen auf sich hat, das die Patientin empfindet, weil sie vom Therapeuten kein stärker positives Feedback bekommt. Sie neigt dazu, sich hilflos und zurückgesetzt zu fühlen. Und zu ihrem Selbstbild gehört, wie in dem Therapiegespräch deutlich wird, daß sie anderen Menschen helfen und ihnen gefallen möchte und sich anderenfalls als Opfer fühlt. Der Therapeut interpretiert ihre zurückhaltende und schweigsame Art während der Sitzung dahingehend, daß sie glaubt, sich davor schützen zu müssen, von ihm emotional mißbraucht zu werden.

6. Sitzung

T: Sie sehen aus, als warteten Sie darauf, daß ich anfange.

P: Ja, aus irgendeinem Grund empfinde ich es heute morgen so. Normalerweise komme ich rein und möchte über irgend etwas reden, aber heute morgen ist mein Kopf irgendwie leer. Ob das vielleicht an der Tageszeit liegt?

T: Sie meinen, daß da nichts ist, worüber...

P: Also . . . Es ist einfach so, daß ich nicht weiß, ob ich jetzt gerade irgend etwas zu bereden habe, und normalerweise komme ich rein und habe etwas, worüber ich mir vorher schon

Gedanken gemacht und meine Gehirnzellen ein bißchen angestrengt habe – zum Beispiel über unseren Vormittag nachgedacht habe.

T: Was meinen Sie, woran es liegen könnte, daß Sie nichts zu bereden haben? Kommt Ihnen irgend etwas aus der letzten Sitzung in den Sinn, das dazu beigetragen haben könnte?

P: Ich weiß nicht, ob da etwas Bestimmtes ist. Mir ist nur aufgefallen, daß ich nicht soviel Zeit wie sonst darauf verwendet habe, über die vergangene Sitzung nachzudenken. Ich habe mit meinem Mann ein bißchen darüber geredet, was so abgelaufen ist, aber . . . es ist mir einfach nicht so wie sonst – bei den vorangegangenen Sitzungen – durch den Kopf gegangen.

T: Was schließen Sie daraus?

Die Eingangsbemerkung des Therapeuten erfolgt als Reaktion auf die charakteristische Zurückhaltung der Patientin, die er als starren Blick erlebt. Vermutlich spiegelt sich in diesem Blick, daß die Patientin in zwischenmenschlichen Beziehungen auf der Hut ist und eine tiefsitzende Angst davor hat, bei irgend jemand Mißfallen zu erregen. Als sie nichts zu bereden hat, nimmt der Therapeut an, daß der Grund dafür in Gefühlen zu suchen ist, die mit Transaktionen zu tun haben, die in der vorangegangenen Sitzung zwischen ihnen abgelaufen sind. Die Patientin stützt diese Annahme hier durch ihre Bemerkung, sie habe über die vergangene Sitzung nicht in dem gleichen Maße wie sonst nachgedacht. Der Therapeut ruft sich in Erinnerung, daß die Patientin in vorangegangen Sitzungen versucht hat, eine passive Haltung einzunehmen, und – was kaum überrascht – dabei das Gefühl hatte, daß er das Therapiegespräch nicht genügend lenkt. Es ist paradox: Auf der einen Seite beklagt sich die Patientin über Zudringlichkeit und autoritäres Verhalten von bedeutsamen Personen, von denen sie sich herumgestoßen fühlt und ähnliches mehr. Auf der anderen Seite erlebt sie den Therapeuten als wenig hilfreich, wenn er ihr die Initiative überläßt und sie ermuntert, die Führung zu übernehmen. Mit einem Therapeuten, der lenkend agiert, kann die Patientin die Klingen kreuzen, ihm kann sie Widerstand leisten; behält der Therapeut jedoch die Rolle des empathischen Zuhörers bei, so gerät die Patientin aus dem Gleichgewicht – mit dieser Rolle umzugehen, ist sie nicht gewohnt.

Die Patientin versucht, dem Therapeuten zu erklären, warum es ihr schwerfällt, sich Ausdruck zu geben. Emotionslos und höflich drängt sie ihn, ihr zu sagen, was es ist, das ihr zu schaffen macht. Als er ablehnt, ihre Fragen zu beantworten, akzeptiert die Patientin dies. Der Therapeut fragt nach, wie sie mit seiner Reaktion zurechtkommt.

P: Nun, wenn Sie mir auf jede Frage eine Antwort geben würden, würde ich wahrscheinlich gleich in die Falle tappen und sagen:»Okay, Sie sind der Fachmann. Sie wissen, was richtig ist. Also müssen Sie recht haben.« Ihr Wissen ist größer als meins. Wenn ich versuche,

273

die Antworten selber zu finden, hilft mir das vielleicht bei dem Problem, das ich habe, wenn es darum geht, mir eine eigene Meinung zu bilden und sie sachlich zu fundieren.

Der Therapeut beginnt, einen wichtigen Charakterwiderstand zu bearbeiten: die höfliche, emotionslose und anspruchslose Art, mit der die Patientin anderen Menschen begegnet. Er vermutet, daß dieses Verhalten Teil eines Szenarios ist, das er hofft, näher ergründen zu können. Die Patientin hat vermutlich das Gefühl, daß der Therapeut ihr etwas vorenthält, kann ihn aber nicht dazu bringen zu tun, was sie möchte, und kann auch nicht ihren Ärger zeigen, wenn sie sich unfair behandelt fühlt. Der Therapeut bemüht sich wie immer, möglichst eng bei den Gefühlen der Patientin zu bleiben.

T: Okay, also, das klingt wie eine vernünftige Begründung. Sie regen sich darüber auf, daß ich etwas weiß und es Ihnen nicht sage. Aber was *empfinden* Sie bei dem Gedanken, daß ich es weiß und es Ihnen nicht sage?

P: Nun, es wäre für mich viel leichter, wenn Sie es mir sagen würden.

T: Das ist wiederum ein Gedanke.

P: Ja, ein Gedanke. Was empfinde ich? Ich habe das Gefühl, daß ich schon allein bei dem Versuch, Ihre Frage zu beantworten, ganz durcheinander komme.

T: Was bringt Sie so durcheinander?

P: Ich kann meine Gefühle nicht ausdrücken!

T: Können Sie mir sagen, was gerade in Ihnen vorgeht?

Die Patientin ist dabei, ihre Fassung zu verlieren. Der Therapeut vermutet, daß sie seine Fragen falsch deutet, da sie sich aufgrund ihrer Prädisposition leicht durch eine strenge und kritische Autoritätsperson eingeschüchtert fühlt. Aufgabe ist es nun, diese Thematik ans Licht zu bringen, so daß sie untersucht werden kann. Also bittet er die Patientin, ihre unmittelbaren Gefühle zu überprüfen, und ermuntert sie dann – zur Bekräftigung des gemeinsamen Arbeitsbündnisses –, mit etwas Abstand zu schauen, ob sich in ihrem aktuellen Erleben ein Muster widerspiegelt, das ihr bekannt vorkommt.

P: Ich versuche, nicht zu weinen.

T: Da ist eine Packung Tempotücher.

P: Ist das Ihr privater Vorrat? (lacht) Also, ich weiß nicht. Es fällt mir einfach schrecklich schwer zu beschreiben, was ich fühle. Was für ein Gefühl damit verbunden ist, wenn ich auf Sie und ihr Verhalten direkt reagiere.

T: Was Sie jetzt gerade erleben, erinnert Sie das an irgend etwas? Haben Sie dieses Gefühl auch in anderen Momenten, wenn ja, wann? Dieses Verwirrt- und Durcheinandersein, Weinen. *[Hier haben wir wieder ein Beispiel, wie leicht es sogar einem psychodynamisch geschulten Therapeuten passieren kann, in eine eher traditionelle Methode zu verfallen und Material zu suchen, mit dem sich interpretative Zusammenhänge herstellen lassen. Richtiger wäre es in der Psychodynamischen Kurztherapie, zu einer detaillierteren Untersuchung dessen zu ermuntern, was die Patientin an dem Verhalten des Therapeuten stört.]*

P: Was mir als erstes einfällt, ist genau das, worüber wir uns schon unterhalten haben. Ich möchte mit meinem Mann reden, mit ihm über etwas ins Gespräch kommen, was mir wichtig ist, und er würgt das Gespräch ab, und dann komme ich ganz durcheinander.

T: Er sagt Ihnen nicht, was er empfindet . . . was er denkt. Haben Sie in solchen Augenblikken das Gefühl, wütend zu sein?

P: Ich denke in diesem Zusammenhang nicht an Wut, eher daran, abgelehnt zu werden oder gesagt zu bekommen: »Ich will dir nicht . . . zuhören . . . Ich will nicht darüber reden. Geh mir nicht weiter auf die Nerven, laß mich in Ruhe!«

T: Empfinden Sie das als Demütigung, als Abwertung? Fühlen Sie sich verwirrt, sprachlos?

Die Patientin schildert, daß sie unfähig ist, mit der angeblich unsensiblen Art Ihres Mannes fertig zu werden, aber der Therapeut hegt die Vermutung, daß dies auch ein Kommentar zur Interaktion zwischen Patientin und Therapeut ist. In diesem frühen Stadium der Therapie ist es ihm aber offenbar unangenehm, daß die Patientin unglücklich ist und ihn das indirekt spüren läßt. Also lenkt er das Gespräch auf ein anderes Thema: die Ungeduld, die die Patientin gegenüber ihren Kindern empfindet. Man kann die Handlungsweise des Therapeuten aber auch so sehen, daß er dabei ist, im aktuellen neurotischen Szenario der Patientin zu sehr in eine komplementäre Rolle verstrickt zu werden: er toleriert die Klagen der Patientin nicht (darüber, wie sie als Kind die Ungeduld ihrer Eltern ihr gegenüber erlebt hat). Nach kurzer Zeit erkennt der Therapeut, was geschehen ist, und versucht, dies zur Sprache zu bringen.

T: Ich möchte auf etwas hinweisen, wo wir anfangen sollten. Und zwar, wie Sie aussehen und sich fühlen – Sie sitzen da sehr ruhig, sind kooperativ, sehr hilfreich und produktiv. Und ich sage Ihnen nicht, was ich denke. Ich helfe Ihnen nicht aus der Klemme. Weil ich einen guten Grund dafür habe, und Sie akzeptieren das als einen guten Grund, aber wenn Sie es sich näher ansehen, ist alles Tarnung. Ich meine, Sie werden sicher schon irgend etwas Wahres daran finden, wodurch die Tarnung aber nur noch besser wird, indem Sie sagen, daß es Ihnen hilft, wenn Sie die Antworten selber finden. Das ist vernünftig. Aber anders betrachtet, entsteht dadurch eine um so wirksamere Tarnung. Wieder einmal ist da jemand, auf den Sie sich verlassen möchten, der Sie aber nicht unterstützen will, Sie wegschiebt, Ihnen nicht aus der Klemme hilft. Und Sie schaffen es wirklich sehr wirksam, diese andere Reaktion vor sich zu verbergen. Daraus ergibt sich die Frage: Warum diese spezielle Reaktion? Wieso fühlen Sie sich ganz verwirrt und durcheinander?

Der Therapeut versucht, den unmittelbaren affektiven Zustand der Patientin zu beschreiben, der durch ihr »vernunftbetontes« Äußeres verdeckt wird. Um die gemeinsame Untersuchung weiter voranzubringen, wirft der Therapeut Fragen auf, die bei der Patientin Neugier im Hinblick auf sich und die therapeutische Beziehung wecken sollen.

P: (schweigt) Ich weiß es nicht. Ich meine, ich könnte sagen: Also schön, Sie wollen es mir nicht erzählen, was soll's? Das ist Ihr gutes Recht. Ohne auch nur . . . ich weiß nicht, manchmal kann ich . . . manchmal glaube ich nicht, daß ich wirklich weiß, wann ich wütend bin. Vielleicht macht das einen Teil der Verwirrung aus. Ich verstricke mich so darin, daß ich der Sache einen anderen Namen gebe.

T: Das kann sein. Schauen Sie, Ihre erste Reaktion ist, in sich einen sehr vernünftigen Menschen zu sehen und in mir jemanden, der Ihnen helfen möchte und ebenfalls vernünftig ist. Zwei reife Erwachsene, ohne irgendwelche Gefühle, die zusammenarbeiten. Sie stellen mir eine Frage, und wenn ich Ihnen darauf keine Antwort geben will, dann gibt es dafür einen guten Grund, und Sie können diesen Grund sehen, und also geht das in Ordnung. Wenn wir aber dahinterschauen, dann ist es so, wie Sie vorhin gesagt haben: Hinter dem, wie Sie sich fühlen und sich geben, kann man auch die Frage aufscheinen sehen: »Warum verletzen Sie mich so sehr; warum tun Sie mir das an? Schauen Sie, was Sie mir antun. Wie können Sie nur so grausam und unsensibel sein und mir nicht helfen?«

P: Wissen Sie, das sage ich nicht einmal im stillen so.

Der Therapeut konfrontiert die Patientin beharrlich damit, mit welcher Höflichkeit und Vernunftbetontheit sie ihm begegnet und wie dieses Verhalten dazu dient, sowohl das Gefühl, falsch behandelt zu werden, als auch den damit verbundenen Groll zu verbergen – eine Situation, die für ihre Beziehungen zu ihr nahestehenden Menschen charakteristisch ist. Anders gesagt, verdeutlicht der Therapeut den Gegensatz zwischen dem vernunftbetonten Verhalten, das die Patientin im Arbeitsbündnis zeigt, und dem irrationalen Verhalten, mit dem sie ihm begegnet. In diesem Fall hat die Vernunftbetontheit der Patientin aber auch eine defensive Funktion. Die Patientin läßt eine Bemerkung darüber fallen, wie fremd es ihr ist, auf diese Gefühle zu achten, obwohl sie sich ständig störend auf ihre Beziehungen auswirken und sie sich in ihnen nicht wohlfühlen kann.

Als die Patientin mit dem Therapeuten über ihre Gefühle spricht, erinnert sie sich daran, in ihrer Kindheit mit ihren Eltern ähnliche Erlebnisse gehabt zu haben. Diese Erinnerungen deuten auf den Ursprung der aktuellen zwischenmenschlichen Schwierigkeiten der Patientin hin und dienen indirekt dazu, ihre gegenwärtigen Probleme näher zu ergründen.

T: Kommen Ihnen irgendwelche Gedanken über den Menschen in den Sinn, von dem Sie mir gerade erzählen?

P: Sie meinen die verwirrten Gedanken?

T: Ja. Im Zusammenhang damit, daß Sie sich abgeschoben oder nicht unterstützt fühlen.

P: Ich erinnere mich nicht an irgendein bestimmtes Alter. Und ich erinnere mich auch nicht an bestimmte Vorfälle. Ich habe meine Mutter einfach so erlebt, daß sie mir zu verstehen gegeben hat: »Geh' mir mit dieser Frage nicht auf die Nerven. – Ich habe nein gesagt, und damit ist jede weitere Diskussion überflüssig. – Du stellst zu viele Fragen; geh' und beschäftige dich mit etwas anderem und steh' mir nicht länger im Weg herum.« So in der Richtung. Ich erinnere mich auch daran, wie sie einmal einfach den Hörer aufgelegt hat; damals war ich noch ein Teenager, und dieser Vorfall ist mir bis heute deutlich in Erinnerung geblieben. Ich rief sie an, weil ich zusammen mit ein paar anderen Jugendlichen etwas unternehmen wollte, und sie sagte »nein«. Ich fragte »warum?«, und da hat sie einfach den Hörer aufgelegt. Sie hat nicht einmal auf meine Frage geantwortet. Ich kann mich nur allgemein an das Gefühl erinnern, daß es Zeiten gab, in denen ich zurechtgewiesen wurde, Momente, in denen ich einfach aus dem Zimmer gegangen bin und draußen meinem Hund erzählt habe, was für ein schrecklicher Mensch sie ist und wie sehr ich sie hasse und all sowas.

T: Sie konnten also auf sie wütend werden, wenn sie nicht dabei war?

P: Aber das in ihrer Gegenwart zu zeigen, wäre fürchterlich gewesen. Selbst wenn ich nur meine Gefühle ausgedrückt oder etwas darauf gesagt hätte, wäre von ihr gekommen: »Das reicht, du sollst mit deiner Mutter nicht so reden, jede weitere Diskussion ist überflüssig.« Und wenn mein Vater da war, hat er sie darin noch unterstützt und gesagt: »So spricht man nicht mit seiner Mutter – Schluß, aus.« So bin ich dann immer zu meinem Hund gegangen und habe ihm erzählt, wie mies es mir ging und wie schrecklich sie mich gerade wieder behandelt hatten. Und ich erinnere mich nicht einmal an einen konkreten Vorfall, wo ich das meiner Mutter speziell gesagt hätte. Ich glaube, daß dieses Gefühl, abgelehnt zu werden, nicht unterstützt zu werden, später in der Beziehung zu meinem Mann langsam zum Vorschein gekommen ist.

T: Ich frage mich, ob Sie dieses Gefühl nicht vor allem dann haben, wenn Sie spüren, daß ich etwas weiß, was für Sie hilfreich sein könnte, es Ihnen aber nicht sage; daß Sie dann Angst haben, ich würde es nicht akzeptieren, wenn Sie sauer auf mich wären und zu mir sagen würden: »Also, warum sagen Sie es mir nicht? Schauen Sie, was Sie mir antun. Warum bringen Sie mich dazu, mich schlechter statt besser zu fühlen?« Sondern daß ich Sie dann einfach auffordern würde, zu gehen und nicht mehr wiederzukommen.

P: Ich glaube nicht, daß Sie mich direkt auffordern würden, den Raum zu verlassen. Ich glaube, Sie würden so etwas wohl eher nicht zu mir sagen. Ich komme darauf aus gutem Grund vielleicht noch einmal zurück.

T: Sie kommen darauf zurück, indem Sie diese . . . Gefühle – daß Sie sich aufregen und wütend werden – entschuldigen.

P: Nun, ich glaube, ich habe in diesem Zusammenhang teilweise erwartet, daß Sie mir dort, wo es hilfreich ist, etwas sagen würden. Es kann Momente geben, in denen Sie das nicht tun. Und einmal vorausgesetzt, daß ich lieber nicht die ganze Zeit kämpfen muß, besteht auf Ihrer Seite, so meine ich, doch eine Verpflichtung, mir zu helfen. Und ich denke, dazu gehört vielleicht auch, mir etwas Zeit zu lassen, damit ich die Dinge verarbeiten und auch versuchen kann, selber auf Antworten zu kommen.

T: Das klingt sehr vernünftig . . . aber wenn Sie einmal darüber nachdenken, ist es dann nicht wirklich schrecklich vernünftig für jemanden wie Sie, die sich von so vielen Leuten so wenig unterstützt fühlt und darauf so sensibel reagiert und die jemanden sucht, der die Last mitträgt und ihr aus der Klemme hilft – daß Sie dann hier herkommen und so schrecklich vernünftig und tolerant sein können?

P: (etwas verärgert) Ich denke, ich habe ein Recht, manchmal vernünftig zu sein – in manchen Situationen einen vernünftigen Grund zu haben oder gegenüber einer Sache eine vernunftbetonte Haltung einzunehmen.

T: Ja sicher, aber bei Ihnen ist das immer der Fall, ist es nicht so? Zumindest an der Oberfläche. Wir reden hier aber über das Gegenteil davon. Dieser Teil von Ihnen meint, daß Sie nicht das Recht haben, überhaupt irgendwann unvernünftig zu sein . . . (langes Schweigen). Wissen Sie, als ich das gesagt habe, hatte ich das Gefühl, daß Sie als Reaktion darauf irgendwie starrer geworden sind. »Ich muß Sie im Auge behalten, ich will nicht unvernünftig werden.«

P: Tief drinnen habe ich, glaube ich, wahrscheinlich das Gefühl, daß es Zeiten gibt, in denen ich unvernünftig bin, und habe deswegen wahrscheinlich ein schlechtes Gewissen.

Der Therapeut sucht wiederum nach Möglichkeiten, die Beziehungsprädispositionen der Patientin in der Unmittelbarkeit gemeinsamer Interaktionen zu untersuchen. Kindheitserinnerungen werden dazu genutzt, ihre aktuellen Erlebnisse und Verhaltensweisen sinnvoll zu interpretieren. Mit ihrer charakteristischen Vernunftbetontheit versucht die Patientin, jegliches Gefühl von Verletzt- oder Verärgertsein zu leugnen, aber der Therapeut hinterfragt diese Haltung. Er weist darauf hin, daß sich ihr vernunftbetontes Verhalten nicht mit dem Umstand deckt, daß sie sich eigentlich ignoriert fühlt und auf solche Situationen eingestandenermaßen empfindlich reagiert. Die (vielleicht etwas übereifrige) Beharrlichkeit des Therapeuten bringt sie aus der Fassung, und der Therapeut spricht diesen Umstand schließlich an und sagt der Patientin auch, daß er sie seither als »starrer« und mehr auf der Hut erlebt. Diese Teile des Therapiegesprächs sowie diejenigen aus der vorangegangenen sechsten Sitzung zeigen anschaulich, wie sich der psychodynamisch arbeitende Therapeut bemüht, die Patientin in eine gemeinsame Untersuchung chronischer zwischenmenschlicher Konflikte einzubinden.

Auch in den nächsten Sitzungen konzentriert sich die Therapiearbeit auf die Erwartung der Patientin, daß ihre Gefühle und Ansichten über die Menschen, die ihr wichtig sind – darunter auch der Therapeut –, nicht toleriert werden. In der siebten Sitzung ist die Patientin unruhig und will nicht recht mit der Sprache heraus. Sie hatte wieder einmal nachgegeben, als ihr Mann mit ihr sexuell zusammensein wollte, sich während der ganzen Zeit aber als kalt erlebt. Anschließend hatte sie Schuldgefühle und war über ihre Reaktion traurig. Als der Therapeut den Umstand ansprach, daß sie ihrem Mann gegenüber offenbar keinerlei Groll empfand, beklagte sich die Patientin darüber, daß er sie quäle und ihr unterstelle, »die ganze Zeit wütend« zu sein. Dann erzählte sie, sie habe geträumt, daß der Mann einer Freundin gestorben sei, und habe sich schuldig gefühlt. Die Patientin zog sich in eine schmerzhafte Isolation zurück und erinnerte sich dann daran, daß sie sich als Kind ähnlich gefühlt hatte, wenn sie mit ihrer Mutter eine Auseinandersetzung gehabt und sich nicht unterstützt gefühlt hatte. In der achten Sitzung entschuldigte sich die Patientin für ihr Verhalten in der vorangegangenen Therapiestunde und fühlte sich dem Therapeuten nun wärmer verbunden, erlebte ihn aber in der Reaktion darauf als abweisend. Der Therapeut deutete die Angst, daß Versuche, ihm näherzukommen, schroff zurückgewiesen werden würden. Er wollte auch wissen, ob die

Patientin seinen bevorstehenden einwöchigen Urlaub nicht als Ablehnung erlebe. In der neunten Sitzung wurde weiter die Erwartung der Patientin untersucht, daß der Therapeut ihre Versuche, ihm gegenüber offener zu sein, nicht tolerieren würde. Die Patientin erzählte auch, daß sie gegenüber ihrem Mann fordernder gewesen war, anstatt sich zurückzuziehen, wenn sie sich nicht unterstützt fühlte, und daß er darauf positiv reagiert hatte. In der zehnten Sitzung entschloß sich die Patientin, dem Therapeuten zu sagen, daß er »ständig (ihre) gute Laune« zunichte mache; wenn sie hereinkomme und sich gut fühle, versuche er sie davon zu überzeugen, daß sie in Wirklichkeit andere beunruhigendere Gefühle habe. Die Patientin erklärte, sie habe etwas Angst gehabt, es dem Therapeuten zu erzählen, weil sie erwartet habe, daß er beleidigt sein und sie ablehnen würde.

P: Es ist wirklich erstaunlich. Ich bin hier reingekommen und war einfach unwahrscheinlich gut drauf. Als ich hier herkam, habe ich mich wirklich gut gefühlt, war zuversichtlich und entschlossen, Ihnen zu sagen, was mich beschäftigt, und ich habe es Ihnen gesagt, und dann war auf einmal einfach die Luft raus. So ein Gefühl habe ich gerade – als wäre ich hier reingekommen und es hätte einfach »pffft« gemacht, und dabei habe ich mich so gut gefühlt, weil ich darüber nachgedacht hatte und in der Lage war . . . das Gefühl hatte, es sagen zu können. Es scheint, als wäre ich einfach innerlich zusammengeklappt, sobald ich es gesagt hatte.

T: Nun, im Hinblick darauf, was Sie erlebt haben, sind zwei Dinge recht bemerkenswert. Einerseits hatten Sie das Gefühl, sich berechtigterweise über etwas beklagen zu wollen, und als Sie Ihr Unbehagen zum Ausdruck brachten, haben Sie mich als jemanden erlebt, der sehr intolerant ist und nicht hören will, was Sie zu sagen haben – Ihre Klage für unwichtig hält, so sehr Sie sie auch für berechtigt halten. Es ist, als hätten Sie mich beleidigt, als hätten Sie kein Recht, irgend etwas dazu zu sagen, wie ich Sie behandle. Und als wenn ich so darauf reagieren würde, daß ich Ihre Klage von mir weise und Sie – verärgert – zurückweise. Und wenn ich das tue, scheinen Sie innerlich den Halt zu verlieren. Meine Haltung Ihnen gegenüber hat eine große Bedeutung für Ihr Wohlbefinden und ist recht prekär.

P: Was nichts Neues für mich ist.

T: Wie meinen Sie das?

P: Das ist doch schon früher herausgekommen, daß ich meiner eigenen Meinung nicht genug vertraue, daß ich glaube, kein Recht zu haben, mich so zu fühlen. Und daß das, was ich tue, in starkem Maße davon bestimmt ist, was andere Leute über mich denken. Es scheint auch so zu sein, daß ich versuche, im voraus herauszufinden, was der Betreffende tun wird, wie er reagieren könnte, und daß ich dann wahrscheinlich als Schutzmaßnahme versuche, es zu verhindern – daß ich abgelehnt werde, daß ich das Gefühl habe, abgelehnt zu werden.

Es wird jetzt deutlich, daß die Patientin ihre durch Selbstbestrafung gekennzeichneten Verhaltensweisen auf den Therapeuten richtet und mit ihm inszeniert. Die Patientin hat Angst, bestraft und abgelehnt zu werden, provoziert aber gleichzeitig unterschwellig den Therapeuten. Indem sie zugibt, daß das, was der Therapeut beobachtet hat, für sie eine vertraute Erfahrung ist, bestätigt sie, daß er auf der richtigen Spur ist. Dies ermöglicht ihr, den Unterschied zu erleben, der zwischen negativen Erwartungen gegenüber wichtigen Personen und der realistischeren Sichtweise besteht, die der Therapeut vermittelt. Diese Vorgänge sind in der Psychodynamischen Kurztherapie von zentraler Bedeutung.

T: Dieses Gefühl, daß ich auf eine Art ein sehr intoleranter, leicht beleidigter und schnell ablehnend reagierender Mensch bin – daß ich Sie, wie Sie sagen, zappeln lasse, wenn ich scheinbar wütend auf Sie bin und Sie abweise. Ist das nicht in etwa so wie bei einem kleinen Mädchen, das sich mit einem Elternteil abmüht, der ihm zu schaffen macht? Genauer gesagt, ist das nicht gerade das, was Sie in der Beziehung zu Ihrer Mutter erlebt haben?
P: Ja, ich glaube, das stimmt. Und es scheint, daß ich mich den meisten Leuten gegenüber so verhalte – und zwar meistens Leuten gegenüber, die eine Autoritätsstellung haben oder die scheinbar über mir stehen beziehungsweise bei denen ich das Gefühl habe, daß Sie irgendwie Macht über mich haben oder so.

Der Therapeut bringt das, was die Patientin gerade erlebt, mit der Vergangenheit in Verbindung und macht dadurch gleichzeitig dessen anachronistischen Charakter deutlich. Die Patientin kann so die Verzerrung erkennen (»So verhalte ich mich den meisten Leuten gegenüber«) und somit etwas Nützliches lernen. Es sollte jedoch auch nicht die Möglichkeit vergessen werden, daß sich hier die Patientin dem Therapeuten als jemandem fügt, der Macht über sie hat und den sie deshalb unter allen Umständen zufriedenstellen muß. Es kann sein, daß sie ihm teilweise genau das sagt, was er (ihrer Ansicht nach) hören möchte; möglicherweise liegt hier wiederum eine Inszenierung vor. Falls dies der Fall ist, wird diese Inszenierung dadurch begünstigt, daß der Therapeut voller Ungeduld zu einer entstehungsgeschichtlichen Deutung gelangen möchte. Er hätte es vorziehen sollen, genauer zu untersuchen, was die Patientin in der Beziehung zu ihm wie erlebt und wodurch also ihre Ansicht über ihn mitbeeinflußt wird. So hätte er ihre vorgeprägten, fehlangepaßten Verhaltensmuster direkter beleuchten können.

T: Nun, das ergibt einen Sinn, meinen Sie nicht auch?
P: Ja, weil meine Mutter ein sehr autoritärer Mensch war. Sehr beherrschend und dominant. Und außerdem bekam ich von ihr emotionale Unterstützung. Das scheint irgendwie auf etwas zurückzugehen, was schon früher aufgetreten ist. Warum habe ich es nicht geschafft, dem zu entwachsen?
T: Nun, was für Gedanken kommen Ihnen selbst dazu?
P: Ich glaube, das ist etwas, mit dem ich mich noch nicht richtig beschäftigt habe. Vielleicht hat es erst so weit kommen müssen, daß mein Leben fast aus den Fugen gerät, damit ich nun Wege finden kann, um mit meinen Gefühlen zurechtzukommen. Vielleicht habe ich

... ist es mir leichter gefallen, mich so zu verhalten. Offensichtlich habe ich schon als Kind gelernt, mich so zu verhalten. Das Verhalten läßt sich sowieso nur sehr schwer ändern. Bis zu einem gewissen Grad. Ich glaube, es ist wohl etwas ... es ist wohl wesentlich leichter, abhängig zu sein, und anderen Menschen die Schuld an meinen Problemen zu geben und an dem, was mir alles abgeht.

T: Warum sollte das leichter sein?

P: Nun, damit ich mich dem nicht zu stellen brauche, weil es mir sehr schwerfällt, damit umzugehen. Ich glaube, eines meiner größten Probleme ist, wie gesagt, damit fertig zu werden, daß ich mich wertlos fühle und meine, kein Recht zu haben, mich für Dinge einzusetzen, die ich meines Erachtens tun muß. (langes Schweigen)

Genau wie vom Therapeuten wurde die Patientin auch von ihrer Mutter emotional gestützt. Doch war die Mutter auch beherrschend und dominant. Und wie schon gezeigt, möchte die Patientin unbewußt, daß sich der Therapeut genauso verhält. So muß ein Liebesobjekt ihrer Erfahrung nach nun einmal sein. Die Therapie soll der Patientin helfen, besser und realistischer zu differenzieren, und der Therapeut fördert solche Differenzierungen dadurch, daß er das, was die Patientin gerade erlebt, mit ähnlichen Erlebnissen in Zusammenhang bringt, die sie früher mit ihrer Mutter gehabt hat. Diese Art entstehungs- oder entwicklungsgeschichtlicher Übertragungsdeutung gilt in der Psychodynamischen Kurztherapie als – wenn auch nicht unbedingt erforderlicher – Zwischenschritt, wobei sich die Untersuchung schließlich wieder auf die therapeutische Beziehung konzentriert. Bei der Häufigkeit, mit der der Therapeut hier diese Zusammenhänge in das Therapiegespräch einbringt, kann es allerdings, wie erwähnt, sein, daß ihm wertvolle Erkenntnisse entgehen, die ihm eventuell gekommen wären, wenn er weiter untersucht hätte, wie die Patientin auf das reagiert, was in der therapeutischen Beziehung abläuft. Deutungen, die sich mit solchen Zusammenhängen beschäftigen, sollten sehr sparsam genutzt werden.

T: Ist Ihnen schon aufgefallen, daß Sie bei fast allem, was Sie sagen, sehr auf meine möglichen Reaktionen bedacht sind? Das heißt, ich komme immer wieder auf Ihre frühere Bemerkung zurück, auf die Sie heute angespielt haben, die einmal in einer Situation gefallen ist, wo Sie merkten, daß ich woanders hinsah, und dann das Gefühl hatten, daß ich Ihnen nicht zuhörte – Sie abwies. Ich wüßte gern, ob Ihnen nicht ständig die Frage durch den Kopf geht, was ich wohl über all das, was Sie sagen, denke.

P: Ich möchte schon gern wissen, was Sie denken. Ich sage Ihnen vieles, was ich niemandem sonst erzähle. Und was ich wahrscheinlich deshalb anderen Leuten nicht erzähle, weil ich mich nicht dem Risiko ihrer möglichen Reaktionen aussetzen will.

T: Erscheint es Ihnen vom Gefühl her nicht so, als würden Sie, solange es nicht den Beweis des Gegenteils gibt, davon ausgehen, daß man sich für das, was Sie zu sagen haben, nicht interessiert?

P: Sie meinen, daß ... (schweigt)

T: Auch wenn Sie noch so sehr ... selbst wenn Sie, wie jetzt bei uns, das Gefühl haben, daß

281

ich mich für das, was bei Ihnen abläuft, interessiere und mir darüber Gedanken mache, selbst dann ist da immer noch – im besten Falle – ein nagender Zweifel; erwarten und suchen Sie immer noch nach Anzeichen dafür, daß bei mir eigentlich gar kein Interesse vorhanden ist – daß jedes Anzeichen von Interesse an Ihnen und Respekt vor Ihrer Meinung nur Schein ist und daß ich in Wirklichkeit ganz anders empfinde. Ich möchte nicht sagen, daß Sie die ganze Zeit dieses Gefühl haben – aber, anders gesagt, ist da nicht irgendwo in Ihnen doch immer diese Frage, dieser nagende Zweifel? Ihr Gesicht sieht wieder ganz versteinert aus (lacht leise auf).

Die Patientin dreht unvermittelt den Spieß um und fragt den Therapeuten in angriffslustigem Ton nach seinen Gefühlen. Sie versucht ganz offensichtlich, den Therapeuten in die Defensive zu drängen. Dieser reagiert allerdings so darauf, daß er ihr sagt, sie mache auf ihn den Eindruck, sehr auf der Hut zu sein, und er frage sich, woran das liege.

P: Ich habe den größten Teil des Gesprächs damit bestritten, über meine Gefühle zu reden. Sie fragen mich immer wieder:»Was denken Sie darüber, was empfinden Sie?« Da wüßte ich schon ganz gerne, was Sie denn so empfinden. Ich weiß nicht, was Sie empfinden (lacht). Aber ich habe auch das Gefühl, daß ich nicht . . . dies ist noch ein anderes Problem, das ich habe. Ich glaube, daß ich mich oft so verhalte beziehungsweise zu mir sage: »In dieser Situation wird von mir eigentlich ein anderes Verhalten erwartet«. Das geht auf meine Kindheit zurück. Am deutlichsten ist mir das in dem Moment geworden, als ich hörte, wie meine Mutter zu meinen Kindern sagte:»Das und das möchtest du doch eigentlich gar nicht tun«, »Dein Gefühl sagt dir doch etwas anderes« und »Du willst das doch gar nicht machen« und ähnliches. Eines Tages wurde mir schlagartig klar: Wenn sie mit mir als Kind genauso geredet hat, dann hat sie mir ständig Dinge gesagt, die im Widerspruch zu dem standen, was ich tun wollte oder was ich in dem Augenblick gerade dachte. Und von daher finden Sie bei mir oft dieses »Du solltest jetzt dies tun«, »Von dir wird jetzt das erwartet«, »Du solltest das jetzt so und so empfinden« und »Es wird erwartet, daß du dich jetzt so und so verhälst«. Und hier habe ich jetzt unter anderem das Gefühl gehabt . . . und ich habe über unsere Beziehung nachgedacht, und ich glaube, ich habe gedacht, es wird erwartet, daß ich mich auf eine bestimmte Art und Weise verhalte und daß in der Zeit, in der ich hier bin, alles auf eine bestimmte Art und Weise abläuft – und zwar, daß Sie der Therapeut sind und ich die Patientin bin und daß ich über meine Gefühle rede und Sie nicht über Ihre (lacht nervös), wissen Sie, so ähnlich. Und das hat mich in letzter Zeit gestört, weil mich das, glaube ich, daran hindert, Sie wirklich als Mensch und nicht nur als Therapeut kennenzulernen. Habe ich mich verständlich ausgedrückt?

T: Ja. Sie sagen da mehrere Dinge. Eines davon, so scheint es, paßt sehr gut zu dem, worüber wir vorher geredet haben: Sie erinnern sich daran, wie oft Sie erlebt haben, daß Ihre Mutter Ihnen gesagt hat, was Sie eigentlich empfinden. Es klingt, als könnte dies eins der Dinge sein, die Sie an dem, was ich sage, wirklich ärgert. Daß Sie hier mit einem bestimmten Gefühl reinkommen – in der Tat haben Sie das ganz am Anfang so gesagt: Sie kommen mit dem und dem Gefühl hier an, und ich erzähle Ihnen, daß Sie etwas ganz anderes erleben. Ich sage Ihnen: »Das Gefühl sollten Sie so nicht haben« beziehungsweise »Das empfinden Sie doch eigentlich ganz anderes« und »Dies hier ist, was Sie *in Wirklichkeit* empfinden«. Daß ich Sie so behandle, wie Ihre Mutter das getan hat, daß Ihre Gefühle nicht zählen oder daß sie falsch sind.

Der Therapeut achtet weiterhin aufmerksam darauf, wie die Patientin im Hinblick auf das Fokusthema seine Handlungen und Bemerkungen erlebt. Dazu gehört auch, wie sie sein Bemühen, hilfreich zu intervenieren, mißdeutet. Aus der Schilderung der Auseinandersetzungen, die die Patientin als Kind mit ihrer Mutter hatte, hört der Therapeut indirekt eine Klage über die therapeutische Beziehung heraus, vor allem in bezug auf das, was gerade zwischen ihnen beiden abläuft. Der Therapeut greift ihre latente Botschaft auf und redet mit der Patientin darüber, daß ihm ihrer Meinung nach ihre Gefühle gleichgültig sind, weil er weiß, was sie »in Wirklichkeit« empfindet. Wie den folgenden Gesprächsabschnitten zu entnehmen ist, erreicht diese Intervention ihr Ziel, und die Patientin beginnt, mit dem Therapeuten nun offener darüber zu reden, daß sie sich über ihn ärgert und es ihr schwerfällt, ihm das frei von der Leber weg zu sagen. Bemerkenswert ist außerdem noch, daß der Therapeut Zusammenhänge zwischen Übertragungen und Kindheitserlebnissen deutet, nachdem die Patientin von sich aus Material über die Beziehung zu ihrer Mutter eingebracht hat. Diese Voraussetzung ist für solche Deutungen zwar nicht immer unbedingt erforderlich, erleichtert aber die Wahl des richtigen Zeitpunktes für derartige Interventionen.

P: (leise) Dieser Gedanke ist mir noch gar nicht gekommen. Ich glaube, was ich tun wollte, war . . . sehen Sie, ich habe mir gesagt: Okay, Sie sind der Therapeut; Sie haben die erforderlichen Kenntnisse, um die verschiedenen Verhaltensweisen zu verstehen und zu deuten und so weiter, und daher . . . Ich habe gedacht, daß Sie deshalb recht haben müssen.

T: Ich bin Ihre Mutter.

P: Ja, (lacht) ganz genau. Also, ich habe mich, glaube ich, immer mehr geärgert, bis ich heute, das heißt, eigentlich gestern, als Sie das wieder getan haben, schließlich in der Lage war zu sagen: »Ich ärgere mich, weil er es wieder getan hat.« Während ich vorher in solchen Fällen geweint und gesagt habe: »Ja, er hat recht.«

T: Sie haben heute wieder geweint.

P: Ja, aber ich glaube, das hing eher damit zusammen, daß ich Ihnen gesagt habe, daß ich mich über Sie geärgert habe. Tatsächlich habe ich mir überlegt, es Ihnen zu sagen, und als ich dann hier ankam und sogar noch als ich den Satz »Ich ärgere mich über Sie« gesagt habe, habe ich in Gedanken versucht . . . habe ich versucht, es beinah so zu drehen, daß ich es von der Situation her beschreibe und vermeide, direkt von Ihnen zu sprechen.

T: Ich frage mich, wie das vorher in den Momenten gewesen ist, wenn ich Ihnen im Zusammenhang mit dem, was Sie nun an Erlebnissen mit Ihrer Mutter erinnern, etwas erklärt habe und Sie dann geweint haben – ob Sie dann nicht eher das Gefühl hatten, von mir getadelt und bestraft zu werden – so wie Sie als kleines Mädchen von Ihrer Mutter bestraft wurden. Sie haben geweint, weil Sie sich verletzt, zurückgewiesen, nicht akzeptiert gefühlt haben, und ich frage mich, ob Sie heute nicht vielleicht eher deshalb geweint und sich durcheinander gefühlt haben, weil es für Sie ähnlich war, als wenn Sie Ihre Mutter kritisieren würden. In dem Moment haben Sie das Gefühl, daß sich Ihre Mutter beleidigt fühlen würde – daß ich mich beleidigt fühlen würde. Genau wie Ihre Mutter. Daß ich dann sagen würde, daß Sie ein ungezogenes kleines Mädchen sind und daß ich Sie nicht mehr lieb habe.

P: Was man mir als Kind auch gesagt hat:»Du sollst deiner Mutter keine Widerworte geben!«

T: Anscheinend hängt bei diesem Gefühl eine Menge damit zusammen, daß . . . Dieses Gefühl, daß Sie mich verletzen und daß ich Sie dann ablehne, Ihnen die Tür weise. Angst, Einsamkeit.

P: Was ich vom Verstand her nicht glaube. Aber wie Sie schon dargelegt haben, verstehe ich es vom Gefühl her. Automatisch.

T: Das ist ein gutes Wort dafür: *automatisch*.

P: Das ist mir in dem Moment, wo es passiert und ich so reagiere, nicht einmal bewußt.

T: Und das gehört mit zu der Frage, die wir schon vorher aufgeworfen haben: Warum ist es ständig da? Es ist etwas Automatisches.

P: Ich kann das nicht im voraus erkennen. Mir ist nicht im voraus klar, wie ich reagieren werde. Das passiert einfach.

In dem, was die Patientin sagt, lassen sich weitere Belege für therapeutisches Lernen finden. Ihr ist klar geworden, daß Sie dazu neigt, wichtigen Personen automatisch mit fixen Erwartungen zu begegnen, die auf frühere Beziehungen zu bedeutsamen Anderen zurückgehen.

In der elften Sitzung scheint der Fokus nicht mehr um das Thema zu kreisen, daß die Patientin Hemmungen hat, sich zu behaupten und ihrem Zorn Ausdruck zu verleihen, sondern konzentriert sich nun offenbar auf andere verhaltensbezogene Hemmungen sowie Scham- und Schuldgefühle, die mit zärtlichen und sexuellen Empfindungen zusammenhängen. Bei einem Besuch ihrer Mutter hat die Patientin es zum ersten Mal geschafft, offen auszusprechen, wie sehr es ihr zusetzt, wenn ihre Mutter sie kritisiert. Nachdem sie das in der Sitzung erzählt hat, schweigt sie und fühlt sich offensichtlich unwohl. Ihr fällt ein Traum ein, den sie hatte, als der Therapeut für eine Woche im Urlaub war. Zum ersten Mal seit Jahren hatte sie von ihrem Mann geträumt: Sie lagen zusammen im Bett, und sie fühlte sich wohl und geborgen. Als die Patientin ihrem Mann von diesem Traum erzählte, reagierte er mit sexuellen Annäherungsversuchen, worauf sich die Patientin verärgert zurückzog. – Der Therapeut äußert die Vermutung, daß der Traum teilweise den Wunsch der Patientin nach einer engeren, zärtlicheren Beziehung zum Therapeuten repräsentiert, daß sie aber Angst vor den sexuellen Implikationen hat. Dem stimmt die Patientin zu und erklärt, daß sie derartige Gedanken aus ihrem Kopf »verbanne«. Im weiteren Therapiegespräch geht es um ihre sexuellen Gefühle gegenüber dem Therapeuten.

In der zwölften Sitzung empfindet die Patientin gegenüber dem Therapeuten weiterhin zärtliche und sexuelle Gefühle, hat gleichzeitig aber auch ein »schlechtes Gewissen«. Der Therapeut beschäftigt sich weiter mit ihren Reaktionen. Der Patientin fällt ein länger zurückliegender Vorfall ein, bei dem sie sich von ihrem Mann vernachlässigt fühlte. Sie war damals auf einem Fortbildungskurs gewesen und hatte sich zu einem anderen Mann hingezogen gefühlt, der offensichtlich ein Auge auf sie geworfen hatte. Aus Schuldgefühlen heraus hatte sie dann aber doch Abstand gehalten. Jetzt erkennt sie, daß sie sich seither nie mehr gestattet hat, auch nur Zuneigung zu einem anderen Mann zu empfinden, und selbst ihrem eigenen Mann gegenüber hat sie nur selten zärtliche Gefühle. Im folgenden Abschnitt versucht der Therapeut, die positiven Gefühle zu deuten, die die Patientin seit kurzem für ihn empfindet.

T: Der Vorfall, an den Sie sich gerade erinnert haben, hat Ähnlichkeit mit dem, was Sie jetzt im Moment erleben: Damals hatten Sie das Gefühl, daß dieser Mann für Sie da war, sich für Sie interessierte, und das in einer Situation, in der Sie sich einsam fühlten. Sie waren von zu Hause fort, und Sie hatten zunächst versucht, Ihren Mann zu sprechen, ihn aber nicht erreicht. Er war nicht verfügbar. Sie waren enttäuscht und verärgert. Und in dieser Situation, als Sie wütend auf Ihren Mann sind und sich verletzt und enttäuscht fühlen, empfinden Sie gegenüber diesem anderen Mann, der verfügbar ist, dann diese Nähe und sexuelle Erregung. Mit mir sind Sie in der gleichen Situation – im Gegensatz zu Ihrem Mann, der zwar physisch da ist, bei dem Sie aber keine emotionale Gegenwart spüren. Ich frage mich, welchen Anteil daran die sexuellen Gefühle haben. Oder könnte es sein, daß auf diese Weise irgendwie zum Ausdruck kommt, daß Sie von Ihrem Mann enttäuscht oder auf ihn wütend sind?

P: Und ein schlechtes Gewissen habe, weil ich auf ihn wütend bin.

T: Ja. Das habe ich mich auch schon gefragt. Es ist beinah so als ob die Art, in der Sie jetzt den Gegensatz beschreiben zwischen Ihren Empfindungen ihm und mir gegenüber und dieser Erinnerung... Man kann das auf der einen Seite so sehen, daß Sie zärtliche und sexuelle Gefühle für mich empfinden und an mir sexuell interessiert sind, andererseits ist es aber auch eine Reaktion auf das, was Sie in unserer Beziehung empfinden – eine Möglichkeit, Ihrem Mann eins auszuwischen. Er ist nicht bei Ihnen.

P: Aufgrund der Wut.

T: Nun, Wut ist ein Teil davon, aber er hat Sie enttäuscht.

P: Jetzt frage ich mich, was Sie empfinden. Es klingt, als ob es sich bei den Gefühlen, die ich für Sie hege, möglicherweise weniger um echte Gefühle Ihnen gegenüber handelt, als um eine Folge aus dem Wunsch, mich an meinem Mann zu rächen. Ich meine, die Gefühle sind wirklich da, und sie sind echt; es mag aber sein, daß diese Gefühle ursprünglich eher einem Wunsch nach Rache entsprungen sind.

Der Therapeut ist überrascht, daß bei dieser emotional sonst immer beherrschten Frau plötzlich zärtliche, sexuelle Gefühle hochkommen. Auch im Hinblick auf sich selbst steht er vor einem Rätsel, weil er umgekehrt keinerlei zärtliche Gefühle bei sich feststellt, obwohl er die Patientin wirklich mag. Der Therapeut ignoriert jedoch seine eigene Verwunderung und geht dem Einfall nach, daß die von der Patientin für ihn offen empfundene zärtliche Zuneigung eine Rache an ihrem Mann darstellt, den sie als unsensibel und ihr gegenüber gleichgültig erlebt. Die Patientin versucht, die Erklärungen des Therapeuten zu akzeptieren, fühlt sich aber von dem, was sie als Kritik von seiten des Therapeuten empfindet, offenbar peinlich berührt und verletzt. In der Tat spürt der Therapeut, daß er die positiven Gefühle der Patientin unbeabsichtigt herabgesetzt hat. Außerdem bemerkt er, daß er den empathischen Kontakt zur Patientin verloren hat, weil es ihm nicht gelungen ist zu verstehen, wie schwer es der Patientin gefallen ist, ihm ihre positiven Gefühle zu eröffnen. Der Therapeut vermutet, daß er sich in eine Gegenübertragungsreaktion verstrickt hat. Er fragt sich nun, welche komplementäre Rolle er unbewußt inszeniert hat und welche Bedeutung das Szenario der Patientin hat, kann diese Fragen aber nicht gleich klar beantworten.

In der dreizehnten Sitzung scheint die Patientin durcheinander zu sein und erklärt, daß sie nach dem vorherigen Therapiegespräch ein schlechtes Gefühl gehabt habe. Außerdem leben bei der Patientin selbstkritische Gefühle wieder auf; sie empfindet sich als dumm und häßlich. Für den Therapeuten ist das Therapiegespräch verwirrend, er nimmt aber an, die Stimmung sei eine Reaktion darauf, daß er auf die positiven Annäherungsversuche der Patientin zuvor so uneinfühlsam reagiert hat; das heißt, er geht davon aus, daß die Patientin negativ auf seine Gegenübertragung reagiert.

Die vierzehnte Sitzung findet einen Tag später statt als ursprünglich ausgemacht, weil die Patientin über hartnäckige Kopfschmerzen klagte und den ersten Termin absagte. Am Anfang dieses Therapiegesprächs erzählt sie, wie unwohl und durcheinander sie sich in den letzten Tagen gefühlt hat. Der Therapeut versucht sogleich, diese Verwirrung mit Vorgängen in den vorangegangenen Sitzungen in Verbindung zu bringen.

T: Fällt Ihnen zusätzlich zu alldem und auch zu den sonstigen Belastungen, mit denen Sie die Woche über konfrontiert waren, irgend etwas aus unserer Sitzung am Dienstagmorgen ein, das zu den Schmerzen im Kopf beigetragen haben könnte?

P: (lacht) Ich habe mich schon von der vorangegangenen Sitzung her echt mies gefühlt, und auch am Dienstag ging es mir psychisch und emotional nicht gerade gut. Ich kann mich jetzt nicht an irgend etwas Bestimmtes erinnern, worüber wir geredet haben, ich war einfach wieder einmal in diesem Zustand, daß ich mich meinetwegen und ganz allgemein unwohl gefühlt habe, und die Kopfschmerzen kamen dann am Dienstag nach unserer Sitzung irgendwann am Nachmittag oder gegen Abend. Ich erinnere mich noch, wie ich sie kommen fühlte. Als ich hier herkam, fühlte ich mich scheußlich, und als ich ging, fühlte ich mich nicht viel besser, außer daß es mir nicht mehr ganz so mies ging wie beim Her-kommen. Aber zu mir selbst hatte ich nicht gerade ein besonders gutes Gefühl.

T: Wie meinen Sie das?

P: Ich glaube, ich kann das am ehesten so beschreiben, daß ich mich unzulänglich, häßlich, ganz allgemein unfähig und mit nichts zufrieden gefühlt habe. Ich erinnere mich vage, daß wir ein bißchen über Ihre Reaktion geredet haben – darauf, daß ich mich töricht und lächerlich fand – und über meine Empfindungen Ihnen gegenüber. Bei dem, was hier am Dienstag ablief, hatte ich ein besseres Gefühl als bei der Sitzung davor, aber ich hatte nicht das Gefühl, wirklich klar zu sehen. Manchmal komme ich hier rein, und alles ist sehr klar; wir unterhalten uns, und ich verstehe, was Sie sagen. Es gibt aber auch Tage, wo Sie Dinge sagen, bei denen ich mir nicht ganz sicher bin – wohl nicht verstehe, was Sie sagen, und mich verwirrt fühle, kein klares Gefühl dafür habe, was abgelaufen ist. Irgendwie war mir am Dienstag genauso zumute, als ich hier fortging.

Eine – für Therapeut/in und Patient/in – verwirrende Sitzung ist häufig ein Zeichen dafür, daß gerade ein wichtiger affektiver Zustand zum Vorschein kommt, der vom Therapeuten noch nicht hinreichend identifiziert und an-erkannt worden ist. Dies ist zweifellos bei den vorangegangenen zwei The-rapiegesprächen der Fall gewesen, bei denen der Therapeut zwar merkte, daß er nicht einfühlsam reagierte, ihm aber nicht klar war, wie es dazu gekommen war.

T: Das war am vergangenen Dienstag. Nun, was war denn verwirrend?

P: Im Moment fällt mir dazu nichts Konkretes ein. Ich kann mich nicht mehr so genau er-innern, worüber wir gesprochen haben.

T: Ich habe mir darüber ein paar Gedanken gemacht, und je mehr ich darüber nachdenke, desto auffälliger und wenig überraschend scheint mir das zu sein, was sich da ereignet hat. Anscheinend haben Sie sich deshalb töricht und miserabel gefühlt, weil Sie Empfindun-gen zum Ausdruck gebracht hatten, deren Äußerung Ihnen, rückblickend betrachtet – und ich hätte das in dem Moment eigentlich merken müssen –, wirklich schwergefallen ist; persönliche Gefühle – nämlich Ihre zärtlichen Empfindungen für mich und Ihr sexuel-les Interesse an mir. Und ich habe darauf so reagiert – und das ist jetzt vielleicht etwas überspitzt formuliert, vielleicht aber doch nicht so sehr, jedenfalls haben Sie es so gehört –, daß ich gesagt habe:»Also, diese Gefühle sind nicht echt; Sie ärgern sich nur fürchter-lich über Ihren Mann und versuchen, ihm eins auszuwischen.« Und wenn das die Reak-tion war, die Sie von mir gehört haben, überrascht es nicht, daß Sie sich töricht und mise-rabel fühlen. Was allerdings fehlt und wohl genauso verständlich wäre, ist, daß Sie stink-sauer auf mich sind, weil ich so reagiert habe.

P: Weil Sie meine Gefühle niedergemacht haben. Haben Sie das absichtlich gemacht . . . (lacht), haben Sie absichtlich so reagiert?

T: Ich weiß nicht genau, warum ich darauf so angesprungen bin und ob ein Körnchen Wahr-heit darin steckt oder nicht – das ist andererseits aber auch nicht so wichtig wie die Tat-sache, daß ich so reagiert und den Eindruck erweckt habe, ich würde Ihre Gefühle gering-schätzen. Für mich ergeben sich daraus zwei Fragen. Die eine ist: Sie haben sich töricht und miserabel gefühlt, aber wo ist Ihr Zorn? Die andere Frage ist: Warum hat sich das Ganze gerade so abgespielt?

P: Warum es sich so abgespielt hat?

T: Ja. Mit meinem Anteil daran muß ich mich noch näher befassen. Aber für unsere Zwecke hier – damit Sie etwas davon haben – müssen wir uns genauer ansehen, was sich zwischen uns abspielt.

P: Aber damals haben Sie gemeint, daß es Wut auf meinen Mann sein könnte.

T: Nun, allgemeiner gesagt, sind Sie auf mich zugegangen und haben Gefühle zum Ausdruck gebracht, die sehr persönlich, sehr wichtig und intim sind. Fühlten sich darin aber nicht ernst genommen. Im Hinblick auf das, was da abläuft, frage ich mich, ob Ihnen das nur mit mir so geht.

P: Daß ich auf jemanden zugehe und diese Art von Reaktion erhalte?

T: Ja.

P: Wollen Sie wissen, ob ich mich da an etwas Konkretes, an einen ähnlichen Vorfall erinnern kann?

Zwischen den Sitzungen hat der Therapeut versucht, sich über die Art seiner Gegenübertragungsreaktion in der zwölften Sitzung klar zu werden und herauszufinden, inwieweit sie noch mehr Licht auf das Szenario werfen könnte, daß sich zur Zeit in der therapeutischen Beziehung abspielt. Im oben wiedergegebenen Abschnitt spricht er darüber, wie die Patientin sich gefühlt haben muß, und stellt so den empathischen Kontakt zu ihr wieder her; außerdem gibt er zu, daß auch er sein Teil zu dem beigetragen hat, was zwischen ihnen abgelaufen ist. Nachdem er seinen Irrtum eingestanden hat, beginnt er, Fragen zu den Reaktionen der Patientin zu stellen. Dabei geht es nicht darum, der Patientin (ihrer Übertragung) oder sich selbst (seiner Gegenübertragung) die Schuld für den Vorfall zu geben, sondern gemeinsam daran zu arbeiten, die Transaktionen zu verstehen. Darüber hinaus ist der Therapeut bemüht, das Material in das Fokusthema zu integrieren – die Unfähigkeit der Patientin, sich konstruktiv zu behaupten und ihrem Zorn jeweils Ausdruck zu verleihen.

Die Patientin hat das Gefühl gehabt, daß der Therapeut mit den Gedanken woanders war und nicht gerade freudig auf die positiven Gefühle reagierte, die sie ihm gegenüber zum Ausdruck brachte. Im Augenblick scheint ihr dies bei ihm jedoch weniger der Fall zu sein, und sie hat auch nicht den Eindruck, daß er normalerweise so ist. Die Patientin ruft sich die mißbilligende Haltung ihrer Mutter ins Gedächtnis. Dann redet sie über ihren jüngsten Anruf beim Therapeuten, bei dem es darum ging, den Termin der jetzigen Sitzung zu verschieben. Während des Anrufs hatte sie das Gefühl, zu stören. Der Therapeut macht eine Bemerkung darüber, daß sie ihn bei diesem Telefongespräch mit dem Vornamen angesprochen hat.

P: Nun, darüber habe ich viel nachgedacht – darüber, wie ich Sie anreden soll. Und ich habe immer dazu tendiert, Sie mit »Dr. L . . .« anzureden. Ich weiß nicht, bei dem Anruf ist mir aus irgendeinem Grund danach gewesen, Sie »M . . .« zu nennen, und so habe ich es dann getan. Aber irgendwie habe ich mich komisch dabei gefühlt, und dann haben Sie am Telefon nicht besonders freundlich geklungen, und ich habe gedacht, daß Ihnen das wohl nicht gefällt. Aber ich habe es trotzdem getan.

T: Was entnehmen Sie aus dem, wie Sie meine Reaktion auf Ihre Annäherungsversuche, Ihr Bestreben nach Nähe erlebt haben? Daß ich anscheinend unfreundlich und mit den Gedanken woanders war?

P: Was ich daraus entnehme?

T: Ja. Habe ich Ihr Verhalten mißbilligt so wie Ihre Mutter? (Pause) Inwieweit besteht die Möglichkeit, daß Sie zu allem Unglück schließlich mit einem Therapeuten dastehen, der genau wie Ihre Mutter ist?

P: Nein, ich glaube nicht, daß Sie wie meine Mutter sind. Da sage ich sofort nein. (lacht)

T: Wollen sehen, was uns sonst noch dazu einfällt. (lächelt)

P: Das einzige, was mir einfällt, ist, daß es mit meinem Konflikt zu tun hat, welches Verhalten angebracht ist und welches nicht. Auch wenn ich glaube, daß Sie für alles offen sind, was ich zu sagen habe, und auch wenn ich diese Gefühle empfinde, sollte daran doch nichts Falsches sein. Aber Sie haben irgendwie Anteil daran. Ich weiß nicht. In meinem Kopf gerät da alles durcheinander: Ich bin hier, um Probleme durchzuarbeiten, und da ist es nicht angebracht, Ihnen gegenüber solche Gefühle zu bekommen. So ähnlich. Ich weiß nicht, warum ich von Ihrer Seite Mißbilligung empfinden sollte, wenn das Ganze nicht Teil meines Problems ist, mit meinem eigenen Selbstbild zurechtzukommen. Daß ich mich selbst nicht hoch genug einschätze, um zu glauben, daß es für Sie schmeichelhaft wäre oder daß es ein Kompliment für Sie wäre oder so.

T: Schauen Sie, Sie machen da einen Unterschied zwischen dem Durcharbeiten Ihrer Probleme und den Gefühlen, die Sie für mich empfinden – gibt es diesen Unterschied denn? Ist *das* nicht genau – das, was Sie anfangs und dann vor kurzem für mich empfunden haben – genau das, was für Sie zu einem Problem geworden ist? In den ersten paar Sitzungen haben Sie mich sich gegenüber als sehr ruppig, mißbilligend und kritisch erlebt und das Gefühl gehabt, sehr vorsichtig sein zu müssen. Und Ihrer Schilderung nach war das für Sie genauso wie bei Ihrer Mutter. Immer schnell bereit, das, was Sie zu sagen haben, nicht ernst zu nehmen, Ihr Verhalten zu mißbilligen, Sie zu kritisieren. Und dann begannen Sie, mir gegenüber etwas warmherzigere Gefühle zu entwickeln. Sie spürten, daß ich nicht so war. Daß ich Ihnen auf eine Weise zuhörte, wie es Ihre Mutter und Ihr Mann nie getan hatten. Und Sie fingen an, gewisse Gefühle für mich zu empfinden, die zu einem Großteil vielleicht damit zusammenhingen, daß Sie mir nahe sein wollten, so wie Sie es sich vielleicht bei Ihrer Mutter gewünscht hatten. Und es endete wieder damit, daß Sie sich zurückgestoßen und bestraft fühlten.

Der Therapeut spricht wieder das Fokusthema der Patientin (in seiner aktuellen Variante) als erneute Inszenierung einer früheren Prädisposition an. Die Patientin kämpft mit der – nun sowohl auf Erfahrung als auch auf intellektuellem Verständnis gegründeten – Erkenntnis, daß sich ihre zentralen Beziehungsprobleme auch prägend auf ihre therapeutische Beziehung auswirken. Doch dadurch, daß sie in dieser Beziehung auftreten, bietet sich die Gelegenheit, sie zu untersuchen und zu korrigieren. Der Therapeut hilft der Patientin, die sich hier bietende Chance zu verstehen. Es gelingt ihm, seinen in der zwölften Sitzung gemachten »Fehler« in konstruktives therapeutisches Lernen münden zu lassen.

P: Ich habe mir noch einmal die Erwartungen angesehen, mit denen ich hier hergekommen bin, und ich, es sieht so aus als, ich weiß nicht, wie ich das sagen soll, es sieht so aus, als wenn ich erwartet hätte, daß ich hier herkomme, über das, was mir zu schaffen macht, rede und dann herauszufinden versuche, durch welche Probleme das alles ausgelöst worden ist, ohne dabei mit Ihnen als Mensch näher in Kontakt zu kommen. Das . . . Ich habe mir Gedanken darüber gemacht, weil ich glaube, daß ich darüber noch nicht allzu sehr nachgedacht hatte. Ergibt das einen Sinn?

T: Weshalb fragen Sie mich das?

P: Ich stehe da vor einem Problem, und ich glaube nicht, daß das, was ich sage, sehr verständlich klingt. Ich habe nicht vorhergesehen beziehungsweise erwartet, daß sich von meiner Seite zu Ihnen als Mensch eine Beziehung entwickeln würde oder so. Sie sind Therapeut, und Sie sitzen hier irgendwo und hören sich meine Probleme an und so – aber daß sich zu Ihnen als Mensch eine Beziehung entwickelt und ich mich damit beschäftige, was sich zwischen uns abspielt und was ich dabei empfinde, daran habe ich ursprünglich überhaupt nicht gedacht. Und das ist irgendwie lächerlich.

T: Warum ist das lächerlich?

P: Weil das in Beziehungen zu anderen Menschen so nicht geht. Es wird immer irgendeine Form von Interaktion geben, irgendeine Art von Reaktion.

T: Sie sind hier derselbe Mensch, der Sie auch draußen sind.

P: Unabhängig von meinem Gegenüber. Es ist genau so, wie Sie gesagt haben. Von der Wahrscheinlichkeit her dürften hier wohl ganz ähnliche Sachen ablaufen wie in den Beziehungen, die ich mit anderen Menschen habe.

T: Was wir gesehen haben, ist, daß Sie im Zusammenhang mit Gefühlen erwarten, daß ich als Reaktion auf Ihre Annäherungsversuche, Ihr Bemühen um Nähe, sehr auf Abstand gehe beziehungsweise Ihr Verhalten mißbillige oder nicht ernst nehme – daß sich wieder einmal das gleiche abspielt.

P: Das Interessante daran ist, ich kann mir vom Verstand her sagen, daß das wahrscheinlich nicht zutrifft; daß das wohl kaum so ablaufen dürfte. Aber ich . . . vom Gefühl her reagiere ich nun einmal so. Es scheint, als würde ich ständig die Leute dazu bringen, sich so zu verhalten.

In der fünfzehnten Sitzung läßt sich bei der Patientin, die den Therapeuten bisher als genauso hart und kritisierend wie ihre Mutter erlebt hat, eine weitere Prädispositionsverlagerung feststellen. Während sie ihren Mann weiterhin in der alten Weise wahrnimmt, versucht sie im Hinblick auf den Therapeuten zunehmend, ihr Bild vom »guten Objekt« zu schützen. Patientin und Therapeut unterhalten sich darüber, daß sich hier möglicherweise ein altes Verhaltensmuster aus ihrer Kindheit wiederholt, nämlich Konfrontationen mit dem Vater aus dem Weg zu gehen, um den Wunsch nach einer besonderen und engen Beziehung zu ihm nicht aufgeben zu müssen. Zwischen der vierzehnten und fünfzehnten Sitzung hatte die Patientin ihren Mann auf einer Reise begleitet und sich ihm so nahe gefühlt und sexuell auf ihn in einem Maße angesprochen wie seit Jahren nicht mehr. Seit ihrer Rückkehr hatte sich bei ihr jedoch die alte Distanziertheit und Verstimmung wieder eingestellt. Am Anfang der sechzehnten Sitzung erzählt die Patientin, daß sie morgens mit dem Gefühl aufgewacht sei, auf alles und jeden wütend zu sein. Dies ist für sie eine neue Erfahrung, die vielleicht darauf hindeutet, daß die Patientin nun besser in der Lage ist, Gefühle, die sie bis dahin als unannehmbar betrachtet und deshalb geleugnet hat, zu erkennen und zu erleben.

P: Ich bin heute morgen mit dem scheußlichen Gefühl aufgewacht, auf alle Welt wütend zu sein. Und ich weiß nicht, was da falsch gelaufen ist, auf wen ich sauer war oder bin; über wen ich mich so geärgert habe oder was auch immer. Ich fühle, daß es bei mir gleich mit Kopfschmerzen losgeht. Das sind die gleichen körperlichen Symptome, die ich auch sonst spüre, wenn ich wütend bin. Es ist mir wirklich ein Rätsel, wie ich die Ursache für meinen Zorn herausfinden und feststellen soll, worauf er zurückgeht. Das kann ich nicht; es fällt mir aus unserem Therapiegespräch nichts ein, was bei mir zu so einem Gefühl hätte führen können.

Die Patientin ist in der Lage anzuerkennen, daß sie sich »wütend« fühlt. Außerdem beginnt sie von sich aus, frühere Ereignisse in der therapeutischen Beziehung daraufhin zu untersuchen, ob sie Ursache dieses Gefühls sein könnten. Damit hat die Patientin einen wichtigen Aspekt der psychodynamischen Therapiemethode akzeptiert. Ihr Verhalten deutet auch darauf hin, daß ein stabiles Arbeitsbündnis vorhanden ist.

T: Mit welchen Worten würden Sie dieses Gefühl beschreiben?
P: Mit welchen Worten? Sie meinen, daß ich »wütend« bin?
T: Ja, was ist das für ein Gefühl? Sagen Sie das einfach mal frei heraus.
P: Ich fühle mich irgendwie verärgert, bin frustriert.
T: Weswegen?
P: Das ist ja gerade, was ich bisher nicht herausfinden kann.
T: Was für Gedanken kommen Ihnen denn in diesem Zusammenhang?
P: Nun, das einzige, was mir dazu wirklich einfällt, wenn ich mir die Ereignisse der letzten Tage ansehe . . . und es fällt mir einfach fürchterlich schwer, das jetzt zu sagen . . . Bei unserem Telefongespräch neulich abends haben Sie ständig betont, daß Sie Dr. L . . . sind, und das hat mich seither verfolgt – und jetzt lächeln Sie, als ob Sie erwartet hätten, daß das jetzt kommt. (lacht)
T: Ich muß deshalb lächeln, weil ich Sie gerade fragen wollte, wie Sie mein Verhalten empfunden haben.
P: Warum wollten Sie mich das fragen?
T: Nun, mir ist wieder aufgefallen, daß Sie mich mit meinem Vornamen angeredet haben. Und ich habe mit meinem Nachnamen von mir geredet. Das ist in den letzten Wochen ein paarmal passiert. Es klingt also, als wenn Sie auf mich wütend wären.
P: Es klingt so, aber ich sage mir immer wieder, daß das lächerlich ist; es ist doch wieder die alte Sache. Ich sage mir immer wieder: Wenn Sie sich mir gegenüber lieber so nennen wol-

len, warum sollte mich das dann so wütend machen, mich so fürchterlich aufregen; warum sollte ich dann so empfindlich darauf reagieren und meine Gefühle derart rational zu erklären versuchen?

T: Statt zu versuchen, Ihre Gefühle rational zu deuten, wollen wir sie uns doch lieber erst einmal näher ansehen.

Patientin und Therapeut haben die gleiche »Wellenlänge«; beide ahnen vage, daß sich der Zorn der Patientin gegen den Therapeuten richtet und mit einem Telefongespräch zusammenhängt, bei dem es um eine Terminabsprache ging. Eine scheinbar unwichtige Sache, wie hier der Gebrauch des Vor- oder Nachnamens, kann durchaus wichtige Gefühle transportieren (die in diesem Fall mit emotionaler Nähe zu tun haben). Der Therapeut sollte die entsprechenden Vorlieben der Patientin (oder andere Aspekte des Therapiearrangements) nicht einfach unüberlegt akzeptieren, sollte aber auch nicht starr an einer routinemäßigen Arbeitsweise festhalten, ohne aufmerksam auf die Reaktionen der Patientin zu achten.

Die Patientin empfand den Vorfall als einen »Schlag ins Gesicht«, wollte den Therapeuten aber lieber nicht deswegen zur Rede stellen. Obwohl sie ihre Reaktion für »lächerlich« hält, erzählt sie als nächstes, daß sie eine Abneigung dagegen habe, bei der Arbeit Untergebene mit Nachnamen anzureden, und wirft damit implizit dem Therapeuten vor, nicht flexibel genug mit der Anrede ihr gegenüber zu sein. Die Patientin schafft es nicht, den Therapeuten offen auf das Thema anzusprechen; sie hat Tränen in den Augen.

T: Empfinden Sie jetzt Wut auf mich?
P: Mir ist zum Weinen zumute, wenn ich darüber rede (weint). Es ist dieselbe alte Geschichte. Erst bringe ich etwas sehr Unangenehmes zur Sprache, und dann fange ich an zu weinen, und ich glaube, das hat alles damit zu tun, daß ich versuche, etwas, was mich umtreibt – meine Verärgerung oder was auch immer –, Ihnen gegenüber direkt zum Ausdruck zu bringen, und ich erwarte eigentlich nicht, daß Sie dann besonders zornig auf mich sind oder irgendwie heftig reagieren, aber ich kann nicht verstehen, warum mich das derart aus der Fassung bringt (weint stärker). Und ich wußte, wenn ich das hier nicht ansprechen würde, würde ich, noch ehe ich wieder zu Hause bin, die schlimmsten Kopfschmerzen meines Lebens bekommen.
T: Sie haben gesagt, es würde Ihnen recht schwerfallen; tatsächlich ist es Ihnen diesmal aber viel leichter als früher gefallen, mir zu sagen, daß Sie sich über mich geärgert haben. Und wie ist das jetzt beim Weinen – können Sie sagen, was das für Gefühle sind, die Sie jetzt empfinden? Ist das Zorn oder ist das etwas anderes?
P: Das scheint kein Zorn zu sein, eher Schmerz. Anders kann ich das nicht beschreiben.
T: Wir wissen jetzt also, daß Sie sich verletzt fühlen und wirklich wütend auf mich sind, aber das, was Sie in bezug auf mich erleben können, ist allein der Schmerz.

Wiederum untersucht der Therapeut sorgfältig den affektiven Zustand der Patientin. Er versucht, Gefühlsnuancen zu erkunden und zu erfahren, wie die Patientin mit ihnen umgeht (defensiv und adaptiv) und inwieweit sich aus ihnen ablesen läßt, wie die Patientin die unmittelbaren Transaktionen in der Therapie deutet.

Der Therapeut wiederholt, daß die Patientin in erster Linie wütend auf ihn gewesen sei, weil er – in ihren Augen – ihre Bemühungen um Nähe zurückgewiesen hat, indem er sich nicht damit einverstanden zeigte, daß sie sich mit Vornamen anredeten. Außerdem weist er die Patientin darauf hin, daß sie sich so verhält, als wäre ihr Zorn nicht weiter von Belang, und macht ihr dadurch deutlich, wie sehr sie schon ihre Wahrnehmung der Einstellung anderer Menschen zu ihren Gefühlen verinnerlicht hat. Mit Blick darauf, wie sie früher ihre Eltern erlebt hat, wenn diese mit Gefühlen, die sie zum Ausdruck brachte, nicht einverstanden waren, erkundet der Therapeut nun gemeinsam mit der Patientin kurz, woher dieser Teil ihres Selbstbildes stammt. Dann lenkt er das Gespräch wieder auf das, was sich hier zwischen ihnen abspielt.

T: Wenn wir uns wieder dem Warum zuwenden . . . Ihnen ist im Hinblick auf den Gebrauch von Vor- und Nachnamen die Situation mit Ihren Angestellten eingefallen und daß Sie dort jetzt flexibler damit umgehen. Und Sie haben festgestellt, wenn Sie meinen, daß . . . wenn Sie wollen, daß Angestellte Sie mit Ihrem Nachnamen anreden, dann halten Sie sie dadurch auf Abstand, schaffen eine Distanz zu ihnen. Ich würde gerne wissen, ob Sie das hier genauso erleben.
P: Ich glaube, daß das die einzige Erfahrung ist, mit der ich das hier vergleichen kann. Dieser Gedanke ist mir erst heute morgen gekommen, als ich über die Straße ging. Das ist bei mir vom Verhalten her wohl die erste Reaktion.
T: Und in den letzten Sitzungen haben wir darüber gesprochen, daß Sie zu mir gern eine enge Beziehung hätten und mir gegenüber zärtliche Gefühle und auch sexuelle Gefühle ausdrücken möchten – und vorher meinten, ich hätte Sie weggestoßen. Ich würde gern wissen, ob das wieder die gleiche Erfahrung ist. Es geht hier nicht um Vor- oder Nachnamen, sondern darum, daß Sie das Gefühl hatten . . . daß ein Teil von Ihnen das Gefühl hatte, daß dies wieder ein Annäherungsversuch war, der auf eine engere Beziehung zwischen uns abzielte – auf eine stärker von Zuneigung geprägte Beziehung – eine andere Art von Beziehung als die zwischen Arzt und Patientin. Und daß Sie das Gefühl hatten, dadurch, daß ich darauf bestand, mit Nachnamen angeredet zu werden, hätte ich Sie von mir weggestoßen. Und deshalb waren Sie so wütend.
P: Ich glaube auch, daß ich das wohl so empfunden habe, aber ich meine, was mich am meisten stört, ist, daß ich mich darüber so geärgert habe. Warum hat mich das so wütend gemacht? Wenn das . . . Ich verstehe einfach nicht, warum ich auf so etwas so empfindlich reagiere.
T: Wenn Sie von jemandem, dem Sie nahe sein wollen, weggestoßen werden?
P: Ja.

Der Therapeut arbeitet Vorgänge aus den letzten Sitzungen und die jeweilige Bedeutung, die die Patientin ihnen zugeschrieben hat, in das Fokusthema ein. Er tut das bei jeder sich bietenden Gelegenheit und versucht, der Patientin dabei zu helfen, die vielen Prädispositionsvarianten, die in der therapeutischen Beziehung zum Tragen kommen, zu erkennen, zu verstehen und zu bearbeiten.

Beim siebzehnten Therapiegespräch berichtet die Patientin zu Beginn, daß die Kopfschmerzen, die sie in der vorhergehenden Sitzung gehabt hatte, gleich nach der Sitzung wieder verschwunden waren. Sie schreibt dieses Phänomen dem Umstand zu, daß es ihr gelungen war, dem Therapeuten gegenüber ihre Verärgerung auszudrücken. Bei diesem Therapiegespräch macht der Therapeut eine Bemerkung zu den »Annäherungsversuchen«, mit deren Hilfe die Patientin seiner Meinung nach hofft, mehr über ihn zu erfahren. Sie hat das Gefühl, daß er ihr die Stimmung verdirbt, und fühlt sich gehemmt. Der Therapeut äußert die Vermutung, was die Patientin gerade erlebt, sei eine Reaktion darauf, daß sie seine Bemerkung als Vorwurf sexueller Annäherungsversuche gedeutet hat. Der Patientin fällt ein Traum ein, den sie in der Nacht zuvor gehabt hat: Sie albert mit zwei Männern herum, die auf einer harten Fläche liegen. Ihre Mutter und ihre Schwester sind mit dabei und mißbilligen ihre Ausgelassenheit. »Wenn sie doch nur wüßten, was für einen Spaß ich dabei habe«, denkt sie im Traum. Die Patientin bestreitet, sich vom Therapeuten oder auch von ihrem Mann sexuell angezogen zu fühlen, stellt aber fest, daß sie zwischen den Sitzungen sexuelle Phantasien hat, in denen Männer vorkommen, die sie anziehend findet. Sie schämt sich ihrer spielerisch-ausgelassenen und sexuellen Gefühle, die ihrer Ansicht nach vom Therapeuten mißbilligt werden.

Die systematische Beschäftigung mit der Erwartung der Patientin, daß Gefühle wie Wut und Ausgelassenheit bei ihr mißbilligt werden, hat offenbar dazu geführt, daß sie sie nun eher akzeptiert. Ihre sexuellen Gefühle und Phantasien sind ihr etwas besser zugänglich, aber sie schämt sich ihrer nach wie vor. An dieser Veränderung im zentralen Therapieinhalt wird der Prozeß deutlich, durch den Gefühle und Phantasien, die zuvor geleugnet worden sind, einer Untersuchung besser zugänglich werden, wodurch sich dann das Fokusthema erweitert. Im vorliegenden Fall hat die Patientin begonnen, sich mit ihren sexuellen Hemmungen und damit verbundenen Schamgefühlen zu beschäftigen. Während sie vorher dazu neigte, den Therapeuten als Mutterfigur zu erleben, die Selbstbehauptung und Wut (und sexuelle Gefühle) mißbilligt, erlebt sie ihn nun mehr und mehr als Vaterfigur, die spielerisch-ausgelassene und sexuelle Gefühle hervorruft, diese unter Umständen aber ebenfalls mißbilligt.

In der achtzehnten Sitzung berichtet die Patientin, daß sie in letzter Zeit wieder mehr liebevolle und sexuelle Gefühle für ihren Mann empfindet. Ihr fällt ein Traum ein, den sie nach der vorhergehenden Sitzung hatte: Sie kapituliert vor dem Wunsch des Therapeuten, mit dem Nachnamen angeredet zu werden, und bittet ihn inständig, sie nicht im Stich zu lassen. Sie sieht eine Verbindung zwischen dem Erlebnis im Traum und der Beziehung zu ihrem Vater, bei dem sie bis zu einem gewissen Grade ausgelassen sein konnte. Die Patientin meint, daß sie auch beim Therapeuten einigermaßen ausgelassen und (ihm gegenüber) neugierig sein kann, daß es ihm aber mißfällt, wenn sie eine bestimmte Grenze überschreitet.

In ihrem Traum ist bereits implizit deutlich geworden, daß sich die Patientin Sorgen wegen des näherrückenden Therapieendes macht; im Therapiegespräch spricht sie ihre Bedenken nun direkt an. In der neunzehnten Sitzung äußert die Patientin, daß sie sich dem Therapeuten nach dem letzten Gespräch wieder nahe gefühlt habe. Sie erzählt einen Traum, den sie zwischen den Sitzungen hatte: Sie ist zu Hause und ist nackt. Ihr Mann ist bei ihr, und sie fühlt sich »frei und ausgelassen«. An einer anderen Stelle des Traums taucht der Therapeut auf und läßt ungewollt durchblicken, daß er Pizza mag. Die Patientin erklärt, daß sie ihrem Mann gegenüber zärtliche Gefühle empfindet und sich von ihm sexuell erregt fühlt wie schon lange nicht mehr. An einem Abend hat sie beim Zubettgehen ein »geheimnisvolles« Nachthemd angezogen und sie beide haben sich auf neue und aufregende Weise geliebt. Dem Therapeuten fällt auf, daß die Patientin zwar mehr darüber erzählt, was sie – im Traum und im Wachzustand – sexuell empfindet und wie sie sich sexuell verhält, nähere Einzelheiten aber verschweigt. Er äußert daraufhin, daß sowohl die Art und Weise, in der die Patientin ihre Erlebnisse erzählt, als auch die allgemeine Atmosphäre beim Therapiegespräch etwas Scheues und Spielerisches an sich hätten. Die Patientin entgegnet, daß sie begierig gewesen sei, zur Sitzung zu kommen, unmittelbar vorher dann aber plötzlich den beunruhigenden Gedanken gehabt habe: »Was läuft da bei mir ab?« Der Therapeut wirft die Frage auf, ob das nicht eine Reaktion auf die Ausgelassenheit und die zärtlichen und sexuellen Gefühle gewesen sei, die sie in letzter Zeit erlebt hat; denn die genießt sie zwar, fürchtet dabei aber auch, daß sie ihr schaden könnten.

Man sollte immer daran denken, daß die affektive Qualität der Transaktionen, die sich zwischen Patient und Therapeut abspielen, oft von größter Bedeutung ist. Das heißt, man soll sich das, was die Patientin sagt, zwar aufmerksam anhören, es kann aber sein, daß dieser Inhalt im Augenblick nur eine sekundäre Rolle dabei spielt, dem Therapeuten zu helfen, die latente Bedeutung des unmittelbaren Patientenverhaltens zu verstehen. In der neunzehnten Sitzung fällt dem Therapeuten auf, daß er sich von den Erzählungen der Patientin her kein klares Bild über ihre sexuellen Erlebnisse und Gefühle machen kann und gezwungen ist, sie nach Einzelheiten zu fragen. In der zwanzigsten Sitzung bringt die Patientin als Hauptanliegen das näherkommende Therapieende zur Sprache.

P: Ehe wir heute richtig anfangen, könnten wir da im Hinblick auf den zeitlichen Rahmen des Projekts über das Ende der Therapie beziehungsweise die Fortsetzung oder so reden?

T: Nun, was empfinden Sie in dieser Beziehung?

P: Ich habe das Gefühl, daß ich zu dem geplanten Termin noch nicht aufhören möchte. Ich muß einfach noch weiter darüber reden, und was Sie mir sagen, schätze ich wirklich sehr.

T: Ich denke, es ist zweifellos angebracht, darüber zu reden. Was für Gedanken gehen Ihnen dazu durch den Kopf?

P: Nun, im Augenblick habe ich das Gefühl, daß sich soviel tut und daß die Sitzungen nicht lang genug sind. In letzter Zeit gehe ich hier immer mit dem Gefühl raus, daß es da noch soviel mehr gibt, worüber ich reden möchte, und es scheint, als würde ich mich irgendwie gehetzt fühlen – ich weiß nicht, ob das daran liegt, daß mir bewußt ist, daß uns nicht mehr viel Zeit bleibt. Ich habe einfach das Gefühl, daß ich gerade erst anfange, das Puzzle zusammenzusetzen und eine Vorstellung davon zu bekommen, was da abläuft, und daß ich noch längst nicht am Ziel angelangt bin. Und ich meine einfach, daß es ein Fehler wäre, jetzt aufzuhören.

T: Ich habe das Wort nicht ganz verstanden, das Sie gesagt haben – wie fühlen Sie sich?

P: Gehetzt.

T: Gehetzt.

P: Ich komme hierher, und es gibt sovieles, was ich sagen möchte, und es geschieht soviel, und ich weiß, daß mir die Zeit nicht reicht, um alles in dieser einen Sitzung zu behandeln, und ich kann schon kaum die nächste Sitzung erwarten. Das ist in etwa das Gefühl, das ich im Moment habe. Ich weiß nicht, ob das mit irgendwas zusammenhängt, woran ich noch nicht gedacht habe, oder ob das einfach deshalb so ist, weil sich zur Zeit soviel tut. Aber ich muß wissen, was in dieser Hinsicht am Ende der drei Monate sein wird. Ob ich weitermachen kann. Besteht diese Möglichkeit?

T: Sicher, diese Möglichkeit besteht durchaus. Aber vorher sollten wir uns einige Gedanken dazu machen. Lassen Sie uns doch für einen Moment einen Blick darauf werfen, was Sie da gerade erleben und wie das für Sie ist. Dieses gehetzte Gefühl, das Sie [haben], daß die Sitzung nicht lang genug ist; daß es zu vieles gibt, was beredet werden müßte; daß Sie die nächste Sitzung kaum erwarten können. Beim letzten Mal haben Sie außerdem erwähnt, daß Sie manchmal kalte Füße bekommen, daß Ihre Gefühle dazu also gemischt sind. Können Sie etwas mehr darüber sagen, wie das für Sie ist? Was es ist, das Sie meinen, aus der Sitzung mitnehmen zu müssen, und warum die Zeit dafür nicht reicht?

Daraufhin bringt die Patientin ihre Sorgen über das näherrückende Therapieende zur Sprache. Es ist offensichtlich, daß sie aufgrund der Zeitbegrenzung ein Gefühl der Eile hat: »Uns bleibt nicht mehr viel Zeit.« Bei dieser Therapieform mischen sich in der Art, wie die Patientin oder der

Patient auf das Therapieende reagiert, unweigerlich allgemeine Reaktionen auf den Verlust einer als wichtig erachteten Beziehung mit charakteristischen Erfahrungen aus der Vergangenheit. Im vorliegenden Fall drängt die Patientin den Therapeuten, ihr zu versichern, daß sie nicht zum vereinbarten Zeitpunkt aufhören müssen. Und obwohl der Therapeut zwar anerkennt, daß das Therapieende etwas ist, womit sich beide auseinandersetzen müssen, behält er die bisher gezeigte Haltung auch jetzt bei: Ihn interessiert das Erleben der Patientin und dessen affektive Bedeutung in der gemeinsamen Beziehung.

P: Nun, genau wie letztesmal. Da wollte ich Ihnen erzählen, was am Wochenende gewesen war. Ich wollte Ihnen von dem Traum erzählen, den ich gehabt hatte, und wollte Ihnen sagen, daß sich zur Zeit offenbar viel tut, und ich komme ja hierher, weil ich mit Ihnen über diese Dinge reden und herausfinden will, was sie bedeuten – falls sie überhaupt etwas bedeuten – und wie sie mit anderen Dingen, mit all dem anderen, was sich ereignet, zusammenpassen. Ich habe auch das Gefühl, daß ich im Hinblick auf unsere Beziehung und das, was hier abläuft, immer noch sehr angespannt bin. Ich gehe manchmal mit dem Gefühl von hier weg . . . ich habe einfach dieses Gefühl, daß . . . und ich weiß nicht genau, was sich hier zwischen uns abspielt; ich sehe, wie die Beziehung zu meinem Mann besser wird, und das ist schön, aber ich mache mir jetzt Sorgen, daß ich bei Ihnen hier vielleicht zum Teil genau dieselben Sachen mache, die ich grade versuche, in Ordnung zu bringen. Ich möchte nicht, daß die Therapie einfach vorher aufhört. Ich fühle mich bei dem Gedanken unwohl und mache mir Sorgen. Ich bin noch nicht bereit, das hier aufzugeben. Ich glaube, wenn ich dieses Gefühl kriege, daß Sie mir nicht zuhören, daß es Sie nicht interessiert oder so, dann habe ich eigentlich nicht . . . in dem Moment, wo ich dieses Gefühl kriege, halte ich oft nicht wirklich inne und sage:»Was läuft jetzt gerade bei dir ab?« Von Ihnen kommt so eine Art Botschaft zu mir rüber. Und ich muß sehen, ob meine Wahrnehmung richtig ist, denn ich weiß, daß ich dazu neige, Schlüsse zu ziehen und einfach weiterzumachen und dann später darüber zu brüten; ich glaube, das ist es, was ich die ganze Zeit getan habe. Ich werde von dem, was ich erzählen möchte – was ich Ihnen über das, was abläuft, sagen möchte, so sehr in Anspruch genommen, daß es schwerfällt, an das andere zu denken.

Die Patientin ist nicht bereit, ihre Beziehung zum Therapeuten aufzugeben. Dem Therapeuten geht es darum, die Wünsche, die sie ihm gegenüber hat, und die Folgen zu erkunden, die sich ihrer Befürchtung nach aus der Beendigung der therapeutischen Beziehung ergeben. Diese Fragen werden im Rahmen des Fokusthemas untersucht. Außerdem geht die Patientin mit dem drohenden Therapieende in einer Art und Weise um, die für ihren Umgang mit zentralen zwischenmenschlichen Konflikten charakteristisch ist. Im vorhergehenden Abschnitt sagt die Patientin, daß es noch viele Dinge gibt, über die sie reden möchte: ihre Träume, ihr sexuelles Verhalten gegenüber ihrem Mann, ihre Reaktionen gegenüber dem Therapeuten. In ihrem Wunsch, sich mit diesem potentiell reichhaltigen Therapie-material zu beschäftigen, zeigt sich eine realistische Einschätzung der mög-lichen weiteren Therapiearbeit, man kann darin jedoch auch das für die Pa-tientin charakteristische Bemühen sehen, ein »braves Mädchen« zu sein, das vor den Erwartungen des Therapeuten kapituliert (erinnern wir uns, daß sie vor kurzem davon geträumt hat, zu kapitulieren, um nicht verlas-sen zu werden).

Die Bedenken, die die Patientin gegen eine Beendigung der Therapie zum vereinbarten Zeitpunkt hat, sind auch im folgenden Gegenstand des Therapiegesprächs. Bei diesen Bedenken geht es in zunehmendem Maße um die Beziehung zum Therapeuten.

P: Dazu gehört auch, daß ich beim Herkommen nicht . . . daß es mir überhaupt nicht in den Sinn gekommen ist, daß so etwas passieren könnte . . .

T: Was?

P: Daß alles Mögliche zwischen uns ablaufen könnte. Das war wie . . . das hat mich, glaube ich, ganz schön durcheinander gebracht. Ich erwarte, daß . . . nun, ich habe nicht erwar-tet, daß bei mir Ihnen gegenüber Gefühle dasein würden, und ich meine, das ist näher be-trachtet irgendwie lächerlich. Verstandesmäßig gesehen ist das irgendwie lächerlich, denn wie sollen zwei Menschen interagieren können, ohne daß dabei irgendwelche Gefühle mitschwingen? Aber ich habe, glaube ich, erwartet, daß genau das nicht passieren würde.

T: Was haben Sie erwartet?

P: Was ich erwartet hatte? Daß wir nie über das reden würden, was sich zwischen uns ab-spielt. Ich habe das einfach nicht erwartet. Ich habe irgendwie angenommen, daß es immer um äußere Faktoren gehen würde, und ich habe nicht erwartet, daß ich mich Ihnen gegen-über in Gefühlen verstricken und damit befassen würde, was sich zwischen uns abspielt.

T: Was meinen Sie, warum das für Sie jetzt wirklich wichtig ist?

P: Das weiß ich nicht. Es ist, wie gesagt, vielleicht nicht so, daß . . . ich bin mir im Moment vielleicht nicht sicher, ob es zur Sprache gebracht werden muß, aber ich meine, daß für mich die Zeit nicht gereicht hat, um genügend Bestärkung zu bekommen.

T: Was ist Ihrem Gefühl nach ungewiß? Was muß noch getan werden, ehe Sie sich innerlich wohl fühlen?

P: Ich glaube, eine Sache, die unbedingt passieren muß, ist, daß ich fähig werden muß, hier in dem Moment auf meine Gefühle zu reagieren, wo sie da sind; und daß ich sie nicht ein-fach vorbeigehen lasse und erst später darüber nachgrüble. Manchmal habe ich das Ge-fühl, daß ich gerne wissen würde, ob das, was ich von Ihnen ausgehen spüre, gerade wirk-lich so abläuft. Denn ich neige, glaube ich, oft dazu, Sie falsch zu interpretieren.

T: Haben Sie das Gefühl, daß Sie das in der Beziehung mit Ihrem Mann jetzt besser können?

P: Ich habe das eigentlich noch nicht oft getan. Dieser ganze Bereich muß erst noch gut durchdacht werden. Daß ich letzte Woche in der Lage gewesen bin, meinem Mann ohne größere Schwierigkeiten – ohne daß mir alles im Kopf verschwimmt – von meinen Gefüh-len zu erzählen, war ein Anfang, ein erster Schritt.

Es ist verständlich, daß sich die Patientin wegen der Beendigung der Thera-pie Sorgen macht und das Gefühl hat, daß noch viele Dinge unerledigt sind. Der Therapeut versucht seinerseits nicht, sie darin zu bestärken, daß »alles gut werden wird«, beziehungsweise ihr zu versichern, daß sie bei der gemeinsamen Arbeit genug erreicht haben. Statt dessen behandelt er die Gefühle und Reaktionen der Patientin in der gewohnten Art und Weise: als Ausdruck der zentralen Beziehungsproblematik der Patientin. Auf seine Frage reagiert die Patientin mit der Feststellung, daß sie sich ihrer automatischen Verhaltensweisen jetzt viel stärker bewußt sei, daß sie aber das Gefühl habe, noch mehr Therapiezeit zu benötigen, um dieser Automatismen besser Herr zu werden. Der Therapeut erkennt an, daß die Patientin ihre Fortschritte realistisch einschätzt, forscht aber weiter danach, welche Bedeutung die Beendigung der Therapie für sie hat.

T: Es hört sich so an, als wenn die größte Veränderung darin besteht, daß es kein solcher Automatismus mehr ist und Sie sich Ihrer Prädispositionen jetzt sehr bewußt sind.

P: Ja, genau.

T: Über Ihre diesbezüglichen Gefühle hinaus sind noch bestimmte Dinge in Gang gekommen, die Sie seither bearbeiten. Sie meinen, daß es für unsere Zwecke gut wäre, wenn wir in vielerlei Hinsicht noch mehr daran arbeiten würden. Was Sie da an sich spüren, sind wichtige Veränderungen. Und Sie haben gerade erst damit angefangen.

P: Genau.

T: Außerdem, im Hinblick darauf, wie Sie unsere Beziehung erleben, Ihre Gefühle mir gegenüber, über die Sie gesprochen haben – inwiefern spielen die Ihrer Meinung nach dabei eine Rolle, daß Sie mit der Therapie nicht aufhören wollen?

P: Anfangs, als wir uns über meine sexuellen Gefühle Ihnen gegenüber unterhalten haben und mir das schreckliche Angst gemacht hat, war das eine Frage, die ich hatte und über die ich nachgedacht habe; ich konnte mich nicht mehr daran erinnern, wie es dazu gekommen ist, daß Sie mir diese Frage gestellt haben, und ich habe mich gefragt, ob diese ganze Sache mit meinem Verhalten die Leute wohl dazu bringt – und ich weiß, daß mir das Sexuelle gegenüber dem . . . wie soll ich sagen . . . große Schwierigkeiten macht. Aus irgendeinem Grund scheine ich zwischen den beiden eine Trennung machen zu wollen, und die ganze Sache ist für mich noch nicht gelöst. Und ich fühle mich, als wenn alle meine Hemmungen, die, seit ich hier hergekommen bin, plattgemacht worden sind, irgendwie explodieren wollen (lacht nervös). Und ich weiß nicht, was sonst noch.

T: Nun, was für Gedanken gehen Ihnen dazu durch den Kopf?

P: Also, ich weiß nicht. Ich habe das Gefühl, daß ich gerne Gitarre spielen lernen möchte, daß ich singen möchte, daß ich irgendwo hinfliegen möchte oder so (lacht). Ich fühle mich irgendwie leicht und unbeschwert, möchte nackend im Haus herumlaufen und weitermachen. (lacht)

T: Klingt nach viel Spaß.

P: (lacht) Ja.

Die Patientin scheint besonders besorgt darüber zu sein, daß sie ein Problem noch nicht genügend bearbeitet hat, auf das sich die Therapie in letzter Zeit besonders konzentriert: daß sie sich ihrer spielerisch-ausgelassenen und sexuellen Gefühle schämt, die in ihrer Entfaltung zwar gehemmt, deshalb aber nicht weniger vorhanden sind. Die Patientin glaubt offenbar, daß sie ihre positiven Gefühle ohne die Unterstützung des Therapeuten nicht freisetzen kann.

P: Nun, ich komme, glaube ich, immer wieder auf die sexuellen Gefühle zurück, die ich gehabt habe. Sie kamen so unerwartet. In der Begegnung mit Männern dreht sich bei mir jetzt alles um die, um die sexuelle Ebene, statt . . . Ich kann in letzter Zeit an keinem Mann vorbeigehen, ohne ihn zu mustern und mir zu überlegen, wie gut er wohl im Bett ist oder so, und das beunruhigt mich wirklich sehr.

T: Also, die Männer auf der Straße zu mustern und sie zu sexuellen Kontakten zu ermuntern, sind zwei verschiedene Dinge, aber Sie reagieren so darauf, als ob es ein und dasselbe wäre.

P: Ja. Genauso sieht es aus, und so hat es sich ja auch bei den Gefühlen gezeigt, die ich Ihnen gegenüber hatte. *[Dies wäre für den Therapeuten eine gute Gelegenheit gewesen nachzufragen, welche Wahrnehmungen die Patientin gegenwärtig in bezug auf seine Einstellung gegenüber ihren sexuellen Empfindungen für ihn macht. Durch eine solche Frage hätte sich feststellen lassen, ob bei der Patientin die Vorstellung, daß der Therapeut immer noch ihre sexuellen Gefühle mißbilligt, mit zu den Bedenken beiträgt, die sie hinsichtlich der Beendigung der Therapie hat.]*

T: Wie haben Sie Männer erlebt, bevor sich bei Ihnen diese Gefühle geregt haben?

P: Ich bin ihnen irgendwie aus dem Weg gegangen. Ich . . . Schwierigkeiten im Umgang mit ihnen. Mir ist es schon immer schwergefallen, mich einfach zu unterhalten, einfach so zu reden.

T: Ist das jetzt anders?

P: Das ist jetzt etwas anders. Das ist mir aufgefallen. Wenn ich jetzt jemandem begegne – einem Mann, den ich nicht einmal kenne oder den ich vielleicht ein bißchen, aber nicht gut kenne –, dann kann ich mit ihm sogar scherzen, kann Witze machen, herumplänkeln, und das ist sonst immer ein echtes Problem für mich gewesen.

T: Wie war das denn früher, wenn Sie einen Mann gesehen haben, der Ihnen attraktiv erschienen ist beziehungsweise heutzutage attraktiv erscheinen würde und bei dem Sie sich innerlich sagen:»Der sieht aber gut aus!« – Wie sind Sie früher damit umgegangen?

P: Früher?

T: Ehe sich bei Ihnen diese Gefühle geregt haben.

P: Beim Reden habe ich mich immer kontrolliert und aufgepaßt, wie ich aussehe, mich bewege und was ich sage. Ich hatte Angst, ich würde so etwas wie eine »Na, wie wär's mit uns zweien«-Botschaft aussenden.

T: Ihnen ist also auch vorher schon bewußt gewesen, daß Sie sexuell neugierig sind, Sie haben das nur immer gleich unterdrücken müssen – insofern ist da also kein Unterschied?

P: Eigentlich nicht, oder nicht besonders. Das ist Teil des Problems. Ich glaube, jetzt habe ich einfach weniger das Bedürfnis, meine Gefühle zu kontrollieren. Von meinem Gefühl her könnte ich, könnte ich jetzt eher ausgelassen sein, aber es... ich empfinde dabei nichts Bedrohliches. Denn es bedeutet nicht, daß dann gleich etwas passiert.

T: Es klingt so, als hätten Sie angefangen, sich im Umgang mit Männern wohler zu fühlen. Der Kontakt zu ihnen macht Ihnen Spaß. Was beruhigt Sie dann? Was ich Sie im Moment sagen höre, unterscheidet sich ein bißchen von dem, was Sie meines Erachtens vorher gesagt haben. Was ich Sie sagen höre, ist, daß Sie in bezug auf Männer schon immer sexuelle Neugier verspürt haben, daß Sie sich jetzt aber einfach wohler dabei fühlen.

P: Nun, ich glaube, das ist diese ganze Sache mit sexuellem Interesse und so, glaube ich. Und daß ich daran denke, noch ehe ich den anderen kenne, das ist, als ob . . . Dieser Teil in mir, der immer gelernt hat, daß Sex, Intimität und Körperlichkeit für jemanden reserviert sind, mit dem man sich sehr verbunden fühlt und mit dem man bis ans Lebensende zusammensein will. So in der Art.

T: Das klingt, als würden Sie das noch immer glauben. Wir reden hier von Ihrer Neugier.

P: Wenn ich mich doch nun in der Situation befinde, daß ich mit einem Mann zusammenlebe – mit dem Menschen, mit dem ich auch noch mein restliches Leben verbringen soll – dann sollte ich all diese sexuellen Gefühle gegenüber anderen Männern gar nicht haben.

T: Nun, meinen Sie nicht, daß so etwas ziemlich weit verbreitet ist?

P: Also, einer Freundin von mir geht es genauso, und wir haben miteinander schon oft darüber geredet.

T: Dann gibt es also schon zwei von der Sorte.

P: Ganz genau. (lacht)

T: Nun, was für ein Gefühl wäre das für Sie, wenn Sie niemals sexuelle Neugier gegenüber anderen Männern empfinden würden?

P: Anderen, außer meinem Mann? Nun, in letzter Zeit habe ich das Gefühl, daß dann viel Zeit wegfallen würde (lacht). Vielleicht meine ich deshalb auf einmal, daß das für mich eine große Sache ist. Es macht mir immer mehr Spaß. Wenn ich mich so fühle, dann kommt mir nicht mehr der bedrohliche Gedanke, daß gleich etwas passieren wird.

T: Wenn Sie also so wären – so empfinden würden, wie Ihre Eltern es Ihnen Ihrer Erfahrung nach beigebracht haben . . . wenn Sie nie sexuelle Neugier, sexuelles Interesse an einem anderen Mann verspüren würden, würde dann nicht, im Hinblick auf das, was Sie tun – würde dann nicht das Leben einfach viel weniger Spaß machen?

P: Mir fällt gerade etwas anderes ein, was ich vorgestern abend zu meinem Mann gesagt habe: Daß es mir, glaube ich, Spaß machen würde, die Geliebte eines Mannes zu sein, der mir einfach eine Luxuswohnung zur Verfügung stellt, wo ich diesen ganzen Alltagskram nicht machen müßte. Mein Mann entgegnete darauf:»Ja, ich glaube, auch mir würde es Spaß machen, bei jemandem den Gigolo spielen zu dürfen.« (lacht) Und dann fragte er mich:»Ist das eine von deinen Phantasien?« Und ich sagte:»Ja, es macht schon Spaß, sich das so vorzustellen.« Und er erwiderte:»Solange daraus nicht mehr entsteht.« Einfach so diese unverblümte Antwort, und ich habe mich im stillen gefragt, ob er wohl meint, daß ich in dieser Hinsicht weitergehe! So wie ich ihn erlebt habe, geht es für ihn in Ordnung, daß ich an so etwas denke, solange ich es nicht tue!

T: Weil er es genauso macht.

P: Weil er was? Ja, er macht es genauso.

T: Es sieht so aus, als wenn wir jetzt schon zwei Frauen und einen Mann mit solchen Phantasien unter uns haben.

P: (lacht)

T: Der Kreis wächst.

P: Sie sind sehr zynisch.

T: (lacht) Wenn wir uns noch einmal dem zuwenden, uns noch einmal das ansehen, worüber wir heute miteinander gesprochen haben, und dabei an die Frage denken, die Sie zu Beginn gestellt haben . . . Sie haben in bezug auf die Beendigung der Therapie große Bedenken. Versuchen Sie Ihre Bedenken ein bißchen mehr im Hinblick darauf zu verstehen, was

Sie heute gesagt haben. Sie haben anscheinend das Gefühl, daß Sie zwar einige wichtige Dinge bearbeitet haben, daß diese aber noch nicht abgeschlossen sind und Sie nicht soviel getan haben, wie Sie gerne hätten. Übrigens, nebenbei gesagt, ist die Frage sehr realistisch: Wie weiß man, wieviel man getan hat? Das ist ein sehr realistischer Punkt, aber was spielt da mit hinein? Es hört sich so an, als wenn da auch die Empfindung wäre, daß Sie sich in unserer Beziehung mittlerweile wohl fühlen. Vielleicht wollen Sie sie aus diesem Grund nicht aufgeben? Ich frage mich auch, ob sich bei Ihnen nicht das hartnäckige Gefühl bemerkbar macht – auch wenn es so klingt, als würden Sie sich wohl und zuversichtlich fühlen, zuversichtlicher und optimistischer in bezug auf die Veränderungen, die Sie durchmachen und die Ihres Erachtens sehr gut für Sie sind und Ihnen das Gefühl geben, daß etwas Wichtiges ins Rollen gekommen ist – ich frage mich, ob da nicht doch das hartnäckige Gefühl ist, das alles sei irgendwie damit verknüpft, daß ich es gutheiße, und daß, wenn wir mit den Sitzungen aufhören, alles einfach in sich zusammenfällt – oder vielleicht ist das nicht das richtige Wort – vielleicht ist es so, als ob dann das Tor wieder zuschlägt.

P: Also, ich glaube nicht, daß ich speziell daran gedacht habe, daß Sie es gutheißen müssen, aber ich habe darüber nachgedacht, was passieren würde, wenn wir das hier jetzt gleich beenden würden und nicht erst zu einem Zeitpunkt, wo verinnerlicht ist: »Das sind meine Gefühle, und ich akzeptiere sie.« Ich weiß nicht so recht.

Es mehren sich die Hinweise, daß die Patientin sich vorstellt, ihre neugewonnene Fähigkeit, sich anderen Menschen näher und in ihrer Gegenwart wohler zu fühlen, basiere auf der Zustimmung des Therapeuten. In dieser Vorstellung zeigt sich, daß die Patientin weiterhin dazu neigt, den Therapeuten teilweise als Personifizierung einer Elternfigur zu sehen: Als »braves kleines Mädchen« wird sie nichts ohne elterliche Zustimmung tun. Die Patientin gesteht ein, daß sie von dieser anachronistischen Prädisposition beeinflußt wird, und redet intellektualisierend davon, daß sie das, was sie als zustimmende Haltung des Therapeuten erlebt, weiter verinnerlichen muß. Hier wird erkennbar, daß sie die therapeutische Beziehung als defensives Mittel benutzt, um das Therapieende hinauszuschieben.

Auch in der einundzwanzigsten Sitzung dreht sich das Therapiegespräch hauptsächlich um die Beendigung der Therapie. Der Therapeut hilft der Patientin dabei, die komplexen Gefühle, die sie im Hinblick auf ein möglicherweise baldiges Therapieende hat, weiter zu untersuchen. Die Patientin ist traurig, und der Therapeut meint dazu, daß das zu erwarten sei, wenn eine wichtige Beziehung zu Ende geht. Außerdem beschäftigen sie sich mit dem Umstand, daß zu diesem Zeitpunkt kein Gefühl der Verärgerung oder Wut vorhanden ist, und fragen sich, ob bei der Patientin durch das Gefühl der Distanz nicht vielleicht die verschwundene Wut auf den Therapeuten verschleiert wird. Die Patientin empfindet es so, als ob der Therapeut damit droht, sie zurückzuweisen. Die Fülle von komplexen Träumen und anderem Material, das in letzter Zeit zusammengekommen ist, wird mit Blick darauf untersucht, daß die Patientin darüber klagt, es spiele sich zur Zeit zuviel ab, um mit der Therapie aufhören zu können. In der zweiundzwanzigsten Sitzung hat die Patientin das Gefühl, einen Rückfall zu haben; alle ihre alten Selbstzweifel und Hemmungen sind wieder da. Ihre Mutter ist bei ihr zu Besuch, und die Patientin empfindet die Beziehung zu ihr als sehr gespannt.

T: Es klingt wiederum, als hätten Sie das Gefühl, daß dies kein guter Zeitpunkt ist, um an eine Beendigung der Therapie zu denken.

P: Da bin ich mir sicher.

T: Sie liefern sich also recht überzeugende Belege dafür, daß – wie wir letztesmal besprochen haben – daß vielleicht die ganzen Fortschritte, die Sie erzielt zu haben glaubten, in Wirklichkeit recht dürftig und wackelig sind.

P: Genau das Gefühl habe ich heute. Ich meine, ich kann mit meinem Mann ein bißchen besser umgehen. In dieser Hinsicht fühle ich mich langsam besser. Aber diese ganze Sache, die bei dem Besuch meiner Mutter jetzt wieder hochgekommen ist . . .

T: Wir haben auch, vor allem beim letztenmal, gesehen, daß es eine Reihe von Gründen dafür gibt, warum Sie nicht aufhören möchten, unsere Beziehung nicht beenden wollen. Wodurch meiner Meinung nach die Frage im Raum steht, inwieweit Sie versuchen, uns beide – selbst wenn es auf Ihre eigenen Kosten geht – davon zu überzeugen, daß das jetzt ein schlechter Zeitpunkt ist, um aufzuhören.

P: Wie kommen Sie auf diese Frage, und was ist überhaupt falsch daran zu versuchen, uns beide davon zu überzeugen? Ich meine, daß ich hier nur beschreibe, was abläuft, und über die Zweifel und Fragen rede, die ich deswegen habe, und daß ich ein Recht habe, Sie davon zu überzeugen.

T: Sie klingen irgendwie verärgert über das, was ich gesagt habe. *[Der Therapeut konzentriert sich auf den Affekt der Patientin – ein Thema, dem immer Priorität gegeben werden sollte.]*

P: Es klingt so, als würden Sie sagen, daß ich bewußt versuche, meinen Standpunkt durchzusetzen, und vielleicht interpretiere ich das falsch, ich weiß es nicht. Ich glaube, ich fühle mich im Moment, heute, irgendwie verzweifelt. Und ich meine, ich verstehe das irgendwie nicht – wir haben darüber gesprochen – ich war irgendwie wütend, bis wir endlich die Sitzung hatten, auf der wir schließlich darüber geredet haben, und danach habe ich mich besser gefühlt. Allerdings ist noch nichts entschieden worden. Die Sache ist nicht klar.

T: Ein Element, ein wichtiges Element der Entscheidung ist, daß wir uns ansehen, wie Sie darauf reagieren, daß wir möglicherweise mit unseren Sitzungen aufhören, und wie Sie ihre Reaktionen empfinden. Sie haben zum Beispiel gesagt, daß Sie sich daran erinnern, was Ihnen in der Kindheit als Mittel zur Verfügung gestanden hat, wenn es zwischen Ihnen und Ihrer Mutter Streit gab: Sie haben sich geschworen, nicht mehr mit ihr zu reden, und das hat Sie sicher genauso verletzt und durcheinandergebracht wie Ihre Mutter. Ist es möglich, daß ein Teil von Ihnen jetzt genau das gleiche tut? Daß Sie, anders gesagt, das Gefühl haben, daß alles in sich zusammenfällt, daß Sie dieselben Probleme haben, die Sie auch vorher hatten, dieselben Hemmungen? Das ist eine Möglichkeit, zu schweigen und Ihre Enttäuschung und die Wut, die Sie auf mich haben, zum Ausdruck zu bringen. Wir haben darüber nachgedacht, wie wir unsere Beziehung beenden können, aber Ihre Reaktion geht auf Ihre Kosten, denn sie tut Ihnen selbst weh.

P: Nun, darüber habe ich eigentlich noch nicht nachgedacht. Was ich Sie immer wieder sagen höre, ist, daß ich in bezug auf uns eine ganze Menge unter der Oberfläche halte.

T: Daß Sie was tun?

P: Es unter der Oberfläche halten. Daß es möglich ist, daß ich in dem, was ich sage, auf etwas reagiere, was ich nicht hören möchte. Ich schildere es so, als wenn es ganz auf Dingen basiert, die außerhalb passieren.

T: Nun, wenn man sich das mal ansieht, dann ist das schon irgendwie überraschend und auffallend, denn das haben wir doch die ganze Zeit getan, und es hat einen Sinn ergeben, und jetzt auf einmal tut es das nicht mehr.

P: Deshalb sage ich ja, ob ich das nicht vielleicht einfach verdrängt habe, so daß es mir nie in den Sinn gekommen ist.

T: Das ist sehr wahrscheinlich. Es ist vor allem deshalb überraschend, weil das, womit wir uns gerade beschäftigen, eine Reaktion auf etwas ist, was jedem Menschen schwerfällt: eine wichtige Beziehung zu beenden. Insofern überrascht es um so mehr, daß Sie das Gefühl hatten, daß es nichts mit uns zu tun hat.

Die Verzweiflung, die die Patientin wegen des nahenden Therapieendes empfindet, wird größer; dies spiegelt sich darin wider, daß bei ihr in Beziehungen außerhalb der Therapie die alten Symptome wieder auftreten und sie sich vom Therapeuten emotional zurückzieht. Wenn das Therapieende näherrückt, kann ein Patient schon einmal in Panik geraten; beim Therapeuten sollte das allerdings niemals der Fall sein. Für beide Beteiligten ist der Zeitdruck eine Realität, und der Therapeut hat vielleicht mit eigenen Zweifeln darüber zu kämpfen, ob wirklich genug erreicht worden ist. Er sollte sich von seiner Haltung her jedoch durchgängig darauf konzentrieren zu untersuchen, welche Bedeutung die Beendigung der Therapie für den Patienten hat. Zwar kann sich der Therapeut immer, auch noch in der letzten geplanten Sitzung, die Frage stellen, ob es im betreffenden Fall angebracht ist, die Therapie zu beenden, wir empfehlen jedoch mit Nachdruck, an dem vereinbarten Endtermin festzuhalten.

Es wird immer offensichtlicher, wie wütend und wie enttäuscht die Patientin über den Therapeuten ist, auch wenn sie es nicht mit Worten zum Ausdruck bringt. Der Therapeut versucht zu erkunden, wie sie – angesichts ihres bisherigen charakteristischen Umgangs mit zwischenmenschlichen Konflikten in ihrem Leben – jetzt mit diesen Gefühlen umgeht. Er deutet die zunehmenden Schwierigkeiten, die sie außerhalb der Therapie hat, als Vorwand für eine Fortsetzung des Kontakts zu ihm. Die Patientin macht die überraschende Bemerkung, daß sie die Erfahrungen außerhalb der Therapie nie mit den Gefühlen in Verbindung gebracht hat, die sie zur Zeit gegenüber dem Therapeuten empfindet. Der Therapeut weist darauf hin, daß es bei der Patientin hier zu einem bemerkenswerten und bezeichnenden Wahrnehmungsfehler im Hinblick auf den Einfluß der therapeutischen Beziehung gekommen ist. Dieser Fehler ist ein weiterer Beleg dafür, wie sehr der Patientin der Gedanke an die Beendigung der Therapie zu schaffen macht.

Zu Beginn der dreiundzwanzigsten Sitzung beklagt sich die Patientin, daß sie wegen des Therapeuten »die Hölle durchgemacht« habe. Sie ist emotional distanziert, und es fällt ihr schwer, dem Therapeuten zuzuhören. Als er das anspricht, kommen der Patientin die Tränen, und sie erklärt, daß sie traurig sei. Sie fühlt sich hilflos, aber der Therapeut fragt sich, ob ihre emotionale Distanziertheit nicht vielleicht darauf hindeutet, daß sie sich hartnäckig weigert, ihrer Wut gegenüber dem Therapeuten Luft zu machen. Zu Beginn der vierundzwanzigsten Sitzung reflektiert die Patientin ihr Verhalten.

P: Jetzt bin ich aus meinem Tief heraus. Ich fühle mich heute besser. Mein Mann hat mir letztens im Gespräch gesagt, ihm sei aufgefallen, daß ich fast jedes Jahr im Frühling ein echtes Tief habe, und er hat mich gefragt, ob ich mir darüber schon einmal Gedanken gemacht hätte, und wollte wissen, ob ich mich erinnern könnte, wann ich mich zum erstenmal so gefühlt habe. Und da fiel mir meine Krankheit ein und daß er in dem Jahr damals im Sommer weggefahren ist und so. Er meinte: »Nein, das war nicht das erste Mal.« Ich fragte: »Wann denn dann?« Er sagte, daß es im ersten Jahr nach unserer Hochzeit gewesen sei, und zwar im Frühling. Ich wollte damals mein Studium schmeißen und habe mich echt elend und niedergeschlagen gefühlt. Es ist komisch, ich hatte gedacht, daß das alles im Herbst passiert sei. Aber dann bin ich in Gedanken noch weiter zurückgegangen und habe versucht, mir in Erinnerung zu rufen, wie ich einmal von einem Menschen getrennt worden bin, mit dem ich eine sehr enge Beziehung hatte. Und . . .
T: Können Sie auf diesen Punkt bitte noch einmal zurückkommen?
P: Nun, ich habe versucht, in Gedanken weiter zurückzugehen, weil mein Mann mir gesagt hat, er sei sehr enttäuscht darüber, daß ich einen Rückschlag erlitten hätte und es nicht so gut liefe, und er sei damals sehr glücklich gewesen, als ich guter Stimmung war und es den Anschein hatte, daß wir einige Dinge erfolgreich bearbeiten würden. Und da habe ich versucht, mich noch weiter zurückzuerinnern, und das nächste, was mir einfiel, war eine bedeutsame Beziehung zu einem Mann, mit dem ich eine Zeitlang eng zusammengewesen war. Es sieht so aus, als wenn ich die Beziehung mit diesem Mann, von dem ich schon erzählt und von dem ich auch geträumt habe, genau wieder im Frühling beendet hätte. Und in der gleichen Jahreszeit habe ich auch meine Verlobung mit dem Mann davor gelöst. Das ist meiner Erinnerung nach auch die Zeit . . . mein Vater starb im Januar, und kurz darauf habe ich mich von dem älteren Mann getrennt. Ich habe dann versucht, in Gedanken noch weiter zurückzugehen, um zu sehen, ob ich mich noch an etwas anderes erinnern kann, und plötzlich fiel mir etwas ein, woran ich bis dahin nicht gedacht hatte: Es war zu der Zeit, als ich noch ganz klein war, und irgendwie ging es meiner Mutter schlecht, sie war krank, und ich wurde zu einer Tante geschickt. Das muß für mich ein schreckliches Erlebnis gewesen sein. Ich weiß noch, daß ich in der ganzen Zeit dort schrecklich unglücklich gewesen bin. Dann kann ich mich daran erinnern, daß ich alleine mit dem Bus nach Hause gefahren bin, und ich habe mich schon immer gefragt, ob das wirklich so gewesen ist. Ich war damals höchstens vier oder fünf Jahre alt. Mein Vater hat mich, das weiß ich noch, am Busbahnhof abgeholt.

T: Sie sind alleine mit dem Bus gefahren?

P: Ja, ich bin die ganze Strecke alleine mit dem Bus nach Hause gefahren, und mein Vater hat mich am Busbahnhof abgeholt. Meine Mutter – ich weiß nicht, wo sie damals war, ob sie noch im Krankenhaus gewesen ist oder zu Hause oder wo auch immer, und so habe ich sie heute morgen danach gefragt. Ich wollte einfach wissen, in welcher Jahreszeit das gewesen ist, und sie meinte, das sei im Herbst gewesen. Ich habe sie gefragt, weshalb ich damals zu meiner Tante geschickt wurde, und meine Mutter sagte, daß sie wohl einen Nervenzusammenbruch gehabt habe, denn sie sei sehr depressiv gewesen und habe die ganze Zeit geweint, und außerdem hatte sich mein älterer Bruder beim Fußballspielen offenbar noch das Bein gebrochen, so daß das Ganze dann für meine Mutter einfach zuviel wurde. Deshalb wurde ich weggeschickt. Ich weiß nicht, wo meine Schwester damals war; vermutlich war sie noch zu Hause. Ich weiß nur, daß der Aufenthalt bei meiner Tante für mich ein ganz schlimmes Erlebnis gewesen ist, weil sie sehr autoritär war – schlimmer als meine Eltern. Sie war einfach gemein. Meine Mutter konnte sich nicht mehr genau erinnern, wie lange ich dort bleiben mußte. Sie meinte, es sei nur eine kurze Zeit gewesen. Es war folgendes geschehen: Diese Tante, die eine Schwester meiner Mutter war, war zu uns gekommen, um sich um den Haushalt zu kümmern und meiner Mutter zu helfen, und meine Mutter hat mir jetzt erzählt, daß sie sie nicht ausstehen konnte. Sie spürte, daß es Spannungen zwischen ihnen gab, und hat ihre Schwester deshalb einfach gebeten, wieder nach Hause zu fahren und mich mitzunehmen. Also sind wir zusammen im Bus zu ihr gefahren, und ich bin dann alleine wieder zurückgefahren. Meine Mutter glaubt, daß ich damals wahrscheinlich vier Jahre alt gewesen bin. Schon der Gedanke daran ist für mich einfach fürchterlich – mir vorzustellen, daß man ein Kind allein in einen Bus setzt und irgendwo hinschickt; das finde ich schrecklich.

Die Patientin hat mit ihren Reaktionen auf das bevorstehende Therapieende zu kämpfen und macht eine schwierige Zeit durch, läßt sich dabei aber weiter auf die Therapiearbeit ein. Zwischen den einzelnen Sitzungen bemüht sie sich zu verstehen, warum es für sie so traumatisch ist, sich dem näherrückenden Therapieende zu stellen, und sie versucht, sich frühere Trennungserlebnisse in Erinnerung zu rufen. Es stellt sich heraus, daß die Patientin in der gleichen Jahreszeit mehrere große Verluste erlitten hat; unter anderem ist ihr Vater gestorben, als sie etwas über zwanzig Jahre alt war. Außerdem erinnert sie sich an eine besonders traumatische Trennung von ihrer Familie im Alter von vier oder fünf Jahren. Daran hatte sie seit Jahren nicht mehr gedacht. Im Gespräch darüber erklärt sie, wie schrecklich sie es findet, daß ihre Mutter es zugelassen hat, daß sie weggeschickt wurde, und in dieser heftigen Reaktion spiegelt sich teilweise auch ihre Haltung gegenüber dem Therapeuten, der am vereinbarten Endtermin festhält. Zwar bleibt das Therapiebündnis stabil und fördert so die weitere Arbeit, dennoch grollt die Patientin dem Therapeuten auf einer anderen Ebene immer noch, weil sie sich von ihm grausam behandelt fühlt. Wenn diese Gefühle nicht gründlich beleuchtet werden, läuft die Patientin Gefahr, die Beendigung der Therapie als eine Wiederholung früherer Vorgänge zu erleben, deren Ablauf sie nicht beeinflussen konnte und die sie als ein Vernachlässigt- und Im-Stich-gelassen-Werden durch ihre Eltern erlebt hat.

P: Und ich denke über die Sachen nach, über die wir hier gesprochen haben, die Beendigung der Therapie, und da ist sie wieder, diese Jahreszeit – wieder eine Beziehung, die mir wichtig gewesen ist, und auf einmal soll sie zu Ende sein. Und ich weiß noch, als mein Vater gestorben ist, ist mir das durch den Kopf gegangen – da bin ich am traurigsten darüber gewesen, daß ich meinte, ihn nie richtig kennengelernt zu haben, ihm nie richtig nahe gewesen zu sein. Zwischen uns hatte sich nie diese emotionale Nähe entwickelt, die ich gerne gehabt hätte.
T: Und genau das gleiche Gefühl haben Sie auch mir gegenüber.
P: Ja-a.
T: Wann ist er gestorben?
P: Im Januar.
T: In welchem Jahr?
P: Siebenundsechzig. Mein Mann glaubt anscheinend, daß ich diesen Zyklus jedes Jahr durchmache. Wir haben uns darüber unterhalten, und er meint, er habe das so erlebt, seit wir verheiratet sind – nicht unbedingt jedes Jahr, aber er hat es ganz besonders auf unser erstes Ehejahr bezogen, als ich noch studierte.
T: Die früheste Erinnerung, die Sie haben, ist, daß Sie verlassen wurden.
P: Ja, und ich weiß nicht, zu welcher Jahreszeit das gewesen ist. Ich würde denken, daß es im Frühling oder Sommer gewesen ist. Denn es wurde wärmer, und daß es warm war, weiß ich deshalb, weil die Leute zum Angeln gehen wollten, als ich abfuhr.
T: Irgendwie kommt es nicht einmal darauf an, zu welcher Jahreszeit das gewesen ist. Diese Erinnerung scheint, emotional gesehen, alle Verluste zu umfassen. Es klingt, als wenn das für Sie ein sehr bedeutendes Erlebnis gewesen ist.
P: Wissen Sie, als Sie letztens gesagt haben – Sie haben irgendwie erklärt, daß es einem schwerfällt, eine Beziehung zu beenden, die einem wichtig gewesen ist, ich kann mich jetzt nicht mehr an Ihre genauen Worte erinnern – da bin ich fast in Tränen ausgebrochen. Und ich habe geglaubt, daß Sie mir sagen wollten . . . ich habe wirklich geglaubt, daß Sie zum Ausdruck bringen wollten, daß es nun zu Ende ist. So ein Gefühl habe ich gehabt. Obwohl diese Entscheidung noch gar nicht ganz gefallen war. So habe ich es empfunden. Mit meinem Mann habe ich neulich abends ein gutes Gespräch gehabt. Dabei fragte ich ihn, ob er von mir eine Menge Veränderungen erwarten würde, und er sagte nein. Er meinte, ich würde vielleicht drei Jahre brauchen oder so.»Willst du damit sagen, daß es eine hoffnungslose Situation ist?«wollte ich von ihm wissen.»Nein«, sagte er,»ich glaube, im Hinblick darauf, was du machst und wie du mit dir umgehst, werden die nächsten paar Monate entscheidend sein. Aber ich bin bereit, das alles mit durchzustehen.« Er hat mich wirklich sehr unterstützt. Das sieht ihm gar nicht ähnlich, habe ich noch gedacht. Wenn er einmal im Monat so mit mir reden würde, wären unsere Probleme gelöst.
T: Was fällt Ihnen zu den Erinnerungen an diese verschiedenen Verluste ein? Was empfinden Sie dabei? Was ergibt sich daraus für Sie im Hinblick auf das, was Ihnen wegen der Beendigung unserer Beziehung jetzt so zu schaffen macht?

Die Patientin empfindet es so, als ob der Therapeut ihr gesagt hätte, daß sie zum festgesetzten Zeitpunkt gehen müsse. Sie fühlt sich teilweise wie ein hilfloses Kind, das von gefühllosen Eltern ohne Rücksicht auf die dadurch verursachte Verwirrung ausgesetzt wird. Gemeinsam klären Therapeut und Patientin, daß dieses Erlebnis eine Wiederholung früherer Traumata darstellt, aus denen nun eine anachronistische Beziehungsprädisposition hervorgegangen ist. Der Therapeut ermuntert die Patientin, sich ihre Erinnerungen an vergangene Trennungen und Verluste näher anzusehen, um die Bedeutung des bevorstehenden Therapieendes weiter zu erhellen. Die Patientin hat große Angst davor, zurückgewiesen oder verlassen zu werden, und diese Ängste stehen mit ihren aggressiven und sexuellen Gefühlen und den damit verbundenen Konflikten in Zusammenhang. So konzentriert sich der Therapiefokus weiterhin auf die zentralen Probleme der Patientin, die die Art und Weise prägen, in der sie die Therapie erlebt und mit deren Beendigung umgeht. Die Phase der Beendigung bringt zwar ihre ganz eigenen Charakteristika hervor, ist aber gleichzeitig auch eine Fortsetzung der Hauptarbeit der Therapie.

Die Patientin berichtet spontan von der Unterstützung, die sie jetzt durch ihren Mann erfährt, und weist damit auf beeindruckende Verbesserungen in der ehelichen Beziehung hin, die sie zweifellos dank ihrer Therapieerfahrung erreicht hat. Es ist offensichtlich, daß die Patientin sich im Umgang mit Intimität jetzt wohler fühlt, und dadurch reagiert auch ihr Mann viel liebevoller auf sie.

P: Nun, es ist einfach eine Tatsache, daß diese Entscheidung getroffen werden wird, und meine Reaktion darauf ist, daß ich dies hier nicht zu Ende gehen lassen möchte, aber ich glaube . . . ich weiß nicht . . . ich habe dadurch einfach angefangen, darüber nachzudenken, warum ich so reagiere, wie ich reagiere, und welche Alternativen es gäbe, wenn wir aufhören, und mit was für Folgen das wohl verbunden wäre. Und auch das, was mein Mann da gesagt hat, daß er das bei mir regelmäßig zu bestimmten Jahreszeiten erlebt . . . Ich habe einfach irgendwie versucht, in der Erinnerung zurückzugehen, und dann hat er gemeint, daß die Ursprünge noch viel, viel weiter zurückliegen könnten – in meiner frühen Kindheit.
T: Welche Alternativen sind denkbar?
P: Nun, wir können aufhören und sehen, was passiert. Sehen, ob ich mit den Problemen, die ich habe, nun besser zurechtkomme. Schauen, ob ich die Therapie fortsetzen muß, und wenn ja, ob mit Ihnen oder mit jemand anderem oder ob ich eine ganz andere Therapie brauche oder so. Ich könnte mein Geld zurückfordern, weil ich das Gefühl habe, daß ich keine Fortschritte gemacht habe. Dieser Gedanke kam mir, als ich mich so mies gefühlt habe (lacht nervös). Ich hatte nicht das Gefühl, daß ich es schaffen könnte.
T: Ich weiß, daß Sie irgendwo drinnen doch diese Überzeugung haben.

Der Patientin ist zwar immer noch nicht ganz wohl dabei, ihre Gefühle anzuerkennen, dennoch bringt sie jetzt ihre Verärgerung und Enttäuschung zum Ausdruck. In ihrer sarkastischen Bemerkung ist die häufig anzutreffende Vorstellung enthalten, daß sich nichts Gutes ereignet hat, solange nicht alle ihre Erwartungen im Hinblick auf unbegrenzte Fürsorge und Liebe erfüllt sind. Vom Verstand her weiß sie, daß das nicht stimmt, und emotional gesehen hat sich ihr Erleben wesentlich verbessert, trotzdem macht sich bei ihr immer noch die Erfahrung bemerkbar, daß sie wiederholt Verluste erlitten hat und nichts tun konnte, als sich verzweifelt und aufgebracht zu fühlen. Während die Patientin das Problem herunterzuspielen versucht, ist dem Therapeuten bewußt, daß es weiterhin vorhanden ist.

P: (lacht) Ich schieße zurück, wenn Sie sagen, daß wir aufhören müssen. (lacht)
T: Sie sagen das mit einem Lächeln; Sie lachen dabei.
P: Ich kann nicht anders; so ist das nun einmal bei mir!
T: Dieser Zorn, den Sie fühlen, kommt jetzt etwas deutlicher zum Ausdruck als vorher. Sie sagen es zwar mit einem Lächeln, aber zumindest ist es mal gesagt!
P: Außerdem habe ich beschlossen, daß ich mich nicht in Selbstmitleid suhlen werde. Ich habe nur noch eine Sitzung, aber so empfinde ich das heute gar nicht. Andere Alternativen . . . nun, ich wüßte gerne, was Sie dazu denken. Ich weiß zwar nicht, ob ich das jetzt erfahre, aber . . . im Hinblick darauf, wo ich Ihrer Meinung nach stehe; die Probleme, die ich angesprochen habe.
T: Nun, bevor ich Ihnen meine Meinung sage, möchte ich gern Ihre hören.

Der Therapeut behält die ganze Therapie hindurch eine konsequente Haltung bei. Am Anfang hatte die Patientin viele Fragen zur Therapie aufgeworfen, deren Berechtigung der Therapeut zwar anerkannt hatte, aber statt sie der Patientin sofort zu beantworten, hatte er ihr lieber die Gelegenheit geboten hat, der Bedeutung dieser Fragen nachzugehen. Als die Patientin nun mit dem Therapieende konfrontiert ist, stellt sie erneut zahlreiche Fragen zur Rolle des Therapeuten. Der erkennt auch diesmal an, daß die Fragen berechtigt sind, erklärt aber, daß sie in ihrer Arbeit wohl eher dadurch vorankommen würden, wenn sie zunächst einmal erkunden, was sich diesen Fragen über die Gefühle der Patientin in bezug auf das bevorstehende Therapieende entnehmen läßt.

P: Meine Meinung?
T: Ja. Warum meinen Sie, daß meine wichtiger ist?
P: Nicht unbedingt. Ich denke, daß sie eine Rolle spielt. Ich wüßte gerne, wie Sie das sehen. Das würde mir vielleicht helfen, einen besseren Einblick in die Situation zu bekommen. Ich glaube mein Herumnörgeln und Weitermachen-Wollen hängt teilweise damit zusammen, daß ich mich nicht in dem Maße öffne, wie ich es gerne würde, und so. Das nur als eine Möglichkeit sehe. Ich meine, ich habe doch irgendwie versucht, mich auf das Thera-

pieende vorzubereiten. Vielleicht habe ich den Schmerz überwunden, den ich bei den letzten zwei oder drei Sitzungen empfunden habe. Ich habe das Gefühl, daß ich ihn überwunden habe; ich bin traurig gewesen, aber jetzt tauche ich irgendwie wieder aus dem Schmerz auf und richte den Blick auf die Zukunft und . . . nun, falls es nicht klappt – wie das dann sein wird. Ich habe mich auf diese Möglichkeit eingestellt. Zumindest das . . . vielleicht versuche ich zu arg, meine Gefühle zu beherrschen, aber ich muß das an diesem Punkt einfach machen.

Die Patientin spricht von einem Trauerprozeß – ein üblicher Vorgang bei Patienten, die in der Vergangenheit körperliche oder emotionale Verluste erlitten haben und nun mit dem Therapieende konfrontiert sind. Wie bei jedem Trauerprozeß gilt auch hier: Wenn er nicht bearbeitet wird, kann er weiter einen hemmenden Einfluß auf die Beziehungen der Patientin ausüben. Um es noch einmal zu betonen: Der Therapeut sieht in dieser Phase der Therapie eine potentielle Trauerphase – aber eine, die von den zentralen Problemen geprägt ist, auf die sich die Therapie die ganze Zeit über konzentriert hat.

P: Mir bleiben nur noch zwei Sitzungen. Ich möchte das einfach nicht. Ich komme einfach nicht klar, wenn ich mich so fühle, wie ich mich die letzten beiden Male gefühlt habe. Ich hatte fürchterliche Bauchschmerzen und andere körperliche Reaktionen. Das ging soweit, daß ich fast ein Magengeschwür bekommen hätte. Heute ist es allerdings nicht so schlimm.

T: Aber wie Sie gesagt haben: Trauer ist keine angenehme Erfahrung. Das haben Sie erlebt, als Ihr Vater gestorben ist. Es ist aber auch so, wenn man vorweg trauert . . . (Stille) . . . Etwa als Sie gesagt haben, daß Sie es Ihrer Empfindung nach bisher zum Beispiel versäumt hätten, mich kennenzulernen, sich mir gegenüber zu öffnen.

P: Ich meine, glaube ich, daß es von der Art her wohl das gleiche Gefühl ist, das ich bei meinem Vater empfunden habe, insofern als ich, glaube ich, dazu neige, mir in Gedanken . . . zurückzublicken und mir im stillen zu sagen: Warum bin ich nicht auf ihn zugegangen? Wenn ich mir einen Ruck gegeben hätte und nicht so sehr darauf bedacht gewesen wäre, nicht angreifbar zu sein, hätte er vielleicht darauf angesprochen. Ich konnte es aber aus irgendeinem Grund nicht, wir haben uns ja schon über einige der Gründe unterhalten – einmal bin ich ja auf ihn zugegangen und wurde abgewiesen. Und deshalb macht mich der Gedanke traurig, daß ich jetzt wieder das gleiche getan habe. Da habe ich Kontakt zu einem Menschen, bin dabei aber immer noch darauf bedacht, mich zu schützen, und nun, wo es dem Ende entgegengeht, tut es mir leid, daß wir einander nicht näher sind – gut, vielleicht würden Sie das auch nicht zulassen, aber ich finde es jetzt um so trauriger, daß ich nicht auf Sie zugegangen bin, beziehungsweise frage ich mich, ob ich auf Sie zugegangen bin. Ich glaube, mein Problem ist im wesentlichen, daß ich es nicht getan habe.

In der vierundzwanzigsten Sitzung an späterer Stelle:

T: Da sind bestimmte Dinge, die Sie gerne tun würden, bei denen Sie aber nicht sicher sind, daß Sie sie alleine schaffen können – weitere Fortschritte erzielen, offener und mit Ihren

Gefühlen mehr im Einklang sein; daher sind Sie sich viel bewußter, daß es immer noch vorkommen kann, daß die automatischen Reaktionen, die Sie haben, Ihnen Schwierigkeiten bereiten. Nebenbei gesagt: Ist es nicht auch möglich, daß es ziemlich schwer ist, sich zu verändern, und eigentlich auch nicht so wichtig, wie die Frage, ob Sie diese Dinge zu fassen kriegen oder nicht? So daß Sie innehalten, wenn wieder so etwas abläuft. Was wir außerdem bei Ihnen sehen, sind eine Menge Gefühle, die damit zu tun haben, daß Sie an etwas festhalten, daß Sie Dinge anders haben wollen, als sie bis dahin gewesen sind. Wir haben heute über die Erlebnisse gesprochen, die Sie mit Ihrer Mutter und Ihrem Vater gehabt haben. Es ist also nicht so leicht herauszufinden, welches die richtige Entscheidung ist. Was Sie meinem Gefühl nach im Hinblick auf das Therapieende nach 25 Sitzungen – falls wir sie dann beenden sollten –, glaube ich, sehr stark empfunden haben, ist, daß es für immer wäre. Sie haben das zwar nie direkt gesagt, aber . . .

P: Ach ja, etwas ist mir gerade eingefallen, was ich noch nicht erwähnt hatte. Wir könnten ja aufhören und uns Möglichkeiten für die Zukunft überlegen, falls ich an den Punkt komme, wo ich das Gefühl habe, wieder Hilfe zu brauchen.

T: Das ist ganz klar etwas, was durchaus möglich ist. Natürlich! Wieso nicht?

P: Ich habe so getan, als wenn es das Ende der Welt wäre und es keine andere Möglichkeit gäbe, die Teile wieder einzusammeln, falls ich an den Punkt komme, wo ich das Gefühl habe, mich in meine Einzelteile aufzulösen.

T: Richtig. Das ist ein anderer Aspekt, der Sie meines Erachtens heute beschäftigt hat, als Sie sich den Tod Ihres Vaters in Erinnerung gerufen haben, und das eine Mal, wo Sie weggeschickt worden sind, was . . . In dem Alter von zu Hause weggeschickt zu werden – da müssen Sie doch gemeint haben, daß Sie nie mehr zurückkehren würden. Ein wichtiger Teil davon, wie Sie unsere Beziehung erlebt haben, war so ein Gefühl wie: ich sterbe. Als ob Sie weggeschickt würden, um nie mehr wiederzukommen. Und das ist es unter anderem, was Sie so erschreckt und wütend gemacht hat. Dabei ist es doch in Wirklichkeit so: Wenn wir jetzt aufhören und Sie einmal schauen, wie es so läuft, dann gibt es doch nichts, was Sie später daran hindert, hier wieder herzukommen.

P: Interessant daran ist, daß ich so reagiert habe. Als ob es etwas Endgültiges wäre und mir keine Wahl bliebe.

T: Damit in Zusammenhang steht auch, daß es egal ist, um welchen Zeitraum es geht, ob drei Monate, drei Jahre oder drei Jahrhunderte. Angesichts all der Dinge, die aufgewühlt werden, wenn eine Beziehung beendet wird, wenn unsere Beziehung beendet wird – wie würden Sie da je erfahren, ob Sie es schaffen können? Die einzige Möglichkeit, es zu erfahren, ist, es auszuprobieren.

P: Ich muß es ausprobieren.

Der Therapeut weist darauf hin, daß diese Therapieform (beziehungsweise jede Form der Psychotherapie) realistisch gesehen bestimmte Grenzen hat; Hoffnungen darauf, daß es zu wunderbaren Veränderungen kommt, werden nicht erfüllt werden. Nicht alle emotionalen Konflikte, die die Patientin hat, sind gelöst worden; sie hat aber jetzt genügend Wissen und Praxis, um ihre fehlangepaßten Beziehungsprädispositionen zu erkennen und mit ihnen fertig zu werden, und es steht zu hoffen, daß sie sich weiterhin bemüht, den Einfluß dieser Prädispositionen auf ihr Leben zu verringern.

Der Therapeut gibt einen kurzen Überblick darüber, was sie zusammen erreicht haben und was noch zu tun bleibt, und behält gleichzeitig seine auf Interpretationen konzentrierte Haltung bei. Er fügt das, was die Patientin in letzter Zeit erlebt hat, zusammen und weist auf eine wichtige Bedeutung hin, die die Beendigung der Therapie für sie hat: auf der affektiven Ebene wird die Beendigung mit dem »Tod« der Beziehung gleichgesetzt, der ein erneutes Zusammenkommen unmöglich macht. Diese Vorstellung erwächst der Patientin aus ihrer persönlichen Geschichte, aber in allgemeinerer Form ist diese Phantasie in der Endphase von zeitlich begrenzten (und anderen) Therapieformen häufig anzutreffen. Die Patientin findet es beeindruckend, wie stark ihr Erleben durch ihre Phantasie geprägt wird. Sie hat hier erneut Gelegenheit zu erfahren, wie mächtig der Einfluß ihrer fehlangepaßten Beziehungsprädispositionen ist. Wir sehen allerdings, daß die Patientin eine optimistischere Einstellung gewonnen hat.

In der fünfundzwanzigsten – und vom Plan her letzten – Sitzung schlägt die Patientin vor, sich noch zweimal zu treffen, denn das würde ihr helfen, eine besonders streßreiche Arbeitsphase besser durchzustehen. Obwohl der Therapeut im Hinblick auf diese Begründung Zweifel hegt, meint er, daß es angesichts der Verlusterlebnisse, die die Patientin in ihrem bisherigen Leben gehabt hat, eine nützliche Erfahrung für sie wäre, wenn sie die Beendigung der Therapie mit beeinflussen kann und er in diesem Fall flexibel reagiert. Die Patientin äußert die Erwartung, der Therapeut sei der Ansicht, daß sie sich an die Beziehung klammert, und würde sie hinausdrängen. Sie schauen sich diese Erwartung vor dem Hintergrund früherer Erlebnisse der Patientin an: dem Verlust eines Elternteils und dem Gefühl, von ihrem Mann abgelehnt zu werden. Die Patientin sagt, daß sie sich wohlfühle und in bezug auf das Therapieende ein besseres Gefühl habe. Sie glaubt, in der Therapie viel erreicht zu haben. Sie fühlt sich »mit sich selbst zufrieden«, aber traurig. Es werden zwei weitere Therapiesitzungen vereinbart.

Im ersten Teil der sechsundzwanzigsten Sitzung findet eine Bestandsaufnahme dessen statt, was in der Therapie erreicht worden ist. Die Patientin erklärt, sie sei sich stärker der Tatsache bewußt, daß sie auf Dinge, die sie stören, vom Verstand und vom Gefühl her unterschiedlich reagiert. Sie meint, daß Kritik ihr jetzt nicht mehr so sehr zusetzt und daß sie nicht mehr so eine panische Angst vor dem Therapieende hat. Es macht ihr immer noch Sorgen, daß sie Gefühle wie Wut und Ärger nicht richtig zum Ausdruck bringen kann, sie erkennt aber, daß sie nicht mehr so gereizt ist wie früher und sich nicht mehr wie eine Zeitbombe fühlt. Ihre eheliche Beziehung macht ihr noch Sorgen, aber sie ist sich jetzt sicher, daß sie bei Bedarf weitere Therapiestunden in Anspruch nehmen kann.

In der siebenundzwanzigsten und letzten Sitzung bringt sie dem Therapeuten ein kleines Geschenk mit. Sie hat das Gefühl, jetzt soweit zu sein, daß sie aufhören kann. Im Umgang mit anderen Menschen und auch in ihrer eigenen Haut fühlt sie sich jetzt wohler als früher. In ihrer Ehe gibt es zwar noch Probleme, aber sie meint, daß sie mit ihrem Mann daran arbeitet, sie zu lösen. Sie ist überzeugt, daß sie nicht mehr »regredieren« wird. Sie möchte gerne spontaner auf andere Menschen zugehen und ihre Wut offener zum Ausdruck bringen. Sie zeigt dem Therapeuten, wie dankbar sie ihm ist, und als die Sitzung sich dem Ende nähert, hat sie Tränen in den Augen. Sie verabschiedet sich herzlich und geht.

Nachtermin

Ungefähr zehn Monate nach Beendigung der Therapie rief die Patientin an und bat um einen Termin. Sie wirkte leicht nervös, dabei aber herzlich. In den vergangenen Monaten hatte sie wiederholt daran gedacht, den Therapeuten anzurufen, um ihn über ihre Fortschritte auf dem laufenden zu halten, hatte dann aber doch lieber davon Abstand genommen, weil sie sich sonst wie ein kleines Mädchen vorgekommen wäre, das unbedingt etwas loswerden muß. Ein Traum hatte sie dann plötzlich dazu bewogen, doch anzurufen. Die Patientin hat bis dahin weitere Fortschritte bei sich festgestellt, die sich darin zeigen, daß sie mehr Selbstvertrauen hat, sich in ihrer Haut wohler fühlt und das eigene Verhalten anderen Menschen gegenüber stärker akzeptiert. Ihre Fortschritte sind zwar nicht so schnell erfolgt, wie sie das gerne gehabt hätte, sie erkennt aber, daß ihre Erwartungen vielleicht unrealistisch gewesen sind. Sie berichtet von folgenden Verhaltensänderungen:

1. Sie spricht mit ihrem Mann jetzt offener über Probleme und allgemeine Dinge. Beide kümmern sich gleichberechtigter um die im Haushalt anfallenden Arbeiten. Die Patientin findet, daß sie auf Kritik von ihrem Mann längst nicht mehr so empfindlich reagiert. Außerdem zeigt sie ihm viel offener ihre Zuneigung, hat mehr Körperkontakt mit ihm und fühlt sich ihm allgemein näher. Zwar ist sie mit ihrem Mann nicht häufiger sexuell zusammen als früher, aber sie fühlt sich zu ihm stärker sexuell hingezogen und die Art ihres sexuellen Erlebens hat sich stark verbessert. Die Patientin hat auch bei ihrem Mann Veränderungen bemerkt, die ihr gefallen; zum Beispiel führt er sie des öfteren zum Essen aus.

2. Ihren Kindern gegenüber ist sie ihrer Meinung nach nicht mehr so ungeduldig und kritisch wie früher. Sie hat das Gefühl, feinfühliger mit ihnen umzugehen.

3. Am Arbeitsplatz ist sie viel selbstbewußter. Vor kurzem hat sie verantwortliche Leitungsfunktionen übernommen, was ihr vor ein paar Jahren noch unmöglich gewesen wäre.

4. Zu ihrer Mutter hat sie jetzt eine bessere Beziehung. Zwar fällt es der Patientin immer noch nicht leicht, ihre Mutter um sich zu haben, aber sie nimmt ihre Schwierigkeiten mit mehr Empathie wahr und ist daher toleranter. Sie ist außerdem in der Lage, mit der Mutter darüber zu reden, wenn sie an deren Verhalten etwas stört.

Eine Verschiebung in den Phantasien und Träumen eines Patienten gilt als ein wichtiges Anzeichen dafür, daß die psychodynamische Therapie zu strukturellen Veränderungen geführt hat. Im vorliegenden Fall war der Anruf mit der Bitte um einen erneuten Termin durch eine dramatische Verschiebung in der Struktur eines wiederholt aufgetretenen Traumes ausgelöst worden. In dem ursprünglichen Wiederholungstraum hatte sich die Patientin danach gesehnt, wieder mit dem älteren Mann zusammenzusein, mit dem sie zu der Zeit liiert gewesen war, als ihr Vater starb. Beim letztenmal hatte die Patientin es im Traum allerdings so empfunden, daß nun dieser Mann ihre Nähe suchte; sie aber gab ihm einen Korb und hatte zum erstenmal das Gefühl, daß sie dabei war, sich emotional von der Beziehung zu lösen. Bemerkenswert ist noch, daß sie diesen Traum genau in dem Monat hatte, in dem vor mehreren Jahren ihr Vater gestorben war. Der Therapeut meint, eine Bedeutung des Traums könnte sein, daß die Patientin weiter daran arbeitet, sich von der alten Sehnsucht nach größerer Nähe zu ihrem Vater zu lösen, und daß bei ihr nun der Wunsch zunimmt, den Menschen näherzukommen, die ihr im jetzigen Leben wichtig sind (beispielsweise ihrem Mann). Die Patientin stimmt dieser Deutung begeistert zu und äußert, daß sich in dem Traum vielleicht auch die wachsende Unabhängigkeit von ihrer Mutter widerspiegelt, die sie in letzter Zeit empfindet.

Der Therapeut meint, unter einem anderen Blickwinkel gesehen, könne der Traum eventuell auch darauf hindeuten, daß die Patientin nun zuversichtlicher sei, die Therapiearbeit allein fortsetzen zu können. Die Patientin selbst hält das für weniger wahrscheinlich. Sie bringt zum Ausdruck, daß sie weiterhin schwankt, ob sie die Therapie nicht besser wiederaufnehmen solle, und drängt den Therapeuten offen und scherzend, sie doch zur Rückkehr zu ermuntern. Anschließend macht sie allerdings deutlich, daß sie es nicht gern hätte, wenn der Therapeut das täte, weil sie es ihrer eigenen Entscheidung überlassen sehen möchte, ob und wann sie mit ihm wieder in Kontakt tritt.

Die Patientin klagt, daß ihr in den letzten Monaten häufig körperliche Beschwerden zu schaffen machen, und möchte wissen, ob sie ihre emotionalen Konflikte in psychosomatische Symptome umsetzt. Dies hält der Therapeut für möglich, fügt aber hinzu, daß die Patientin seines Erachtens dazu neigt, auf real vorhandenen Streß mit emotionaler Anspannung und wiederkehrenden Körpersymptomen zu reagieren. Beide stimmen jedoch darin überein, daß es durchaus im Bereich des Möglichen ist, daß sich die Patientin später einmal entschließt, die Therapie wieder aufzunehmen, um dieses Problem weiter zu untersuchen.

Zusammengefaßt kann man sagen, daß der nachträgliche Termin, um den die Patientin von sich aus gebeten hatte, die Gelegenheit bot festzustellen, welche Fortschritte sie im Anschluß an die Therapie gemacht hat. Es finden sich genügend Anzeichen dafür, daß es im Selbstbild der Patientin und in ihren Beziehungen zu anderen Menschen zu positiven Veränderungen gekommen ist, daß sie ihre Gefühle jetzt offener zum Ausdruck bringt und ihre fehlangepaßten Beziehungsprädispositionen besser meistert. Außerdem liefert der Traum direktere Anhaltspunkte für eine Verschiebung im innerpsychischen Zustand der Patientin dahingehend, daß sie mit einem alten, aber bis dahin ungelösten Problem jetzt besser zurechtkommt: der Trauer darüber, daß sie die Gelegenheiten zum Aufbau einer engeren Beziehung zu ihrem Vater nicht wahrgenommen hat, solange er noch lebte. Aus den genannten Punkten läßt sich der Schluß ziehen, daß diese Patientin zumindest in den zehn Monaten nach Beendigung der Therapie Veränderungen erreicht hat, die so vielfältig und tiefgehend sind, daß man sie bei jeder Psychotherapie – unabhängig von ihrer zeitlichen Dauer – als beeindruckend bezeichnen würde.

Nachtrag

In der Zwischenzeit sind wir, was die zeitliche Begrenzung betrifft, aufgrund weiterer Überlegungen zu einer etwas strikteren Haltung gelangt. Genauer gesagt, halten wir es für wünschenswert, zu Beginn einer Therapie zeitliche Grenzen festzulegen und an ihnen rigoros festzuhalten. Wenn es in der Therapie um das Thema der Beendigung geht, sollte die Therapeutin freundlich und bestimmt darauf bestehen, daß der Patient nach der vereinbarten letzten Sitzung mindestens sechs bis zwölf Monate pausiert. Wie in obiger Fallgeschichte deutlich geworden ist, halten wir es nicht für ein Unglück, wenn dem Patienten noch zwei oder drei zusätzliche Sitzungen eingeräumt werden, es sollte aber Klarheit darüber herrschen, daß es erforderlich ist, den Patienten dem Trennungsschmerz und den damit verbundenen Nachwirkungen auszusetzen. Die Trennung muß letzten Endes *erlebt* werden – solange die Therapie weitergeht, kann diese Erfahrung nicht angemessen verarbeitet werden. Selbstverständlich behaupten wir nicht, daß sich in 25 Therapiestunden alle – oder auch nur die Mehrzahl der – Lebensprobleme zufriedenstellend lösen lassen; es erscheint uns jedoch besser, sechs oder zwölf Monate nach Therapieende eine erneute Bestandsaufnahme des Erreichten zu machen, als die Therapie entgegen der ursprünglichen Abmachung zu verlängern. Wenn die Therapeutin eingangs allerdings zu der Einschätzung gelangt, daß im betreffenden Fall wesentliche Fortschritte innerhalb von 25 Therapiestunden kaum zu erwarten sind, sollte sie Therapieempfehlungen geben, die den vorliegenden Umständen besser gerecht werden. Uns ist bewußt, daß es außerordentlich schwierig ist, solche Entscheidungen zu treffen, und wir sind nicht ganz der von Wolberg (1983) vertretenen Ansicht, daß man *in jedem Fall* eine Kurzzeittherapie versuchen sollte. Doch auch wenn bislang noch nicht ausreichend belegt ist, welches Maß an therapeutischen Veränderungen man bei der in diesem Buch beschriebenen Methode in 25 Therapiestunden vernünftigerweise erwarten kann, sollte diese Therapieart nicht länger als minderwertigere Lösung oder zweite Wahl angesehen werden.

9
Wie man eine
Psychodynamischen Kurztherapie beendet

Die Psychologie der Therapiebeendigung

Unabhängig davon, ob es sich um eine kurze oder lange Therapie handelt, stellt deren Beendigung für die Therapeutin immer eine besondere Herausforderung dar. Je nachdem wie mit diesem äußerst kritischen Moment umgegangen wird, kann die Therapie zum Erfolg oder Mißerfolg werden. Viele junge Therapeuten sind sich der kritischen Bedeutung der Therapiebeendigung nicht genügend bewußt. Dies liegt zum einen daran, daß das Problem in vielen Ausbildungsprogrammen nicht genügend berücksichtigt wird, zum anderen daran, daß vielen jungen Therapeuten, die am Anfang ihrer beruflichen Laufbahn stehen, Trennungs- und Verlusterlebnisse im eigenen Leben bislang erspart geblieben sind. Und selbst wenn sie entsprechende Erlebnisse gehabt haben, ist der damit verbundene Affekt in der Regel verdrängt und somit für die therapeutische Arbeit nicht verfügbar. Auch bei Therapien, die von in Ausbildung befindlichen Psychologen oder Assistenzärzten durchgeführt werden, wird das Problem in vielen Fällen nicht richtig angegangen, weil die therapeutische Beziehung oft ungeplant endet; beispielsweise ist gerade das Ende des betreffenden Ausbildungsabschnitts erreicht oder der Patient ist Student und wechselt zum Semesterende die Universität etc. Kurz gesagt: Junge Therapeuten haben sich bis jetzt selten mit den vollen psychologischen Implikationen befaßt, die mit der Beendigung einer Therapie verbunden sind. Mit diesem Mangel stehen sie aber längst nicht alleine da; wir haben erlebt, daß selbst erfahrene Therapeuten, die intensive, zeitlich unbegrenzte psychoanalytische Therapien durchführen, bisweilen übersehen, wie wichtig es ist, sich auf effektive Weise mit der Beendigung einer Therapie zu beschäftigen. Wir meinen, daß dieses Problem nicht zu überschätzen ist.

Dessen emotionale Bedeutung läßt sich erst dann richtig beurteilen, wenn man es schafft, die Welt des Kindes in sich wieder zum Leben zu erwecken, des Kindes, dessen Überleben – sowohl im biologischen als auch im psychologischen Sinne – buchstäblich davon abhängt, daß es einen zuverlässigen, vertrauenswürdigen, fürsorgenden Menschen um sich hat. Die panische Angst, von der ein Kind erfaßt wird, das in einer Menschenmenge – beispielsweise in einem Kaufhaus, bei einer Sportveranstaltung oder im Sommer am Strand – seine Eltern aus den Augen verliert, vermittelt einen kleinen Eindruck davon, was das Verlassenwerden aus Kindersicht bedeutet. Unter den zu diesem Thema verfaßten Beiträgen gehören Bowlbys (1983) Untersuchungen zu den bedeutendsten und erkenntnisreichsten. Traumatische (Kindheits-)Erlebnisse wie der Tod eines Elternteils oder die Geburt eines Bruders oder einer Schwester, eine Scheidung, schwere Krankheit, Operationen oder langdauernde Trennungen können sich einschneidend und nachhaltig auf die Persönlichkeit eines Menschen auswirken.

Wir sind der Ansicht, daß es ein Hauptanliegen der psychodynamischen Therapie ist, dem Patienten zu helfen, mit früheren – emotionalen oder tatsächlichen – Trennungen und Objektverlusten fertig zu werden. Entsprechend kann man sagen, daß sich viele Patienten deshalb in psychotherapeutische Behandlung begeben, weil sie es nicht geschafft haben, Reaktionen auf frühere Traumata oder Verluste zu verarbeiten. Symptome und Beschwerden sind oft ein Vorwand, um zu verlorenen früheren Objekten zurückzukehren, mit denen der Patient noch etwas zu erledigen hat. Er möchte unbewußt die frühere Beziehung wiederherstellen, möchte ihr Dauer verleihen und/oder sie einer befriedigenderen Lösung zuführen. Genau wie es bei einer körperlichen Krankheit als gerechtfertigt gilt, einen Arzt aufzusuchen, so ist es auch bei psychischen Symptomen und Schwierigkeiten (mehr oder weniger) gesellschaftlich akzeptiert, wenn man sich in psychotherapeutische Behandlung begibt. Die Psychotherapeutin symbolisiert dann die verlorengegangenen Zusammenhänge dieser Ambivalenz. Die Therapie ist erfolgreich, wenn die Therapeutin zu einem Objekt wird, das besser als das der Kindheit ist. Die Therapeutin erfüllt bestimmte grundlegende Wünsche (Abhängigkeit), die vom Elternobjekt nicht richtig erfüllt worden sind, und gibt in vielerlei Hinsicht ein annehmbareres, vernünftigeres und günstigeres Identifikationsmodell ab.

Dennoch, oder vielleicht gerade deshalb, gibt der Patient das neue Objekt nicht so leicht auf und klammert sich oft recht hartnäckig an die Therapeutin. Eine unverarbeitete Abhängigkeit ist eine besonders ernste Gefahr bei intensiven Langzeittherapien, stellt aber auch bei zeitlich begrenzten Psychotherapien ein Problem dar. Tatsächlich muß man sich dem Problem bei den kürzeren Therapieformen eher und vielleicht auch in zugespitzterer Form stellen. Wenn die therapeutische Beziehung bis dahin sehr ambivalent gewesen ist – was bei Patienten mit chronischen Schwierigkeiten bei der Entwicklung und Aufrechterhaltung von engen Beziehungen ziemlich häufig vorkommt –, dann kann die Beendigung der Therapie sogar noch schwerer fallen. Auf jeden Fall werden dabei Erinnerungen an frühere Trennungen und – mit den früheren Traumata verbundene – schmerzhafte Affekte (Trauer, Wut, Abwertung des Liebesobjekts) wachgerufen. Mann (1978, S. 60) äußert sich zu diesem Problem folgendermaßen:

Es ist unbedingt die Pflicht des Therapeuten, sich direkt mit der Reaktion auf die Beendigung mit all ihren schmerzlichen Aspekten und Affekten zu befassen, wenn er dem Patienten zu einem lebendig-gefühlshaften Verständnis der zum gegenwärtigen Zeitpunkt unangemessenen Äußerung seines frühen unbewußten Konfliktes verhelfen will. Mehr noch, eine aktive und angemessene Handhabung der Therapiebeendigung wird es dem Patienten gestatten, den Therapeuten als Ersatz oder Stellvertreter für das frühere ambivalente Objekt zu internalisieren. *Dieses Mal wird die Internalisierung positiver sein (niemals ganz positiv), weniger wutgeladen und weniger schuldbeladen, und sie macht dadurch die Trennung zu einem echten Reifungsmoment.* Zorn, Wut, Schuld und ihre Begleiterscheinungen, Hoffnungslosigkeit und Furcht – mächtige Faktoren, die eine positive Verinnerlichung und eine reife Trennung verhindern – dürfen gerade in dieser Phase zeitlich begrenzter Therapie nicht übergangen werden.

Das klinische Bild kann zwar vielgestaltig sein, folgende Hauptmerkmale lassen sich aber festmachen: (1) Der Patient hat zur Therapeutin eine positive Beziehung entwickelt und von der gemeinsamen Therapiearbeit profitiert. Er schätzt das neue Objekt und möchte es gerne behalten (besitzen). (2) Dieser Wunsch, die Beziehung fortzusetzen, läßt Beherrschungstendenzen aufkommen; durch sein Bemühen, am Liebesobjekt festzuhalten, versucht der Patient, Trennung und Verlust zu verhindern. Er wird unbewußt alle möglichen Techniken anwenden, um schmerzhafte Trennungserlebnisse zu verhüten. Zum Beispiel kommt er vielleicht mit »neuen« Problemen an, die »dringend« einer Lösung bedürfen; es kann auch sein, daß die Symptome und Probleme wiederauftreten, die ihn veranlaßt haben, sich in therapeutische Behandlung zu begeben; oder er versucht, sich an die Therapeutin zu klammern, indem er ihr mit Feindseligkeit und Vorwürfen begegnet; vielleicht versucht er aber auch, die Probleme »aktiv« zu meistern, indem er die Therapie vorzeitig beendet. (3) Wenn derlei Versuche fehlschlagen – und das werden sie zwangsläufig, da die Therapeutin den Wunsch des Patienten nach emotionaler Nähe nie ganz befriedigen kann und da notwendigerweise deutlich wird, daß er ein eigenständiger Mensch ist –, fühlt sich der Patient frustriert und wütend. (4) Wenn im weiteren Verlauf der Therapie die vorgenannten Reaktionen bearbeitet werden, kann der Patient Trennung und Verlust schließlich besser ertragen.

Im Laufe eines Prozesses, der von zentraler Bedeutung, aber bislang wenig erkundet ist, lernt der Patient, das im allgemeinen positive Bild der

Therapeutin zu internalisieren, und befreit sich dadurch von seiner neurotischen Bindung. Viele Autoren haben darauf hingewiesen, daß dieser Prozeß nie vollkommen gelingt. Dennoch ist der Vorgang des Ersetzens früher (fehlangepaßter) Identifikationen durch neue (besser angepaßte) eine einzigartige Leistung der Psychotherapie. Wenn wir hinreichend verstehen würden, wie man sich von Identifikationen losmacht und sie durch andere ersetzt, hätten wir das Grundproblem gelöst, wie innerpsychische Veränderungen herbeigeführt werden können. Die Verinnerlichung ist nicht der einzige Weg, der zu diesem Ziel führt, aber sie ist zweifellos ein ganz entscheidender. Zum jetzigen Zeitpunkt wissen wir immerhin, daß sich in vielen Fällen hilfreiche innerpsychische Veränderungen dadurch erzielen lassen, daß man sich konsequent auf die Transaktionen zwischen Patient und Therapeutin konzentriert. Da die Identifikationen von der Art ihrer Herausbildung, Speicherung und Weiterentwicklung her von Mensch zu Mensch stark variieren, fällt es äußerst schwer, allgemeine Prinzipien darüber zu formulieren, wie sich der Prozeß beschleunigen läßt. Wie Sullivan (1980), Maslow (1973) und viele andere Autoren dargelegt haben, hilft man als Therapeut am besten dadurch, daß man optimale Rahmenbedingungen schafft, in denen die Persönlichkeit des Patienten wachsen kann. Dies geschieht – um Sullivans Worte zu gebrauchen – dadurch, daß man soweit wie möglich die Hindernisse beseitigt, die dieses Wachstum hemmen, und im übrigen dem beeindruckenden menschlichen Streben nach besseren Konfliktlösungen vertraut. Ein Fall aus der klinischen Praxis soll dies veranschaulichen:

Frau G. hatte auf dem Weg zur Lösung eines lange währenden Konflikts mit ihrer Mutter bereits beträchtliche Fortschritte gemacht; sie trat selbstbewußter auf und akzeptierte ihre Weiblichkeit stärker als früher; und auch in der Beziehung zu ihrem Mann hatte sich manches gebessert. Es deutete einiges darauf hin, daß ihr langsam bewußt wurde, daß sie die Therapie nicht länger als »Rettungsleine« benötigte und nun fast soweit war, die Behandlung zu beenden. Eigentlich war sowohl der Patientin als auch ihrem Therapeuten klar, daß die Probleme, die sie jetzt zur Therapie mitbrachte, weniger drängend waren; mit gelegentlichen Trennungen (zum Beispiel bei urlaubsbedingter Abwesenheit des Therapeuten) war die Patientin in letzter Zeit besser zurechtgekommen; in der Beziehung zum Therapeuten und zu anderen Menschen, die in ihrem Leben wichtig waren, gab es weniger Konflikte und deutlich mehr Harmonie. Wie kaum anders zu erwarten, stellte dieser Stand der Dinge eine Bedrohung dar, weil er die Patientin zwangsläufig mit dem Problem der Beendigung der Therapie konfrontierte.

Als der Therapeut das, was die Patientin bisher nur angedeutet hatte, direkter beim Namen nannte, nämlich ihre Gedanken und Gefühle wegen der Beendigung der Therapie, reagierte sie so, wie es eigentlich vorherzusehen gewesen war: Sie war verärgert darüber, daß der Therapeut offenbar den Wunsch hatte, sie »loszuwerden«, wohl weil sie als Patientin nicht den in sie gesetzten Erwartungen entsprochen hatte; und sie deutete an, daß sie noch mehr Therapiestunden benötigte – daß sie also, mit anderen Worten, *selbst* bestimmen wollte, wann sie soweit sei, die Therapie beenden zu können.

Wie schon in ein oder zwei früheren Fällen fiel dem Therapeuten auch diesmal auf, daß er eigentlich nichts anderes getan hatte, als mit eigenen Worten die Gedanken der Patientin wiederzugeben: daß die Beendigung der Therapie in der Tat ein kritisches Problem ist, dem beide sich gemeinsam (Betonung des Therapiebündnisses!) stellen müssen; daß es im Interesse der Patientin ist, dieses Problem zu bearbeiten; daß beide die Tatsache akzeptieren müssen, daß etwas in der Patientin bestrebt ist, die therapeutische Beziehung fortzusetzen, und daß die Therapie in der Tat weder ewig währen kann, noch sollte. Der Therapeut wies auch auf die bisherigen Leistungen und die recht beachtlichen Stärken der Patientin hin, über die sie sich allerdings wiederholt abfällig äußerte, wohl um eine Art Vater-Kind-Beziehung aufrechtzuerhalten, der sie aber wiederum mit beträchtlicher Ambivalenz begegnete. Wie der Therapeut erläuterte, stand sie in etwa vor folgendem Dilemma: Wenn es ihr gelingen würde, sich voll und ganz als die leistungsstarke und kompetente Erwachsene zu akzeptieren, die sie war, würde sie die Beziehung zum Therapeuten verlieren. So hatte sie nun das Gefühl, der Therapeut wolle sie »hinauswerfen«. (Beachten Sie hierbei den aggressiven Unterton. Sie hatte nicht das Gefühl, der Beziehung entwachsen zu sein beziehungsweise ihr gerade zu entwachsen, sondern fühlte sich abgelehnt.) Zur Aufrechterhaltung der Beziehung war sie folglich gezwungen, sich als schwach, unzulänglich, bedürftig und problembeladen zu sehen. Auf diese Weise stellte sie den fortgesetzten Zugang zum Therapeuten und zur Therapie sicher. Und so machten ihr Fortschritte in der Therapie Angst, während sie Stagnation paradoxerweise als beruhigend empfand. Doch schließlich wurde auch dieses Problem durchgearbeitet.

In diesem Fall handelte es sich um ein ziemlich einfaches und unkompliziertes Problem, weil die Therapie bis dahin einen guten Verlauf genommen hatte und durch ein gutes Therapiebündnis gekennzeichnet war. Der Therapeut mochte die Patientin und respektierte sie. Eine nicht geringe Rolle spielte neben dem Sex-Appeal der Patientin auch ihre Tendenz, den Therapeuten zu idealisieren und ihm als »Papas kleiner Liebling« zu begegnen. Wichtig ist außerdem zu sehen, daß es sich bei der Beendigung der Therapie – genau wie bei anderen Therapiethemen – um ein *gemeinsames* Problem handelt. Wenn man als Therapeut einem Patienten gegenüber stark ambivalente Gefühle erlebt, begrüßt man vielleicht insgeheim die Aussicht auf das Therapieende, empfindet bei der Verfolgung eines realistischen Therapiezieles jedoch Schuldgefühle. In so einem Fall kann es – unabhängig davon, ob die Therapie zum geplanten Zeitpunkt endet oder nicht – sein, daß die Entscheidung über das Therapieende nicht im Interesse des Patienten getroffen wird. Vielleicht gewinnt man aus der Arbeit mit einer Patientin oder einem Patienten aber auch große Befriedigung (und zwar möglicherweise sowohl realistischer als auch neurotischer Art) und möchte die Beziehung deshalb verlängern. Wenn die therapeutische Beziehung gut gewesen ist, tut es uns als Therapeut unter Umständen wirklich leid, einen Patienten zu verlieren, der für uns eine emotionale Bedeutung gewonnen hat. Statt die Gefühle des Patienten zur bevorstehenden Trennung zu erkunden und ihm bei deren Bearbeitung zu helfen, möchte man das Therapieende vielleicht lieber hinausschieben (falls es sich um eine zeitlich unbegrenzte Therapie handelt) oder ist (bei einer zeitlich begrenzten Therapie) nur zu gerne bereit, dem Patienten einen zweiten Therapieblock anzubieten. Es kann sein, das der Weggang eines Patienten Gedanken an eigene Verlusterlebnisse auslöst und die Therapeutin daran erinnert, wie sie selbst (erfolgreich oder weniger erfolgreich) damit umgegangen ist. Genau wie in anderen Therapiesituationen kann es auch hier schwerfallen, zwischen den Problemen des Patienten und denen der Therapeutin zu unterscheiden.

Eine zeitliche Begrenzung, die zu Beginn der Therapie festgelegt und an die der Patient wiederholt erinnert wird, stellt einen Anreiz für eine ernsthafte Therapiearbeit dar. Da das Ende immer in Sicht ist, erkennt der Patient, daß die Zeit kostbar ist und er bei der gemeinsamen Arbeit besser am Ball bleibt. Insofern wirkt eine zeitliche Begrenzung mächtigen regressiven Tendenzen entgegen. Eine ähnliche Wirkung wird durch die relativ geringe Häufigkeit der Sitzungen (einmal pro Woche) und die stärkere »aktive« Beteiligung der Therapeutin (im Gegensatz zu der relativ distanzierten klassischen Analytikerhaltung) erzielt sowie durch den Umstand, daß die Therapeutin nicht dazu neigt, Nebenthemen zu verfolgen, die zwar vielleicht interessant, aber für die wesentlichen Therapieaufgaben von unklarer Relevanz sind. So wird die Einstellung gefördert, daß man da ist, um bestimmte Ziele zu erreichen, und besser keine Zeit verschwendet. Eine mögliche Gefahr ist allerdings die, daß man in hektische Aktivität und ein hastiges Drängen verfällt und dadurch beim Patienten bestimmte Charaktertendenzen, die Teil seines Problems sind, verstärkt, statt ihnen entgegenzuwirken.

Eine Therapie, die mit zeitlicher Begrenzung arbeitet, muß den Patienten Gelegenheit geben, den Augenblick zu genießen, ohne sich gedrängt zu fühlen, wie viele von ihnen das von ihren Eltern, Lehrern und Chefs her gewohnt sind. Mit Blick auf die Grundwerte, die der westlichen Zivilisation und dem Effektivitätsstreben der modernen Gesellschaft zueigen sind, erleben viele Patienten eine zeitlich begrenzte Therapie so, als herrsche auch dort Leistungsdruck, Produktivitätszwang und Konkurrenzkampf. Andererseits besteht immer die Gefahr, daß die Arbeit einer Therapeutin, die dem Patienten vermittelt, daß es im Leben noch andere und vielleicht wichtigere Dinge gibt (und daß zum Beispiel Kontemplation und

Faulsein nicht das gleiche ist und ersteres mit geistig-seelischer Gesundheit durchaus im Einklang steht), als Nichtstun erlebt wird. Genauso kann es sein, daß ein Therapeut, der »bloß« zuhört, mit einem anderen, der viel sagt, verglichen wird und dabei schlecht abschneidet: Wenn eine Deutung gut ist, vielleicht sind dann drei noch besser! Gerade junge Therapeuten neigen dazu, von einer linearen Beziehung zwischen ihrer verbalen Tätigkeit und dem Ausmaß der therapeutischen Veränderung auszugehen. Wenn jedoch, wie wir gesehen haben, die Identifikation mit dem Therapeuten ein wesentliches Ziel ist, läßt sich der Therapiefortschritt wohl kaum auf leichte oder wundersame Art und Weise beschleunigen. Man kann ihn jedoch auf vielerlei Weise verzögern – zum Beispiel dadurch, daß man als Therapeut/in viel und beharrlich redet.

Kurz gesagt, besteht in der Psychodynamischen Kurztherapie (genau wie bei anderen psychodynamischen Therapieformen) die Gefahr, daß die therapeutische Beziehung zu einem Abklatsch früherer Beziehungen wird. Wenn ein Patient mit dem Therapieende konfrontiert ist, tauchen bei ihm schnell die alten Probleme wieder auf, die mit diesem Thema zusammenhängen, nur daß er sie diesmal mit der Therapeutin inszeniert. Beendigung von Beziehungen, Trennung und Tod gehören letztlich zum Kern des menschlichen Daseins, und die Psychotherapie – ob sie nun mit zeitlicher Begrenzung arbeitet oder nicht – kann da mit keinem Gegenmittel dienen. Sie kann dem Patienten im besten Falle unnötiges Leid, das seine Wurzeln in Kindheitstraumata hat, ersparen und durch eine konstruktive Lebenserfahrung sein Selbstvertrauen stärken und ihm helfen, sein Leben – und dazu gehören auch seine Beziehungen zu bedeutsamen Anderen – besser zu meistern. Und das, so meinen wir, ist keine geringe Leistung.

Grundsätze für die Beendigung einer Psychodynamischen Kurztherapie

Wir haben zu zeigen versucht, daß die Phase der Beendigung einer Psychodynamischen Kurztherapie ihre eigenen Probleme hat und dennoch nicht von dem Problemkreis getrennt werden kann, auf den sich die Aufmerksamkeit während der übrigen Therapie konzentriert hat. Wir empfehlen deshalb, auch in der Endphase den gleichen methodischen Ansatz anzuwenden wie zuvor und dabei den speziellen Druck zu berücksichtigen, den diese Phase für Patient *und* Therapeutin mit sich bringt.

Aus dem, was in der Literatur über die methodische Beendigung von psychoanalytischen Langzeittherapien zu finden ist, geht deutlich hervor, daß über das eigentliche Beendigungsverfahren kaum Einigkeit besteht (Firestein, 1978). Die Veröffentlichungen zur dynamischen Kurztherapie lassen in dieser Beziehung mehr Übereinstimmung erkennen, dennoch bleiben auch hier bemerkenswerte Unterschiede bestehen. Sifneos (1979) und Davanloo (1978, 1980) legen sich nicht auf einen genauen Endtermin oder eine spezifische Anzahl von Sitzungen fest, während Malan (1976a) und Mann (1978) das Therapieende jeweils auf ein bestimmtes Datum festsetzen. Nach allem, was wir wissen, gibt es keine überzeugenden klinischen oder empirischen Belege, die eindeutig für den einen oder den anderen Ansatz sprechen. Unter Praktikern, die mit Kurztherapien arbeiten, ist man sich allerdings einig darüber, daß sich sowohl Patient als auch Therapeutin mit erhöhter Aufmerksamkeit an die Bearbeitung der anstehenden Aufgaben machen, wenn von Anfang an klargestellt wird, daß die Therapiedauer zeitlich begrenzt ist. Das Parkinsonsche Gesetz scheint sowohl in der Psychotherapie als auch in anderen Fällen anwendbar zu sein, in denen es um eine möglichst gute Nutzung der verfügbaren Zeit geht (Appelbaum, 1972).

Falls man einen Endtermin festlegt, sollte man dies frühzeitig tun; in diesem Punkt wissen wir uns mit anderen Kurztherapiebefürwortern einig. Ob man das Therapieende mit Hilfe einer bestimmten Anzahl von Sitzungen oder aber eines bestimmten Kalenderdatums festsetzt, ist eine Frage persönlicher Präferenzen, wobei wir durchaus anerkennen, daß Malan (1976a) mit einiger Berechtigung vor ersterem warnt, da man in diesem Fall als Therapeut vor dem Problem steht, zu entscheiden, nach welchen Kriterien vom Patient versäumte Sitzungen nachgeholt werden oder nicht. Wir selbst ziehen ein festes Enddatum vor, weil man ohne eine solche von vornherein vereinbarte Struktur als Therapeut eher dazu neigt, dem Druck, der mit der Beendigung verbunden ist, aus dem Wege zu gehen und die Therapie zu verlängern und dadurch Probleme, die mit dem Beendigungsprozeß zusammenhängen, zu verschleiern.

Wir empfehlen nachdrücklich, die zeitliche Begrenzung *erst dann* festzulegen, wenn ein Therapiefokus von den beiden Beteiligten zumindest in ersten Umrissen kenntlich gemacht worden ist, weil der Patient nach der Einführung eines Fokus eher das Gefühl hat, daß es um begrenzte Ziele geht, die sich in der verfügbaren Zeit erreichen lassen. Während der Therapie sollte die Therapeutin *immer* davon ausgehen, daß das Thema der zeitlichen Begrenzung eine Rolle spielt, selbst wenn es im Moment kein konkreter Gesprächsgegenstand ist. Sie sollte daher ständig darauf achten, ob es Anzeichen dafür gibt, daß der Patient in irgendeiner Weise auf die Zeitbegrenzung reagiert, um solche Reaktionen dann gegebenenfalls zur Sprache zu bringen. Die Therapeutin ist durchgängig bemüht, den Sinngehalt der Patientenmitteilungen im Hinblick auf den Therapiefokus zu untersuchen. Das gilt genausogut für Reaktionen auf das näherrückende Therapieende, und die Therapeutin versucht, die dabei gewonnenen Erkenntnisse in das wachsende Verständnis der zentralen Problematik einzuarbeiten, um die es während der Therapie geht. Manche Patienten reagieren von Anfang an auf die Realität des bevorstehenden Therapieendes, während andere davon über lange Strecken völlig unberührt zu sein scheinen. Auf alle Fälle darf dieses Thema niemals außer Acht gelassen werden, und genau wie bei anderen Patientensorgen wird eine einfühlsame Therapeutin auch hier den richtigen Moment finden, um das Problem der Therapiebeendigung als eine Sorge des Patienten zu erkennen und zu thematisieren.

Wie schon erwähnt, hängen die therapeutischen Fähigkeiten beim Umgang mit der Beendigungsproblematik in erster Linie davon ab, wie gut es einem als Therapeut gelingt, die eigenen Gefühle zu diesem Thema zu verstehen und zu meistern.

10
Schlußbemerkungen

Im vorliegenden Band haben wir ein Modell einer zeitlich begrenzten Psychotherapie dargestellt, die auf psychodynamischen Prinzipien beruht. Eine solche Einzeltherapie umfaßt in der Regel rund 25 Sitzungen à 45 bis 50 Minuten, die einmal wöchentlich stattfinden. Von daher erstreckt sich eine Psychodynamische Kurztherapie für gewöhnlich über rund sechs Monate. Es besteht keine Einigkeit darüber, wie die zeitliche Begrenzung am besten festzulegen ist. Manche Therapeuten (Malan, 1976a; Mann, 1978) empfehlen, ein konkretes Datum zu benennen, durch das die äußere zeitliche Grenze der Therapiesitzungen festgesetzt wird, während andere (Davanloo, 1980; Sifneos, 1979) sich für einen weniger eindeutig festgelegten Endpunkt aussprechen. Wir haben den Eindruck, daß weder bei dem einen, noch dem anderen Ansatz eine therapeutische Überlegenheit überzeugend nachgewiesen worden ist. Wir selbst bieten am liebsten rund 25 Stunden an und setzen einen konkreten Endtermin fest.

Was, wenn überhaupt, ist an der Psychodynamischen Kurztherapie einzigartig? Worin unterscheidet sie sich von anderen zeitlich begrenzten dynamischen Psychotherapieformen und worin von der üblicherweise praktizierten psychoanalytischen Therapie? Lassen Sie uns noch einmal die Unterscheidungsmerkmale der Psychodynamischen Kurztherapie aufzählen und sie mit den weiter verbreiteten Therapieansätzen vergleichen, die ohne eine Zeitbegrenzung arbeiten.

1. Die Beurteilung der Eignung

a) Therapeuten, die mit zeitlich begrenzten Therapieformen arbeiten, sind der Überzeugung, daß diagnostische Bezeichnungen und dynamische Formulierungen bei der Beurteilung der Eignung eines Patienten weniger relevant sind als die Persönlichkeitsdimensionen (die Fähigkeit und Bereitschaft, Gefühle zu erkunden), die für die Mitarbeit des Patienten an den Therapieaufgaben unbedingt erforderlich sind. Dieser Standpunkt gilt auch für die Beurteilung der Eignung bei Langzeittherapien. Selbst wenn eine langfristige Therapiearbeit ins Auge gefaßt wird, liefert die Überprüfung relevanter Ich-Dimensionen höchst nützliche Informationen darüber, auf welche Schwierigkeiten man in der Therapie mit einiger Wahrscheinlichkeit stoßen wird. Dadurch erhält die Therapeutin unter Umständen auch Anhaltspunkte dafür, wie sie sich bei ihrem Ansatz am besten auf die spezifischen Ich-Stärken und Ich-Schwächen des Patienten einstellen kann.

b) Der hier beschriebene dynamische Fokus wird nicht so abstrakt formuliert, daß er zu Verallgemeinerungen führt, die zwar vielleicht eine gewisse theoretische Eleganz, dabei aber kaum praktische Relevanz für die unmittelbare Arbeit haben; vielmehr lassen sich aus ihm konkrete Arbeitshilfen zur Bewältigung der anstehenden Probleme herleiten. Dadurch daß wir die zwischenmenschliche Seite betonen und keine übermäßig abstrakten Schlußfolgerungen ziehen, ist es in der Psychodynamischen Kurztherapie möglich, zum Patienten ein empathisches Verhältnis zu entwickeln, was gerade in der kritischen Anfangsphase einer Therapie (unabhängig von deren Länge) von großem Nutzen ist.

c) Probedeutungen helfen dabei, die Eignung eines Patienten zu beurteilen und die jeweilige Methode an die Bedürfnisse des Patienten anzupassen (auch hier wieder unabhängig davon, wie lange die Therapie dauert).

2. Der dynamische Fokus

Die Psychodynamische Kurztherapie ist dadurch gekennzeichnet, daß ein Fokus benannt wird, der den Arbeitsbereich identifiziert und eingrenzt. Ein solcher Fokus kann auch bei einer Langzeittherapie von Nutzen sein, da mit seiner Hilfe ein ganz zentrales Problem oder Thema bestimmt wird, auf das die Therapeutin besonders achten sollte. Unabhängig davon, wie lange eine Therapie letztlich dauert, sollte sie ihren Ausgang von einem affektiven Thema nehmen, das augenfällig und zugänglich ist. Der von uns vorgestellte Prozeß der Fokusfindung hilft, den besten Ausgangspunkt zu bestimmen. Unabhängig von der Länge einer Therapie trägt das Bemühen um die Aufrechterhaltung eines Therapiefokus dazu bei, daß die Therapeutin diszipliniert auf die besonders relevanten, affektiv besetzten (und für den Patienten emotional äußerst wichtigen) Themen achtet und dadurch die Therapie erst gar nicht auf Abwege geraten läßt. Dabei sollte sowohl innerhalb der einzelnen Sitzungen als auch über mehrere Sitzungen hinweg nach strukturierenden Themen Ausschau gehalten werden.

3. Therapeutische Wachsamkeit

Es mag so scheinen, als lege die Psychodynamische Kurztherapie mehr Wert auf die therapeutische Wachsamkeit als andere Therapieformen; wir möchten aber auf keinen Fall den Eindruck entstehen lassen, daß eine psychodynamisch arbeitende Therapeutin wie ein Raubvogel wacht. Genauer gesagt, wollen wir die Anzahl verlorener Sitzungen möglichst gering halten, Therapiestunden (wie sie wohl jeder Therapeutin vertraut sind), in denen – vielleicht aufgrund von Patientenwiderständen – kaum etwas zu passieren scheint. In Langzeittherapien läuft man als Therapeut aufgrund fehlenden Zeitdrucks wohl eher Gefahr, eigener Passivität oder Lethargie zum Opfer zu fallen, und zwar besonders bei Patienten, deren Widerstände mehr oder weniger durch emotionale Verschlossenheit gekennzeichnet sind. Bei der Therapeutin kann dadurch ein Zustand ständiger, wenn auch unterschwelliger Langeweile entstehen (der als Geduld ausgegeben wird). Wir empfehlen, jede Sitzung als eine Art Minitherapie zu betrachten, die einen erkennbaren Fortschritt zum Ziel hat. Wenn sich keinerlei Fortschritte zeigen, sollte die Therapeutin sich den Therapieprozeß genauer ansehen.

4. Die Aufrechterhaltung der »Spannung«

In diesen Zusammenhang gehört auch die Aufrechterhaltung eines Spannungszustandes, der die anhaltende Motivation beider Beteiligter widerspiegelt, *aktiv* an der Therapiearbeit mitzuwirken, und an dem erkennbar ist, daß der Therapieprozeß voranschreitet. Bei einer Langzeittherapie besteht ständig die Gefahr, daß der Patient von der Therapeutin und den ritualistischen Aspekten der Therapie zutiefst abhängig wird (Alexander & French, 1946). Gleichzeitig läßt sich die Therapeutin von diesen ritualistischen Therapieelementen unter Umständen einschläfern. Bei einer Kurztherapie wird durch die zeitliche Begrenzung eine produktive Spannung gefördert, die bei einer langfristigen Therapie erst durch die stille, beharrliche *Haltung* der Therapeutin erzeugt werden muß, daß jede einzelne Sitzung zählt. Bei jeder Sitzung sollte die Therapeutin darauf achten, ob irgend etwas zum Vorschein kommt, was von therapeutischem Wert ist. Sollte das nicht der Fall sein, empfiehlt es sich, die Quelle des Widerstands zu suchen.

5. Die Beendigung der Therapie

Langzeittherapien neigen dazu, zu stagnieren und auf nicht geplante Weise zu enden. Und selbst wenn die Beendigung der Therapie einem Plan folgt, wird sie manchmal nicht als reguläre Therapiephase behandelt, die einerseits durch besondere Probleme gekennzeichnet ist, bei der sich andererseits aber auch Themen wieder bemerkbar machen, die schon die bisherige Therapie geprägt haben. Unabhängig davon, wie man an die Beendigung einer therapeutischen Behandlung herangeht, sollte sie in jedem Fall als notwendiger Prozeß betrachtet werden, den es zu verstehen und zu untersuchen gilt. Dieses Problem ist schon im Zusammenhang mit anderen Kurztherapieformen beleuchtet worden. Unabhängig von der Länge einer Therapie muß man deren Beendigung unter den Gesichtspunkten Trennung und Verlust näher betrachten und der Frage nachgehen, welche Bedeutung Trennung und Verlust im Rahmen sowohl der akuten, als auch der dauerhaft vorhandenen affektiven Themen der jeweiligen Therapie haben.

Selbstverständlich hat die Psychodynamische Kurztherapie Elemente mit allen Therapieformen gemein, die auf psychodynamischen Prinzipien basieren. Wir behaupten also nicht, daß wir den zahlreichen bereits existierenden Therapieformen hiermit noch eine weitere hinzufügen. Bei unserem Ansatz haben wir vielmehr auf Elemente zurückgegriffen, die uns bei anderen Therapiemethoden besonders nützlich erschienen sind, und haben uns dabei durchgängig um Klarheit und klinische Zweckmäßigkeit bemüht. Abgesehen von den Anteilen, die die Psychodynamische Kurztherapie den dynamischen Kurztherapien verdankt, sind uns auch Verbindungen zu aktuellen Überlegungen in der psychoanalytischen Psychotherapie aufgefallen. Die meisten Weiterentwicklungen auf diesem Gebiet sind bisher nicht mit der zeitlich begrenzten Psychotherapie in Verbindung gebracht worden, obwohl sie sich durchaus mit ihr vereinbaren lassen. Wir meinen sogar, daß jede erstklassige Form der Psychotherapie (von der modernen Psychoanalyse bis zur psychoanalytisch orientierten intensiven Psychotherapie), die auf eine Charakterveränderung zielt, von einer systematischen Anwendung der in diesem Buch beschriebenen Prinzipien und Vorgehensweisen in hohem Maße profitieren würde. Kurz gesagt wird in der Psychodynamischen Kurztherapie die Art und Weise des therapeutischen Handelns nicht durch die zeitlichen Grenzen definiert; diese lenken lediglich die Aufmerksamkeit der Therapeutin auf das Erfordernis, relativ spezifische Ziele zu formulieren und unter ständiger Berücksichtigung von Übertragungs- und Gegenübertragungsphänomenen systematisch auf diese

Ziele hinzuarbeiten. Unser Therapiemodell ist so konzipiert, daß es der Therapeutin eindrücklich nahelegt, eine bestimmte Haltung einzunehmen und dem Patienten das bevorstehende Unternehmen zu skizzieren. Je nach den einzelnen Umständen (etwaigen chronischen Schwierigkeiten des Patienten, seiner Motivation zur Mitarbeit in der Therapie, eventuell tiefsitzenden neurotischen Mustern, der verfügbaren Zeit, den finanziellen Mitteln etc.) kann diese Unternehmung kürzer oder länger dauern. In jedem Fall sollten aber gemeinsame Anstrengungen unternommen werden, um ein Ziel zu bestimmen, einen Weg dorthin zu skizzieren, sich der voraussichtlichen Hindernisse bewußt zu werden und die für die Realisierung benötigte Zeit abzuschätzen. Die Therapeutin ist also gehalten, sich über die therapeutische Unternehmung gedanklich klar zu werden.

Die oben aufgeführten Schritte stellen, so meinen wir, auf dem Gebiet der Psychotherapie einen bedeutenden Fortschritt dar. Ziel ist es, so klar wie möglich zu ermitteln, was sich unter bestimmten Umständen tun läßt und wie es am besten getan werden kann. Außerdem konzentrieren sich sowohl der Patient als auch die Therapeutin wohl eher auf die anstehenden Aufgaben, wenn sie gezwungen sind, auf die Zeit zu achten. Unabhängig von der Länge der Therapie muß beim Therapieziel berücksichtigt werden, welche aktuellen Lebensschwierigkeiten der Patient gerade hat und inwieweit diese seine Lebensfreude und Produktivität beeinträchtigen (»Lieben und arbeiten«, sagt Freud in seinem berühmten Epigramm). Es gibt keine festen Regeln dafür, was in einem bestimmten Fall erforderlich oder wünschenswert ist. Bei manchen Menschen ist das aktuelle Problem eng eingrenzbar, bei anderen machen sich ernste neurotische Schwierigkeiten in vielen Aspekten ihres Lebens bemerkbar. Doch gleichgültig wie ernst das Problem und wie gut oder schlecht angepaßt der Patient ist, machen praktische Gründe (Zeit, Geld, räumliche Entfernung) einen Kompromiß oft unumgänglich. Diese Faktoren müssen sorgfältig abgewogen werden und das so früh wie möglich. Im Laufe der Therapie zeigt sich vielleicht, daß ein scheinbar einfaches Problem auf weitere Bereiche ausstrahlt oder tiefer wurzelt als gedacht. Auch das Umgekehrte kann der Fall sein. Unseren Erkenntnissen nach orientieren sich Voraussagen am besten daran, wie der Patient in der Vergangenheit sein Leben gemeistert und wie erfolgreich er sich an die Lebensumstände angepaßt hat und welche Ich-Ressourcen er mitbringt.

Menschen, die in der Vergangenheit gezeigt haben, daß sie mit dem Leben mehr oder weniger zurechtkommen können, sind zweifellos weit bessere Kandidaten für jede Form von Psychotherapie als Patienten, deren ständiges Scheitern im Leben eine Folge ihrer neurotischen Probleme ist. Von einer Therapeutin dürfen und sollen keine Wunder erwartet werden, und auch sie selbst sollte nie so tun, als wären Wunder möglich. Vielmehr entsprechen potentielle therapeutische Erfolge meist dem zur Verfügung stehenden »Rohmaterial«. In dieser Hinsicht unterscheidet sich die Psychotherapie nicht von einer ärztlichen Behandlung, die einzigartig effektiv sein kann, vorausgesetzt der Patient ist in gesundheitlich guter Allgemeinverfassung und arbeitet optimal mit und es ergeben sich keine Komplikationen. Umgekehrt sinkt mit zunehmenden Hindernissen die Erfolgswahrscheinlichkeit. Diese Faktoren hat die Psychotherapeutin nicht in der Hand, und sie sollte deshalb auch nicht dafür verantwortlich gemacht werden, wenn sie sich nicht über sie hinwegsetzen kann. Freud spricht diese Probleme in seinen Schriften über die psychoanalytische Therapie an. Auch wenn seine Haltung in einem seiner letzten Artikel (Freud, 1937, *GW 16*) recht pessimistisch ist, hat er die Argumente doch auf seiner Seite. Bis auf den heutigen Tag ist die Psychotherapie stark dadurch behindert, daß es dem gesamten Fach immer noch nicht gelungen ist, realistischer einzuschätzen, was unter bestimmten Umständen möglich ist.

Doch auch wenn man das Vorhandensein widriger Faktoren anerkennt, ist das noch lange kein Freibrief für persönliche und methodische Schwächen. Es mag ein paar außergewöhnliche Menschen geben, die die Therapeutenrolle auch ohne vorherige Anleitung effektiv ausfüllen können. Insgesamt gesehen wird jedoch kein Fachmann bestreiten, daß angehende Therapeuten sich zunächst einmal einer intensiven und langwierigen Ausbildung unterziehen müssen. Die Grundfertigkeit einer Therapeutin besteht darin, einem Patienten dabei helfen zu können, mit neurotischen Problemen fertig zu werden, ohne sich aber als Mitagierende in die unbewußten Szenarios des Patienten zu verstricken. Zu diesem Zweck muß die Therapeutin eine klare Vorstellung von der eigenen Rolle und Funktion haben sowie von den Zielen, die sie mit einem bestimmten Patienten anstrebt, und den methodischen Schritten, die der Erreichung dieser Ziele am förderlichsten erscheinen. (Bei der Untersuchung *Vanderbilt I* waren sorgfältig ausgewählte College-Professoren ohne besondere Anleitung in der Lage, bestimmten Patienten therapeutisch zu helfen; die Professoren gaben aber nachher offen zu, daß ihren Bemühungen im allgemeinen eine konkrete Richtung gefehlt hatte und ihnen oft »das Material ausgegangen« war.)

Nach einer Ausbildung in Psychodynamischer Kurztherapie dürfte die Therapeutin sich ihrer Rolle und Funktion umfassender bewußt sein und ein deutlicheres Orientierungsgefühl haben. Weil es darum geht, einen dynamischen Fokus zu identifizieren, ist sie gezwungen, sich ständig das angestrebte Ziel und den zumindest grob umrissenen Weg dorthin zu vergegenwärtigen. Dies sollte unabhängig davon der Fall sein, ob die einzelne Therapeutin zeitlich begrenzte oder aber – sich über einen langen Zeitraum erstreckende – analytische Therapien durchführt. Und wenn die so ausgebildeten Therapeutin ihre Patienten auch zu nichts »drängt«, so lenkt sie doch durchaus den Lauf der Therapie.

Diese Orientierung unterscheidet sich radikal von den ehrgeizigen, aber vagen Zielen, die traditionellerweise von der Psychoanalyse postuliert werden: das Unbewußte bewußt zu machen, die Vergangenheit zu rekonstruieren, Verdrängtes aus der Kindheit ans Tageslicht zu holen und ähnliches mehr. Die Betonung liegt vielmehr unmittelbar auf dem gegenwärtigen Leben des Patienten und der Art seiner Beziehungen zu bedeutsamen Anderen (einschließlich der Therapeutin) im Hier und Jetzt sowie auf der Frage, inwieweit ungelöste Probleme aus der Vergangenheit einen störenden Einfluß auf seine heutige Anpassung ans Leben haben. Insofern sind Einsichten, die sich nicht verändernd auf das aktuelle Selbstbild des Patienten, seine Gefühle und Handlungen auswirken, wertlos; eine Analyse um der Analyse willen (ohne deutliche Anzeichen dafür, daß der Patient durch die Therapie befähigt wird, mit seinen Problemen eher fertig zu werden und sein Leben besser zu meistern) ist kein legitimes Ziel. Kurz gesagt: Strukturelle Veränderungen sind erst dann bedeutungsvoll, wenn sie sich auch im Verhalten niederschlagen und von dem Patienten, der Therapeutin und (meistens) auch von bedeutsamen Anderen im jetzigen Leben des Patienten zu erkennen sind.

Das psychodynamische Kurztherapiemodell soll in der Therapeutin eine realistische und rationale Einstellung erzeugen. Ihr muß klar werden, daß manche Formen der Psychopathologie irreversibel sind (ähnlich wie eine Verkrüppelung durch spinale Kinderlähmung); andere haben sich vielleicht tief eingeschliffen, sind jedoch bei intensiven und ausdauernden Bemühungen durch einfühlsame und geschickte Interventionen zu beseitigen; wiederum andere sind – abhängig von den Faktoren, die wir erwähnt haben – aber auch einer Kurztherapie gut zugänglich. Wir verstehen von dem therapeutischen Veränderungsprozeß noch zu wenig, als daß wir genaue Voraussagen darüber machen könnten, welche Art von Therapiearbeit in einem bestimmten Fall erforderlich ist und welche Kräfte im Patienten wie auch in der Umgebung sich beschleunigend oder behindernd auf die Therapeutenbemühungen auswirken können. Manche Praktiker der

Kurztherapie nähren leider immer noch die Hoffnung – die von einer sich nach magischen Lösungen sehnenden Öffentlichkeit begierig aufgegriffen wird –, daß ihre Therapieform einzigartige und preiswerte Antworten auf Probleme bietet, mit den die Psychotherapie seit Jahr und Tag konfrontiert ist. Angesichts unserer klinischen Erfahrung und der gesammelten Forschungsergebnisse halten wir dies für unwahrscheinlich. Die Leistungen, die in der Psychotherapie erreichbar sind, hängen normalerweise in entsprechender Weise von der Quantität und Qualität der Therapiearbeit ab sowie vom Wesen und Umfang der zu bearbeitenden Probleme.

Der Beitrag, den die Psychodynamische Kurztherapie unserer Ansicht nach zu bieten hat, ist darin zu sehen, daß sie versucht, das Denken der Therapeutin nachdrücklich zu schärfen und ihre therapeutischen Praktiken zu konkretisieren. Hier besteht ein enger Bezug zur Haltung des Forschers, der bei der Beschreibung und dem Verständnis der im Therapiebereich auftretenden Phänomene größere Präzision anstrebt. Unabhängig davon, ob wir nun zeitlich begrenzte oder unbegrenzte Psychotherapieformen praktizieren, sollten wir uns daher darum bemühen, in zunehmendem Maße Klarheit darüber zu gewinnen, was wir im jeweiligen Moment tun, was wir zu tun versuchen und wie wir die von uns angestrebten Ziele am ehesten erreichen können. Dies bedeutet gleichzeitig aber auch, daß wir einzuschätzen lernen, was nicht machbar ist und warum es nicht machbar ist. Bemühungen in dieser Richtung müssen die Therapiearbeit aber noch längst nicht zu einer mechanischen Aufgabe werden lassen oder sie ihrer künstlerischen und ästhetischen Elemente berauben. Genau wie Maler und Komponisten sollten auch Psychotherapeuten ihre Tätigkeit als äußerst disziplinierte Unternehmung begreifen. Auch wenn viele der geistigseelischen Prozesse, die beim Patienten und bei der Therapeutin ablaufen, wohl im dunkeln bleiben und sich nicht näher spezifizieren lassen, ist es doch das Bemühen um Klarheit und Selbstbewußtheit, das die Aktivitäten der gelernten Therapeutin letztlich von denen der intuitiven Seelenheilerin unterscheidet.

Die Beurteilung der Ergebnisse

In diesem Sinne kommt man als Psychotherapeut weder bei der Psychodynamischen Kurztherapie noch eigentlich bei irgendeiner anderen Therapieform um das Problem der Effektivität herum: Hat die Therapie geholfen? In welcher Beziehung hat sie geholfen? Sind die Veränderungen von

Dauer? Hätte eine andere Therapieform vielleicht zu anderen Ergebnissen geführt? Dies sind nur einige der Fragen, die sowohl aus Sicht der klinischen Arbeit als auch aus der der Forschung angegangen werden müssen.

Es ist offensichtlich, daß bei Fragen, die die Ergebnisse betreffen, viele Aspekte des menschlichen Lebens berührt sind; Konzeptionen davon, was geistig-seelische Gesundheit oder Krankheit ausmacht, können nicht losgelöst von philosophischen, ethischen, religiösen und politischen Fragen betrachtet werden. Wir haben es zwangsläufig mit Problemen des menschlichen Daseins und letztlich mit *Wertfragen* zu tun (Strupp & Hadley, 1977). Letzten Endes muß man entscheiden, ob der Pflichteifer eines Menschen eine Tugend oder eine zwanghafte Angewohnheit ist; ob ein Rückgang um soundsoviel Punkte auf einer Depressionsskala klinisch bedeutsam ist; ob man in einem Fall die Meinung eines Patienten, daß er sich besser fühlt, akzeptiert und in einem anderen Fall eine solche Selbsteinschätzung beiseite wischt und als Reaktionsbildung, Flucht in die Gesundheit oder ähnliches bezeichnet. Solche Entscheidungen lassen sich nur unter Bezugnahme auf Wertvorstellungen treffen, die die Gesellschaft mit bestimmten Gefühlen, Einstellungen und Handlungen verbindet. Diese Wertvorstellungen sind auch mit den Konzeptionen von geistig-seelischer Gesundheit und Krankheit verbunden sowie den klinischen Urteilen, die auf einem dieser Modelle basieren.

Einer der größten Stolpersteine in der psychotherapeutischen Forschung und Praxis besteht immer noch darin, nicht zu erkennen, wie groß die Bedeutung von Wertvorstellungen ist. Während sich Forscher zu Recht mit technischen und methodologischen Fragen befaßt und bei deren Klärung beträchtliche Fortschritte erzielt haben, sind objektive Beurteilungen und Maßstäbe unvollkommen und ungenau geblieben. Es wird zum Beispiel häufig festgestellt (Garfield, Prager & Bergin, 1971), daß sich nur geringe Korrelationen finden lassen, wenn Patienten, Angehörige, Therapeuten und unabhängigen Klinikern das Ergebnis einer Therapie beurteilen. Das mag man der Unvollkommenheit der Instrumente und der Fehlbarkeit der urteilenden Personen zuschreiben, man sollte sich aber auch der Tatsache bewußt sein, daß letztere unterschiedliche Perspektiven anwenden und daß der relative Mangel an Korrelation zum Teil daher rührt, daß die Ausgangspunkte legitimerweise voneinander abweichen.

Schon Freud (1916–1917, *GW 11*) hat das Problem der Ergebnisbeurteilung als praktische Frage betrachtet, und so läßt es sich wohl am besten behandeln. Alles in allem betrachtet, wird man sich vom gesunden Menschenverstand her wohl darauf einigen können, was einen geistig-seelisch gesunden, nichtneurotischen Menschen ausmacht. Knight (1941) postulierte drei Hauptrubriken zur Erfassung therapeutischer Veränderungen, die auch heute noch ausgesprochen vernünftig erscheinen: (1) das Verschwinden bestehender Symptome, (2) reale Verbesserungen im geistig-seelischen Funktionsbereich und (3) eine verbesserte Anpassung an die Wirklichkeit. Wenn auch viele Therapeuten und Forscher über Kriterien und Verfahren zur Erfassung und Beurteilung solcher Veränderungen nicht einer Meinung sind, stimmen die meisten von ihnen doch darin überein, daß sich ein Therapieerfolg (1) im Gefühlszustand (Wohlbefinden), (2) im sozialen Verhalten und (3) in der Persönlichkeitsstruktur des Patienten zeigen sollte. Beim ersten Punkt geht es eindeutig um die subjektive Sicht des betroffenen Individuums, beim zweiten um die Perspektive der Gesellschaft (einschließlich der herrschenden »Normalitäts-« und Verhaltensnormen) und beim dritten um die Sicht der psychotherapeutisch oder psychologisch tätigen Praktiker, deren technische Konzepte (Ich-Stärke, Triebkontrolle) einen Teil der benötigten Informationen und Normen aus den vorgenannten Quellen beziehen, dabei aber angeblich wissenschaftlich, objektiv und wertfrei sind. Wie Strupp und Hadley (1977) gezeigt haben, haben bislang nur wenige Therapeuten und Forscher das Problem erkannt beziehungsweise dessen Implikationen ernstgenommen. Auf Therapeutenseite werden Therapieergebnisse immer noch aufgrund globaler klinischer Eindrücke beurteilt, während auf der Seite der Forscher davon ausgegangen wird, daß sich im Bereich der Psychotherapie quantitative Indizes in der gleichen Weise ablesen und interpretieren lassen, wie man das etwa bei einem Thermometer tut. In Wirklichkeit sind alle Ergebnisbeurteilungen von Wertvorstellungen beeinflußt und durchdrungen.

Die angeführten Überlegungen haben wichtige praktische Implikationen. Immer häufiger verlangen zum Beispiel Krankenversicherungen, daß Therapeuten Ergebnisauswertungen vorlegen, bevor sie ihr Honorar überwiesen bekommen beziehungsweise dem Patienten seine Unkosten erstattet werden. Es ist abzusehen, daß in Zukunft das bloße Abhaken von Versicherungsformularen nicht mehr ausreichen wird, sondern weit genauere Angaben erforderlich sein werden, um zu zeigen, daß sich der Zustand eines Patienten gebessert hat. Ähnliches gilt für die – oft vom Gesetz her verlangte – Effektivitätsbewertung von gemeindenahen Therapiezentren und -programmen. Sowohl in der Öffentlichkeit als auch unter Therapeuten fehlt es nach wie vor in beträchtlichem Maße an Klarheit darüber, welche Resultate von einer Psychotherapie erwartet werden dürfen, wie sie zu beschreiben und wie sie auszuwerten sind.

Über Therapieergebnisse ist schon umfangreich und anhaltend geforscht worden. Seit Eysenck (1952) die Behauptung aufstellte, daß die Psychotherapie bei emotional gestörten Personen keine größeren Veränderungen bewirke, als dies auch bei natürlich vorkommenden Lebenserfahrungen schon der Fall sei, haben sich Forscher und Kliniker immer wieder gedrängt gefühlt, diese Herausforderung anzunehmen. Aufgrund der von ihnen zusammengefaßten und analysierten Daten aus fünfundzwanzig Jahren der Forschung zur Effektivität der Psychotherapie kommen Luborsky, Singer und Luborsky (1975) zu dem Schluß, daß die meisten Therapieformen bei einem erheblichen Teil der Patienten Veränderungen bewirken und daß diese Veränderungen in der Regel größer sind als diejenigen, die von Kontrollgruppen erzielt werden, in denen die Patienten nicht therapiert wurden. Andere Wissenschaftler (Bergin & Lambert, 1978; Meltzoff & Kornreich, 1970) sind zu ähnlichen Schlüssen gelangt. In einer weiteren gründlichen Analyse haben Smith, Glass und Miller (1980) gezeigt, daß über alle Therapie- und Patiententypen sowie über alle Ergebniskriterien hinweg der Durchschnittspatient sich besser fühlt als 75 Prozent der nicht therapierten Vergleichspersonen. Eysencks pessimistische Schlußfolgerung, so ist deutlich geworden, läßt sich angesichts der überwiegenden Zahl der Fakten nicht aufrechterhalten (ausführlicher dazu Strupp, 1978).

Was kann man über die Ergebnisse von Kurztherapien sagen? Da die kürzeren Psychotherapieformen entwickelt worden sind, um mit schärfer eingegrenzten Problemen und spezifischeren Patientenpopulationen zu arbeiten, könnte man erwarten, hier solidere Forschungsdaten vorzufinden als in der allgemeinen Literatur zur Psychotherapie. Die kürzeren Formen sind außerdem nicht so schwer zu untersuchen wie die zeitlich unbegrenzten. Doch wie Butcher und Koss (1978) in ihrem prägnanten Literaturüberblick dokumentieren, sind auch im Bereich der Kurztherapie Probleme weit verbreitet, wie sie so oder ähnlich in allen Untersuchungen zur therapeutischen Effektivität zu finden sind. Überall tun sich Defizite hinsichtlich der Komplexität, der Planung oder der Erhebungsinstrumente auf, obgleich die Situation in den letzten Jahren langsam besser wird. Auch im Bereich der Kurztherapie berichten die meisten Ergebnisstudien von beträchtlichen Verbesserungsraten, aber es lassen sich keine definitiven Schlußfolgerungen ziehen. Angebliche Belege dafür, daß kürzere Therapieformen zu vergleichbaren Resultaten führen wie längere, muß man ebenfalls mit Zurückhaltung betrachten. Butcher und Koss (1978, S. 760) stellen fest: »Der wesentliche Wert einer Kurztherapie liegt vielleicht darin, daß sie hilft, beim Patienten positive Veränderungen zu beschleunigen.« Beim gegenwärtigen Wissensstand benötigen wir noch genauere Daten darüber, welche Arten von positiven Veränderungen erzeugt werden und bei welchen Patiententypen es zu solchen Veränderungen kommt (oder nicht kommt). Zusätzlich müssen wir noch zu spezifischeren Aussagen darüber gelangen, welche Arten von therapeutischen Interventionen am ehesten zu vorteilhaften Resultaten führen.

Um diese Ziele zu erreichen, bedarf es umfangreicher Forschungsprogramme. Da die Wissenschaft ein kumulatives Unternehmen ist, wird es wohl keinem einzelnen Forschungsprogramm und keiner einzelnen Forschergruppe gelingen, auf alle Fragen die Antworten zu liefern, die wir benötigen. Es läßt sich jedoch voraussehen, daß zukünftige Forschungsprojekte konvergierende Trends hervorbringen werden. Es ist auch wichtig, sich vor Augen zu halten, daß bei diesem Unternehmen Forscher und praktizierende Therapeuten intensiv zusammenarbeiten müssen. Die Verbesserung der klinischen Praxis und die Erweiterung des Wissens müssen Hand in Hand gehen, denn Fortschritte in einem Bereich wirken sich, so ist abzusehen, auch positiv auf den anderen aus. Einzelne Therapeuten, die die Psychodynamische Kurztherapie praktizieren, können und sollen zwar Daten der von uns geforderten Art sammeln, aber man kann von ihnen nicht erwarten, daß sie systematisch forschen. Das ist eine Aufgabe für Spezialisten.

Das Forschungsprogramm zur Psychodynamischen Kurztherapie, das derzeit an der Vanderbilt-Universität läuft, ist bemüht, zwischen Ausbildung, Praxis und Forschung produktive Wechselbeziehungen herzustellen. Wie wir in den vorangegangenen Kapiteln beschrieben haben, ist der in diesem Buch vorgestellte Therapieansatz aus der *Vanderbilt I*-Studie hervorgegangen – aus der Analyse quantitativer Resultate und der genauen qualitativen Untersuchung der per Videokamera festgehaltenen Interaktionen von Patient und Therapeutin. Wir haben außerdem in starkem Maße von der weitergehenden Literatur zu klinischen, theoretischen und forschungsbezogenen Fragen profitiert. Jeder Schritt der derzeitigen Untersuchung *Vanderbilt II,* für die die psychodynamischen Formulierungen von zentraler Bedeutung sind, wird von besonderen Erhebungen begleitet, die uns den angestrebten Zielen ein paar Schritte näher bringen sollen. Wir haben zum Beispiel spezielle Verfahren zur Auswahl von Patienten erarbeitet (eine der Hauptaufgaben wird hier sein, Therapieergebnisse von Patienten zu vergleichen, die sich in unterschiedlichem Maße für diese Therapieform eignen); wir haben bestimmte Techniken entwickelt, um einen dynamischen Fokus identifizieren und ihn während der gesamten Therapie verfolgen zu können; wir werden verbesserte Verfahren zur Messung therapeutischer Veränderungen entwickeln und anwenden; und wir werden detaillierte Untersuchungen der Interaktionen von Patient und Therapeutin durchführen und dabei versuchen, mit Hilfe von Messungen festzustellen, inwieweit die betreffende Therapeutin im Therapieprozeß an den Prinzipien und Techniken der Psychodynamischen Kurztherapie festhält. Je weiter dieses Forschungsprogramm voranschreitet, desto eher wird es selbständigen Therapeuten möglich sein, diese Verfahrensweisen in ihrer eigenen Arbeit anzuwenden.

Therapeutenausbildung und Kompetenz

Ein ständiges Defizit der Forschung – und zwar sowohl im Bereich der Kurz- als auch der Langzeittherapien – besteht darin, daß die Eigenart der jeweiligen Therapie nicht mit einem gewissen Maß an Genauigkeit spezifiziert wird. Statt dessen ist es allgemein üblich, eine Therapie mit sehr weitgefaßten Begriffen (verhaltensbezogen, psychodynamisch, klientenzentriert) zu beschreiben und dadurch wenig über den eigentlichen Charakter oder die »Reinheit« der Therapieform auszusagen. Erst seitdem in den letzten Jahren einige Therapiehandbücher (Beck, Rush, Shaw & Emery, 1981; Klerman, Rounsaville, Chevron & Weissman, 1984; Luborsky, 1984) erschienen sind, werden systematische Anstrengungen unternommen, um diesem Problem abzuhelfen. Mit den Handbüchern abgestimmte, spezialisierte Instrumente versetzen den Forscher nun in die Lage, eine einigermaßen objektive Beurteilung der jeweils untersuchten Therapieform vorzunehmen. Außerdem ist es jetzt möglich, die Fortschritte genauer zu kontrollieren, die eine Therapeutin in ihrer Ausbildung macht, und festzustellen, inwieweit sie sich an das vermittelte Therapiemodell und die dafür relevanten Techniken hält. Wie schon erwähnt, ist unser Team dabei, eine Kompetenzskala zu entwickeln, um vergleichen zu können, wie weit von uns ausgebildete Therapeuten die Vorgaben befolgen, die mit der Psychodynamischen Kurztherapie verbunden sind, und um ihr Vorgehen bei der Therapie eines konkreten Patienten angemessen beurteilen zu können.

Mit Hilfe unseres laufenden Forschungsprojekts soll an der Vanderbilt-Universität die Wirkung eines speziellen Ausbildungsprogramms zur Psychodynamischen Kurztherapie untersucht werden. Zu diesem Zweck haben wir eine Therapeutengruppe (voll ausgebildete Psychiater und klinische Psychologen mit mehrjähriger Berufserfahrung) zusammengestellt, die ausgewählte Patienten therapieren wird, und zwar sowohl vor als auch nach einer psychodynamischen Kurztherapieausbildung. Unser Ziel ist es, nicht nur Therapieergebnisse zu vergleichen, sondern detailliert und gründlich den *Prozeß* zu untersuchen, durch den die einzelnen Veränderungen erreicht werden. Ein wesentlicher Teil dieser Arbeit wird die intensive Beschäftigung mit Videoaufzeichnungen der einzelnen Therapiestunden sein.

Im Mittelpunkt des Ausbildungsprogramms selbst steht die sorgfältige Supervision der teilnehmenden Therapeuten über einen Zeitraum von rund sechs Monaten hinweg. Während dieser Zeit behandelt jeder Therapeut unter Supervision einen Fall. Gegen Ende der Ausbildungszeit werden dann die jeweiligen psychodynamischen therapeutischen Fähigkeiten bewertet. Voruntersuchungen haben ergeben, daß eine individuelle Supervision über einen längeren Zeitraum hinweg die beste Möglichkeit ist, um die Prinzipien und Techniken der Psychodynamischen Kurztherapie zu vermitteln und die Therapeuten zu ermuntern, sie systematisch und geschickt anzuwenden. Unserer – mit wachsender Erfahrung auch revidierbaren – Meinung nach sollte jemand, der eine psychodynamische Therapieausbildung macht, ein einigermaßen fundiertes Hintergrundwissen in allgemeiner psychodynamischer Psychotherapie und ein gewisses Maß an beruflicher Erfahrung mitbringen. Wir glauben allerdings, daß die Prinzipien und Techniken der Psychodynamischen Kurztherapie sowohl in der Graduiertenausbildung als auch für berufserfahrene Therapeuten von Nutzen sein können.

Im einzelnen verfolgt unsere Forschung folgende Hypothesen:

1. *Eine psychodynamische Kurztherapieausbildung beeinflußt die Art und Weise, in der psychodynamisch arbeitende Therapeuten Therapien durchführen.* Insbesondere glauben wir, folgendes voraussagen zu können: Die Wirkung der Ausbildung zeigt sich darin, daß (a) ein dynamischer Fokus konsequent verfolgt wird, (b) die Dynamik der Interaktion zwischen Patient und Therapeutin größere Aufmerksamkeit und Aufklärung erfährt, (c) mit den fehlangepaßten zwischenmenschlichen Verhaltensmustern, die der Patient in der Therapie inszeniert, geschickter umgegangen wird und (d) die eigenen emotionalen Reaktionen auf den Patienten besser genutzt werden.

2. *Therapieprozeß und -ergebnis unterscheiden sich in der Psychodynamischen Kurztherapie in wünschenswerter Weise von denen in einer gewöhn-*

lichen psychodynamischen Therapie. Nach einer Ausbildung in Psychodynamischer Kurztherapie sollte die Therapie gekennzeichnet sein durch (a) eine qualitative Verbesserung der Beziehung zwischen Patient und Therapeutin, (b) eine größere Wahrscheinlichkeit, daß ein zentrales Problem schließlich gemeistert und die Therapie zu einem erfolgreicheren Abschluß geführt wird, und (c) eine verringerte Tendenz beim Patienten, sich eine weitere Therapie zu wünschen oder zu suchen.

3. *Durch die psychodynamische Kurztherapieausbildung erweitert sich das Spektrum therapierbarer Patienten.* Auch wenn wir von der Annahme ausgehen, daß die Therapeuten nach ihrer Ausbildung bei allen für die Therapie ausgewählten Patienten eine größere therapeutische Wirkung erzielen werden, wird es zu den größten relativen Verbesserungen doch bei denen kommen, die sich von ihrem Potential her scheinbar nur wenig für eine dynamische Psychotherapie eignen. Hier ist es das Ziel, systematisch zu untersuchen, welche Arten von Patienten von einer zeitlich begrenzten dynamischen Psychotherapie profitieren könnten, um andererseits mit größerer Genauigkeit sagen zu können, wo die Grenzen dieser Therapieform liegen.

Um die Psychotherapie sowohl als Wissenschaftsgebiet als auch als klinische Disziplin voranzubringen, muß – so gilt abschließend festzuhalten – darauf hingearbeitet werden, die prädisponierenden Faktoren und psychischen Prozesse, die zu unterschiedlichen Therapieergebnissen führen, mit größerer wissenschaftlicher Klarheit zu erfassen. Dazu ist es erforderlich, besser verstehen zu lernen, worin der Beitrag der auf früheren Erlebnissen basierenden Patientenvariablen einerseits und der therapeutischen Interventionsvariablen andererseits beruht.

Aufgrund von Forschungsdaten und klinischer Erfahrung meinen wir, sagen zu können, daß die Therapieergebnisse von den auf früheren Erlebnissen basierenden Patientenvariablen entscheidend mitbestimmt werden. Allerdings läßt sich gleichzeitig die weitverbreitete Tendenz beobachten, psychotherapeutische Behandlungsergebnisse dadurch abzuwerten, daß gesagt wird, sie seien durch die genannten Patientenvariablen bereits vorher entschieden gewesen. (Es wird behauptet, daß die Psychotherapie bei den Menschen am besten funktioniert, die sie am wenigsten brauchen – so ähnlich wie bei dem Phänomen, daß »die Reichen immer reicher« werden.) Solche Interpretationen räumen dem therapeutischen Sachverstand nicht viel Bedeutung ein. Von Kritikern der Psychotherapie (Gross, 1978; Zilbergeld, 1983) wird in Frage gestellt, ob es auf die technischen Kenntnisse der Therapeuten überhaupt ankommt. Wenn diese tatsächlich keine Rolle spielen würden, wäre eine Ausbildung überflüssig. Wir bezweifeln, daß es je einfache Antworten auf komplexe Fragen geben kann. Aufgrund unserer eigenen empirischen Forschung wissen wir allerdings, daß die *Qualität* der therapeutischen Beziehung eine wichtige Variable ist, die das Therapieergebnis beeinflußt. Während die Patientenvariablen also eine wichtige Rolle spielen, ist aber auch der Beitrag der Therapeutin alles andere als vernachlässigbar. Indem wir unseren psychodynamischen Kurztherapieansatz in diesem Buch vorstellen und das oben erwähnte Forschungsprogramm durchführen, arbeiten wir – und, durch uns ermuntert, hoffentlich auch weitere Kolleginnen und Kollegen – auf die Art von Spezifität hin, die auf dem Gebiet der Psychotherapie so dringend benötigt wird.

Literaturverzeichnis

Alexander, F. & French, T. M. (1946). *Psychoanalytic Therapy: Principles and Applications.* New York: Ronald Press.

Allport, G. W. (1959) [1937]. *Persönlichkeit* (übers. u. hg. v. Helmut v. Bracken). Meisenheim/Glan: Hain.

Allen, J. (1977). Ego States and Object Relations. *Bulletin of the Menninger Clinic, 41,* 522–538.

American Psychiatric Association (1980). *Diagnostic and Statistical Manual of Mental Disorders* (3rd ed.). Washington, D. C.: American Psychiatric Association.

Anchin, J. C. & Kiesler, D. J. (Eds.) (1982). *Handbook of Interpersonal Psychotherapy.* New York: Pergamon Press.

Appelbaum, S. A. (1972). How Long is Long-term Psychotherapy? *Bulletin of the Menninger Clinic, 36,* 651–655.

– (1981). *Effecting Change in Psychotherapy.* New York: Jason Aronson.

Arlow, J. (1980). The Genesis of Interpretation. In H. P. Blum (Ed.), *Psychoanalytic Explorations of Technique: Discourse on the Theory of Therapy.* New York: International Universities Press.

Armstrong, S. (1980). Dual Focus in Brief Psychodynamic Psychotherapy. *Psychotherapy and Psychosomatics, 33,* 147–154.

Auerbach, A. H. & Luborsky, L. (1968). Accuracy of Judgments of Psychotherapy and the Nature of the Good Hour. In J. M. Shlien (Ed.), *Research in Psychotherapy* (Vol. 3). Washington: American Psychological Association.

Bachrach, H. M. & Leaff, L. A. (1978). ›Analyzability‹: A Systematic Review of the Clinical and Qualitative Literature. *Journal of American Psychoanalytical Association, 26,* 881–920.

Balint, M., Ornstein, P. & Balint, E. (1973). *Fokaltherapie: Ein Beispiel angewandter Psychoanalyse* (übers. v. Käte Hügel). Frankfurt a. M.: Suhrkamp.

Barten, H. H. (1969). The Coming of Age of the Brief Psychotherapies. In L. Bellak & H. H. Barten (Eds.), *Progress in Community Mental Health.* New York: Grune & Stratton.

Bateson, G. (1981) [1972]. *Ökologie des Geistes* (übers. v. Hans-Günter Holl). Frankfurt a. M.: Suhrkamp.

Bateson, G., Jackson, D. D., Haley, J. & Weakland, J. H. (1956). Toward a Theory of Schizophrenia. *Behavioral Science, 1,* 251–264.

Beck, A. T. (1979). *Wahrnehmung der Wirklichkeit und Neurose: Kognitive Psychotherapie emotionaler Störungen* (übers. v. Brigitte Stein). München: Pfeiffer.

Beck, A. T., Rush, A., Shaw, B. I. & Emery, G. (1986) [1978]. *Kognitive Therapie der Depression* (übers. v. Gisela Bronder & Brigitte Stein). München: Urban & Schwarzenberg.

Bellak, L. & Small, L. (1972). *Kurzpsychotherapie und Notfall-Psychotherapie* (übers. v. Hermann Schultz). Frankfurt a. M.: Suhrkamp.

Bergin, A. E. & Lambert, M. J. (1978). The Evaluation of Therapeutic Outcomes. In S. L. Garfield & A. E. Bergin (Eds.), *Handbook of Psychotherapy and Behavior Change: An Empirical Analysis* (2nd ed.). New York: John Wiley & Sons.

Bergin, A. E. & Strupp, H. H. (1972). *Changing Frontiers in the Science of Psychotherapy.* Chicago: Aldine-Atherton.

Binder, J. L. (1977). Modes of Focusing in Psychoanalytic Short-term Therapy. *Psychotherapy: Theory, Research, and Practice, 14*, (3), 232–241.

Binder, J. L. (1979). Treatment of Narcissistic Problems in Time-limited Psychotherapy. *Psychiatric Quarterly, 51*, 257–280.

Binder, J. L. & Smokler, I. (1980). Early Memories: A Technical Aid to Focusing in Brief Psychotherapy. *Psychotherapy: Theory, Research, and Practice, 17*, 52–62.

Blatt, S. J. & Erlich, H. S. (1982). Levels of Resistance in the Psychotherapeutic Process. In P. Wachtel (Ed.), *Resistance in Psychoanalysis and Behavioral Therapies*. New York: Plenum Press.

Blatt, S. J. & Lerner, H. (1983). The Psychological Assessment of Object Representation. *Journal of Personality Assessment, 47* (1), 7–28.

Blos, P. (1941). *The Adolescent Personality*. New York: Appleton-Century-Crofts.

Blum, H. P. (1983). The Position and Value of Extratransference Interpretation. *Journal of the American Psychoanalytic Association, 31*, 587–613.

Bowlby, J. (1983) [1980]. *Verlust, Trauer und Depression*. Frankfurt a. M.: Fischer.

Breuer, J. & Freud, S. (1973) [1895]. *Studien über Hysterie*. Frankfurt a. M.: Fischer.

Brierly, M. (1937). Affects in Theory and Practice. *International Journal of Psychoanalysis, 18*, 256–268.

Budman, S. H. (Ed.) (1981). *Forms of Brief Therapy*. New York: Guilford Press.

Budman, S. H. & Gurman, A. S. (1983). The Practice of Brief Therapy. *Professional Psychology: Research and Practice, 14*, 277–292.

Butcher, J.N. & Koss, M. P. (1978). Research on Brief and Crisis-oriented Psychotherapies. In S. L. Garfield & A. E. Bergin (Eds.), *Handbook of Psychotherapy and Behavior Change: An Empirical Analysis* (2nd ed.). New York: John Wiley & Sons.

Carson, R. C. (1969). *Interaction Concepts of Personality*. Chicago: Aldine.

– (1982). Self-fulfilling Prophecy, Maladaptive Behavior, and Psychotherapy. In J. C. Anchin & D. J. Kiesler (Eds.), *Handbook of Interpersonal Psychotherapy*. *New York: Pergamon Press*.

Castelnuovo-Tedesco, P. (1975). Brief Psychotherapie. In S. Arieti (Ed.), *American Handbook of Psychiatry* (Vol. 5, 2nd ed.). New York: Basic Books.

Cohen, A. (1982). Confrontation Analysis: *Theory and Practice*. New York: Grune & Stratton.

Coltrera, J. T. (1980). Truth from Genetic Illusion: The Transference and the Fate of the Infantile Neurosis. In H. P. Blum (Ed.), *Psychoanalytic Explorations of Technique*. New York: International Universities Press.

Curtis, H. C. (1980). The Concept of Therapeutic Alliance: Implications for the ›Widening Scope‹. In H. P. Blum (Ed.), *Psychoanalytic Explorations of Technique: Discourse on the Theory of Therapy*. New York: International Universities Press.

Davanloo, H. (Ed.) (1978). *Basic Principles and Techniques in Short-term Dynamic Psychotherapy*. New York: Spectrum.

– (Ed.) (1980). *Short-term Dynamic Psychotherapy*. New York: Jason Aronson.

Dewald, P. A. (1967). Therapeutic Evaluation and Potential: The Dynamic Point of View. *Comprehensive Psychiatry, 8*, 284–298.

– (1982). Psychoanalytic Perspective on Resistance. In P. Wachtel (Ed.), *Resistance in Psychodynamic and Behavioral Therapies*. New York: Plenum Press.

Diesing, P. (1971). *Patterns of Discovery in the Social Sciences*. Chicago: Aldine.

Ekstein, R. (1956). Psychoanalytic Techniques. In D. Bower & L. E. Abt (Eds.), *Progress in Clinical Psychology* (Vol. 2). New York: Grune & Stratton.

Epstein, L. & Feiner, A. H. (Eds.) (1979). *Countertransference*. New York: Jason Aronson.
Eysenck, H. J. (1952). The Effects of Psychotherapy: An Evaluation. *Journal of Consulting Psychology, 16*, 319–324.
Feiner, A. H. (1979). Countertransference and the Anxiety of Influence. In L. Epstein & A. H. Feiner (Eds.), *Countertransference*. New York: Jason Aronson.
Fenichel, O. (1977) [1945]. *Psychoanalytische Neurosenlehre* (2. Aufl.). Freiburg i. Br.: Walter.
Firestein, S. (1978). *Termination in Psychoanalysis*. New York: International Universities Press.
Ferenczi, S. & Rank, O. (1924). *Entwicklungsziele der Psychoanalyse: Zur Wechselbeziehung von Theorie und Praxis*. Leipzig: Internationaler psychoanalytischer Verlag.
Flegenheimer, W. V. (1982). *Techniques of Brief Psychotherapy*. New York: Jason Aronson.
Foulkes, D. (1978). *The Grammar of Dreams*. New York: Basic Books.
Frank, J. D. (1981) [1961]. *Die Heiler: Wirkungsweisen psychotherapeutischer Beeinflussung. Vom Schamanismus bis zu den modernen Therapien* (übers. v. Wolfgang Krege). Stuttgart: Klett-Cotta.
– (1974). Therapeutic Components of Psychotherapy. *Journal of Nervous and Mental Disease, 159*, 325–342.
– (1979). The Present Status of Outcome Studies. *Journal of Consulting and Clinical Psychology, 47*, 310–316.
Frank, J. D., Hoehn-Saric, R., Imber, S. D., Liberman, B. L. & Stone, A. R. (1978). *Effective Ingredients of Successful Psychotherapy*. New York: Brunner/Mazel.
Freud, A. (1946). *Das Ich und die Abwehrmechanismen*. London: Imago
– (1988) [1965]. *Wege und Irrwege in der Kinderentwicklung* (4. Aufl.). Stuttgart: Klett-Cotta.
Freud, S. (1905). Über Psychotherapie. In *Gesammelte Werke (GW)*, Bd. 5, 11–26.
– (1909). Bemerkungen über einen Fall von Zwangsneurose. In *Gesammelte Werke*, Bd. 7, 379–463.
– (1911-1915). *Papers on Technique*. In *Standard Edition, 12*, 89–171. Vgl. *gesammelte Werke*, Bd. 8, 354 ff, und Bd. 10, 126–136.
– (1912). Ratschläge für den Arzt bei der psychoanalytischen Behandlung. In *Gesammelte Werke*, Bd. 8, 375–387.
– (1917). Die analytische Therapie. In *Gesammelte Werke*, Bd. 11, 466–482.
– (1917). Die Übertragung. In *Gesammelte Werke*, Bd. 11, 447–465.
– (1918). Wege der psychoanalytischen Therapie. In *Gesammelte Werke*, Bd. 12, 181–194.
– (1923). *Das Ich und das Es*. In *Gesammelte Werke*, Bd. 13, 235–289.
– (1925-1926). *Hemmung, Symptom und Angst*. In *Gesammelte Werke*, Bd. 14, 111–205.
– (1937). Die endliche und die unendliche Analyse. In *Gesammelte Werke*, Bd. 16, 57–99.
– (1938). *Abriß der Psychoanalyse*. In *Gesammelte Werke*, Bd. 17, 63–138.
Fromm-Reichmann, F. (1950). *Principles of Intensive Psychotherapy*. Chicago: University of Chicago Press.
Garfield, S. L., Prager, R. A. & Bergin, A. E. (1971). Evaluating Outcome in Psychotherapy. A Hardy Perennial. *Journal of Consulting Clinical Psychology, 37*, 320–322.
Gill, M. M. (1976). Metapsychology is not Psychology. In M. M. Gill & P. S. Holzman (Eds.), *Psychology versus Metapsychology: Psychoanalytical Essays in Memory of George S. Klein. Psychological Issues* (Vol. 9, No. 4, Monograph 36). New York: International Universities Press.
– (1979). The Analysis of the Transference. *Journal of the American Psychoanalytic Association, 27*, 263–288.

Gill, M. M. (1980). The Analysis of Transference. In H. P. Blum (Ed.), *Psychoanalytic Explorations of Technique: Discourse on the Theory of Therapy*. New York: International Universities Press.

– (1982). *Analysis of Transference I: Theory and Technique*. New York: International Universities Press.

Gill, M. M. & Hoffman, I. (1982). A Method for Studying the Analysis of Aspects of the Patient's Experience of the Relationship in Psychoanalysis and Psychotherapy. *Journal of the American Psychoanalytic Association, 30*, 137–167.

Gill, M. M. & Muslin, H. L. (1976). Early Interpretations of Transference. *Journal of the American Psychoanalytic Association, 24*, 779–794.

Giovacchini, P. (1979). *Treatment of Primitive Mental States*. New York: Jason Aronson.

Glover, E. (1955). *The Technique of Psychoanalysis*. New York: International Universities Press.

Gomes-Schwartz, B. (1978). Effective Ingredients in Psychotherapy: Prediction of Outcome From Process Variables. *Journal of Consulting Clinical Psychology, 46*, 1023–1035.

Greenacre, P. (1980). Certain Technical Problems in the Transference Relationship. In H. P. Blum (Ed.), *Psychoanalytic Explorations of Technique: Discourse on the Theory of Therapy*. New York: International Universities Press.

Greenson, R. R. (1986) [1967]. *Technik und Praxis der Psychoanalyse* (Bd. 1, 4. Aufl., übers. v. Gudrun Theusner-Stampa). Stuttgart: Klett-Cotta.

– (1965). The Working Alliance and the Transference Neurosis. *Psychoanalytic Quarterly, 34*, 155–181.

Greenson, R. R. & Wexler, M. (1969). The Nontransformation Relationship in the Psychoanalytic Situation. *International Journal of Psychoanalysis, 50*, 27–39.

Gross, M. L. (1984) [1975]. *Die psychologische Gesellschaft* (übers. v. Wolfgang Rhiel). Berlin: Ullstein.

Gross, S. J. & Miller, J. O. (1975). A Research Strategy for Evaluating the Effectiveness of Psychotherapy. *Psychological Reports, 37*, 1011–1021.

Gustafson, J. P. (1981). The Complex Secret of Brief Psychotherapy in the Works of Malan and Balint. In S. H. Budman (Ed.), *Forms of Brief Therapy*. New York: Guilford Press.

Haley, J. (1978). *Die Psychotherapie Milton H. Ericksons* (übers. v. Annemarie Bänziger). München: Pfeiffer.

Hartley, D. E. & Strupp, H. H. (1983). The Therapeutic Alliance: Its Relationship to Outcome in Brief Psychotherapy. In J. Masling (Ed.), *Empirical Studies of Psychoanalytical Theories* (Vol. 1). Hillsdale, N.J.: The Analytic Press.

Havens, L. (1976). *Participant Observation*. New York: Jason Aronson.

Heimann, P. (1950). On Countertransference. *International Journal of Psychoanalysis, 31*, 81–84.

Hill, L. B. (1958). On Being Rather Than Doing in Psychotherapy. *International Journal of Group Psychotherapy, 8*, 115–122.

Hoffman, I. Z. (1983). The Patient as Interpreter of the Analysis Experience. *Contemporary Psychoanalysis, 19*, 389–422.

Horowitz, M. (1979). *States of Mind*. New York: Plenum Press.

Hoyt, M. F. (1980). Therapist and Patient Actions in ›Good‹ Psychotherapy Sessions. *Archives of General Psychiatry, 37*, 159–161.

Issacharoff, A. (1979). Barriers to Knowing. In L. Epstein & A. H. Feiner (Eds.), *Countertransference*. New York: Jason Aronson.

346

Kanzer, M. (1980). Developments in Psychoanalytic Technique. A Critical Review of Recent Psychoanalytic Books. In H. P. Blum (Ed.), *Psychoanalytic Explorations of Technique: Discourse on the Theory of Therapy.* New York: International Universities Press.

Kaplan, H. S. (1974). *The New Sex Therapy. Active Treatment of Sexual Dysfunctions.* New York: Brunner/Manzel.

Keithley, L. J., Samples, S. J. & Strupp, H. H. (1980). Patient Motivation as a Predictor of Process and Outcome in Psychotherapy. *Psychotherapy and Psychosomatics, 33,* 87–97.

Kernberg, O. F. (1980) [1975]. *Borderline-Störungen und pathologischer Narzißmus* (übers. v. Hermann Schultz). Frankfurt a. M.: Suhrkamp.

– (1981) [1976]. *Objektbeziehungen und Praxis der Psychoanalyse* (übers. v. Helga Steinmetz-Schünemann). Stuttgart: Klett-Cotta.

– (1980). Some Implications of Object Relations Theory for Psychoanalytic Technique. In H. P. Blum (Ed.), *Psychoanalytic Explorations of Technique: Discourse on the Theory of Therapy.* New York: International Universities Press.

Kernberg, O. F., Burstein, E. D., Coyne, L., Appelbaum, A., Horowitz, L. & Voth, H. (1972). Psychotherapy Research Project. *Bulletin of the Menninger Clinic, 36,* 1–275.

Kiesler, D. J. (1966). Some Myths of Psychotherapy Research and the Search for a Paradigm. *Psychological Bulletin, 65,* 110–136.

– (1982). Interpersonal Theory for Personality and Psychotherapy. In J. C. Anchin & D. J. Kiesler (Eds.), *Handbook of Interpersonal Psychotherapy.* New York: Pergamon Press.

Kinston, W. & Bentovim, A. (1981). Creating a Focus for Brief Marital Therapy. In S. H. Budman (Ed.), *Forms of Brief Therapy* (pp. 361–386). New York: Guilford Press.

Klebanow, S. (Ed.) (1981). *Changing Concepts in Psychoanalysis.* New York: Gardner Press.

Klerman, G. L., Rounsaville, B., Chevron, E. & Weissman, M. (1984). *Interpersonal Psychotherapy of Depression.* New York: Basic Books.

Klein, G. S. (1976). *Psychoanalytic Theory. An Explanation of Essentials.* New York: International Universities Press.

Knight, R. P. (1941). Evaluation of the Results of Psychoanalytic Therapy. *American Journal of Psychiatry, 98,* 434–446.

Kohut, H. (1973) [1971]. *Narzißmus. Eine Theorie der psychoanalytischen Behandlung narzißtischer Persönlichkeitsströrungen* (übers. v. Lutz Rosenkötter). Frankfurt a. M.: Suhrkamp.

Labov, W. & Fanshel, D. (1977). *Therapeutic Discourse: Psychotherapy as Conversation.* New York: Academic Press.

Langs, R. (1976). *The Therapeutic Interaction* (Vol. 2). New York: Jason Aronson.

Levenson, E. A. (1972). *The Fallacy of Understanding: An Inquiry into the Changing Structure of Psychoanalysis.* New York: Basic Books.

– (1982). Language and Healing. In S. Slipp (Ed.), *Curative Factors in Dynamic Psychotherapy.* New York: McGraw-Hill.

Lidz, T. (1971) [1963]. *Familie und psychosoziale Entwicklung* (übers. v. Horst Vogel). Frankfurt a. M.: Fischer.

Luborsky, L. (1977). Measuring a Pervasive Psychic Structure in Psychotherapy: The Core Conflictual Relationship Theme. In N. Freedman & S. Grand (Eds.), *Communicative Structures and Psychic Structures.* New York: Plenum Press.

– (1984). *Principles of Psychoanalytic Psychotherapy: A Manual for Supportive-Expressive Treatment.* New York: Basic Books.

Luborsky, L., Chandler, M., Auerbach, A. H., Cohen, J. & Bachrach, H. M. (1971). Factors

Influencing the Outcome of Psychotherapy. A Review of the Quantitative Research. *Psychological Bulletin, 75*, 145–185.

Luborsky, L. & Singer, B. (1975). Comparative Studies of Psychotherapies: Is it True that ›Everybody has Won and All Must Have Prizes‹? *Archives of General Psychiatry, 32*, 995–1008.

Luborsky, L. & Spence, D. P. (1978). Quantitative Research on Psychoanalytic Therapy. In S. L. Garfield & A. E. Bergin (Eds.), *Handbook of Psychotherapy and Behavior Change: An Empirical Analysis* (2nd ed., pp. 331–368). New York: John Wiley & Sons.

Macalpine, I. (1950). The Development of the Transference. *Psychoanalytic Quarterly, 19*, 501–539.

Malan, D. H. (1965) [1963]. *Psychoanalytische Kurztherapie. Eine kritische Untersuchung* (übers. v. Käte Hügel). Stuttgart: Klett.

– (1976a). *The Frontier of Brief Psychotherapy. An Example of the Convergence of Research and Clinical Practice.* New York: Plenum Press.

– (1976b). *Toward the Validation of Dynamic Psychotherapy. A Replication.* New York: Plenum Press.

– (1979). *Individual Psychotherapy and the Science of Psychodynamics.* London: Butterworth.

Mann, J. (1978) [1973]. *Psychotherapie in 12 Stunden. Zeitbegrenzung als therapeutisches Instrument* (übers. v. Barbara Strehlow). Freiburg i.Br.: Walter.

Mann, J. & Goldman, R. (1982). *A Casebook in Time-limited Psychotherapy.* New York: McGraw-Hill.

Margulies, A. & Havens, L. (1981). The Initial Encounter: What to Do First. *American Journal of Psychiatry, 138*, 421–428.

Marrow, A. J. (1977) [1969]. *Kurt Lewin – Leben und Werk* (übers. v. Hainer Kober). Stuttgart: Klett.

Maslow, A. H. (1973) [1962]. *Psychologie des Seins. Ein Entwurf* (übers. v. Paul Kruntorad, 2. Aufl.). München: Kindler.

– (1977) [1966]. *Die Psychologie der Wissenschaft: Neue Wege der Wahrnehmung und des Denkens.* München: Goldmann.

Mayman, M. (1968). Early Memories and Character Structure. *Journal of Projective Techniques and Personality Assessment, 32*, 303–316.

McGuire, T. G. & Frisman, L. K. (1983). Reimbursement Policy and Cost-effective Mental Health Care. *American Psychologist, 38*, 935–940.

Meltzoff, J. & Kornreich, M. (1970). *Research in Psychotherapy.* New York: Atherton Press.

Menninger, K. (1977) [1958]. *Theorie der psychoanalytischen Technik* (übers. v. Irma John). Stuttgart-Bad Canstatt: Frommann-Holzboog.

Moeller, M. C. (1977). Self and Object in Countertransference. *International Journal of Psychoanalysis, 58*, 365–374.

Moras, K. (1979). Quality of Interpersonal Relationships and Patient Collaboration in Brief Psychotherapy. Referat anläßlich der Europäischen Konferenz der *Society for Psychotherapy Research*, Oxford, England.

Moras, K. & Strupp, H. H. (1982). Pre-therapy Interpersonal Relations, a Patient's Alliance, and Outcome in Brief Therapy. *Archives of Teneral Psychiatry, 39*, 405–409.

Mortimer, R. L. & Smith, W. H. (1983). The Use of the Psychological Test Report in Setting the Focus of Psychotherapy. *Journal of Personality Assessment, 47*, 134–138.

Neubauer, P. B. (1980). The Role of Insight in Psychoanalysis. In H. P. Blum (Ed.), *Psychoanalytic Explorations of Technique: Discourse on the Theory of Therapy*. New York: International Universities Press.

Paolino, T. J. (1981). *Psychoanalytic Psychotherapy: Theory, Technique, Therapeutic Relationship, and Treatability*. New York: Brunner/Mazel.

Pardes, H. & Pincus, H. A. (1981). Brief Therapy in the Context of National Mental Health. In S. H. Budman (Ed.), *Forms of Brief Therapy*. New York: Guilford Press.

Peterfreund, E. (1983). *The Process of Psychoanalytic Therapy: Models and Strategies*. New Jersey: Analytic Press.

Polanyi, M. (1966). *The Tacit Dimension*. Garden City, N.Y.: Doubleday.

Rabkin, J. G. (1977). Therapists' Attitudes Toward Mental Illness and Health. In A. S. Gurman & A. R. Razin (Eds.), *Effective Psychotherapy: A Handbook of Research*. New York: Pergamon Press.

Racker, H. (1978) [1968]. *Übertragung und Gegenübertragung. Studien zur psychoanalytischen Technik* (übers. v. Gisela Krichhauff). München: Reinhardt.

Rakoff, H. C., Stauler, H. C. & Redward, H. B. (Eds.) (1977). *Psychiatric Diagnosis*. New York: Brunner/Mazel.

Reich, W. (1977) [1933]. *Charakteranalyse*. Köln: Kiepenheuer & Witsch.

Rogers, C. R. (1957). The Necessary and Sufficient Conditions of Therapeutic Personality Change. *Journal of Consulting Psychology, 21*, 95–103.

Rycroft, C. (1958). An Inquiry Into the Function of Work in the Psychoanalytic Situation. *International Journal of Psychoanalysis, 39*, 408–415.

Ryle, A. (1979). The Focus in Brief Interpretive Psychotherapy: Dilemmas, Traps, and Snags. *British Journal of Psychiatry, 134*, 46–54.

Sachs, J. S. (1983). Negative Factors in Brief Psychotherapy. An Empirical Assessment. *Journal of Consulting and Clinical Psychology, 51*, 557–564.

Salzman, L. (1968). *The Obsessive Personality: Origins, Dynamics, and Therapy*. New York: Science House.

Sandifer, M., Horndern, A. & Green, L. (1974). The Psychiatric Interview: The Impact of the First Three Minutes. *American Journal of Psychiatry, 126*, 968–973.

Sandler, J. (1976). Countertransference and Role-responsiveness. *International Review of Psychoanalysis, 3, 43–47.*

Sandler, J., Dare, C. & Holder, A. (1970). Basic Psychoanalytic Concepts: X. Interpretations and Other Interventions. *British Journal of Psychiatry, 118*, 53–59.

Sandler, J. & Sandler, A. M. (1978). On the Development of Object Relationships and Affects. *International Journal of Psychoanalysis, 59*, 285–296.

Schacht, T. E. (in Druck). Toward Operationalizing the Transference: A Research Method for Identifying a Focus in Time-limited Dynamic Psychotherapy. In J. Masling (Ed.), *Empirical Studies of Psychoanalytic Theory* (Vol. 3). Hillsdale, N. J.: Erlbaum/Analytic Press.

Schafer, R. (1982) [1976]. *Eine neue Sprache für die Psychoanalyse* (übers. v. Wolfgang Krege). Stuttgart: Klett-Cotta.

– (1983). *The Analytic Attitude*. New York: Basic Books.

Schaffer, N. D. (1982). Multidimensional Measures of Therapist Behavior as Predictors of Outcome. *Psychological Bulletin, 92*, 670–681.

Schank, R. C. & Abelson, R. (1977). *Scripts, Plans, Goals, and Understanding*. Hillsdale, N. J.: Erlbaum.

Schecter, D. (1981). Attachment, Detachment, and Psychoanalytic Therapy. The Impact of

Early Development on the Psychoanalytic Treatment of Adults. In S. Klebanow (Ed.), *Changing Concepts in Psychoanalysis*. New York: Gardner Press.

Schlesinger, H. (1982). Resistance as a Process. In P. Wachtel (Ed.), *Resistance in Psychodynamic and Behavioral Therapies*. New York: Plenum Press.

Shevrin, H. & Schectman, H. (1973). The Diagnostic Process in Psychiatric Evaluations. *Bulletin of the Menninger Clinic, 37*, 451–594.

Sherwood, M. (1969). *The Logic of Explanation in Psychoanalysis*. New York: Academic Press.

Sifneos, P. (1972). *Short-term Psychotherapy and Emotional Crisis*. Cambridge, Mass.: Harvard University Press.

– (1979). *Short-term Dynamic Psychotherapy: Evaluation and Technique*. New York: Plenum Press.

Sloane, R. B., Staples, F. R., Cristol, A. H., Yorkston, N. J. & Whipple, K. (1981) [1975]. *Analytische Psychotherapie und Verhaltenstherapie* (übers. v. Frank Tolkmitt). Stuttgart: Enke.

Small, L. (1979). *The Briefer Psychotherapies* (2nd ed.). New York: Brunner/Mazel.

Smith, M. L., Glass, G. V. & Miller, T. I. (Eds.) (1980). *The Benefits of Psychotherapy*. Baltimore, Md.: Johns Hopkins Press.

Spence, D. P. (1982). *Historical Truth and Narrative Truth*. New York: W. W. Norton & Co.

Stierlin, H. (1968). Short-term versus Long-term Psychotherapy in Light of a General Theory of Human Relationships. *British Journal of Psychiatry, 32*, 127–135.

Stoller, R. J. (1977). Psychoanalytic Diagnosis. In V. C. Rakoff, H. C. Stancer & H. B. Kedward (Eds.), *Psychiatric Diagnosis*. New York: Brunner/Mazel.

Strachey, J. (1958). Editor's Introduction: Papers on Technique. In *The Standard Edition of the Complete Psychological Works of Sigmund Freud, 12*, 85–88. London: Hogarth Press.

Strupp, H. H. (1960). Nature of Psychotherapist's Contribution to Treatment Process: Some Research Results and Speculations. *Archives of General Psychiatry, 3*, 219–231.

– (1960). *Psychotherapists in Action: Explorations of the Therapist's Contribution to the Treatment Process*. New York: Grune & Stratton.

– (1973). On the Basic Ingredients of Psychotherapy. *Journal of Consulting and Clinical Psychology, 41*, 1–8.

– (1975). Psychoanalysis, ›Focal Psychotherapy,‹ and the Nature of the Therapeutic Influence. *Archives of General Psychiatry, 32*, 127–135.

– (1978). Psychotherapy Research and Practice: An Overview. In S. L. Garfield & A. E. Bergin (Eds.), *Handbook of Psychotherapy and Behavior Change: An Empirical Analysis* (2nd ed., pp. 3–22). New York: John Wiley & Sons.

– (1980a). Success and Failure in Time-limited Psychotherapy. A Systematic Comparison of Two Cases (Comparison 1). *Archives of General Psychiatry, 37*, 595–603.

– (1980b). Success and Failure in Time-limited Psychotherapy. A Systematic Comparison of Two Cases (Comparison 2). *Archives of General Psychiatry, 37*, 708–716.

– (1980c). Success and Failure in Time-limited Psychotherapy. With Special Reference to the Performance of a Lay Counselor (Comparison 3). *Archives of General Psychiatry, 37*, 831–841.

– (1980d). Success and Failure in Time-limited Psychotherapy. Further Evidence (Comparison 4). *Archives of General Psychiatry, 37*, 947–954.

Strupp, H. H. & Bergin, A. E. (1969). Some Empirical and Conceptual Bases for Coordinated Research in Psychotherapy. *International Journal of Psychiatry, 7*, 18–90.

Strupp, H. H., Ewing, J. A. & Chassan, J. B. (1966). Toward the Longitudinal Study of the Psychotherapeutic Process. In L. A. Gottschalk & A. A. Auerbach (Eds.), *Methods of Research in Psychotherapy*. New York: Appleton-Century-Crofts.

Strupp, H. H. & Hadley, S. W. (1977). A Tripartite Model of Mental Health and Therapeutic Outcomes. *American Psychologist, 32,* 187–196.

Strupp, H. H. & Hadley, S. W. (1979). Specific versus Nonspecific Factors in Psychotherapy: A Controlled Study of Outcome. *Archives of General Psychiatry, 36,* 1125–1136.

Strupp, H. H., Hadley, S. W. & Gomes-Schwartz, B. (1977). *Psychotherapy for Better or Worse: An Analysis of the Problem of Negative Effects.* New York: Jason Aronson.

Sullivan, H. S. (1980) [1953]. *Die interpersonale Theorie der Psychiatrie* (übers. v. Monika Kruttke). Frankfurt a. M.: Fischer.

– (1976) [1954]. *Das psychotherapeutische Gespräch* (übers. v. John Wilkinson). Frankfurt a. M.: Fischer.

– (1955). In H. S. Perry & M. L. Gawel (Eds.), *The Interpersonal Theory of Psychiatry.* New York: W. W. Norton & Co.

Thompson, C. (1982) [1950]. *Die Psychoanalyse. Ihre Entstehung und Entwicklung* (übers. v. Fritz Levi). Zürich: Verlag Psychologische Menschenkenntnis.

Vaillant, G. E. (1980) [1977]. *Werdegänge. Erkenntnisse der Lebenslaufforschung* (übers. v. Lieselotte Mietzner). Reinbek: Rowohlt.

Wachtel, P. (1982). Vicious Circles: The Self and the Rhetoric of Emerging and Unfolding. *Contemporary Psychoanalysis, 18* (2), 259–272.

Wallerstein, R. S. & Robbins, L. L. (1956). The Psychotherapy Research Project of the Menninger Foundation: Rationale, Method, and Sample Use IV: Concepts. *Bulletin of the Menninger Clinic, 20,* 239–262.

Waterhouse, G. J. (1979). Perceptions of Facilitative Therapeutic Conditions as Predictors of Outcome in Brief Therapy. Referat anläßlich der Europäischen Konferenz der *Society for Psychotherapy*, Oxford, England.

Watzlawick, P. (1982) [1977]. *Die Möglichkeit des Andersseins. Zur Technik der therapeutischen Kommunikation* (2. Aufl.). Bern: Huber.

Watzlawick, P., Weakland, J. H. & Fisch, R. (1984) [1974]. *Lösungen. Zur Theorie und Praxis des menschlichen Wandels* (3. Aufl.). Bern: Huber.

Weiss, J., Sampson, H. & The Mount Zion Psychotherapy Research Group (1986). *The Psychoanalytic Process: Theory, Clinical Observations, and Empirical Research.* New York: Guilford Press.

Wender, P. H. (1968). Vicious and Virtuous Circles. The Role of Deviation-amplifying Feedback in the Origin and Perpetuation of Behavior. *Psychiatry, 31* (4), 309–324.

Witenberg, E. G. (1979). The Inner Experience of the Psychoanalyst. In L. Epstein & A. H. Feiner (Eds.), *Countertransference.* New York: Jason Aronson.

Wolberg, L. (1983) [1980]. *Kurzzeit-Psychotherapie* (übers. v. Ingrid Vogel). Stuttgart: Thieme.

Yalom, I. (1980). *Existential Psychotherapy.* New York: Basic Books.

Zilbergeld, B. (1983). *The Shrinking of America. Myths of Psychological Change.* Boston: Little Brown.

Personenregister

Abelson, R. 104
Alexander, F. 17, 30, 32, 33, 51, 100, 186, 328
Allen, J. 61
Allport, G. W. 247
Anchin, J. C. 17, 54, 108, 128
Appelbaum, A. 324
Appelbaum, S. A. 147
Arlow, J. 192
Armstrong, S. 99
Auerbach, A. H. 72

Balint, E. 33, 39, 100, 152
Balint, M. 33, 39, 100, 152
Barten, H. H. 23
Bateson, G. 17
Beck, A. T. 15, 338
Bellack, L. 27, 99
Bentovim, A. 101
Bergin, A. E. 14, 18, 25, 30, 334
Binder, J. L. 99, 128
Blatt, J. C. 128
Blos, P. 100
Blum, H. P. 189, 212
Breuer, J. 29
Budman, S. H. 23, 99
Butcher, J. N. 27, 32, 336

Castelnuovo-Tedesco, P. 32
Chassan, J. B. 72
Chevron, E. 15, 338
Coltrera, J. T. 189

Dare, C. 216
Davanloo, H. 33, 41, 42, 43, 44, 46, 87, 152,
    194, 211, 214, 236, 324, 326
Dewald, P. A. 234
Diesing, P. 128

Eckstein, R. 66
Emery, G. 15, 338
Epstein, L. 186, 195
Erikson, E. 54
Ewing, J. A. 72
Eysenck, H. J. 336

Fanshel, D. 117
Feiner, A. H. 186, 195
Fenichel, O. 13
Ferenczi, S. 28, 29, 30, 31, 51
Fisch, R. 17
Flegenheimer, W. V. 27, 28, 99
Foulkes, D. 130
Frank, J. D. 69, 183
French, T. M. 17, 30, 32, 51, 100, 186, 328
Freud, A. 84, 235
Freud, S. 28, 29, 34, 108, 115, 179, 189, 191,
    203, 234, 235, 331, 334
Frisman, L. K. 23
Fromm-Reichmann, F. 68, 76, 184

Garfield, S. L. 334
Gill, M. M. 18, 52, 99, 101, 131, 179, 182,
    186, 189, 191, 192, 196, 206, 212, 214, 242
Glass, G. V. 25, 336
Glover, E. 14
Goldman, R. 27, 37, 39, 47, 100
Gomes-Schwartz, B. 183, 218
Green, L. 92
Greenacre, P. 189, 192, 194
Greenson, R. R. 13, 46, 195
Gross, M. L. 340
Gurman, A. S. 23

Hadley, S. W. 183, 218, 334, 335
Haley, J. 17
Havens, L. 128, 186
Heisenberg, W. 186
Hill, M. B. 69
Hoffmann, I. 99, 101, 242
Hoffmann, I. Z. 181. 182, 186, 191
Holder, A. 216
Horndern, A. 92
Horney, K. 54
Hoyt, M. F. 72

Kernberg, O. F. 17, 186, 193
Kiesler, D. J. 14, 17, 108, 128
Kinston, W. 100
Klein, G. S. 18,52,54

352

Sachregister